Charles Maurras

Œuvres & Écrits
Volume II

L'Action Française
& le Vatican

1914-1939

OmniaVeritas

Charles Maurras
(1868-1952)

Œuvres & écrits
Volume II

L'Action Française & le Vatican
1914-1939

Publié par
Omnia Veritas Ltd

www.omnia-veritas.com

PIE X	**11**
Pie X	12
Du travail !	14
LE PAPE, LA GUERRE ET LA PAIX	**17**
À Louis Dimier	18
La seule internationale qui tienne	26
Le corps diplomatique du Vatican	26
Le catholicisme et la paix	27
Portée politique et morale de l'Encyclique	28
La communauté des âmes	31
Le national, l'universel	33
Les pantalonnades du Temps	37
Encore les internationales	44
La seule Internationale	48
Un article des Études, le pape et les lois de la guerre	51
International ou national	57
Le Saint-Siège et la France	60
Le Saint-Siège et la politique française	60
Nécessités d'État	63
M. René Bazin à Rome	65
Du Vatican au Secours national	67
Les évêques, l'emprunt	69
Le cardinal de Cabrières	71
Deux méthodes à l'étranger	74
Trois barrettes	75
Le Pape et la France : lettre à un positiviste	76
Adresse au Saint Père	79
Pour et contre l'union sacrée	81
Récits des temps mérovingiens	81
Les cléricaux aux longues dents	82
Pour la paix française	83
« La guerre des curés »	85
Un acte public	88
Pas de danger !	90
Une courageuse campagne	92
L'accord religieux et moral	93
De l'indiscrétion religieuse	94
La « mansuétude » et la discorde	97
La rumeur infâme	100
L'indignation de Pelletan	101
L'État et les puissances religieuses	102
Un véritable quiproquo	106

Pour « l Union sacrée » ?..108
La rumeur infâme...113
La censure à Bordeaux...118
La rentrée de M. Caillaux...120
« Pour berner le prolétariat »..122
Unité et amitié devant l ennemi...123
La propagande religieuse...125
Pour la paix intérieure...128
« Le prosélytisme clérical »..130
Les embûches cléricales..132
La défense et l attaque...134
La prière du général..140
L incident Lagardère...143
Où « avez-vous un texte » ?..143
Le défi de La Dépêche...147
Une provocation nouvelle..148
« Les jésuites peuvent tout oser »..151
« La rectification » de L Humanité..154
Le défi de La Dépêche...155
« Pour l honneur de la presse » M. Huc veut bien payer et aller en prison...156
Le principe d union sacrée..157
Pour ne pas faire sa prison..159
Ce qui rompait l union sacrée...160
L affaire des académies...162
Les droits des pères de famille..167
Étrange « union sacrée »..168
Un grand citoyen..171
Union sacrée : juifs et jésuites..172
Cléricaux et anticléricaux, traduction et confusion...................173
Notre « cléricalisme »..174
La réponse de « l écume »...176

ROME ET LES BARBARES   179

Les Germains peints par eux-mêmes..179
Les affaires d Orient..183
À la Sorbonne : de la force..184
Chefs et docteurs...187
La liberté d esprit de l Université catholique.............................190
Science, barbarie : et quoi ?..191
Pangermanisme, révolution..193
Le fédérateur allemand en Belgique..194
Le Lusitania..196
Un portrait du Pape..197
La résolution de La Haye..198

Catholicisme et germanisme	*199*
Civilisation latine, esprit latin	*201*
Stoïcisme oratoire	*203*
ÉPILOGUE – ACTION ET RAISON	205
L'ÉCOLE LAÏQUE CONTRE LA FRANCE	**213**
L'ÉCOLE LAÏQUE CONTRE LA FRANCE	214
Un système a abêtissement	*214*
Une religion a État	*217*
L'histoire de France à l'école	*218*
Les instituteurs et l'État	*220*
Que chacun paie les frais de son culte	*222*
PRÉFACE À *L'ACTION FRANÇAISE ET LE VATICAN*	**224**
À TOUS LES AMIS DE L'ACTION FRANÇAISE	225
Tableau chronologique	*229*
AVANT-PROPOS	232
CHARLES MAURRAS ET LE CARDINAL ANDRIEU	**235**
À SON ÉMINENCE LE CARDINAL ARCHEVÊQUE DE BORDEAUX	236
pour une épithète de trop	*236*
À SON ÉMINENCE LE CARDINAL ARCHEVÊQUE DE BORDEAUX, II	243
LE RÉQUISITOIRE DE BORDEAUX	**252**
LE RÉQUISITOIRE DE BORDEAUX	253
RÉFLEXIONS SUR LA LETTRE DU CARDINAL ANDRIEU	**265**
RÉFLEXIONS	266
L'INTERVENTION DU PAPE	**269**
LETTRE DE S. S. PIE XI AU CARDINAL ANDRIEU	270
ADRESSE À S. S. PIE XI DES ÉTUDIANTS D'A. F., DES CAMELOTS DU ROI ET DES COMMISSAIRES D'A. F. CATHOLIQUES	271
ADRESSE À S. S. PIE XI DU PRÉSIDENT DE LA LIGUE D'ACTION FRANÇAISE	273
LA LETTRE DU CARDINAL ANDRIEU AU SAINT PÈRE	274
LES DÉCLARATIONS DU PAPE AUX TERTIAIRES FRANCISCAINS DE FRANCE	276
LETTRE DU CARDINAL GASPARRI	277
MONSEIGNEUR MARTY, ÉVÊQUE DE MONTAUBAN, ET *LA LIBRE BELGIQUE*	280
LE XIIIE CONGRÈS	**283**
DÉCLARATIONS DE BERNARD DE VESINS, PRÉSIDENT DE LA LIGUE D'ACTION FRANÇAISE	284
DISCOURS DE MAURICE PUJO AU CONGRÈS *LA JEUNESSE D'ACTION FRANÇAISE*	288
DÉCLARATION DE L'AMIRAL SCHWERER	292
DÉMARCHES DE BERNARD DE VESINS, PRÉSIDENT DE LA LIGUE, POUR OBTENIR DES THÉOLOGIENS POUR L'INSTITUT D'A.F.	294
RÉPONSES DU CARDINAL DUBOIS ET DU NONCE	296
LES RÉPONSES DE L'A.F. ET DE CHARLES MAURRAS	**297**
ROME ET LA FRANCE RÉPONSE À DES DIFFAMATIONS DE PRESSE	298

L'Osservatore Romano	298
Soumission, respect, juste liberté	300
Ce que disent les catholiques d'A. F.	302
Le mensonge déchaîné	304
De fameux orthodoxes	306
Conclusions des catholiques d'A. F.	307
Nous ne trahirons pas	308
L'ALLOCUTION CONSISTORIALE DU 20 DÉCEMBRE	**310**
L'allocution consistoriale du 20 décembre sur la France	311
Non possumus	315
LE DISCOURS DU NONCE À L'ÉLYSÉE LE 1ᵉʳ JANVIER	**322**
I Les discours de l'Élysée	323
II L'expérience maîtresse	326
III Approbation de l'ennemi	327
IV Appel à la France	328
V Appel au genre humain	329
VI Laïcisme !	330
RÉPONSE DE LA SACRÉE PÉNITENCERIE APOSTOLIQUE À L'ÉVÊQUE DE N...	**332**
Par la terreur ?	333
***L'ACTION FRANÇAISE* CONDAMNÉE LES DOCUMENTS ET LES FAITS**	**340**
Rome et la France L'Action française condamnée Les documents et les faits	341
Décret du Saint-Office	341
Lettre du pape Pie XI au cardinal Andrieu	345
UNE DÉCLARATION DES ÉVÊQUES DE FRANCE	**357**
Une déclaration des cardinaux, archevêques et évêques de France au sujet des récentes décisions du Saint-Siège	358
Réponse de l'Action française	365
PLAINTE ADRESSÉE À S. S. PIE XI	**368**
Plainte adressée à S. S. Pie XI par les dirigeants catholiques de l'Action française contre le cardinal Andrieu	369
Notre plainte	373
Notre plainte — suite	376
DÉCLARATION DE LA FÉDÉRATION NATIONALE DES ÉTUDIANTS, LYCÉENS ET COLLÉGIENS D'ACTION FRANÇAISE	**378**
Fédération nationale des étudiants, lycéens et collégiens d'Action française	379
LA FIDÉLITÉ FRANÇAISE DÉCLARATION DES COMITÉS DIRECTEURS D'A. F.	**383**
La Fidélité française Déclaration des comités directeurs d'A. F. 1	384

LETTRE DU PRÉSIDENT DE LA LIGUE	**386**
Lettre de Bernard de Vesins, président de la Ligue	387
LETTRE DE MONSEIGNEUR LE DUC DE GUISE	**389**
I La lettre de Monseigneur le duc de Guise	392
II Démocratie et monarchie	393
III Un casier judiciaire	394
IV Les réponses à notre appel	397
UN TÉMOIN DES PREMIERS JOURS	**398**
Un témoin des premiers jours	399
« LA POLITIQUE »	**402**
I Dépêche romaine à *La Croix*	403
II Les témoins d'un fait avéré	403
III Doutes et clartés	406
IV Qualité du témoin	407
LETTRE À PIE XI DU 12 OCTOBRE 1926	**410**
Histoire d'un document	416
CONCLUSION DE *L'ACTION FRANÇAISE ET LE VATICAN*	**420**
LA POLITIQUE LA MORT DE PIE XI	**426**
I Un triomphe de l'Église	427
II L'agonie exemplaire	428
III La paix aux hommes de bonne volonté	429
IV Unité ou diversité ?	429
V Comment ?	431
VI Le Héros salué	432
VII Et maintenant	434

Pie X

1914

Cet article a paru dans *L'Action française* du 21 août 1914.

PIE X

Le cri d'admiration, de douleur et de reconnaissance élevé ci-dessus[1] par notre directeur Henri Vaugeois me dispenserait de rien dire aujourd'hui[2] du grand deuil qui vient de frapper le monde si nous n'avions l'humiliation de voir en tête d'un important journal français, dans l'article consacré à cette mémoire, couler de tels flots d'inexactitudes et de rêveries que le patriotisme aussi bien que l'honneur oblige à rectifier sans retard.

On pourrait s'en tenir à déchirer la première page du *Temps* pour ne retenir que les paroles véridiques enregistrées dans la troisième, comme elles échappèrent à la douleur du peuple romain : « Quel malheur ! Quelle perte ! Il était si bon, si généreux, si juste ! » On pourrait aussi se borner au mot si direct et si vrai, par lequel le correspondant romain du *Temps* résume l'espèce de popularité tendre et parfaite dont jouissait cette grande âme pontificale, à Rome et partout : « Il était aimé pour lui-même. »

Comment M. André Tardieu ou son intérimaire peut-il oser écrire : « Sans éclat personnel et sans mérites brillants. » Des rancunes de mauvais clercs ou de diplomates manqués valaient-elles une pareille offense à la vérité lumineuse ?

Eh ! quoi ? « Pie X n'a considéré que l'idéal », c'est-à-dire (si je sais lire l'allemand[3]), il a perdu de vue les réalités ? Ceux qui ont lu l'histoire de son

---

[1] Lignes parues en note d'un article de Henri Vaugeois, directeur de *L'Action française*. [Note de 1916 dans le premier volume des *Conditions de la victoire* où cet article est recueilli. (n.d.é.)]

[2] C'est effectivement la mort du pape Pie X qui fait le gros titre de *L'Action française* du 21 août 1914, avec un article principal d'Henri Vaugeois. La veille, le journal indiquait simplement au milieu de la une : « Dernière heure — À trois heures du matin l'Agence Havas nous communique la triste nouvelle redoutée : Rome 20 août 2h20 du matin. Le Pape Pie X est mort. » Se consacrant aux nouvelles de la guerre, Maurras n'écrira rien sur la mort de Pie X dans les jours suivants. (n.d.é.)

[3] C'est le mot idéal qui entraîne presque automatiquement la référence à l'Allemagne et à l'idéalisme allemand. Cette demi-attribution de pensées allemandes au *Temps* n'est bien sûr pas innocente en ce premier mois de guerre et préfigure les articles polémiques qui seront recueillis ultérieurement dans *Le Pape, la Guerre et la Paix*. (n.d.é.)

pontificat ne peuvent ignorer qu'il fut un administrateur merveilleux. Il a refusé de connaître « la politique » ? Mais le correspondant romain du *Temps* montre au contraire avec quel sens incomparable des réalités politiques cet esprit sublime allia le maintien des revendications romaines et les relations avec l'Italie de l'unité.[4] Il a été trompé par son entourage ? Cet entourage empêchait la vérité d'arriver à lui ? Un « rigoureux contrôle s'exerçait au seuil pontifical » ? La vérité, audacieusement travestie dans chacune de ces assertions, est, au contraire, que nul seuil n'était plus accessible, nul entourage mieux contrôlé ni surtout mieux défendu de ces informations inexactes qui assiègent les cours sans que d'ailleurs elles respectent les chaumières. Tout ce qui travaillait au-dessous de Pie X savait que rien n'était fait ni ne pouvait l'être sans avoir été examiné dans la conscience sévère et dans la limpide intelligence du Maître.

« Oui, oui, disait-on couramment dans les bureaux, mais il y a là-haut l'Homme blanc... »

Blanc comme la lumière, blanc comme on aime à se représenter la pure pensée, le Vieillard auguste, le doux et saint Docteur qui vient de rendre l'âme, laisse une mémoire si belle, il a tracé un tel sillon dans les mouvements de son siècle, qu'il n'y a rien à craindre des médiocres nuages d'encre amassés par une plume inconsidérée. On excusera cette remontrance inutile. Mais le plus grand journal de la République avait mieux à faire aujourd'hui que de mettre au compte du Pape les torts de son propre gouvernement.

L'avenir ne manquera pas de trouver également frivole un jugement respectueux et admiratif, mais encore inexact, de M. André Chaumeix. Le rédacteur en chef des *Débats* a cru devoir caractériser une politique de principe par « l'indifférence aux faits » ; il a cru devoir en exclure « le sens du réel ». Cependant c'est un fait réel que relate notre confrère Eugène Tavernier, neveu et biographe de Louis Veuillot, quand il dit que Pie X a laissé son Église « honorée et unie ». Posséder un honneur immatériel n'est pas un fait sans réalité. Disposer de l'union intellectuelle et morale, imposer au monde plus que le respect, une vénération qui ressemble à un culte, c'est peut-être jouir de réalités plus solides et plus enviables que beaucoup d'autres ; en tous cas, elles ne sont point à exiler dans la catégorie de l'idéal.

Je n'ai aucune qualité de plus que les rédacteurs des *Débats* et du *Temps* pour apprécier le règne d'un Pape, mais à qui soutiendrait que, dans Pie X,

---

[4] Rappelons que la « question romaine » ne sera réglée entre l'Italie et le Saint-Siège qu'en 1929. (n.d.é.)

le profond souci des principes, une foi de mystique, un sentiment presque passionné des devoirs et des droits de l'autorité purent enlever quelque chose à la lucidité d'une pensée maîtresse, à sa vue claire de toutes les nuances les plus subtiles, surtout à cette ardente et tolérante bonté paternelle qui fut peut-être le caractère essentiel de ce prêtre si humble et de ce pontife si grand : à qui dirait cela, j'aurais le devoir de répondre qu'il se trompe et que l'histoire, un jour, établira la fausseté radicale, honteuse, de ces confusions ou de ces mensonges.[5]

DU TRAVAIL !

Nous ne sommes pas de ceux qui estiment que la charité enfle ceux qui la font, déshonore ceux qui la reçoivent. Et, quand 3 ou 4 millions d'hommes se battent pour sauver le reste de la population, il serait de simple équité que les familles des combattants ne manquassent de rien. La période guerrière s'accommoderait d'un certain collectivisme spartiate auquel pour mon compte je verrais moralement moins de dommages que d'avantages s'il n'y avait à considérer que l'ordre moral. Mais les biens matériels ne sont pas inépuisables, non pas même ceux de l'État, non pas même ceux de la Société, et pour les maintenir dans leur nécessaire abondance, un chose importe avant tout : leur production, donc le travail avec toutes ses conditions.

Il est très significatif que cet intérêt est compris à l'extrême gauche. Sembat réclamait, l'autre jour, du travail plus encore que de l'entr'aide. Et si l'on a protesté quelque part avec vivacité contre les arrêtés prohibant la fabrication du pain de de luxe[6], ce n'est pas dans les feuilles de la réaction et du capital, mais chez les révolutionnaires. Le pain de luxe a ses ouvriers spécialistes : sa prescription les fait chômer, et tout ce qui raisonne aujourd'hui est d'avis qu'il faut le moins de chômage possible.

Travaillons, faisons travailler. C'est bientôt dit ? Mais, abstraction faite de ces cas, trop fréquents, dans lesquels l'usine ou le magasin a fermé parce

---

[5] Le texte repris dans le premier volume des *Conditions de la victoire* en 1916 s'arrête ici, ne reprenant que la note signée par Charles Maurras à l'article d'Henri Vaugeois sur la mort du pape. Nous reprenons « La politique » du jour à sa suite, et négligeons la rubrique « Les réponses de nos amis » que Maurras ne commente que de quelques lignes convenues. (n.d.é.)

[6] Le 8 août 1914 les pains briochés et les viennoiseries avaient été interdits de fabrication au profit d'un modèle unique de pain de 4 livres, dans la peur de pénuries. (n.d.é.)

que la direction est sous les drapeaux, il faut de l'argent pour mettre le travail en train. Toujours la question du capital, du divin capital, qui se pose ! Les contraintes du moratorium[7] sont desserrées dans une mesure appréciable. Mais pourquoi lanterner devant la solution suggérée la semaine dernière par M. Jules Delahaye et par la Chambre de commerce de Cholet ? On n'a pas oublié cette intéressante proposition des prêts à obtenir de la Banque de France sur garantie des marchandises possédées par des industriels et des commerçants.

Le président de cette Chambre, M. Pellaumail, adressait le 18 août à M. Delahaye[8] la lettre suivante que le député royaliste n'a reçu qu'hier matin :

> J'ai adressé dans soixante-quinze chambres de commerce avec lesquelles la nôtre est en relations habituelles, le texte de la délibération que vous connaissez. Puis notre bureau s'est rendu auprès de M. Pontal qui dirige à Cholet le bureau auxiliaire de la Banque de France, pour le saisir officiellement de cette question. Nous avons examiné ensemble le moyen pratique d'établir ces warrants[9] personnels, et, à première vue, la solution n'apparaît pas compliquée. L'industriel ou commerçant intéressé pourrait déposer dans une partie de ses locaux ce qui serait spécialement réservé à cette intention, les marchandises à warranter. Un avenant d'assurances garantirait le risque d'incendie, le représentant de la Banque de France aurait une clef du local réservé. Pour présenter notre proposition à la direction de la Banque de France, M. Pontal nous demande une troisième signature et nous pensions que cette troisième signature pourrait être celle de la Chambre de commerce, représentée par son président. La Banque aurait ainsi :

---

[7] Un moratoire des paiements avait été mis en place à la déclaration de guerre afin d'éviter toute panique, et il avait été largement assoupli assez rapidement pour éviter de paralyser le pays. (n.d.é.)

[8] Jules-Augustin Delahaye, député (1907-1919) puis sénateur (1920-1925) du Maine-et-Loire ; il mena de front une carrière d'archiviste, après avoir fait l'École des Chartes, et une carrière de journaliste. Il ne faut pas le confondre avec son frère, Dominique-Julien Delahaye, industriel moins marqué politiquement et qui fut aussi sénateur du Maine-et-Loire (1903-1932). (n.d.é.)

[9] *Littré*, article Warrant, 2° : « Récépissé délivré aux commerçants au moment où ils font déposer des marchandises dans un dock ou un entrepôt, et constatant la valeur des marchandises déposées. » *Littré* indique aussi le verbe warranter. (n.d.é.)

1. la signature de l'emprunteur ;
2. la signature de la Chambre de commerce ;
3. la marchandise warrantée.

Nous pensons que l'importance du crédit par rapport à la valeur des marchandises warrantées devrait être de 25 pour cent (la moitié de ce que la Banque de France avance sur titres actuellement). L'emprunteur aurait, bien entendu, à faire la justification de l'emploi des fonds.

M. Delahaye a vu hier le ministre du Commerce. M. Pellaumail a été convoqué à la réunion des principales Chambres de commerce qui doit se tenir au ministère aujourd'hui. Allons, tant mieux, il faut que la circulation du capital soit rétablie au plus vite.

Et pour qu'elle le soit véritablement, pour que ce capital immobilisé dans les banques ne soit pas immobilisé chez les particuliers, pour qu'il travaille et crée à son tour du travail, il faut qu'il veuille travailler ; pour qu'il le veuille, il faut le mettre en appétit et lui proposer un grand but rémunérateur. Ce but en temps de guerre ne peut être que de conquête. Dans la guerre actuelle, il ne peut-être que la conquête de l'empire commercial allemand, Empire autrement riche que ces plaines de Lombardie que tous les conquérants de l'histoire ont offertes à la convoitise de leurs soldats !

Le Pape, la Guerre et la Paix

1917

> ... à moins de cela, mon cher Glaucon, il n'est point de remède aux maux qui désolent les États, ni même à ceux du genre humain ; jamais cette république parfaite dont nous avons dressé le plan ne paraîtra sur la terre et ne verra la lumière du jour.
>
> Platon, République.

À LOUIS DIMIER[10]

Mon cher ami, comment le cours des choses a-t-il bien pu substituer si longtemps ma plume à la vôtre dans l'examen de ces questions de politique religieuse qui concernaient un catholique, un membre de l'Université, un philosophe et un écrivain comme vous ?

Vos premières absences de Paris, vos études, vos courses, et puis ce fait majeur que j'étais le plus assidu dans notre cave de la rue du Croissant à l'heure nocturne où étaient apportés les sujets à résoudre, où se nouaient les

---

[10] Dans cet éditorial, Maurras transmet en quelque sorte la responsabilité des chroniques de politique religieuse de *L'Action française* à Louis Dimier. Ces changements dans les attributions des uns et des autres furent sans doute consécutifs à la disparition d'Henri Vaugeois. Louis Dimier n'est pas le premier venu ; il fut le fondateur de l'Institut d'Action française en 1906 et il en est toujours le dirigeant en 1917. Spécialiste de l'histoire, de la littérature et surtout critique d'art, il est en plein accord avec Maurras sur le plan politique, mais s'en éloigne sur le plan littéraire et esthétique. En particulier, il refuse ce qu'il appellera plus tard le « nationalisme littéraire » et ne partage pas les théories de Maurras sur le « génie français », l'origine du romantisme, la définition de l'art classique ou la corruption de l'intelligence française par le germanisme. Là où Maurras incrimine Rousseau et Kant, Dimier fait remonter le mal français à l'*Encyclopédie*, contre laquelle il n'a pas de mots assez durs. Ces divergences sont anciennes et profondes ; sans doute Vaugeois savait-il les maîtriser mais, après sa mort, elles ne connaîtront plus de frein. Dans son éditorial, l'agnostique Maurras propose un compromis au catholique Dimier ; plutôt que d'opposer France et Allemagne, opposons le génie catholique et latin à la barbarie de la Germanie convertie au luthérianisme. Nous ignorons dans quelle mesure Dimier aura accepté cette « main tendue ». L'équilibre entre les deux hommes au caractère affirmé durera trois ans ; en 1920, après une dispute mémorable, Dimier quittera l'Action française et la politique en général pour ne plus se consacrer qu'à la critique d'art. (n.d.é.)

discussions, où l'esprit public devait être mis en garde au plus tôt par notre *Action française* ; ainsi s'est constituée peu à peu l'usurpation. Elle a fini sans doute, et il le fallait ! Vous avez fortement repris votre rubrique, et c'est tant mieux. Mais relisant les notes journalières que l'on me conseille de recueillir, je me dis qu'il est bien heureux que nous soyons liés, l'un et l'autre, avec un goût si vif d'expliquer les idées très simples afin de les conduire au plus haut degré de clarté ; sans quoi cette besogne qui nous a été imposée par les circonstances critiques n'eût pas été conduite très loin !

Si tant de bêtises dites et écrites contre le pape ne nous avaient pas fait goûter à fond l'âpre plaisir de ranimer de chères vérités utiles (dont quelques-unes, hélas ! grosses comme le poing), je crois bien que nous pencherions aux genres de misanthropie les moins recommandables : celui qui se défie de l'esprit humain, celui qui désespère du ressort de l'intelligence de la patrie… Nous ne désespérons de rien. Nous sommes pleins de confiance. Nous recommençons chaque jour notre supplément à nos preuves de la lumière du soleil et de sa chaleur bienfaisante. Une petite poignée d'ennemis intimes nous diffame de tout son cœur ; mais nos amis nous aiment bien. Et nos amis comptent au premier rang de ceux qui donnent leur pensée, leur sang et leur vie à la France. Serviteurs d'intérêts connus, rationalistes sans raison, humanistes étrangers à l'homme, nos ennemis sont jugés par leurs procédés : falsification pure et simple, ou basse chicane. Le résultat les qualifie, car la presse allemande félicite les plus zélés ; un de ces malheureux, connu et apprécié à Francfort pour son offensive constante contre « l'armée française de la plume », porte sur son laurier le visa germanique.

Que disions-nous donc d'offensant ? Nous exposions la vieille antinomie de la Germanie luthérienne et du catholicisme latin. Nous travaillions à rétablir une notion un peu raisonnable du pape, du Saint-Siège, de sa fonction parmi les peuples et au-dessus des peuples. Nous rappelions aussi quel intérêt majeur il y aurait à ne pas être des étrangers ni des inconnus au Vatican. Quel mal était-ce ? Assurément le même que de défendre le clergé et les catholiques français. Il paraît que cette défense était odieuse et insupportable. Et il paraît que la campagne menée contre eux en pleine guerre était parfaite. Les catholiques français se battaient et mouraient pour la France, mais ils y ajoutaient ce délit ou ce crime de distribuer des médailles et des croix, des chapelets et des images : les méchants ! ils faisaient de la propagande pour leur idée. Cela était impardonnable. Mais il était très pardonné au parti adverse de les accuser de lâcheté devant l'ennemi, d'antipatriotisme, d'embusquage militaire, de trahison. On lira les pièces qui font foi de cette injustice civile. On y verra l'indignité des mauvais citoyens et la timidité des bons. Je n'ai pas estimé devoir séparer ces raisons et ces plaintes catholiques-françaises des raisons et des plaintes catholiques-romaines. Cela est un. L'adversaire lui-même ne le distingue pas. Je n'ai pas à le distinguer.

La Patrie n'en est pas blessée. L'estime est due aux communications naturelles des hommes. C'est le malheur des siècles et la suite funeste de nos révolutions qui ont voulu que de nos jours les nations deviennent des intermédiaires inévitables pour ces rapports humains qui, sans elles, s'effondreraient.

Il n'en a pas toujours été ainsi. Il fut un temps ou l'Internationale ne dépendait pas des nations, mais les présidait et les commandait. Avant d'être Français, Italien, Anglais ou Germain, l'homme du moyen âge fut citoyen d'une civilisation générale, qui avait sa langue, son esprit, ses mœurs, sa foi, sa science, son art, ses façons de sentir, sans aucun souci de la borne des États. La vraie frontière, la frontière religieuse s'étendait jusqu'à la rencontre de la barbarie. Il ne faut pas craindre de le redire : cela était, cela n'est plus. Nous avons eu, mais nous avons perdu l'unité humaine.

Les conditions de ce bienfait renaîtront-elles ? Leur effet reparaîtra-t-il indépendamment de ses causes génératrices ? Ou quelque effet semblable jaillira-t-il de causes nouvelles qu'on ne voit point ? On n'en sait rien encore. Mais, dans l'incertitude, la simple sagesse voudrait qu'on s'attachât avec un respect passionné à tout ce qui survit de nos antiques relations universelles : nous n'avons pas de quoi faire les dégoûtés sous l'orage de dissensions qui s'est abattu sur l'esprit de l'Europe plus encore peut-être que sur ses tristes campagnes ! Je sais bien qu'on décrète l'agonie et la mort du catholicisme, mais il continue à disposer d'un esprit, d'un corps d'institutions, d'un système d'éducation morale, d'une doctrine vigoureuse, de docteurs et de disciples nombreux. L'œil qui les voit ne peut les nier ; comment l'esprit peut-il en faire abstraction quand il se livre à la difficile recherche des organes naturels de l'entente entre les hommes ?

Certains partis jugent, il est vrai, que de meilleures garanties de l'avenir seront les idées toutes nues et n'ayant ni interprètes directs ni organisations qui les servent. Comprenne qui pourra !

Ainsi le vocabulaire officiel des États alliés parait vouloir confier le sort de la concorde future à l'idée la plus générale de la Justice. Je crains que l'on ne coure à de rudes surprises. La Justice est nécessaire pour la paix ; mais y suffit-elle ? Elle pourrait nous causer quelques déceptions. Par la complexité des intérêts et des intentions qu'elle dissimule, qu'elle peut stimuler aussi, la Justice est l'idée litigieuse par excellence. Chacun la veut pour soi. Le tort, le droit, parbleu ! c'est la préface des batailles plus encore que leur conclusion. S'il y a des germes de guerre, c'est bien là.

J'attendrais un peu mieux de la Raison, idée plus simple, agent plus vif, parfois éveillé par des intérêts personnels ou généraux bien compris, enfin moins incapable d'opposer la limite de son barrage aux appétits et aux passions ; sans la proclamer ni souveraine, ni infaillible, on peut en attendre quelque chose à la seule condition qu'elle soit tout à fait elle-même et ne subisse pas d'impure domesticité. Une raison impersonnelle peut servir de mesure aux intérêts divers des nations en présence ; serait-elle sincère si elle négligeait de sourire en secret du voisinage de sa borne et de la faiblesse de ses moyens ?

Mais la raison conseillerait aux peuples divers l'alliance du Siège unique à l'entour duquel sont parlées ou comprises toutes les langues et qui dispose d'un système de puissances de sentiments, seules capables d'émouvoir les intelligences, de fondre les cœurs divisés. Les bataillons ennemis ne s'embrasseront certes pas en vertu de leur simple communauté de foi ou de leur vœu d'obéir aux mêmes règles d'amour et d'équité ; mais de leur rencontre en un lieu supérieur peuvent résulter, à la longue, des conciliations qu'on n'eût pas espérées plus bas.

Il faut ici redemander si les patriotismes en présence autorisent ces rapprochements. La question n'est pas vaine. Elle se pose, mais elle ne se poserait pas sans la vigueur et l'influence de faux systèmes qui nous ont coûté plus encore de déperdition cérébrale que de pertes de sang ; ce qui n'est pas peu dire, après le long massacre des guerres nationales ouvertes en 1792 et qui vont s'aggravant.

Nos beaux esprits n'aiment pas l'idée de patrie. Mais l'idée d'une religion universelle les enflamme aussitôt d'un beau courroux patriotique. Pour brouiller l'un et l'autre, ils ne sont jamais si heureux que lorsqu'ils ont formé à propos de « la » patrie ou « des » patries quelque raisonnement absurde qui tire tout son avantage de ce qu'il transfère par exemple à l'Allemagne ce qui est le bien de la France, ou réciproquement. C'est déjà un sophisme de concevoir tous les « patriotismes » sur le type d'un seul, comme s'ils étaient de même force et de même droit. Mais d'aller choisir pour modèle uniforme le patriotisme français, autant vaut d'adopter le mille marin pour auner de la toile. Cela ne mène qu'à des confusions ridicules soldées par des conflits brutaux.

Au lieu de considérer dans les patries existantes des hommes différents, pour dégager de leurs rapports l'idée générale de la patrie humaine, on commence par les rêver identiques en tout à la nôtre ! Oui, la France est une patrie. Mais toutes les patries ne sont pas la France, ni pareilles à la France. Il y a des obligations que toute patrie comporte, il en est d'autres que la patrie française seule suggère. Tout homme doit de la gratitude à sa terre mère et nourrice, mais croit-on que l'homme d'Allemagne, si véhément que soit son esprit national, soit débiteur des mêmes biens et d'autant de biens que l'homme de France ?

Chez nous, la somme de bienfaits dont chaque membre du pays est redevable à l'ensemble du territoire et du passé atteint à des proportions fantastiques. Sans le tout, aucune partie n'y est imaginable, et presque toutes semblent avoir été engendrées de lui. En France, notre dette nationale et notre dette sociale se confondent à peu près sur toute la ligne. La situation est différente en pays allemands ; là, les parties préexistaient si bien à leur total qu'elles se distinguent encore de lui et même s'en détachent assez facilement à l'œil nu. On sait, on voit, on cite exactement les âges où il y avait, là-bas, des familles, des villages, des États, et où il n'y avait point d'Allemagne, et où nul ne songeait qu'il dût y en avoir une. Chez nous, cela se perd à peu près partout dans la nuit des âges. L'auteur breton de *La Réforme intellectuelle* a pu écrire sans hésiter ni faire hésiter son lecteur : « ... la France qui a créé tout ce dont nous vivons, tout ce qui nous lie, ce qui est notre raison d'être... »

Soit dit pour prévenir toute confusion germanique : il ne s'agit point là de l'idée de la France ni de son rêve dans les cerveaux, mais de sa pleine et active réalité.

Un bon Français ne se demande pas plus ce que vaut l'unité française qu'il ne s'interroge sur ce que vaut sa mère. Et c'est aussi ce dont se garde un loyal Hambourgeois en ce qui concerne son berceau de Hambourg, mais l'unité de son pays, l'empire, peut être nommée un bien ou un mal, un progrès ou un recul, cela peut être jugé et l'est sans dommage, étant offert à l'expertise et à la critique comme toute œuvre un peu récente où la main de l'homme reste sensible. Que si l'Allemand du commun ne prend pas garde à ces vérités et confond patrie et empire, la défaite l'aidera à voir plus clair dans l'erreur allemande, ce qui sera un inestimable bienfait.

Un Allemand lucide pourrait tomber d'accord avec vous, mon cher ami, de l'élément un peu factice que vous avez si bien saisi dans sa nationalité. Elle est aussi différente que possible de l'œuvre de création sociale et de conservation tutélaire que nous avons appris à vénérer dans la France. Des hommes et des peuples ont fait l'Allemagne. L'Allemagne ne les a pas faits. L'unité allemande peut être un bienfait ajouté à d'autres, mais quand on y arrive, on ouvre un compte nouveau ; à des valeurs fondamentales, incontestées, antiques, et créant des obligations nécessaires, succèdent d'autres valeurs, plus récentes, et d'un titre et d'un poids qui n'est pas comparable au premier.

Le patriotisme n'a que faire de troubler l'œil du patriote. Il ne faudrait pas croire que nous ayons voulu faire la part belle à notre pays. Nous ne donnerions pas l'avantage à la France si, au lieu de sa nationalité et des racines du patriotisme, nous examinions notre régime politique avec la prime qu'il décerne aux moins éclairés et aux moins bons ou bien si nous considérions comment l'autorité décentralisée des États germaniques accorde aux citoyens la décision sur les affaires qu'ils peuvent connaître et les en préserve sur les sujets moins accessibles au jugement des particuliers. Du point de vue rationnel où nous nous plaçons, rien n'importe que le vrai. Au nom du vrai, nous reconnaîtrions que l'esprit public allemand, inférieur par endroits à l'esprit public français, lui est supérieur sous d'autres rapports. C'est la même clarté indépendante des sentiments nationaux qui nous manifeste qu'une des misères du monde tient aux ambitions indignes du patriotisme germain à qui l'égalitarisme international a tourné la tête. Ce dogme de l'égalité des nations est la cause de l'anarchie européenne. On multiplie l'égoïsme et les jalousies quand on donne des noms divins aux vulgaires passions de la nature et de l'histoire.

Ainsi divinisés et sacrés, supposés égaux, identiques pour tous les peuples, les patriotismes voudront apparaître de plus en plus irréductibles. Ils seront estimés plus purs à proportion qu'ils se montreront plus farouches. Ils le diront et le croiront, et il s'en suivra de leur part une difficulté croissante à entrer dans aucune considération ni combinaison internationale modérée ou sensée. Mais aussi qu'arrivera-t-il ? On verra s'aggraver ce qu'a vu la planète depuis la Révolution ; imbus des mêmes droits, les peuples courront aux mêmes buts, afficheront les mêmes visées et se rueront aux mêmes tueries, pour les mêmes mirages.

L'anarchie anti-patriote se dressera-t-elle au cœur des nations ? Elle ne corrigera aucun de ces maux. Son office se borne à compliquer de guerres civiles les guerres étrangères. Pour garder un espoir d'entente éventuelle entre les hommes par la répartition équitable des réalités et des influences, il faudrait respecter les attachements nationaux en s'appliquant à rétablir quelque sentiment des différences entre les peuples, les notions de préséance et même d'inégalité, la délicate appréciation des degrés sur lesquels montent et descendent les fortunes et les valeurs.

Il faudrait donc renouveler l'esprit public universel. Cela suppose de profonds retours psychologiques où le moral et l'organique, le goût de la spontanéité et celui de l'ordre se compléteraient l'un par l'autre au lieu de s'opposer puérilement. Car, de toute évidence, la réforme des esprits ne saurait suffire. Tant pour maintenir que pour régler leur accord, il faudrait un axe visible, un centre, un rond-point matériel où se retrouver. Il faudrait aussi le tribunal international capable de juger sinon les faits, qui échappent trop, du moins les idées et les sentiments, de manière à rendre bien claires les distinctions utiles et à simplifier la vie générale en la dégageant de quelques erreurs que des intérêts passionnés exploitent sans fin. J'ignore si l'état du monde permettrait à la Cour romaine de saisir aujourd'hui ce rôle. Si elle le pouvait, la raison cesserait son recul, un langage fixe pourrait être rendu aux peuples et ce retour à des manières communes de penser épargnerait bien des existences futures !

Les menues querelles n'en seraient pas éteintes. Mais que seraient ces batailles d'anciens régimes auprès des immenses conflagrations allumées par le songe auquel on fait croire les peuples et que nulle réalité ne peut accomplir. Les égaux (ou crus tels) se battent toujours. Avant de conduire l'humanité à son cimetière, une démocratie universelle ne serait que champs de carnage. Les hommes qui voudront en soulager le monde s'efforceront d'abord de le sauver de l'idéalisme qui l'engendra, du statut faux et branlant qu'il prépare. Un peu aménagée, la vie réelle est naturellement assez variée, assez large, assez souple et assez complexe pour faire à peu près sa place à chacun ; combien elle sera redevenue facile quand l'homme aura cessé d'être berné par la chimère qui dégoutte de sang.

Ah ! non, ce n'est pas seulement le prolétariat qu'elle berne, suivant ce mot de M. Jules Guesde au Congrès d'Amsterdam, que vous retrouverez dix fois cité au long de ces pages ; bourgeoisie, patriciat, monarchie même ont eu part, ainsi que le genre humain tout entier, à cette immense mystification alimentaire et sanguinaire montée on sait bien où, on sait par quelles gens, contre la profonde sagesse catholique ou ce qu'elle enseigna de l'art de vivre et de penser.

De votre point de vue religieux et national, mon cher ami, de mon point de vue national et politique, efforçons-nous donc d'en finir avec cette ennemie de l'homme dont une prétendue pensée moderne a tiré ses perfides fables, ses homicides excitations. À ce culte des Droits de l'Homme dérivé du Luther qui divisa l'Europe, du Rousseau qui déchira notre France, du Kant qui donna sa figure au schisme allemand et façonna le rêve de l'égalité des nations d'où s'est développée tant de fureur barbare, à ce nationalisme anarchique et révolutionnaire qui gonfle, depuis Fichte, les veines du peuple germain, sorte de panthéisme ethnique par laquelle a commencé la Pangermanie, nous pouvons répliquer, assis sur le charnier de nos invasions :

Tantum religio potuit suadere malorum ![11]

Mieux que l'autel de Diane sur le sacrifice d'Iphigénie, la fausse religion de l'Europe et de l'Amérique se juge sur les flots du sang qu'elle a sacrifiés depuis cinq quarts de siècle. Il est temps de reprendre quelque voie qui fasse rentrer notre patrie et toutes les autres au bercail de l'humanité.

---

[11] Lucrèce, *De rerum natura*, livre I, vers 101 : « ... Tant la religion a pu inspirer [aux hommes] d'aussi atroces barbaries. »
Il faut s'entendre sur le mot de religion : cf. notre note 23 dans la postface du *Chemin de Paradis*. Cette note se référait aux passages précédents, qui décrivent comment Épicure triomphe de la soumission des hommes aux croyances primitives et barbares. Ici, l'atroce barbarie exigée par la religion est le sacrifice d'Iphigénie, dont le vers 101 conclut le récit tragique ; et c'est là une illustration de ce dont Épicure aurait réussi à sortir le genre humain. La traduction la mieux appropriée devrait donc éviter le mot religion, surtout s'agissant ici du pangermanisme tel que Maurras le jugeait en 1917. Idolâtrie obscurantiste conviendrait mieux. (n.d.é.)

La seule internationale qui tienne

Le corps diplomatique du Vatican

8 septembre 1914.

Ne trouvez-vous pas que nous avons à Rome une situation ridicule ? Ce fut jadis celle du Carthaginois quand on lui reprochait de savoir vaincre sans savoir profiter de la victoire.

Nous venons de remporter un avantage d'autant plus brillant qu'il nous a coûté peu d'efforts. Les intrigues de l'ancienne Triplice[12] n'auront servi de rien ; autant que le feu pape, le pape élu est un ami déterminé de la France. Tous ceux qui représentent une amitié française dans la Ville éternelle témoignent ouvertement de leur joie ; le jour où le corps diplomatique était présenté à Sa Sainteté Benoît XV, c'est-à-dire hier même, il devait y avoir et il y a eu, du côté de l'Allemagne et de ses rares alliés dans le monde, quelques figures merveilleusement allongées.

C'était un triomphe pour nous, mais à la condition d'y être, à la condition d'avoir là un représentant qui pût s'épanouir devant la déception des autres et lui faire un pendant d'allégresse victorieuse...

Cette condition n'a pas été remplie. Ce contraste n'a pas eu lieu. Bien que S. S. Benoît XV ait fait sentir le regret de ne pas trouver devant lui un ambassadeur de la France (ce qui nous sauve un peu la face et ce qui entr'ouvre une porte à quelque retour de sagesse) notre absence est plus qu'un scandale et qu'une sottise, c'est une inconvenance et une laideur. Un peuple peut avoir le droit d'ignorer ou de mépriser ses intérêts les plus importants.

Un peuple comme la France n'a pas le droit de se donner en risée, de faire mépriser son nom, de se laisser prendre pour un hurluberlu sans sagesse. L'heure est trop grave, les moments vécus sont trop durs pour que nous adoptions ce luxe d'imbéciles, qui consiste à dilapider son propre trésor.

---

[12] Ancienne Triplice : quelques jours avant la publication de cet article, l'Italie qui avait choisi la neutralité lors de la déclaration de guerre quitte complètement la Triple Alliance qui la liait depuis 1891 à l'Allemagne et à l'Autriche-Hongrie.

Il n'y a qu'un trait de plume à donner, un représentant à nommer, un voyage rapide à lui faire faire ; ne serait-ce que pour aller respirer les beaux lauriers déjà fauchés en notre honneur par des mains amies, l'ambassadeur au Vatican devrait être en chemin depuis quelque vingt-quatre heures !

M. Poincaré, M. Delcassé, M. Viviani, leurs collègues auront-ils ce bon mouvement ? Plus il sera spontané, vif et prompt, plus il ressemblera à la France, à la France de cette année-ci, de ce mois-ci, et mieux il vaudra !

LE CATHOLICISME ET LA PAIX

14 novembre 1914.

L'Encyclique[13] annoncée depuis les débuts du nouveau pontificat nous est résumée par le télégraphe. Comme elle a pour sujet la paix, il sera permis de renouveler d'abord à ce propos certaines remarques et certaines questions auxquelles on n'a pas répondu jusqu'ici.

D'abord voici la seule Internationale qui tienne. Toutes les autres défaillent ou tendent à défaillir. Pendant que les socialistes essayent vainement de se mettre d'accord sur la composition de leur bureau central et sur l'emplacement ou siège de ce bureau, les millions de catholiques pressés dans les armées et les États belligérants n'ont pas un doute sur la demeure du Saint-Siège ni sur la personne du Souverain Pontife. C'est au moins un sujet qui est hors de débat. Tout le reste est contestations, disputes, coups de plume, coups de sabre et coups de canon. Cela étant, comment se fait-il que les pacifistes du monde entier fassent si peu de cas de cette paix catholique romaine si fermement établie, dans son ordre, que, au milieu d'une mer si démontée, il n'y a plus la moindre banalité à en comparer les assises à celles du roc ? Le bon sens devrait suffire à faire sentir que, si l'on veut jamais obtenir quelque paix entre les hommes, il sera sage et prudent de tenir au moins compte de cet élément. Bizarrerie étrange ; non contents de n'en pas tenir compte, les pacifistes veulent plus ou moins le détruire. Tous, ou presque tous, sont anticléricaux et anti-catholiques.

Je ne comprends pas.

---

[13] *Ad beatissimi apostolorum principis*, lettre encyclique du pape Benoît XV, datée du 1er novembre 1914, fête de Tous les Saints. Benoît XV avait été élu pape le 3 septembre précédent. (n.d.é.)

Il en est de même, et à plus forte raison, des socialistes. Pourquoi ? C'est ce qu'on devrait m'expliquer. Leurs trois journaux : *Humanité*, *Bataille syndicaliste*, *Guerre sociale* sont avec une franchise inégale, mais une intensité profonde, ennemis déclarés ou sournois de tout ce qui est catholique. Depuis qu'a été jurée notre concorde intérieure du 4 août, ces journaux charment leurs loisirs, amusent leur détresse en mangeant du curé ou en gémissant sur l'étroitesse de l'esprit de l'Église. Comment donc méconnaissent-ils le point d'appui, cependant clair et net que trouverait dans le centre romain leur propagande en faveur de la paix universelle et du désir de tempérer la concurrence économique par un esprit de cordialité et d'équité ? C'est leur secret.[14]

De deux choses l'une : ou bien il y a dans l'effort du socialisme et du pacifisme des réticences cachées que l'on ne nous dit pas, ou bien, si l'effort est sincère, cette ignorance du catholicisme, cette hostilité au catholicisme demeure un scandale pour la raison. Qu'enseigne le pape ? La paix. Et l'autorité qu'il exerce, la continuité de son autorité, le respect dont l'entourent d'innombrables populations suffit à témoigner que cet enseignement pacifiste n'est pas un vain mot, il s'étend aux réalités, il porte sur les faits, les incline et les modifie dans son domaine avec une autre efficacité que n'ont fait, dans le leur, les Congrès pacifistes ou la Cour de la Haye. L'alliance et les concours généreux d'un tel pouvoir en faveur de la paix européenne seraient à solliciter, à tenter, à briguer, si les pacifistes étaient sérieux. Ils le répudient.

Ce sont des fols ! Ou quel mystère !

PORTÉE POLITIQUE ET MORALE DE L'ENCYCLIQUE

17 novembre 1914.

Les paroles de paix du Pontife catholique romain auront-elles la force de vaincre la ruée de la haine internationale ? Les nations seront-elles sensibles à ce que S. S. Benoît XV appelle son premier « frémissement d'affection pour tout ce qui touche l'humanité » ?

---

[14] On en verra sans doute la clé dans la nouvelle préface du beau livre de Georges Valois, *La Monarchie et la Classe ouvrière*. Mais j'avertis que cette clé, ouvrant sur la conscience et sur l'intelligence des meneurs du Parti, ne les montre pas dans un très beau jour.

C'est une autre question et qui porte sur un autre plan. Mais, là encore, il faut admirer la gravité, on voudrait oser dire le réalisme avec lequel l'Encyclique, pour viser l'avenir, s'applique à peser et à mesurer exactement les données du passé.

Au lieu qu'il est impossible de lire sans bailler les tirades oratoires qu'alignent les clients et confrères de M. d'Estournelles de Constant[15], ici les conditions normales de la vie humaine se trouvent envisagées telles quelles et comme chacun peut les voir. Certains points ne peuvent manquer d'échapper absolument à des profanes, mais d'autres concordent de la façon la plus saisissante avec les préoccupations nécessaires des citoyens. Personne n'y peut être insensible. Ainsi l'analyse des causes de la Guerre porte également sur la guerre étrangère et la guerre civile. Nous sommes chez les philosophes et non chez les rhéteurs ; s'il est horrible de se massacrer de peuple à peuple, il l'est plus encore de s'entre-tuer au sein d'une même nation.

Au nombre de ces causes, le pape relève l'injustice dans les relations des classes inégales qui pourraient s'aimer. Le pape donne aussi cette explication des guerres sociales : le mépris de l'autorité depuis qu'on a voulu assigner au pouvoir pour toute origine la libre volonté des hommes. Cela revient à désigner l'élément d'anarchie et de lutte intestine inclus dans la démocratie. Mais le point le plus digne d'être remarqué et médité est ce qui est dit du désir de bien-être matériel considéré comme un élément belliqueux. Notre jargon dirait : la cause économique. Certains ont exagéré le rôle de cet élément. Il ne faudrait pas le renier ni le trop réduire.

Tout le livre de Norman Angell, assez bien nommé *La Grande Illusion*[16], et qui n'est en effet qu'une illusion, mais sans grandeur, repose sur cette vue qu'il n'y aura plus de guerre quand on saura, quand on verra que la guerre ne paie pas ses frais.

Le vrai est qu'elle cessera quand on croira cela, c'est-à-dire jamais ; le grand producteur, le producteur effréné de richesses matérielles, le travailleur qui se prévaut de créer et de multiplier cette sorte de biens dont l'essence est d'être partagés crée autour de lui et en lui des puissances de

---

[15] Paul Henri Benjamin Balluet d'Estournelles de Constant (1852–1924) reçut le prix Nobel de la Paix en 1909 pour son dévouement à la cause pacifiste et son action en faveur du rapprochement franco-allemand. (n.d.é.)

[16] *The Great Illusion : A Study of the Relation of Military Power to National Advantage* est paru en 1910. (n.d.é.)

destruction qui, en se développant, agiront à main armée. Car il créera des jalousies folles. Il s'enivrera lui-même de ses propres rêves et pour les mûrir plus rapidement, la suppression de toutes les rivalités s'offrira et s'imposera comme la plus prudente des ambitions. Il lui sera toujours possible de griser et d'entraîner dans un mouvement belliqueux ces éléments moyens qui d'eux-mêmes tendraient à préférer les douceurs de la consommation et de la jouissance. C'est ainsi que l'esprit d'équilibre conseillé par le premier degré du travail, de l'épargne et des autres arts dits pacifiques, est promptement rompu par l'esprit d'entreprise et d'initiative attaché à toute technique purement matérielle. Il faut dépasser la conception des richesses divisibles et susceptibles d'être volées pour abolir ce genre de guerre de rapine qui est à la société des nations ce que le vol est à la société des familles. Norman Angell aurait pu démontrer que le vol ne paie pas ceux qu'il envoie au bagne : mais les en a-t-il convaincus ?

Incomparablement plus sage, l'Encyclique conseille de déraciner d'abord l'avarice.[17] On se battra moins pour le bien-être matériel quand les hommes et les peuples en seront un peu détachés. Hors de ce détachement, hors de cet esprit catholique, toutes les perspectives d'avenir sont guerrières fatalement. Si Karl Marx a raison, si M. le Ministre Jules Guesde a raison, si les fatalités du « ventre » doivent diriger de plus en plus les pensées et les sentiments de l'homme futur, il faut aussi compter que l'acier des faucilles et celui des charrues et des couteaux de table seront de plus en plus changés en armes de défense ou en instruments d'agression. Telle du moins me paraît être l'évidence. Ceux qui prétendent autre chose prononcent des mots décousus démentis par l'événement. La faillite du pacifisme humanitaire ne m'a pas étonné ; depuis longtemps, je ne m'étais étonné de sa monstrueuse irréalité.

Tout au rebours, le pacifisme catholique et pontifical se présente comme une doctrine intelligible, liée, rationnelle, supérieure aux réalités, mais en accord avec toutes les lois des choses. Si l'on veut un autre exemple du genre de satisfaction intellectuelle qu'on y rencontre, on peut lire au dernier numéro des *Études* fondées par les Jésuites l'article d'Yves de la Brière[18] sur « la guerre et la doctrine catholique » ; la question de la force et du droit s'y trouve abordée et analysée. Exception faite pour un article de Paul Bourget

---

[17] Cf. plus loin, les idées de M. Ferrero là-dessus.
[18] Yves de la Brière (1877–1941) a commencé à écrire dans les *Études* en 1909 et continuera de le faire jusqu'à sa mort. (n.d.é.)

avant-hier, nous n'avions lu jusque-là, dans les écrits français et allemands, que des balivernes sur ce sujet. Là se retrouve enfin l'esprit des choses et la liaison des idées.

Même question : comment tous les profès du pacifisme ne donnent ils aucune attention à cela ? Je fais mon devoir d'écrivain en leur disant et même en leur criant de regarder un peu de ce côté. C'est très intéressant pour tout le monde. Cela devrait les passionner, eux. Comment est-ce tout le contraire ?

LA COMMUNAUTÉ DES ÂMES

9 janvier 1915.

M. Jean Bourdeau[19] ne disait rien d'excessif en parlant, l'autre jour, de la dissolution de la deuxième Internationale. La première avait cédé à la guerre de 1870. La nôtre, qui semblait plus forte et qui se vantait d'avoir empêché la guerre lors d'Agadir, s'est rompue comme verre au premier cri de l'Empereur et des Princes allemands menant leurs peuples à la curée de l'Europe. Y aurat-il une troisième Internationale ? C'est possible, toute chimère peut revivre. Et la preuve de sa faiblesse sera sans doute réitérée au contact de semblables réalités.

En attendant, l'Internationale numéro 2 n'a rien obtenu. Notre classe ouvrière a vaillamment et solidement fait son devoir pour la France après avoir offert à la classe ouvrière allemande des possibilités d'action révolutionnaire commune qui ont été écartées comme irréalisables. Les intérêts nationaux ont tout emporté. Rien n'a été tenté ni conçu pour empêcher la guerre ni, cette guerre déclarée, pour en adoucir la rigueur. Rien pour adoucir les mœurs militaires, rien pour ces prisonniers, auxquels le pape Benoît XV est en train d'apporter une aide efficace... Mais que me fait-on lire dans *Le Matin* d'hier ? Cette dépêche d'Amsterdam qui est venue par Londres, deux voies qui ne sont pas suspectes de papisme :

> Des télégrammes de Berlin annoncent que l'arrestation du cardinal Mercier a jeté la consternation parmi les catholiques d'Allemagne.

---

[19] À propos de Jean Bourdeau (1848–1928), voir ce qu'en écrit Maurras dans *L Idée de la décentralisation*, note numéro 93 dans notre édition. (n.d.é.)

> Les chefs du parti catholique *(il s'agit des chefs de ce parti au Reichstag)* expriment ouvertement leur regret de la mesure prise à l'égard du cardinal, mesure qu'ils considèrent comme une maladresse impardonnable.

Et cette annonce du murmure catholique, cette rumeur du mécontentement d'un groupe nombreux au Reichstag suivant de près la nouvelle des mauvais traitements infligés à un prince de l'Église, aboutit sans retard au démenti signalé hier et qui constitue soit le fait, soit l'amorce du retrait pur et simple des mesures prises contre le cardinal.

L'Internationale socialiste n'a rien pu ni voulu pouvoir dans les assemblées du Reichstag ; le Reichstag n'est pas réuni, et l'Internationale catholique y fait sentir tout de même quelque influence...

Que conclure ? Que penser ? Oh ! rien du tout. Ne pensons pas, ne concluons rien et mettons solidement nos poings sur nos yeux... Ou, sinon, voyons ce qui est et avouons-le franchement. L'Internationale ouvrière étant à sa seconde faillite, l'Internationale scientifique, si elle a jamais rêvé d'être, a été démolie par le manifeste des 93 savants[20] ostrogoths. Mais il y a, mais il subsiste, malgré tout, envers et contre tout, dans une mesure dont Pie X a pu regretter la faiblesse, puisque ce grand pape en est mort de douleur, il y a, il subsiste dans une mesure sensible, une communauté religieuse des âmes supérieures à la communauté des nations. C'est la communauté du catholicisme.

Il faut donc être fou pour rêver de paix entre les peuples par une organisation internationale en négligeant la seule puissance organisée qui soit douée de quelque internationalité véritable.

---

[20] Daté du 3 octobre 1914, l'*Appel des 93 — Anruf der 93 an die Kulturwelt —* ne fut pas le premier ni le seul de son genre, mais certainement celui qui eut le plus grand retentissement. Dès le lendemain, il fut repris par tous les journaux allemands et traduit en plusieurs langues ; Charles Maurras l'évoque pour la première fois dans *L'Action française* du 10 octobre, après avoir pris connaissance de la version italienne. C'est *Le Temps* qui en publie le 13 la « version française » complétée le 16 par la liste des 93 signataires, parmi lesquels les physiciens Max Planck et Wilhelm Röntgen. De multiples commentaires et contre-appels suivirent, dont le texte de Louis Dimier intitulé *L'Appel des intellectuels allemands*. Plus que le texte lui-même de l'*Appel des 93*, c'est le foisonnement de références et de stéréotypes associés qui conduisit les historiens à y voir le point de rupture de « l'internationale des savants » et l'enrôlement de ceux-ci dans la propagande de guerre. (n.d.é.)

Le national, l'universel

2 février 1915.

Donc, tandis que dans l'Internationale scientifique, littéraire, socialiste, capitaliste, chaque groupe national a suivi le sort de la nation à laquelle il est attaché, le catholicisme conserve une existence distincte et une loi indépendante. Toutes les organisations européennes subissant la loi de la guerre, ont disparu devant l'État dont elles sont citoyennes ou, si elles tentent d'exister hors de lui, font la preuve publique de leur impuissance et de leur inexistence. Seule, l'organisation catholique a donné un signe patent de vitalité autonome. Cela s'est passé en Allemagne ; quand on y a connu la nouvelle de l'arrestation du cardinal Mercier ; l'émotion des Allemands catholiques a été telle que l'administration impériale a dû retirer ses décrets ou démentir ses actes. Ainsi, jusque chez les Barbares, il a brillé comme un rayon d'humanité intelligente. Et cela par la seule vertu de l'Église.

Est-il bon qu'une telle vertu de paix existe ? Jusqu'à présent, plus on se classait parmi les esprits « avancés », moins on jugeait utile de poser la question. Cela allait si bien de soi qu'on se croyait tenu de multiplier les pouvoirs internationaux de cette nature : tribunal de la Haye, Conférence de Berne, congrès scientifiques, littéraires, professionnels. À la vérité, pour des raisons obscures, on affectait de négliger le catholicisme, mais on allait, on avançait dans la direction du catholicisme, c'est-à-dire de l'Universel.

Un grand bienfait

La haine du catholicisme ou les préventions contre lui vont-elles obliger le monde démocratico-républicain à divorcer d'avec l'Universel ? Ce serait pittoresque, ce serait gai, c'est déjà drôle. Rien que dans *Le Temps* d'hier soir, on déclare en première page que le « caractère universel de certaines Églises est ici en défaut » (sur la question de la guerre et de la paix !) tandis qu'en troisième on écrit avec sévérité : « On voit actuellement où conduit le mépris de l'humain et de l'universel »...

Le Temps de ce soir ou de demain choisira peut-être. En attendant, nous sommes de ces nationalistes qui ne méprisent ni n'avons jamais méprisé dans les choses humaines l'humanité, l'universel, ni, par conséquent, la seule institution organique et vivante dont l'esprit soit universel, le catholicisme.

C'est justement parce que les nations se font, au ras du sol, une guerre atroce, qu'il nous paraît honorable pour notre espèce que, dans le ciel, plus haut, plus loin que le chemin des taubes[21], existe un lieu où se rencontrent et puissent converger des prières de même rite, exhalées d'âmes ennemies. Il nous paraît aussi beau et bon, qu'il subsiste malgré tout des points communs sur lesquels établir plus tard des éléments de communication. Ces éléments sont, de nos jours, extrêmement réduits, même dans l'ordre religieux. Jadis ils débordaient cet ordre. Il y avait une camaraderie militaire qui, plus anciennement, formait la chevalerie. Il y avait un état d'esprit européen qui donnait des lois humaines à la guerre. Ces grands biens moraux sont perdus. Mais nous voyons le peu qui reste adhérer et se cramponner au catholicisme. J'avoue que ce fait visible et palpable contribue à me rendre extrêmement attentif et respectueux envers tout ce qui tient à l'essence catholique. L'affaiblir aujourd'hui, c'est affaiblir le dernier refuge terrestre de l'humain, de l'universel.

— Mais le pape n'a pas foudroyé les Barbares.

— Il ne saurait m'appartenir de mener le foudre du pape, ni d'en ménager les carreaux. Le pape fera ce qu'il devra et ce qu'il voudra. L'important, c'est qu'il existe et que l'« Homme blanc » continue à briller sur le tertre de la Sibylle. C'est pour cette autorité précieuse qu'il faut prononcer avant tout le *prius vivere*. Où qu'elle aille, quoi qu'elle fasse, tant qu'elle est là, elle est ; cette existence, à elle seule, est un bienfait immense, par ce qu'elle représente l'unité de centaines et de centaines de millions d'esprits et de cœurs. Elle incarne l'internationalité dans un siècle où les rivalités des nations se déchaînent et se déchaîneront de plus en plus. Avant qu'elle ait rien fait ni rien dit, comprenons qu'il faut la remercier d'être. Ce qu'elle ne fait pas aujourd'hui, elle peut le faire demain. L'espérance dont elle est le signe ne s'éteindra qu'avec elle-même. C'est donc elle qu'il faut défendre d'abord et sauver. L'historien protestant de saint François d'Assise, M. Paul Sabatier[22], qui critique le pacifisme de certains catholiques italiens,

---

[21] Le mot *taube* n'existe pas et nous ignorons s'il s'agit ou non d'une banale erreur de typographie. Nous confessons n'avoir aucune idée de ce que Maurras a voulu exprimer. Dans le texte publié par *L'Action française* du 2 février 1915, ce mot apparaît en tête de ligne, et il est repris tel quel dans l'édition du *Pape, la Guerre et la Paix*. Nous avons préféré ne suggérer aucune rectification. (n.d.é.)

[22] Le pasteur cévenol Paul Sabatier (1858–1928) n'avait aucun lien de parenté avec son homonyme prix Nobel de physique. Sa *Vie de saint François d'Assise*, ouvrage de grande

a tout à fait raison contre ces messieurs, mais on chercherait vainement dans sa critique la sérieuse promesse d'une base d'entente et d'accord pour le genre humain. Quand elle commettrait en passant une erreur politique quelconque, l'Église avec son pape et sa hiérarchie offre à l'humanité un point de rencontre que rien ne remplacerait s'il venait à manquer.

C'est pourquoi je me sens peu porté à la poursuivre de critiques ou même à l'environner d'appréciations, surtout en un temps où les jugements ne peuvent qu'être précipités par des passions rivales et des intérêts antagonistes. Ces passions sont sacrées en nous ? Ces intérêts sont légitimes ? Ah ! oui, mais ce sont des intérêts, ce sont des passions ; pour conserver à l'homme de tous les pays et de tous les temps l'avantage de son bienfait (position internationale, paternité universelle, juridiction œcuménique) la papauté doit se résoudre à commencer par s'abstraire même de sentiments qui sont pour nous non seulement légitimes, mais obligatoires. Et il lui faut se résigner à ne pas correspondre à tous les recours nationaux qui, s'élançant de divers théâtres de guerre, s'annulent les uns par les autres. Surtout enfin, il lui faut procéder avec autant de lenteur et de précaution que les peuples armés mettent de promptitude et de rage à se massacrer. Il devrait nous suffire d'imaginer une papauté tenant une autre conduite pour vérifier aussitôt que son pouvoir international deviendrait national, qu'elle tomberait de l'état de juge à celui de plaideur et du rang de père pacifique et silencieux au rang de fils armé et belligérant ; changer ainsi serait disparaître. Les aveugles qui souhaitent que la papauté disparaisse souhaitent cela.

Il est extrêmement visible que forte de son rôle et de son devoir, la papauté ne veut pas finir. Elle tient à ne formuler devant personne aucune parole de rupture qui puisse couper court à son ministère international. Le dernier discours prononcé par Benoît XV dit le droit, définit le bien, mais évite de s'attarder sur le tort et le mal, pour éviter de prendre aucune sanction directe immédiate. Si l'on s'étonne de cette procédure romaine, c'est vraisemblablement parce qu'on se figure que les papes du moyen âge commençaient toujours par lancer des bulles d'excommunication contre le prince criminel et par délier les sujets du serment de fidélité ! Autant voir le passé comme on lit trois lignes de manuel et se représenter le travail juridique et diplomatique de longues années comme une improvisation de journal ou de tribune bâclée pour agiter l'opinion ou pour la tromper. Autant imaginer

---

érudition mais théologiquement fort controversé, parut pour la première fois en 1894. L'édition définitive date de 1931. (n.d.é.)

aussi que tout ce qui se fait est rendu public instantanément, tout ce qui n'est pas dit, écrit et mis dans les journaux devant être réputé inexistant !

La diplomatie des journaux

L'inexistant, le frivole, hélas ! ce sont les commentaires et l'état d'esprit de la presse démocratique. Il a fallu la juste et opportune intervention du cardinal-archevêque de Paris pour faire comprendre à des esprits ignorants et brutaux que l'on peut demander humblement le bien de la paix aux Puissances mystérieuses sans vouloir conspirer contre la victoire ! Il faut d'autres explications pour rendre sensible l'absurdité de notre attitude religieuse officielle, ignorante du Vatican et que les affaires vaticanes obsèdent !...

Je notais tout à l'heure le caractère légitime et sacré de la cause française. Comment des intérêts aussi sérieux, des passions aussi saintes n'ont-ils aucun avocat, aucun représentant devant un tribunal dont l'importance européenne éclate au soleil ? Le Grand Turc est représenté auprès de Benoît XV, le roi George V l'est aussi. Leur cause est donc soutenue à chaque conflit par des agents armés des renseignements nécessaires capables de rectifier à tout instant les fables de l'ennemi, comme de déjouer ses intrigues et ses manœuvres. N'ayant rien de pareil, là-bas, il y a cela de bon dans notre système que nous nous plaignons amèrement d'y être manœuvrés et diffamés à tour de bras. Le stupéfiant, ce serait de ne pas l'être. Or, les plus stupéfaits sont précisément ceux que met en fureur la simple pensée de rétablir cette ambassade qu'ils ont supprimée il y a onze ans. Ces messieurs ne s'étonneraient pas de perdre un marché où ils n'envoient rien ; ils sont tous ahuris de n'être pas connus ou d'être méconnus par la puissance avec laquelle ils refusent d'avoir des rapports. Ils trouveraient naturel qu'un marché délaissé fût occupé par d'autres ; ils sont scandalisés de trouver l'Autriche installée tout au large dans la place qu'ils lui ont faite pendant ces onze années de carence et de désertion. Enfin, ils ont traité en ennemis de l'intérieur leurs concitoyens demeurés en contact avec Rome, ils les ont harassés de vexations grandes et petites, ils s'en sont même pris à leurs monuments religieux, ils leur ont infligé par la législation générale, par la législation scolaire et hospitalière en particulier, un régime fiscal si exceptionnellement onéreux que les œuvres du dehors par lesquelles l'influence française se faisait encore sentir, en ont souffert l'inévitable contrecoup ; maintenant, ces messieurs se scandalisent que les Français catholiques ne leur aient pas ménagé de meilleurs rapports avec le Siège romain. Que ne leur en avaient-ils laissé plus de moyens !

LES PANTALONNADES DU *TEMPS*

8 février 1915.

S'ils lisent les journaux de gauche, le cardinal Amette, le cardinal Sevin, tous les cardinaux, archevêques et évêques de France et M. le curé de la Madeleine lui-même ont dû apprendre avec un certain étonnement qu'ils viennent de faire retour aux libertés de l'église gallicane, de rentrer dans la tradition de Bossuet et de la déclaration de 1681. Les ennemis de l'Action française l'ont assez traitée de gallicane, sinon de janséniste, pour qu'il lui soit permis de laisser échapper en ces graves matières, qu'elle connaît un peu, un éclat de rire plein de mépris.

Ainsi se vérifie une fois de plus l'exactitude d'un ancien diagnostic : les plus grands diffamateurs du catholicisme et de la papauté en sont surtout les plus grands ignorants. *Le Temps* qui s'est signalé avant-hier par un horrible salmigondis de théologie et d'histoire ecclésiastique est le même journal qui, la veille, parlait, en première page, de la « tradition de Rebecca disant à Isaac : — Ton peuple sera mon peuple et ton Dieu sera mon Dieu. » Nous qui croyions que ces paroles, assez fameuses, se trouvaient au livre de Ruth...

Si, au surplus, l'on nous réplique que les divagations ecclésiastiques du *Temps* de samedi ressemblent moins à son lapsus de vendredi qu'à son silence méthodique sur le rôle du général Mercier, si l'on nous assure que le grand journal dénature l'histoire de l'Église et de la France religieuse comme celle du canon de 75, dans un intérêt de parti, très républicainement confondu avec un intérêt d'État, nous n'aurons rien à objecter à cette vue tout à fait juste. Tant que le régime républicain durera, il y aura dans l'ordre religieux et dans l'ordre militaire une génération constante de dénis de justice et d'escamotages pareils.

L'opinion est reine. Pour la capter, il faut la faire, et pour la faire, la tromper. Ou changeons le gouvernement, ou résignons-nous à ce qu'il n'en soit jamais autrement.

L'Internationale catholique

Beaucoup de catholiques français ont bien voulu me dire, en particulier et en public, dans leurs lettres et dans leurs journaux, combien ils avaient approuvé le point de vue proposé ici par notre nationalisme, sur le rapport du catholicisme et des nations. J'ai reçu en revanche, vendredi dernier, la contradiction aussi courtoise que ferme, mais aussi ferme que courtoise, d'un écrivain et d'un journal que je ne veux point nommer sans leur présenter à tous deux l'expression et l'hommage de nos sentiments d'admiration et de dévouement : *Le Vingtième Siècle* de Bruxelles, qui paraît aujourd'hui au Havre, et son directeur, M. Fernand Neuray, qui a suivi en exil son gouvernement et son État. Profondément catholique et patriote, le publiciste belge souffre deux fois. Il a droit à un double respect de notre part. J'ai lu son éloquente contradiction avec l'attention et la sympathie dont elle était digne, abstraction faite de la personne de son auteur. Et persistant dans le premier sentiment que j'ai énoncé, j'aurai, on le verra, la joie et le droit d'abonder dans le même sens que cet hôte et que cet ami.

Je l'appelle ami, comme allié, comme coopérateur, comme combattant, mais ce nom me vient aussi naturellement à la pensée parce que je lui vois exprimer sur les relations du nationalisme et de l'Internationale, quelques idées qui concordent avec les nôtres. Il y a « un dosage convenable du nationalisme et de l'internationalisme » qui fait la « santé des nations ». Ces sentiments sont « différents », non « exclusifs » : « il faut » et c'est là une parole aussi bonne que belle, « il faut, dit M. Fernand Neuray, que les hommes vivent sur la terre et qu'ils regardent au ciel ». Que le catholicisme soit la force internationale la plus bienfaisante, M. Fernand Neuray l'admet certes et l'admettrait encore s'il n'était pas catholique. Mais, dans sa douleur, il admet aussi ce que j'ai nié : l'internationale catholique a, selon lui, suivi le sort des autres internationales, elle a été emportée comme elles par la tempête guerrière, elle a fait la même faillite.

Certes, il met hors de cause le Saint-Siège ; pour des raisons de religion et de respect et aussi pour des raisons de justice et de bon sens, les raisons mêmes que j'ai présentées ici, notamment parce que l'action pontificale ne s'épuise pas dans ses seuls actes publics, lesquels ne sauraient donc suffire à la définir ! M. Fernand Neuray ne prend pas garde que voilà déjà une exception considérable à la règle de faillite universelle posée par lui. Qu'est devenu le Bureau de Bruxelles, qui présidait aux affaires de l'internationale ouvrière ? Cet organe central est dissous. L'organe central, l'organe romain, de l'internationale catholique subsiste et agit. Ce n'est pas tout que de garder sa tête sur ses épaules, mais enfin c'est déjà quelque chose : ce n'est pas rien.

M. Fernand Neuray veut parler uniquement « des communautés catholiques » : du corps. Mais, là, voyons avec précision ce dont il s'agit et ce que je disais, et ce que l'on me dit. Voyons surtout à quoi s'engageaient respectivement les différentes internationales en cause.

Catholicisme et sociale

L'internationale socialiste se promettait d'abolir en fait les actions guerrières en donnant dans chaque pays, selon la formule de Marx, au sentiment social des classes la prépondérance sur le sentiment national. Étant prolétaires, ouvriers, socialistes, avant d'être Belges, Français, Allemands, Autrichiens ou Russes, les adhérents de l'Internationale devaient, au moment de la prise d'armes, imposer par leur fraternelle abstention générale, l'observation matérielle de la paix. Cela, ils le promettaient, ils l'annonçaient, ils s'en vantaient. Ils étaient là pour qu'il n'y eût plus de guerre. Eux présents, il n'y en aurait plus. Or, qu'est-il arrivé ? L'État austro-allemand ayant attaqué, les socialistes d'Allemagne et d'Autriche ont attaqué aussi. La Belgique, l'Angleterre, et la France se sont défendues ; les socialistes de ces pays se sont défendus aussi. Pour une raison ou pour une autre (cela n'a aucun intérêt, au regard des faits à constater), tous ont rompu le pacte international. Faillite simultanée et complète, aussi nette qu'il était possible de la voir.

À quoi obligeait l'internationalisme catholique ? À empêcher les faits de guerre ? Cela n'a jamais été prétendu. Ce n'est pas en ce monde que le catholicisme déclare vouloir essentiellement établir en fait son ordre et sa paix. Le fait de la guerre ne comporte aucun démenti à sa doctrine, qui ne la nie pas plus que la peste ou que la famine bien qu'elle prêche énergiquement de travailler à la disparition ou la réduction de ces trois fléaux. À quoi s'engageait-elle, alors ? À pratiquer en fait les devoirs personnels et nationaux inscrits dans sa loi générale ou ses décrets particuliers ? Là, pour voir clair, il faut regarder distinctement ce qui est distinct.

Le catholicisme ne s'engage pas du tout à obtenir que ses devoirs seront mis en pratique sur terre, à toute heure du temps, à tout siècle de l'histoire et particulièrement aux siècles où son influence a été combattue !

L'internationalisme catholique ne saurait même être tenu pour équitablement obligé à ce que les vertus qu'il prescrit ou conseille soient pratiquées en fait par tous les peuples ou tous les individus qui ont gardé sa marque. Assurément il y conspire et il y parvient dans quelque mesure ; c'est à quoi il travaille de toute sa force. Tel est son but, l'objet de son action ; action heureuse, ou action malheureuse, action forte ou action faible, selon les hommes et selon les événements. Mais agir est une chose, et être en est une autre.

L'action, signe et mesure de l'existence, est pourtant distincte de l'existence même. Pour que l'internationale catholique subsiste, pour qu'elle soit jugée tenir son engagement moral, il suffit absolument et largement que les catholiques en guerre restent attachés les uns aux autres par l'unité de foi, de tradition, d'obédience, de discipline. Ce que produiront ces sentiments, ces idées, ces faits peut être soumis à de profondes variations. On peut en estimer la dose insuffisante, on doit le regretter beaucoup ; tant que subsiste l'unité génératrice, étant donné son ordre, la nature de ses engagements et de ses promesses, étant donné aussi le siècle, un siècle de farouche développement des nationalités, l'internationale catholique ne fait pas faillite...

... Cette internationalité est véritable, elle est réelle, voilà ce que j'ai dit et ce que je maintiens. Si, à présent, l'on dit que cette réalité manque de la puissance qu'on lui voudrait, tout esprit juste et tout cœur bien placé le dira ; si l'on ajoute que son action, ébauchée sur un point, aurait dû s'exercer sur un autre, on me transporte dans un ordre d'idées tout à fait différent de celui où j'avais placé mes lecteurs. L'internationalité catholique limite la nationalité, voilà le fait que j'avais constaté. Mais la limite-t-elle assez ? Placet-elle cette limite trop près ou trop loin ? C'est une autre question qui ne me regarde pas. Les soldats du roi de Prusse ont pu égorger des prêtres, violenter des religieuses, brûler des églises, saccager des trésors de science sacrée sans émouvoir les sentiments des catholiques allemands, et ils se sont ainsi avancés dans cette direction de telle sorte qu'ils ont paru pouvoir y progresser (si l'on peut dire) indéfiniment. Eh bien non. Cela leur a bien pu être permis, jusqu'à un certain point, mais jusqu'à un certain point seulement. Le point leur a été marqué par la personne, le rang du cardinal-archevêque de Malines. Guillaume II et ses soldats auraient bien voulu traiter le docteur de Louvain comme la bibliothèque de Louvain. Ils l'ont voulu manifestement, et non moins manifestement, ils ne l'ont pas pu. Ils ont rencontré là, d'une part, la force romaine, d'autre part, le propre sentiment de leurs compatriotes catholiques romains. Ceux-ci auraient pu et dû s'émouvoir plus tôt. Mais à la fin, ils se sont émus. On a dû démentir l'arrestation, en suspendre quelques effets ; on a dû ajouter au crime les hommages que l'hypocrisie rend à sa victime. C'est peu ? Sans doute, mais c'est quelque chose. Exactement, c'est tout ce qu'il me fallait démontrer.

Il y a quelque chose, il y a un grain d'internationalité résistante dans le catholicisme. Partout ailleurs, il n'y a rien. Le catholicisme est seul à combler cet abîme qui s'étend de zéro à un. Si donc, on veut aboutir tôt ou tard à un développement international de quelque sérieux, c'est sur le catholicisme que tous les politiques réalistes, sages et prévoyants, devront s'appuyer.

Les forces morales

La deuxième partie de la réponse de M. Fernand Neuray est un réquisitoire éloquent contre la mollesse et l'indifférence de beaucoup d'éléments catholiques dans les pays neutres. Le lecteur connaît notre avis là-dessus. Autant, nous réprouvons pour leur ineptie, pour leur sottise, pour leur mauvaise foi, les attaques dirigées par exemple contre le conservatisme et le catholicisme espagnols dans la presse républicaine officielle, autant les accents douloureux de M. Fernand Neuray nous vont au cœur et je crois ou j'espère qu'ils iront aussi au cœur de bien des neutres catholiques. « Le seul grief, dit-il, que l'on pût élever contre le peuple belge, c'était notre prétention à ne nous laisser devancer par personne quand l'Église romaine faisait appel au dévouement ou à la chanté de ses enfants. » Et plus loin : « La Belgique envahie, la Belgique martyre avait le droit de compter, dans les pays neutres, tout au moins sur le soulèvement unanime de l'opinion catholique. » En quelques lignes saisissantes, M. Fernand Neuray évoque les silences complaisants, les défections inattendues, les incroyables complicités qui sont venues aggraver le poids et l'amertume des malheurs de son noble peuple. Certes, de généreuses exceptions se sont produites. Il écrit :

> Nous ne les oublierons pas. Nous avons trop souffert de l'ingratitude pour être jamais ingrats. Mais qui nous reprocherait de prendre des sûretés contre les désillusions, source de douleur plus vives et plus cruelles encore ? Nous avons été dupes ; nous ne voulons plus l'être.

Pour ne plus l'être, M. Fernand Neuray ne veut plus compter sur « la solidarité catholique internationale » qu'il appelle un bâton vermoulu, terme impropre, je crois. Le bâton est inexistant. Nous avons parlé d'une internationalité, nous ne sommes pas allés jusqu'à la dire assez puissante pour créer, de près ni de loin, une « solidarité », surtout d'ordre matériel. M. Fernand Neuray a raison de la traiter d'illusoire appui, qui « n'a protégé », dit-il, « ni notre sol, ni nos prêtres, ni notre université, ni notre cardinal ». Mais comment pouvait-il se faire « illusion » ?

C'est là que nous voyons nettement et distinctement un tort qui n'est certes pas belge, mais que les autres alliés et notamment les dirigeants français seraient sages de reconnaître pour y pourvoir à l'avenir. Ils ont trop cru aux forces purement morales. Ils se sont trop fiés à elles.

À moins de se reprocher l'héroïsme de leur conduite, héroïsme que l'Europe victorieuse se fera un honneur de couronner magnifiquement, je ne vois pas bien quel regret de cet ordre pourraient exprimer les sujets du roi Albert. Leur diplomatie a fait son devoir. Leur administration militaire et plus tard leurs armées sont allées même au-delà du devoir. Dès le temps de Léopold II, les travaux de préparation militaire et maritime donnaient de hautes leçons de prévoyance aux autres États menacés. M. Neuray fait bien de promettre, au nom de ce peuple fier, de compter désormais davantage sur lui-même. Le conseil est de bonne hygiène morale et l'on s'en trouve toujours bien ; mais, enfin, proportionnellement à son territoire et à sa population, la Belgique, dans l'ordre de l'effort réel et matériel, la Belgique a fait le possible, la Belgique a fait l'impossible. Ce doit être le témoignage de l'univers.

Le droit et la force

Le droit pour s'imposer et même pour subsister a besoin qu'on le fasse valoir, qu'on le soutienne et qu'on le publie. Il suppose l'activité ou s'évanouit peu à peu, dans le sang et les cendres des hommes massacrés et des édifices incendiés, puis dans le froid sublime de ces espaces vides où s'éteint l'éclat de voix du plus véhément des rhéteurs.

C'est ce que les rhéteurs ne comprendront jamais. Ils passent leur vie à personnifier le droit. Mais les hommes d'action et les hommes d'analyse se demandent ce que peut être cette personne sans sujet, ce droit sans substrat vivant ; à leur tour de ne pas comprendre l'antithèse qui traîne partout, ce droit qu'on oppose à la force, cette force dont on veut faire l'opposé du droit ! Autant mettre en opposition le triangle et la couleur. Il y a des triangles colorés, il peut y avoir des couleurs étendues en surfaces triangulaires. Je ne conçois pas un droit qui serait abstrait d'une personne morale ou matérielle existante, et c'est-à-dire d'une force. Il y a la force, plus ou moins forte, qui a droit ; il y a la force plus ou moins forte qui a tort. Mais l'être de raison qui, sans aucune force, serait le droit ou aurait le droit, c'est ce que je ne puis concevoir. Au collège, on m'apprit, pour traiter des fractions, à commencer par les ramener au même dénominateur ; l'école de Droit commence par supprimer les dénominateurs communs sur lesquels on pourrait opérer et raisonner, après quoi elle dit à ses nourrissons de se débrouiller et surtout de parler beaucoup. Ils crient et se débrouillent certes, mais en embrouillant tout.

Le droit, qui a besoin de la force pour être, en a besoin encore pour être reconnu. Ce qui importe aux Alliés est donc, aussi bien pour l'action militaire que pour l'action de forces morales auprès des neutres, un problème de force et de puissance, un problème d'organisation générale et particulière ; générale, dans les améliorations apportées ou à apporter à leur gouvernement, les unes et les autres très sensibles en France et en Angleterre, améliorations particulières dans la mise en œuvre des moyens internationaux financiers, moraux, religieux, dont nous disposons. Un ambassadeur français au Vatican devrait être au premier rang de ces moyens vitaux. Il faut être borné et buté comme M. Clemenceau pour y contredire. Il faut être bien peu sûr de son droit et de son devoir pour craindre de passer outre aux fureurs de l'homme enchaîné. À l'ambassade du Vatican, il conviendrait de joindre une entreprise de propagande et de renseignements, étendue à tout l'univers.

La République le peut-elle ? Ah ! que je le voudrais. Car tout dépend de là : dire la vérité, dissiper les mensonges ! Pour en prendre un exemple dans l'histoire profane, incontestablement le général Mercier a choisi le canon de 75 en 1894 ; incontestablement, le pays ne le sait pas assez ; incontestablement, cela tient à ce que la presse qui dit la vérité est moins bien outillée, et d'une portée moins étendue que la presse qui fait silence. Incontestablement, le *Temps*, qui s'est conduit en cette affaire comme un ..., ne peut être vaincu que par des moyens matériels supérieurs à ceux du *Temps*. Les arguments ne servent plus : problème de publicité, problème de force...

Encore les internationales

21 avril 1915.

Comme on l'a vu, les francs-maçons ne sont pas plus heureux que les camarades et leur internationale a craqué entre la Belgique et l'Allemagne, fin septembre, comme l'internationale socialiste s'était rompue entre la Belgique, la France et l'Allemagne dès les premiers jours d'août. Il n'y a donc plus qu'une internationale qui tienne, le catholicisme, mais cette vérité de fait observée par nous dès le commencement de la guerre doit renfermer quelque chose de bien dangereux pour les maîtres de jour, car leur principal affidé, Gustave Hervé, n'a pas laissé passer une occasion de la contester ou plutôt de la nier, comme seul Hervé sait nier, mais sans souci du vrai ni du faux, sans autre préoccupation que de mettre dedans son lecteur.

Je ne suis pas surpris de voir un petit nombre d'étourneaux, de hannetons et aussi d'habiles gens intéressés dans l'affaire, joindre leur murmure à celui de Gustave Hervé. Mais André Lichtenberger[23] nous avait accoutumés à plus de réflexion ou de jugement. Il me permettra de considérer avec étonnement sa mise en faillite d'une institution internationale qui peut mettre dans ses annales les quatre dates suivantes :

– du 1er au 5 août, ouverture des hostilités entre la plupart des grands États de l'Europe ;

– le 20 août, mort du pape Pie X ;

– le 31 août, ouverture du conclave formé de cardinaux de toutes nations ;

– le 5 septembre, élection du pape Benoît XV.

L'action et l'existence

En pleine conflagration, l'internationale catholique avait procédé avec un parfait accord, dans les formes les plus paisibles et les plus rapides, au renouvellement de son chef. S'il y a une opération délicate, pour les collectivités quelles qu'elles soient, c'est bien celle-là. Elle n'a déterminé aucune division ni séparation, et, depuis, ni les impulsions nouvelles,

---

[23] André Lichtenberger (1870–1940), écrivain prolixe, est surtout connu comme historien des précurseurs du socialisme. (n.d.é.)

inévitables en tout nouveau pontificat, ni les problèmes extraordinairement compliqués posés par la guerre n'ont rien apporté qui ressemblât même à l'appréhension d'aucun de ces périls. D'autres affaires purent jadis donner à redouter des schismes, mais non point celle-ci. L'unité catholique reste ce qu'elle est. Et ce qui est difficile, ce n'est point de la maintenir, c'est, telle quelle, dans sa cohérence étroite et profonde, de la tourner en faveur de tels ou de tels. Problème d'action et de décision, comme on voit, mais non problème d'existence. L'existence n'est pas en jeu ; ce dont on discute, c'est de savoir comment cet être agira, s'il a agi, ou bien agi, ou agi comme il devrait agir.

C'est ce que veut dire Lichtenberger au fond. Avec la promptitude des hommes d'imagination (et peut-être de passion), peut-être aussi sans se douter ni s'inquiéter comme il le devrait du parti qu'on pourra tirer de ses paroles et, d'ailleurs, en se défendant de vouloir partir en guerre contre le catholicisme et ainsi froisser beaucoup de nos compatriotes, même en saluant les instincts nobles et profonds auxquels correspondent les sentiments religieux, il allègue que l'internationale catholique :

1. prétendait arborer pour étendard un rêve de justice et d'amour ;
2. n'a pas trouvé un seul mot de protestation pour flétrir un abominable déchaînement de crimes ;
3. s'est montrée incapable de dominer les forces souveraines qui règlent la vie d'aujourd'hui.

Sur les trois points, ceux qui raisonnent comme Lichtenberger entassent les erreurs de fait et de droit.

De quelques confusions

Je ne voudrais pas chagriner Lichtenberger qui est, si je ne me trompe, d'origine luthérienne, mais enfin il se montre plus injuste qu'un autre en demandant à l'internationale catholique d'agir sur des forces qui, depuis quatre siècles, se sont dérobées à sa communion. Il devrait admettre cet élémentaire principe que dans l'internationale catholique il n'y a pas de protestants ! Nous reprochons aux directeurs de *L'Humanité* d'avoir été sans influence sur les rédacteurs du *Vorwärts* ; nous ne leur reprochons pas de n'avoir rien obtenu des *Annales prussiennes* ni de la *Gazette de la Croix*. Le seul ressortissant de l'internationale catholique du côté des empires germaniques était le vieil empereur d'Autriche et encore, depuis l'assassinat de l'archiduc héritier avait-il ses agents principaux dans un ministère hongrois aussi calviniste que Guillaume II en personne !

Ce ressortissant unique, on peut le rappeler, prétendait faire bénir ses armes par le feu pape, « Je bénis la paix », fut la réponse du magnanime Pie X. Pour savoir si les atrocités de la guerre n'ont pas été condamnées par le Saint-Siège, tribunal international, mais tribunal qui n'improvise pas ses arrêts et auprès duquel toutes les parties, notamment la nôtre, ne sont pas encore représentées, André Lichtenberger devrait bien feuilleter la publication si utile et si belle publiée sous la direction de Mgr Baudrillart par un groupe de catholiques, *La Guerre allemande et le Catholicisme*. Ce recueil des documents belges, français et romains s'adresse à tous les catholiques neutres et peut faire la plus avantageuse propagande à notre pays. Il mérite d'être donné en modèle d'une diplomatie aisée, souple, digne, vraiment efficace. Il suffira, pour aujourd'hui, d'en indiquer à André Lichtenberger les pages 215, 216, 217. Il y verra ce que le chef de la Catholicité déclare penser de « l'horrible et meurtrière catastrophe de ces derniers jours », comment il se prononce, dans quels termes, dans quelle mesure sur les questions de justice et d'injustice, d'agression et de défense, enfin comment il traite le peuple belge. S'il désigne les coupables au lieu de les nommer, cela peut mécontenter André Lichtenberger, Gustave Hervé ou Clemenceau. Mais s'il me fallait juger à mon tour le langage pontifical, bien que cela ne me regarde en aucune sorte, je déléguerais mon suffrage aux prisonniers blessés internationaux que les démarches pontificales ont mis depuis en liberté. Les journalistes auraient été plus satisfaits de voir le pape user de leur encre et de leur style. En parlant en pape, en conservant son rang, le pape a gardé aussi les moyens d'exercer des prérogatives pontificales en faveur de pauvres captifs.

Délivrer des captifs, dire ce qui est permis et ce qui est interdit à la guerre, consoler par de douces paroles les nationalités affligées, ce sont là des œuvres de haute vertu catholique ; quel qu'en soit le prix, malgré tout, ce n'est point là-dessus que l'internationale catholique est fondée. Elle a d'autres principes comme elle a d'autres objets. Ce principe n'est pas dans la vie sociale, mais dans le for intérieur de la personne humaine. Elle ne se propose aucunement pour fin directe de réaliser sur cette planète un plan de fraternité politique. Tout en spécifiant que l'observation de sa foi augmenterait la valeur des sentiments fraternels et les liens d'amitié entre les hommes, son royaume est ailleurs, et c'est en vue de cette vie future qu'elle a rassemblé les humains.

Elle n'a pas promis l'extinction des guerres et, si elle déplore les guerres qui éclatent, personne ne peut lui dire ce que nous avons le droit de dire aux socialistes et aux francs-maçons : votre parole n'est pas tenue.

Jamais on n'a demandé à nos catholiques, sur les fonts baptismaux, ni au catéchisme, de ne pas tirer sur les catholiques allemands, jamais on ne leur a promis que leurs frères d'Allemagne ne tireraient pas sur eux et, plutôt que de déclarer la guerre, feraient des grèves, des émeutes ou des révolutions. Le centre catholique allemand est venu à bout de Bismarck et du *Kulturkampf*, on ne nous a jamais dit de ce centre, comme des cent socialistes élus au dernier Reichstag, qu'il rendrait la guerre impossible. Qui n'a rien promis de pareil n'a rien à tenir dans cet ordre. Où donc André Lichtenberger voit-il les éléments de la faillite rêvée ?

Les nations

Il est d'autant plus facile de lui reprocher cette opposition de rhétorique pure, que nous lui voyons reprendre d'autre part des idées qui sont les nôtres et que nous avons été les premiers à enseigner aux Français. Oui, nous vivons au siècle des nationalités. Oui, dans l'Europe d'aujourd'hui, dans l'ère où nous sommes, les patries, les nations sont les syndicats suprêmes, il n'y a pas de centre politique solide qui soit plus vaste. En deçà (provinces, communes, corps de métier) c'est trop faible et c'est trop étroit ; au-delà, cela ne tient pas... Ceux qui voudront se reporter aux plus anciennes déclarations de l'Action française, celles de novembre 1899, verront que notre langage a peu varié.[24]

---

[24] *Article 2.* De toutes les formes sociales usitées dans le genre humain, la seule complète, la plus solide et la plus étendue, est évidemment la nationalité. Depuis que se trouve dissoute l'ancienne association connue au moyen âge sous le nom de chrétienté, et qui continuait, à quelques égards, l'unité du monde romain, la nationalité reste la condition rigoureuse absolue de toute humanité. Les relations internationales, qu'elles soient politiques, morales ou scientifiques, dépendent du maintien des nationalités.
Commentant certaines déclarations de M. Ribot, l'Action Française disait le 25 mars 1917 :
On ne saurait trop répéter aux Français qui veulent savoir et qui pour savoir ne demandent pas mieux que d'apprendre, les deux ou trois vérités de fait qui dominent cette matière. La « société des nations » n'appartient ni au présent ni à l'avenir : c'est une survivance des formulaires du passé. On ne la trouve pas en avant, mais en arrière. Nous n'y allons pas, nous en venons. Il y eut « une Europe » ; où est-elle dans la monstrueuse dualité déchaînée depuis près de trois ans ? Cette unité européenne elle-même était le reliquat moral et matériel de l'unité du monde chrétien ; celle-ci a été rompue à la Réforme, qui fit succéder à la

Mais nous parlions de politique et de politique temporelle, nous ne confondions pas avec le temporel l'ordre du spirituel qui est tout autre, et cette distinction qui est dans la nature des choses nous permettait alors, et quand il était temps, d'élever la tension de nos dévouements à son maximum d'utilité nationale sans cesser de respecter les services sacrés que rend le catholicisme à l'humanité en la réunissant encore, malgré tout, par-dessus les tombes, par-dessus des fleuves de sang et des mers de ruines, dans la conception et la vénération d'un plan extérieur et supérieur à la vie.

Il est douteux que les développements nationaux puissent être arrêtés ni même enrayés et tempérés avant longtemps. Mais, aussi longtemps que durera cette anarchie, elle pourra coexister avec l'internationale catholique, et voilà déjà un point d'appui d'assuré aux communications supérieures des hommes. Je ne dis pas qu'ils pourront toujours s'entendre par cette voie. Je dis que cette voie est et sera la seule qui leur sera ouverte pour le tenter, et si la tentative a quelque chance, un jour ou l'autre d'aboutir, ce sera forcément, tout l'indique, de ce côté-là.

Tous les avocats de l'internationalisme s'efforcent de dissimuler cette voie. Ils montrent simplement ce que l'homme sait faire d'une vérité qui déplaît.

La seule Internationale...

17 janvier 1916.

La seule Internationale qui tienne, disions-nous dès l'été de 1914, quand les cardinaux des pays en guerre s'étaient réunis et mis d'accord pour donner un pape à l'univers, la seule Internationale, c'est encore le Catholicisme.

Sur son plan et dans sa hauteur, il continue à vivre, à fonctionner en temps de guerre comme il vivait et fonctionnait en temps de paix. Il n'abolit pas les massacres qu'il ne s'est jamais engagé à abolir. Il ne fait pas vivre les individus ni les nations dans la béatitude du paradis, car il n'a jamais promis un tel paradis sur la terre. Mais son ordre spirituel garde sa magistrature visible, les rapports n'en sont pas altérés, ni même tendus, et l'autre jour, l'éminent évêque de Montpellier, cardinal de Cabrières, qui s'est placé au

---

communauté religieuse et morale du Moyen Age un émiettement, gros de compétitions et de rivalités.
Elles n'ont pas manqué.

premier rang des patriotes français, pouvait néanmoins protester, sans provoquer nulle part aucune surprise sincère, contre l'idée qui lui avait été attribuée ridiculement d'avoir voulu adopter on ne sait quelle attitude de polémique contre un cardinal allemand. Les Académies ont rompu, les ententes inter-prolétariennes se sont dissoutes, une seule communication normale et régulière subsiste. C'est celle qui se fait sur le toit du monde par la coupole de Saint-Pierre et les terrasses du Vatican.

La magnifique lettre de l'épiscopat belge à l'épiscopat allemand permet d'admirer de plus près encore les caractères de haute humanité qui sont propres à des communications de ce genre. Certes, les termes sont aussi antagonistes que possible. Les rédacteurs et expéditeurs du message sont les premiers pasteurs de la Terre martyre, et les destinataires sont les chefs spirituels du peuple bourreau. Aucun échange de pensées ne semblerait possible entre ces extrêmes. Et cependant, en voici un auquel il sera vraisemblablement répondu. Nul langage ne paraissait devoir être commun, et non seulement il n'a même pas à se créer, mais ce langage porte un enchaînement de raisons intelligibles, un appareil de démonstration relevant d'un système de pensées que l'adversaire doit avouer et conduisant à des conclusions évidentes par elles-mêmes auxquelles l'épiscopat germanique sera bien obligé de répondre par des *oui* ou des *non* riches en conséquences.

Les savants, les critiques, les jurisconsultes des peuples alliés ont publié jusqu'ici des chefs-d'œuvre d'analyse persuasive. Les plus fortes de ces études destinées à convaincre la mauvaise foi germanique étaient seulement un peu dénuées de base logique ; or, c'est par là, en circonscrivant étroitement cette base, que les évêques de Belgique ont créé dans le ciel des pures idées une sorte d'enceinte neutralisée où le vrai et le faux, le bien et le mal, non relatifs aux nations, mais essentiels et universels se détacheront et apparaîtront une fois pour toutes. Un formulaire et un vocabulaire communs, un appareil dialectique commun, voilà ce que le catholicisme semble avoir assuré aux théologiens de Belgique et à ceux de la Germanie.

Dialogue possible

Les évêques allemands pourront sans doute s'en échapper. Mais à la condition de se mettre en fin de compte hors de l'Église et hors de *L'Humanité*.

Il leur est dit, en effet :

« Nous ne l'ignorons pas, vous répugnez à croire que des régiments dont vous connaissez, dites-vous, la discipline, l'honnêteté, la foi religieuse, aient pu se livrer aux actes inhumains que nous leur reprochons. Vous voulez vous persuader que cela n'est pas, parce que cela ne peut pas être.

« Et, contraints par l'évidence, nous vous répondons que cela peut être, attendu que cela est.

« Devant le fait, il n'y a pas de présomption qui tienne.

« Il n'y a pour vous comme pour nous, qu'une issue : la vérification du fait par une commission dont l'impartialité soit et apparaisse à tous indiscutable. »

On peut admirer la puissance morale de la proposition. Mais, la construction logique de son libellé est plus admirable encore : il n'y a pas à dire ni à croire que les Boches pourront donner des signes d'inintelligence. Ce langage est clair dans tous les langages du monde. Les chiffres ne sont pas plus clairs.

Notez que leurs vénérables correspondants ont évité de commettre aucune condamnation préalable. Une pétition de principe aurait tout gâté. Ils s'adressent à des « Éminences », à des « vénérés collègues ». Ils respectent toutes les règles du protocole antique de leur religion et de leur état. La hiérarchie commune sert ainsi de degré pour atteindre à la vérité et accéder à la justice.

Elle fait mieux. Elle révèle derrière le rideau mystérieux qu'on indique sans l'agiter en vain, la présence d'un tribunal réel et d'un juge vivant. Juge surnaturel sans doute mais représenté par un vicaire de chair et d'os. Il n'est pas encore question d'en appeler directement à ce vicaire, comme le voudraient tant d'esprits précipités. Mais on se réclame de son autorité. On cite ses paroles. Il est là. Il entend. Il ne peut être récusé. Tant que l'une des deux parties n'aura pas déchiré la robe sans couture du catholicisme unitaire, la cause sera entendue et plaidée régulièrement, de part et d'autre : par-dessus le grondement ininterrompu de ces armes qui ébranlent la terre, les eaux et les profondeurs mêmes du ciel matériel que l'homme a violées depuis peu, un ciel supérieur subsistera où des esprits aussi délivrés que possible du poids de la vie chercheront avec liberté où furent le juste et l'injuste, le droit et l'infamie, la vérité et le mensonge. Les échanges proprement humains se réfugieront presque tous de ce côté-là.

La guerre et la paix

L'expérience sera-t-elle poussée jusqu'au bout ? Je ne dis certes pas que les prélats belges obtiendront des prélats allemands l'aveu qu'ils sollicitent. Je dis que ces derniers devront traiter du sujet qu'on leur propose ou qu'on leur impose, d'un point de vue fort différent de celui de l'Empereur, des hobereaux, des armateurs et des grands syndicats ouvriers. La précision du thème rendra, comme on l'a déjà dit, les échappatoires et les diversions difficiles. C'est l'avantage du point de vue spirituel absolument pur : comme son point de vue matérialiste, absolument pur lui aussi, faisait l'extrême faiblesse de l'internationale socialiste ouvrière.

Les disciples de Marx traitaient d'une sorte de biens que tous les moralistes estiment précieux, légitimes et agréables, mais déterminés, mais comptés et de telle nature qu'ils diminuent quand on les consomme et qu'ils sont amoindris quand ils sont partagés. La communauté de ces biens ne peut être poussée que jusqu'à un certain point seulement, il vient toujours une heure où, qu'on le veuille ou non, il faut les rendre à la jouissance individuelle et les incorporer à un égoïsme personnel ou collectif, à un « ventre » comme dirait M. Jules Guesde, ou à soixante-sept millions de ventres. La guerre est donc presque inhérente au partage de biens semblables ; par leur nature même, ils la rendent toujours possible et même menaçante.

Au lieu que le propre des biens spirituels étant de pouvoir se multiplier à mesure qu'on les partage, les communications internationales qu'on leur confie ne portent pas en elles le germe de concurrence, de jalousie, d'envie et de haine. Il y eut des guerres que l'histoire nomme religieuses. Mais ce scandale exceptionnel montre que la vie proprement spirituelle ne met pas l'homme à l'abri du ferment guerrier ; par contre, sa vie matérielle l'y expose essentiellement, et la plus grande aberration du saint-simonisme, avant le socialisme, est d'avoir pu imaginer un seul instant le contraire. La transformation du monde minéral enchaîne les hommes à leur terre, et l'industrie croissante ne peut que les nationaliser de plus en plus. Ce n'est pas faute d'avoir été avertie par des critiques clairvoyants que la nation la moins industrielle s'est trouvée être la moins bien armée. Qui terre aura, guerre aura. On ne fait la paix qu'*in excelsis*.

Un article des *Études*,
Le pape et les lois de la guerre

9 février 1916.

Les *Études religieuses* continuent, dans leur numéro du 5 février, la publication d'un très curieux et très important article de M. Yves de la Brière sur le pape Benoît XV et le rôle international de la Papauté. Nous y avons souvent rêvé, il existe un pouvoir international, solide et ancien : pourquoi les internationalistes n'en ont-ils jamais parlé que pour le combattre ? Il existe une institution dont l'influence va aussi loin que les confins de l'humanité : comment les humanitaires, comme les rédacteurs des innombrables feuilles intitulées *L'Humanité* n'ont-ils jamais souci de l'institution humaine par excellence, la seule qui puisse se prévaloir d'être à peu près adéquate à l'humanité ?

Cet énorme problème auprès duquel on croit pouvoir passer sans le mentionner, comme si on ne le voyait point, la jeunesse le voit, le note, et note encore l'embarras des rhéteurs socialistes ou démocrates pour y faire face. Un jésuite, un curé se présente qui le résout. N'en doutez pas, notre jeunesse, étant sans préjugés, examinera ce que disent le curé et le jésuite : si les idées qu'ils développent tiennent, on ne peut répondre de rien quant à ce que pourra conclure cette jeunesse...

Il y a naturellement dans l'article de M. de la Brière une idée qui se tient. Avant de l'aborder, je voudrais vous montrer deux excellents points d'histoire qu'il fixe.

Waldeck, les syndicalistes, les conférences de La Haye

Savez-vous que Waldeck-Rousseau, dont la politique ne brilla ni par l'à-propos ni par le bonheur, était, dans l'intimité, assez clairvoyant ? Nos aînés nous l'ont dit, nos cadets l'admettront ; nous qui avons vécu les années 18971902, nous avons un peu de peine à le croire. Cependant, M. Yves de la Brière, qui nous paraît admirablement informé, nous rapporte un discours qui semble montrer que l'énergie mentale de cet homme politique était supérieure à son énergie morale. Voyant la vanité de ce qu'il allait faire, il le faisait tout de même, en se fiant... à quoi ?

Le collaborateur des *Études* pose l'inefficacité des conventions tutélaires de La Haye :

> Dès l'époque de la première conférence de La Haye, en 1899,

Waldeck-Rousseau, alors président du Conseil, avait prédit cette inefficacité avec le réalisme sceptique et réfrigérant d'un misanthrope qui (pour des raisons connues de lui, sans doute) n'avait aucune ombre d'illusion idéaliste sur le rôle de la vertu dans le gouvernement des peuples. « Vos conventions internationales », disait Waldeck-Rousseau à l'un des délégués qui représentèrent la France aux deux conférences de La Haye (et qui nous répéta ce propos plus de trois ans et demi avant la guerre de 1914), « vos conventions internationales vaudront tout autant que mes propres arbitrages dans les questions ouvrières. Les ouvriers syndiqués acceptent argent comptant les clauses de l'arbitrage qui leur sont favorables et refusent d'observer les clauses qui leur déplaisent, sans qu'on puisse les contraindre à s'y conformer. Les syndicats ouvriers n'ont pas de propriété corporative dont la saisie deviendrait un moyen de coaction. Alors, ils sont inviolables et mon arbitrage demeure lettre morte !

Pour vos conventions internationales, ce sera la même chose. Les seuls États qui les observeront seront ceux qui ne les trouveront pas trop gênantes. Les autres n'auront rien de plus pressé que de les violer quand ils jugeront que leur intérêt le réclame et quand ils se croiront assez forts pour le faire impunément. Vos conventions auront la même infirmité que mes arbitrages : pas de sanctions ! Pour mes arbitrages, le gendarme ne peut rien faire. Pour vos conventions, il n'existera ni juges ni gendarmes.

Cette attitude du pseudo-liquidateur de l'affaire Dreyfus est accusatrice pour la politique républicaine ; si les conventions de La Haye étaient jugées en 1899 ce qu'elles devaient apparaître en 1914, il fallait garder notre poudre sèche et notre épée aiguisée. Le patron de Gallifet et d'André, le destructeur du Bureau des Renseignements, l'adversaire de l'ancien État-major voyait le danger de la guerre ; non seulement il n'a rien fait pour nous en défendre, mais il a fait ce qui dépendait de lui pour nous y exposer. Ce n'est pas d'un homme très fort.

« États » et « puissances » à la conférence

On sait qu'il fut question d'inviter le pape à la Conférence de La Haye, et, plus vivement encore, de l'en exclure... M. de la Brière écrit :

D'après le texte du projet de convention qui avait été, d'abord, soumis à l'examen de la première conférence de La Haye, en 1899, la Papauté aurait été purement et simplement exclue. On n'envisageait comme possible, sous réserve du bon plaisir des puissances contractantes, que de l'adhésion éventuelle d'États non représentés à la conférence. Or, dans la terminologie actuelle du droit public, le mot État désigne nécessairement une souveraineté territoriale ; de sorte que, depuis la chute du pouvoir temporel, la Papauté n'est plus un État. L'exclusion du Saint-Siège paraissait donc absolue.

Mais voici l'admirable :

> Mais *un délégué français* eut la délicate et noble inspiration de proposer, dans la rédaction du texte officiel, la substitution du mot *puissance* au mot *État*. Le mot puissance, en effet, a une signification plus générale et peut désigner non pas seulement la souveraineté territoriale d'un État, mais aussi la condition juridique d'un personnage diplomatiquement reconnu comme souverain, même sans territoire indépendant ; condition juridique qui est celle de la souveraineté personnelle. La Papauté n'est plus un État, mais elle demeure une puissance. Admettre la substitution du mot *puissance* au mot *État* dans la convention de La Haye était donc admettre la non-impossibilité d'une admission éventuelle de la Papauté au tribunal permanent d'arbitrage international. Le représentant du roi Humbert à la première conférence de La Haye, un vétéran de la diplomatie et l'un des artisans de l'unité italienne, spirituel vieillard dont les anciens de la Carrière (et notamment Albert Sorel) vantaient l'étonnante séduction, le comte Nigra, se montra beau joueur.
> Lorsque fut soumise à la conférence la proposition de substituer le mot *puissance* au mot *État*, il cligna de l'œil derrière son monocle et dit en souriant : « Je vois bien pourquoi ! » Mais il eut l'élégance et le bon goût de n'élever aucune objection. La substitution de termes fut agréée en 1899 ; et la formule de 1907 reproduisit, sur ce point, la rédaction de 1899...
> Ce petit détail d'histoire diplomatique nous est revenu en mémoire lorsque nous avons lu la lettre publique du cardinal de Cabrières, en date du 25 décembre 1915, sur son récent voyage à

Rome. Le cardinal français résumait ainsi les pensées de l'ancien collaborateur de la secrétairerie d'État au temps de Léon XIII devenu maintenant le pape Benoît XV : « S'il ne croit plus devoir reconquérir par les armes un domaine temporel, il espère, en dépit des apparences contraires, que l'influence française s'emploiera pour lui à la réunion du Congrès de la Paix. »

On ne peut en douter, ce nouveau projet pontifical va exciter des protestations violentes à l'extrême-gauche. Qu'un Docteur habillé de blanc et vénéré par 500 millions de fidèles apporte à la cause du droit universel le prestige, le charme, l'influence, la majesté de son autorité, c'est là, paraît-il, une usurpation inadmissible, c'est un insoutenable attentat.

Peu importe que l'intervention puisse être efficace ; elle est papale, il n'en faut plus. Qu'un diplomate français fidèle aux usages de notre peuple, sinon de notre État, ait eu l'effronterie d'ouvrir les voies à une intervention de ce genre, qu'il ait soutenu les intérêts unis de la France et du genre humain, c'est un intolérable scandale. Je serais bien surpris si l'on n'en avait des nouvelles ! En pleine guerre, on demandera que ce diplomate, quel qu'il soit, soit exemplairement flétri pour avoir servi la nation et l'humanité. Il a honoré la France, il a essayé d'employer au profit de la paix du monde, c'est-à-dire on faveur de la vie de millions et de millions de jeunes gens de tous les pays, les puissances morales du catholicisme. Les injures qu'il recevra seront pires que s'il eût mis toute l'Europe à sang.

À quoi le Saint-Siège eût servi

M. Yves de la Brière n'est pas un esprit chimérique. Il ne croit pas, surtout dans l'état présent de ce globe, qu'il y ait un moyen pleinement efficace de prévenir toute guerre, de prévenir et de réprimer toute violation du droit international. Mais si on veut la paix, si on la veut bien, au moins conviendrait-il de ne pas se condamner au dédain et à la négligence de l'un des principaux moyens d'atteindre le fléau guerrier et de mettre au service du droit la force morale réelle, celle qui existe, qui est concrète, et opérante.

Si le pacifisme n'est qu'un mot en l'air pour berner et mystifier les bourgeoisies et les prolétariats, nous nous expliquons parfaitement la conduite des pacifistes prolétaires ou non. S'ils mettent quelque chose sous ce mot, comment se passent-ils de l'énorme appoint de l'influence de l'Église et de son chef ? Si l'on trouve que nous prodiguons cette question, c'est que la réponse n'est pas fréquente.

M. l'abbé de la Brière réalise par la pensée ces vues de logique évidente :

> Imaginons, à présent, que Léon XIII ait été représenté à la première conférence de La Haye en 1899 et Pie X à la deuxième en 1907. Les règles tutélaires du droit international auraient bénéficié du prestige moral et sacré que leur aurait garanti la collaboration, l'adhésion solennelle de Rome. Les articles essentiels des conventions de 1899 et de 1907 auraient été vraisemblablement promulgués, commentés, à titre de règles obligatoires de la morale des nations, dans quelque document pontifical adressé à l'Église universelle. Les mêmes principes de la morale et du droit auraient été, en chaque pays du monde, inculqués à des millions de consciences par la prédication ecclésiastique, par l'enseignement théologique et catéchétique...
>
> L'attitude adoptée par la papauté romaine n'aurait probablement pas été sans provoquer l'émulation des Églises dissidentes et des groupements non chrétiens ; de sorte que de puissantes influences religieuses, intellectuelles, sociales se seraient exercées le plus énergiquement possible à faire partout connaître, respecter le code nouveau et contractuel de la loi des nations...

Les nations, les armées auraient été imbues de ces principes directeurs ; en dehors même des sanctions ecclésiastiques concevables et prévisibles, le niveau des mœurs militaires en aurait été automatiquement relevé. On a voulu agir sans la Papauté. Il est de fait que le résultat de l'action est resté égal à zéro et même inférieur à zéro, si on tient compte de l'hypocrisie surajoutée par la Bochie écrivante et dogmatisante aux crimes de la Bochie militante. Rien, moins que rien et pis que rien, voilà le bilan du pacifisme propagé par une cinquantaine de « puissances » de l'Europe et d'ailleurs.

La fonction de l'Église au XXe siècle

Il est toujours facile d'objecter que la puissance pontificale n'eût rien ajouté à cela. Mais d'abord on n'en sait rien. Et ensuite on ne tient pas compte de ce que l'on sait, ce qui est certain et patent ; seule de toutes les puissances, le Saint-Siège est un pouvoir véritablement spirituel, capable d'enseigner et de faire enseigner des idées, de leur donner force de loi dans les esprits et dans les cœurs. Si une Puissance était capable d'opérer un changement moral dans le monde, c'était bien celle-là ; c'est justement celle-là qu'on a négligée. Ne sommes-nous pas fondé à demander :

— Voulait-on sérieusement ce que l'on voulait ? Et, sauf en quelques belles âmes à illusion, le pacifisme n'était-il autre chose que grimace de comédie ?

La réponse, une réponse que l'on croit terrible, est là, il est vrai, toute prête :

— Pourquoi, du moment qu'elle était outillée pour cette opération, pourquoi l'Église catholique n'a-t-elle pas procédé à cet enseignement de droit public européen ? Pourquoi ne s'est-elle pas occupée spécialement d'adoucir la guerre, de proposer la paix, d'imposer à l'une et à l'autre des règles senties et respectées des peuples et des rois ?

La question est au fond des imbécillités que publient là-dessus *L'Humanité* et que multiplient les *Lanternes*. La réponse, tout historique, est simple et claire : l'Église ne peut pas tout faire à la fois.

Quand elle était à peu près la maîtresse ou quand elle restait l'objet des respects unanimes, elle pouvait donner une partie de son activité à cette œuvre de législation internationale. Maintenant, il lui faut passer les trois quarts de son temps à se défendre contre des vexations de toutes les heures. Un bon proverbe de Provence dit que monsieur le curé ne peut pas porter la croix et chanter.

Il ne le peut absolument pas. Dans les circonstances actuelles, on ne laisse à l'Église ni le temps ni la force de faire toute seule ces besognes de droit public. Ceux qui lui enlèvent et ce temps et cette force sont particulièrement mal venus à lui adresser le reproche. S'il est sincère, ils devraient au moins associer l'Église à ce qu'ils tentent dans la même direction et le même sens. Mais pas du tout. Ils ont horreur de toute collaboration et de tout concours venu d'elle... Ce serait fou, si c'était sérieux. Plutôt que d'admettre cette démence fabuleuse, j'inclinerais à supposer un cas d'hypocrisie allemande, soufflée du pays d'où nous est venu l'esprit d'anarchie en politique et en religion.

INTERNATIONAL OU NATIONAL

10 février 1916.

Nous exposions hier matin le rôle éventuel du Saint-Siège en matière de droit international, comme législateur de la guerre et fondateur de la paix. À peu près à la même heure, un journal italien annonçait que le représentant officiel du Saint Père à Bruxelles s'était fait l'intermédiaire de l'Allemagne auprès du roi des Belges et avait conseillé la mauvaise paix. Tout aussitôt, d'ingénieux publicistes se tournaient, de trois quarts, vers les catholiques en disant : — Le voilà, votre Saint-Siège ! il est boche ! Faites un schisme ou bien rentrez dans la catégorie des mauvais Français...

Le jour est à peine tombé sur ces conclusions, aussi lamentables du point de vue de la raison universelle que sous le rapport de l'intérêt public, et voilà que le Vatican a démenti dans *L'Osservatore* le roman imputé à Mgr Tacci. L'Allemagne ne s'est pas adressée au nonce romain à Bruxelles pour solliciter la paix séparée. Le nonce n'a pas eu à transmettre ses ouvertures. Le gouvernement du Havre n'a pu ni les accueillir ni les repousser. Le Saint-Siège n'est intervenu en tout ceci ni directement ni indirectement. Nos fabulistes en sont pour leurs frais.

Je néglige les fabulistes. Je parle aux gens raisonnables. Je leur demande de remonter à la racine des émotions superficielles et brutales ainsi propagées.

On veut ou l'on ne veut pas d'un pouvoir international. Si l'on n'en veut pas, la question disparaît, tout se simplifie. Nous sommes, nous restons entre races humaines dans la situation où se trouve l'humanité par rapport aux espèces animales hostiles. Tuer ou être tué, dompter ou être dompté, c'est l'alternative que la Bochie et la non-Bochie débattent à coups de canon, de grenade et de coutelas.

Mais si l'on veut d'un pouvoir international, il faut admettre les conséquences qui découlent de ce vœu-là. Quel que soit le degré d'autorité et d'influence de ce pouvoir, il suffit qu'il existe, le voilà, dès lors, naturellement et rationnellement placé pour servir d'intermédiaire et, si l'on me passe le mot, de « facteur » entre les races en guerre. Lui-même peut y consentir ou s'y refuser. Il n'en est pas moins, par position, désigné pour ce rôle, et ce rôle lui reviendra par la force des choses ; plus souvent qu'à son tour on s'adressera à lui de tous les partis. Tantôt ce seront les bons, à l'adresse des méchants. Et tantôt les méchants à l'adresse des bons. Cela est proprement la nécessité inévitable. Et un autre aspect de cette inévitable nécessité est que le pouvoir international dont nous traitons ne pourra qualifier comme nous les peuples en guerre. Si, avant tout examen, et tout procès et tout jugement, ce pouvoir international disait : *Les bons pour notre groupe et pour le groupe adverse les méchants,* ce pouvoir correspondrait à l'internationale des alliés, mais non pas à l'internationale proprement dite. Il serait le pouvoir commun à sept ou huit nations, il ne serait ni commun ni supérieur à toutes, ainsi que veut et doit l'être le Siège romain.

Il est donc obligé d'être impartial. Il est donc par là même exposé aux démarches, aux sollicitations, aux tentations même inconvenantes, même absurdes, même criminelles du parti qui n'est pas le nôtre. Il ne peut pas les recevoir comme nous les recevrions. Mais un certain accueil ne l'engage pas autant qu'on voudrait nous le faire croire. Ce n'est pas s'engager avec un parti que de communiquer avec lui ou de transmettre ses communications, et c'est, tout simplement, établir en fait qu'on n'est pas, qu'on ne peut pas être (par essence ou par position) d'un parti : c'est établir qu'on fait acte de pouvoir international.

Encore une fois, on peut vouloir ou ne pas vouloir d'un pouvoir de cet ordre. Si on le veut, il faut le vouloir avec ses conséquences.

Le Saint-Siège et la France

Le Saint-Siège et la politique française

9 février 1915.

Les partis qui ont le plus violemment combattu la politique de Pie X recommencent contre Benoît XV. On verra ailleurs ce que cette hostilité éternelle à la papauté couvre d'hostilité foncière au bien moral et matériel du genre humain ; ces violences systématiques exercées contre le seul îlot de pure humanité que puisse montrer la planète nous arrivent aujourd'hui couvertes du masque du patriotisme blessé. On voit facilement ce qu'il faut en penser, du point de vue de l'Homme. Leur prétexte hypocrite ne doit pas moins nous indigner comme Français.

À supposer en effet qu'il se fût élevé un malentendu entre le centre romain et les Français catholiques, l'épiscopat a fait spontanément, avec une promptitude remarquable, tout ce qu'il fallait pour donner leur véritable signification à des termes qui n'étaient pas le moins du monde douteux. Successivement les félicitations du cardinal de Cabrières au cardinal Mercier, l'adresse des évêques de la province de Lyon à la tête de desquels marchait le cardinal Sevin, le document signé par tous les cardinaux français et finalement la traduction donnée par le cardinal Amette, en termes si clairs et si forts, de la pensée pontificale ont fixé l'opinion si elle eût été tentée de flotter. Ce flottement ne s'est pas produit. Le pays a compris. Supposons qu'il n'ait pas compris. Quel était le devoir des esprits politiques ? Assurément, s'interposer, unir leurs efforts à ceux de l'épiscopat et, par-dessus la divergence des sentiments ou des doctrines, s'employer vers le même but, qui était d'éviter au peuple catholique français tout sujet de trouble, comme aussi au Saint-Siège, du côté de la France, de nouveaux soucis. Il ne faut pas, disent les bons médecins, ébranler ce qui est tranquille : *quieta non movere*. À plus forte raison, faut-il se garder d'élever la température et le trouble dans ce qui s'agite avec fièvre. Nous avons, en France, à porter le poids d'une grande guerre extérieure. Ce n'est pas l'heure d'une lutte intérieure ni d'une guerre religieuse. Nous avons autrefois donné au Vatican toute sorte de griefs ; ce n'est pas le moment d'en allonger la liste.

Sans doute le Vatican ne compte pas pour les oracles de la politique anticléricale, mais, dès lors, comment se fait-il qu'ils ne parlent jamais que de lui ? Hé ! s'il vaut d'être éternellement mis en cause, il vaut aussi d'être respecté et traité de puissance à puissance. Les excitations de la presse radico-libérale représentent une bien dangereuse méprise. On voudrait nous aliéner les deux ou trois cinquièmes de l'Occident civilisé qu'on ne procéderait pas autrement.

Déni de justice au défaut

— Mais le pape ne nous fait pas justice.
— Il aurait donc à nous la faire ?...
Ce serait un joli aveu. Sans trop le retenir ou sans abuser, notons que pour juger une cause il faut la connaître, pour la connaître avoir entendu les plaideurs, pour les entendre qu'ils se soient rapprochés. Or, si les porte-parole de Berlin, de Vienne et de Constantinople assiègent les abords du prétoire pontifical, notre représentant brille par son absence, nul envoyé n'y peut ester en notre nom. Nos alliés sont là pour le suppléer ? Mieux vaudrait qu'il n'y eut pas lieu à suppléance. Des lettres de crédit officielles et patentes ne suffirent jamais à un ambassadeur, mais elles ont toujours été son premier et très nécessaire instrument. Les censeurs de la papauté ne sentent-ils pas l'odieux de leur imputation de déni de justice adressée au tribunal qu'ils n'ont même pas saisi régulièrement du dossier et devant lequel ils font défaut depuis onze années ?

Si l'on réfléchissait au peu de consistance des opinions que les peuples nourrissent les uns sur les autres, si nous nous examinions nous-mêmes quant au peu d'importance que nous attachons à nos sentiments sur les riverains du fleuve Amazone et les habitants des Montagnes Rocheuses, ces fleuves et ces monts fussent-ils inscrits sur la carte d'Europe, nous nous dirions qu'il peut suffire à Rome, comme à La Haye ou à Madrid, de moins de rien, d'un souffle pour modifier les impressions essentiellement instables sur lesquelles reposent les jugements pour ou contre nous. Ce souffle, pourquoi le retenir quand il peut nous servir ? Pourquoi lier et enchaîner l'idée de l'amitié française à des constructions politiques et religieuses sans rapport étroit avec elle ? Comme Barrès le disait si bien, la France a de quoi être l'amie de tout le monde puisqu'elle a de quoi plaire aux esprits les plus variés. Pourquoi nous priver de leur aide à tous ? Nous qui n'avons que trop de divisions nationales, allons-nous diviser l'univers sur notre modèle ? Ce ne serait pas seulement un péché de sottise contre nos intérêts, en même temps qu'un acte de fou dédain pour les réalités extérieures : craignons de commettre une indiscrétion.

Nécessités d'État

24 février 1915.

Les nécessités d'État ne sont pas les mêmes en temps de paix et en temps de guerre.

Est-ce que, en temps de paix, M. Albert Sarraut, nourri de germanisme, comme toute cette école de Toulouse dont Jaurès fut intellectuellement le chef de chœur, aurait osé abjurer Gabriel Monod ? nier que l'Allemagne fût « la seconde patrie de tous les hommes qui étudient et qui pensent » ? affirmer, comme un simple suppôt de l'Action française, que cette seconde patrie s'appelle la France depuis la fondation de l'Université de Paris, c'est-à-dire le moyen-âge ?

Est-ce qu'en temps de paix, le même ministre de l'instruction publique ne se serait pas cruellement interdit de saluer, entre le Louvre et l'Arc de Triomphe, les mânes des « grands rois créateurs de l'unité nationale » ? Il y a huit mois, Albert Sarraut se sentait naturellement un peu plus républicain et un peu moins français. Il est aujourd'hui plus sensible aux forces qui assemblèrent la communauté nationale, moins sensible à celles des partis qui la décomposent ; je le crois donc, je suis tenu par ma raison de le croire, comme ses collègues, moins indifférent à des arguments de sécurité publique et d'ordre national qui les auraient tous fait sourire autrefois. Autrefois, j'aurais considéré comme inutile de demander sérieusement et de conseiller instamment à un ministre républicain le rétablissement de l'ambassade auprès du Vatican. Cette demande, je l'ai faite, ce conseil, je l'ai donné, sans croire dire ni écrire rien d'absurde, assuré que j'étais de la collaboration éminente des circonstances. Autrefois, on ne m'eût jamais résolu à parler soit à M. Sarraut, soit à un cabinet dont il eût fait partie, de la nécessité de protéger clergé ou cléricaux contre les calomnies ; aujourd'hui, non seulement je le ferai, mais il ne me suffira pas d'invoquer la nécessité de maintenir la paix et l'ordre public dans les villes et dans les campagnes, je profiterai de l'occasion pour ajouter d'assez bonnes choses, dont un ministre ou un autre pourra toujours faire son profit.

L'alliance du catholicisme

Prenant à part M. Sarraut, parfaitement ! celui de *La Dépêche de Toulouse*, je l'inviterai à se demander pour son compte et pour celui de ses concitoyens s'il n'y a pas lieu de réformer ses vues sur le catholicisme, le catholicisme et la France, dans le nouvel ordre européen que nos magnifiques soldats travaillent à constituer. Les ressources politiques et morales ne sont pas si nombreuses ! Comptées comme elles sont, il est sage de réfléchir avant de rompre décidément avec l'une d'elles. Comme tout le montre, l'Autriche est puissamment abaissée par l'abaissement de l'Allemagne ; quel héritage moral à recueillir ! Si vous ne le recueillez pas, il ira à d'autres. S'il va à d'autres, qu'aurez-vous ?

La Russie a le slavisme et l'orthodoxie, l'Angleterre pense récolter des amitiés et des influences partout où elle a semé des Bibles. Si vous espérez dans les idées démocrates et libérales, méfiez-vous, elles déclinent et nul appui n'est plus décevant ; si l'on n'a pour soi que cet élément révolutionnaire, on cesse toujours de l'avoir dès qu'il a triomphé et qu'il est devenu le pouvoir ; exemple, après tant d'autres, les Jeunes-Turcs que nous canonnons, comme disait Jacques Bainville, après les avoir tant nourris et engraissés ! Je vous conseille, Monsieur Sarraut, et vous aussi, Messieurs Viviani, Millerand, Delcassé, je vous conseille de chercher l'appui d'une idée positive et organique pour flanquer vos fallacieuses idées révolutionnaires. Mais laquelle ? Quelle est l'idée, l'influence, la force morale à servir et à utiliser dans le monde sans le catholicisme. L'idée latine elle-même sera stérile et entachée de germanisme luthérien si vous ne l'alliez carrément à l'idée catholique, idée latine et romaine par définition. Je vous assure que, pour un politique français à longs desseins le catholicisme est véritablement la carte forcée.

Monod l'a dit

Vous n'en voulez pas ? Écoutez une vieille page d'un vieil ami à nous tous, Gabriel Monod. Dans le plus déplaisant des petits livres, dans ses « souvenirs de campagne » d'infirmier militaire en 1870 qu'il avait intitulés *Allemands et Français*, il écrivit, lui protestant, peu ami de la France et de son esprit national, la curieuse page suivante :

> Les zouaves pontificaux recrutés principalement parmi les jeunes gens des familles nobles ou cléricales, ou parmi les populations si

religieuses de l'Ouest, ont montré ce que peuvent des hommes soutenus par une forte conviction. Royalistes, ils avaient seuls conservé, avec les souvenirs de la vieille France monarchique, une idée nette, un amour profond de la patrie ; catholiques, ils avaient le sentiment très juste que la défaite de la France était la chute du catholicisme. Ils ont combattu contre toute espérance, sans jamais reculer, parce qu'ils avaient la foi. Naïfs et chevaleresques, ils étaient convaincus que la bonne cause devait triompher.

« Idée nette », « sentiment très juste », disait Monod. Et cet homme naïf lui-même, pas méchant, souvent buté, s'exprimant avec gaucherie, écrivant, par exemple, *chute* du catholicisme pour *éclipse* ou pour *blessure*, Gabriel Monod vit très juste lui aussi sur ce point. Il saisit cette liaison de deux grands destins.

Ce que perdit la France en 1870, le catholicisme, en grande partie, le perdit, même au spirituel, puisque le vainqueur imposa sa philosophie et sa culture au monde. Ce que la France regagnera sera aussi regagné par la pensée catholique. On peut dire que c'est absolument couru... Il ne reste à savoir que si l'État français sera assez sot pour vouloir demeurer étranger à ce profit immense.

Monsieur Sarraut, Monsieur Sarraut, je ne parle pas en mystique. Ce que je vous dis là est d'un sens politique un peu épais, mais sûr, mais sensé. Croyez-moi, la cause de l'État français et celle du clergé de France ont beaucoup plus de connexités présentes et futures que vous n'imaginez. Servez l'une, vous servirez l'autre et (parole de temps de guerre, que chacun, même républicain, peut accepter de n'importe qui, même royaliste) vous rendrez service à votre pays.

M. René Bazin à Rome

5 avril 1915.

Comme nous l'avons dit, notre éminent compatriote M. René Bazin a fait une visite au Vatican, afin d'essayer d'y détruire le résultat des « efforts tenaces de l'ennemi » et, comme il l'ajoute, celui « de nos propres efforts » contre nous-mêmes. Aucun lieu de la terre où l'on fasse plus de politique, ni plus utilement ! L'ambassade d'Autriche, la légation de Prusse, la légation de

Bavière y travaillent nuit et jour depuis toujours et dans le sens de leurs intérêts : or, il n'y a plus d'ambassadeur de France depuis onze ans ! Nous n'avons plus « l'homme chargé de veiller, l'homme informé, qui a le droit d'être écouté, qui peut suivre une affaire, négocier, demander, revenir ». Et cela au point du monde dont l'influence « s'étend à toute la terre » et qui va « jusqu'au plus profond des nations » !

Parmi nos défenseurs volontaires ne manquent ni les gloires ni les autorités. M. René Bazin nomme à ses fidèles lecteurs de *L'Écho de Paris* avec une respectueuse reconnaissance « ce très savant et très ferme cardinal Billot[25], rénovateur de l'enseignement thomiste ». « En maintes occasions, ce jésuite a été l'avocat de la France ». Le cardinal Gasquet, des Bénédictins anglais, a rendu aussi d'incomparables services. Mais tous ces efforts devraient être coordonnés et mis en mouvement par les avis et les requêtes du représentant officiel de la nation intéressée. Il est scandaleux que cette représentation n'ait pas été constituée dès la déclaration de guerre.

Les Anglais ont été autrement pratiques.

Chance et bonheur

M. René Bazin essaye de dissiper le ridicule préjugé qui nous fait croire qu'un Allemand qui plaide pour sa nation est nécessairement un personnage noir de péché, rouge de sang et ainsi reconnaissable au premier coup d'œil. La cautèle de ces brutaux est inventive, leur perfidie fertile, leur mensonge hardi et fort.

Cette campagne officielle de fictions dépourvue de contre-partie officielle, pouvait, devait donner un certain résultat comme l'effort d'une armée qui manœuvre contre un ennemi qui ne manœuvre pas... « Heureusement », dit par trois fois M. René Bazin, ce résultat commence à baisser et à décroître par l'effort réuni de la vérité des faits et des amis dévoués qui la font connaître. « Heureusement », il y a le cardinal secrétaire d'État qui a longtemps vécu chez nous et qui sait la France. « Heureusement » enfin, il y a Benoît XV, pénétrant diplomate, juge divinateur ; il y a celui qui a su condamner l'injustice en la forçant à se reconnaître, même à se dévoiler, car ceux qu'il a désignés en termes indirects « se sont sentis atteints », « et ils l'ont dit », et ils en ont fait des plaintes, odieuses et ridicules, mais déjà vengeresses...

---

[25] Le commandant Billot, frère du cardinal, est tombé au Champ d'honneur.

C'est du bonheur, assurément, et il faut nous féliciter avec M. René Bazin de cette chance imprévisible. Cependant quel est le citoyen, quel est le père de famille qui, ayant à donner un foyer et un toit à leur progéniture, se borneront à la confier à la chance et qui, au lieu de pain, lui prodigueront leurs souhaits d'avoir le bonheur d'en trouver ? Un État français étendant sa fonction paternelle à toutes les familles de la patrie, doit mettre la main à la pâte pour assurer à la nation les instruments qui lui sont indispensables pour se tirer d'affaire. Notre chance et notre bonheur à Rome, c'est très joli ! Ne serait-ce que pour les fixer et les enchaîner à notre cause juste, rétablissons notre ambassade au Vatican.

Du Vatican au Secours national

2 mai 1915.

Le nombre des ambassades au Vatican continue à s'accroître. Les peuples mécréants ne veulent plus communiquer par détours souterrains avec le chef spirituel des nations catholiques. Ils trouvent que le jeu de leur attitude arrogante ne valait pas le bénéfice qu'en tiraient leurs rivaux, et c'est tout un cortège qui vient de l'est et de l'ouest, du sud et du nord. Après le Grand Turc, le roi d'Angleterre, empereur des Indes ; après lui, la reine de Hollande, qui s'est fait connaître à Paris par l'offre d'une gerbe au monument de son grand-père l'amiral Coligny. Il ne manquera plus que nous.

Immuablement paternelle et bienveillante pour la France en dépit des insultes calomnieuses, la papauté multiplie à notre égard les prévenances et les bienfaits. Le présent magnifique apporté par le cardinal archevêque de Paris au Secours national et l'admirable lettre du cardinal secrétaire d'État ne peuvent manquer de faire faire deux réflexions aux esprits renseignés. Réflexion politique : si le gouvernement français était retenu par la crainte d'avoir à faire « le premier pas », voilà qui est fini et réglé, ce n'est pas un pas, c'est cinquante et cent pas que Rome généreuse a faits dans notre direction. Réflexion financière : tous ceux qui savent d'où proviennent les ressources habituelles du Vatican, cette Belgique saccagée, cette France envahie, dont les trésors vont tous à la guerre, voudront adresser un hommage de gratitude et d'admiration à l'émouvante libéralité de Sa

Sainteté Benoît XV. Jamais un don réel ne fit connaître de façon aussi concrète la magnificence du cœur.

Les objections à l'ambassade

Et cependant nos ennemis font des pieds et des mains pour nous noircir là-haut. Oui, là-haut sur ce toit du monde, dans le palais de la Sibylle, dans les avenues qui y mènent, sur chaque degré des escaliers qui conduisent à la Chambre supérieure où se tient l'héritier et le successeur du Pêcheur, ils ont agi, et manœuvré, et intrigué contre nous. M. Hanotaux qui en revient répète ce qu'a vu et dit M. René Bazin, des envoyés officiels de l'Autriche, de la Bavière, de l'Allemagne, de la Turquie. « Quatre ambassadeurs ou ministres sont à leurs postes, ils ne quittent pas les alentours du Vatican, on les trouve et on les retrouve partout. » Sans doute, le passé, le présent, l'avenir de la France sont de grandes idées, de taille à se défendre contre les hommes et les propos ennemis ; elles se défendraient mieux encore si des hommes étaient mis au service de ces idées.

Nous vivons un moment de notre histoire où nous n'avons le droit de rien négliger. C'est bien l'avis de M. Hanotaux, mais il hésite, il n'ose demander une ambassade ou une légation ! Il s'arrête à la timide demi-mesure d'un vague « porte-paroles autorisé ».[26] Et si on lui demande pourquoi :

« Personne, assurément, ne songe à soulever, auprès de l'opinion française et du Parlement français, le grand débat que provoquerait la question de la reprise des relations avec le Vatican. Il est entendu que nous écartons résolument tout ce qui nous divise. Ni une ambassade, ni même une légation, n'aurait une situation honorable et forte, si elle n'était pleinement approuvée par la volonté déclarée du pays et de ses représentants. »

Et voilà ce que donne le gouvernement des « débats », le régime de la discussion et de l'élection, dans une affaire où est ainsi engagé le salut public, comprenez le salut de tous, de tous les Français, cléricaux ou anticléricaux, partisans ou adversaires de l'ambassade vaticane. Nous avons un gouvernement qui ne croit pas avoir le droit de sauver ses gouvernés malgré eux... C'est un peu bête.

---

[26] L'attitude de M. Hanotaux était moins timide en 1914.

Bêtise d'autant plus lamentable qu'il n'y a rien de plus artificiel que l'anticléricalisme français. C'est un fruit de serre cultivé dans la rédaction de quelques journaux et payé à la caisse de quelques banquiers, simple moyen de « berner le prolétariat », comme disait fort bien M. Jules Guesde, et que M. Denys Cochin, avec qui me voici d'accord cette fois, explique très justement dans la *Revue des deux mondes* du 1er mai, par « l'embarras d'imaginer de nouveaux programmes » pour les anciens partis.

L'internationale pacifiste des socialistes ayant fait faillite, un regain de foi religieuse devant l'ennemi s'étant dessiné dans les âmes, il fallait tout reprendre en sous-œuvre ; c'est l'unique raison pour laquelle ils se sont remis à « faire de l'anticléricalisme ».

Franchement, c'est le pays qui est fait et qui est refait par de tristes faiseurs.

LES ÉVÊQUES, L'EMPRUNT

1er décembre 1915.

Depuis le commencement de la guerre, nous assistons à une revanche de la nature. Les élus des partis, des volontés, des opinions, — un homme ! un suffrage ! — font ce qu'ils peuvent pour faire croire à leur utilité. Le sentiment qui leur est le plus favorable doit bien admettre qu'ils ne suffisent pas, puisqu'on est obligé de s'adresser aussi, comme à des collaborateurs nécessaires, aux pouvoirs naturels, aux forces historiques de la société sans en excepter la religion elle-même. Dès août 1914, lorsque se constitua le Secours national, qui, faisant de vastes et puissants appels de fonds, avait un vif besoin de la confiance de tous, on perçut l'évidence et on la reconnut si bien que l'archevêque de Paris y fut convié de plain-pied. L'hiver suivant, quand M. Carton de Wiart, ministre de la justice du roi Albert, parcourut la France pour visiter les réfugiés belges, on eut à contempler le curieux spectacle des va-et-vient continus de l'évêché à la préfecture et de la préfecture à l'évêché, car notre hôte éminent avait besoin de recommander ses infortunés compatriotes à toutes les autorités, à tous les genres d'autorités, celles du département, celles du diocèse. L'une de ces autorités était inscrite dans la loi ; l'autre, n'étant que dans les choses, n'était cependant pas, des deux, la plus petite. Enfin, voici l'emprunt. On le publie dans les écoles, les lycées, les collèges. On le recommande à l'armée. L'armée est dans la loi, l'enseignement public y est aussi. Mais la loi ignore la chaire. Si le Trésor public faisait comme la loi, il serait en déficit grave. Aucun Français ne le voudrait ; gouvernants, gouvernés s'ingénient à boucher cette fissure de la loi. Le clergé catholique, élément intégrant de la nation française, joue son rôle et tient sa partie dans la récolte du capital rédempteur.

Vous avez lu hier la lettre du cardinal de Cabrières, si spirituelle et si pressante en faveur de cet emprunt de la victoire. Et voilà donc l'Église séparée de l'État, indépendante de l'État et devenue sa collaboratrice ! Avait-elle jamais cessé de l'être au fond, en toute circonstance où l'État remplissait quelques-uns de ses devoirs envers l'ordre ou envers la patrie ? Ce n'est pas cette question que je veux poser, elle a trait au passé, et le passé importe bien moins que l'avenir.

La représentation

On nous demande quelquefois comment pourra fonctionner, selon nous, sous la royauté, une représentation nationale. Nous répondons parfois en termes trop abstraits pour être bien saisis. Ou nous entrons dans des développements historiques dont le tort est, si clairs soient-ils, de faire croire que nous voulons faire de la vie avec de la mort, alors que nous nous bornons à reprendre l'esprit d'un processus, qui fut fécond et qui, bien appliqué, le redeviendrait. Le recours aux évêques dans cette affaire de l'emprunt a l'avantage de faire toucher du doigt combien nos pères étaient pratiques !

Quand les Français réunissaient leurs assemblées nationales, ils y faisaient représenter l'état des choses et des personnes composant, à un moment donné, l'être de la France plutôt que les opinions ou les volontés ou les partis ou les factions qui divisaient le pays. Ils convoquaient d'abord la terre, et ceux qui la tenaient, et ceux qui trafiquaient, et ceux qui produisaient, les diverses communautés de forces matérielles dignes de considération ; mais pas seulement les forces matérielles auxquelles nous nous arrêtons quand nous osons rêver d'une « représentation des intérêts ». Eux, plus larges, trouvaient tout naturel d'enregistrer aussi les forces morales ; en effet, du point de vue de la politique la plus réaliste, ces éléments immatériels développent des influences ; connue aujourd'hui, comme de tout temps, ils peuvent lever des hommes et faire affluer l'or. Les États de la vieille France, qu'ils fussent locaux ou généraux, provinciaux ou nationaux, s'inspiraient de ce principe, plus ou moins heureusement appliqué selon les régions ou les temps, mais en lui-même invariable ; ils tendaient à composer un tableau loyal et vivant, réel et complexe de l'activité du pays. On votait dans l'enceinte des organisations représentées, pour en désigner les représentants, mais on ne votait pas pour savoir si l'Église serait représentée, ou les Métiers, ou les Communautés, ou les grandes Compagnies de la nation ou de la province ; cette représentation allait de soi, du moment que le corps à représenter existait.

Nous reprenons ce principe pendant la guerre ; cela ne vous donne-t-il pas certaines idées pour « après la paix » ?

Le cardinal de Cabrières

25 août 1916.

Nous avons publié depuis plusieurs jours la belle lettre dans laquelle le cardinal de Cabrières a commenté avec autant d'éloquence et d'esprit que d'à-propos patriotique un message de M. le Président de la République et son « rappelez-vous » poignant. Le mot de M. Poincaré était certainement allé au cœur de l'éminent évêque de Montpellier qui sent que la noblesse des cœurs, des races, des nations repose sur le fond de leurs souvenirs, si bien que notre Mistral a pu assimiler dans le même distique de la Comtesse :

Ceux qui ont la mémoire
Ceux qui ont le cœur haut...

Leibnitz faisait aussi entrer le beau don d'unifier le présent et le passé dans les conditions d'une âme vraiment humaine, *sui memor...* La faiblesse du régime républicain lient à son absence de mémoire centrale et, pour ainsi dire, axiale. Mais quand les Français s'avisent de corriger par l'initiative personnelle le défaut de l'institution, il faut applaudir doublement : au bien qu'ils font, au mal qu'ils empêchent.

On conçoit que l'âme forte et fière du doyen de l'épiscopat national ait correspondu volontiers à cet appel au souvenir émané du chef de l'État ; rien n'est plus naturel que cet écho apostolique dont s'enchante, avec une pointe de surprise, *Le Temps*.

Mgr de Cabrières est royaliste, sans doute ? Mais il est royaliste parce qu'il est Français, parce qu'il sait se souvenir de la France. « Tout ce qui est national est sien », même et surtout une idée juste de M. le Président de la République. *Le Temps* écrit :

> L'évêque de Montpellier applaudit aux paroles de M. le Président de la République et son cœur de patriote s'émeut des espérances victorieuses qui s'expriment dans le message. Il s'associe aux sentiments de tous les Français avec une ardeur sans réserves. Il ne craint pas de dire son indignation contre les Empires du Centre, son horreur à cause de la Belgique envahie et des cathédrales incendiées.

Nul évêque français, nul prêtre français n'a éprouvé cette crainte… Il y a trop de bonne volonté sensible dans l'article du *Temps* pour qu'il soit utile de lui reprocher les pointes secrètes dont sa note est continuellement hérissée, les unes tournées contre tel ou tel évêque de France, les autres contre le Sacré Collège et le Vatican. Qu'auprès de cardinaux qui siègent de loin en loin aux conseils de l'Église, il y ait à Rome des cardinaux plus jeunes chargés du soin absorbant des affaires courantes, *Le Temps* ne croit pas pouvoir en admettre l'explication naturelle ; il lui faut des raisons ténébreuses tirées des grâces ou des disgrâces de cour et, naturellement, d'un népotisme, le « népotisme romain ». Je recommande au *Temps* une belle mine à creuser, l'étude approfondie du népotisme de Pie X ! Il y aurait aussi à dire et à redire sur la façon dont est présentée l'attitude des prêtres français du « début de la guerre ». Mais, baste ! il faut prendre les gens et les journaux comme leurs papas et mamans les ont fabriqués. S'il eût mieux valu que la réponse du plus grand journal de la République aux paroles ailées d'un prince de l'Église eût été moins rugueuse, plus unie et d'une amabilité moins rouée, si en outre il eût été meilleur de se dispenser de l'écriteau « Religion nationale », qui peut être naturel, mais qui peut aussi être lu comme une provocation, malgré tout ne nous défendons pas contre le plaisir de lire une parole de paix en un lieu d'où sont partis tant de cris de guerre ; sans entrer dans aucune des thèses du *Temps*, félicitons-le d'avoir rendu au moins justice à la « forte personnalité » d'un homme « toujours semblable à soi-même » et qui a pratiqué « la bienfaisance et la droiture ».

Cette droiture, cette bienfaisance, tous les Français, surtout peut-être ceux du Midi, les connaissent bien ! Les peuples du Languedoc n'ont pas oublié l'acte de confiance supérieure par lequel leur évêque ouvrit les portes de sa cathédrale à la foule anxieuse de ses vignerons révoltés pendant les nuits tragiques de 1907. La tragédie de la guerre a naturellement amplifié l'évidence des charités de ce grand cœur. Préfets, généraux, même hommes d'État et ambassadeurs étrangers qui ont défilé à Montpellier depuis août 1914 ont porté témoignage de son talent, de ses vertus. D'un vol lent, mais juste, la renommée apporte peu à peu cette gloire jusqu'aux parages supérieurs de l'État français. Voilà *Le Temps* averti. Peu à peu tout finira par se savoir à l'Élysée peut-être, au Quai d'Orsay, qui sait ? et ma foi, pourquoi pas ? à la Chancellerie de la Légion d'honneur.

Deux méthodes à l'étranger

18 septembre 1916.

Nous ne croyons pas que depuis le commencement de la guerre, il ait été imprimé par nous une ligne hostile ou seulement défavorable à des étrangers neutres ou même belligérants dès qu'ils faisaient un acte susceptible d'être le moins du monde utilisé par la France. Nous ne croyions pas être dupes en traitant avec une équité bienveillante, même avec sympathie, un Karl Liebknecht dans l'hypothèse de sa sincérité, fût-elle manœuvrée, hypothèse à laquelle, pour mon compte, je crois.

S'il y avait un chef spirituel des idées que nous n'avons cessé de combattre depuis vingt ans et que cet antipape fût en situation de rendre service à la France, nous n'avons pas besoin d'affirmer ce que savent fort bien nos pires adversaires ; il serait traité ici avec tous les ménagements dus non à sa personne ni à ses idées, mais au bien qu'il pourrait faire à notre pays. Et nous n'en tirerions ni avantage, ni fierté, ni effet politique. Cela irait de soi.

Il est à peine utile de faire remarquer ici que le pape n'a pas reçu de la part de nos adversaires, d'ailleurs gardiens ombrageux et fanatiques de l'union sacrée, le même traitement que cet antipape rêvé, et les radicaux anticléricaux n'ont pas songé davantage à lui accorder la centième partie de la considération qui est allée spontanément de notre part à Liebknecht. De quelque façon qu'il se prononçât et lors même qu'il rendait à la cause française où à la personne des Français malheureux quelque indiscutable service, il était répondu au pape par des ironies ou des insolences dont la moindre exprimait un « ce n'est que ça ! » bien senti. On avait rompu avec lui, on lui avait déclaré la petite guerre ; et, non contents de ne rien faire pour rattraper ces fâcheux souvenirs, on n'avait pas assez de journaux pour le traîner dans toutes les boues. Tout s'est passé comme si l'on eût formellement désiré, en perpétuant les mauvais rapports, l'induire aux mauvais procédés.

Il est possible que cette méthode recrute en France des ennemis à la Papauté, des adhérents électoraux à leur parti. Oui, cela peut être assez fort contre le pape à l'intérieur de notre pays. Mais au dehors, cela ne vaut pas cher. Il serait de simple hygiène politique de rallier des sympathies de toute nature et de ne pas nous mettre à dos l'opinion catholique. L'hygiène de nos partis a d'autres règles. Un des plus grands bonheurs du parti anticlérical est de se représenter le plus de cléricaux possible contre la France. Pour peu qu'un catholique nous fasse un signe favorable, le parti n'y voit plus, il ne comprend plus ; sa simplicité d'esprit naturelle se complique d'effarement.

Trois barrettes

17 novembre 1916.

S'il nous était annoncé que M. Woodrow Wilson vient de choisir pour en faire ses conseillers les plus assidus ou leur confier ses administrations les plus importantes trois citoyens de la Nouvelle-Orléans, d'antique souche française et passionnément dévoués aux intérêts de la France, la presse retentirait de justes cris d'allégresse et, à sa suite, ce pays, toute intelligence, toute vibration de cœur et d'esprit, se féliciterait avec raison de la continuité de l'étroite amitié contractée entre nos deux peuples au temps de Louis XVI et de Washington, de Benjamin Franklin et de Vergennes, de La Fayette et de Jefferson.

Et ce serait très bien. Mais voici qui est moins bien. Il vient de se passer non à la Maison Blanche, mais au Vatican, un fait du même ordre, sauf qu'il est d'importance supérieure, et sur lequel les conseillers habituels du peuple français semblent en vérité s'être donné le mot pour se taire. Le Souverain de trois cents millions d'hommes vient de faire asseoir trois Français au sommet de ses conseils. Ce conseil n'est pas un conseil ordinaire. Il a quelque chose de souverain puisque, au décès du chef, il en a la désignation. Nous avions jusqu'ici, dans ce conseil universel de la société spirituelle appelée l'Église catholique, cinq, six, au grand maximum sept barrettes de cardinaux. Depuis la promotion récente, il y en aura huit : les cinq titulaires antérieurs, qui sont Leurs Éminences l'archevêque de Paris, l'archevêque de Reims, l'archevêque de Bordeaux, l'évêque de Montpellier, le R. P. Billot de la Compagnie de Jésus, et les trois nouveaux promus, Leurs Éminences l'archevêque de Rouen, l'archevêque de Rennes et l'archevêque de Lyon. Huit voix de Princes de l'Église qui donnent à la France la certitude des avantages de toutes sortes attachés à l'honneur d'être représentée et d'être entendue à souhait dans le centre du monde moral, *Urbem quam dicunt Romam...*

La politique religieuse est une politique

On a trop insulté depuis deux ans le successeur de Pie X, ses paroles ou son silence, pour qu'il soit permis d'opposer la question préalable et de déclarer l'affaire dénuée d'intérêt. Car, à mettre les choses au pis, à supposer, ce qui n'est pas, l'hostilité personnelle du Souverain Pontife, il est très intéressant de savoir que S. S. Benoît XV vient de créer de lui-même trois moyens énergiques ou de combattre et de modifier les sentiments qu'on lui prête, ou de lui donner un successeur plus français. Ce phénomène politique vaudrait quelques minutes d'attention et de réflexion, peut-être mériterait-il quelques lignes de commentaires. Je n'en vois nulle part. L'opinion française serait-elle insensible à ce qui peut devenir de la grandeur, de l'influence, de l'action utile pour la patrie ?

Nullement. Mais elle ne sait. Elle ignore, par exemple, les beaux efforts multipliés par le défunt cardinal Sevin pour la cause de la France. Elle ne sait rien, cette opinion nationale dont le sort est en jeu pourtant, des interventions répétées du cardinal de Cabrières. On ne l'a pas avertie ! On ne lui a montré les choses de la politique religieuse qu'à l'envers, c'est-à-dire par rapport à nos divisions. Journalistes, mes frères, patriotes de tous les bords et de tous les partis, si nous nous mettions à parler (et d'abord à penser) des relations franco-romaines par rapport à l'intérêt commun des Français ? Les croyants auraient tort de s'en scandaliser ou les mécréants de s'en offusquer ; notre passé, notre présent, notre avenir en seraient mieux équilibrés, cela contribuerait à mettre dans le monde un peu de lumière et, ce qui ne gâterait rien, ce qui irait par-dessus le marché, un peu de paix au milieu de nous.

Ah ! le beau jour que ce serait ! Mais que ceux qui l'espèrent ne l'attendent pas pour remercier Benoît XV de la haute faveur accordée à la France. Ces aînés de la Nation ne doivent ni craindre, ni tarder d'ester et d'agir au nom des mineurs, qui n'auront qu'à marquer à leur tour la reconnaissance quand la réalité les aura mis en présence du fruit de ce bienfait sacré.

LE PAPE ET LA FRANCE : LETTRE D'UN POSITIVISTE

21 novembre 1916.

La Lanterne, journal qui ne comprend pas le français, nous a ignoblement injuriés pour mon article de jeudi : « Trois barrettes » où j'établissais quel avantage il y aurait pour le pays à ne pas laisser couvrir d'outrages le souverain de trois cents millions d'hommes. L'idée de se voir interdire d'offenser le pape met *La Lanterne* hors d'elle-même. Elle en profite pour me jeter une fois de plus, outre les saletés dont elle est prodigue, toutes celles que la presse boche a lancées contre Mgr le duc d'Orléans. Je suis fier de me trouver avec le Prince, face à *La Lanterne* et aux journaux austro-allemands.

Comme pour ajouter au plaisir de cette légitime fierté, notre ami Antoine Baumann, membre de l'Exécution testamentaire d'Auguste Comte, a bien voulu nous adresser au sujet du même article une lettre du plus vif intérêt.

Antoine Baumann est du nombre de ces bons Français, Français patriotes, qui furent un moment victimes d'un malentendu avec le Vatican. Il juge que les catholiques français en ont appelé « au pape mieux informé ». Je ne crois pas que les choses se soient passées tout à fait ainsi. Mais peu importe. Antoine Baumann applaudit, en les estimant « justes », à nos « considérations sur les trois barrettes cardinalices ». Il se félicite de se retrouver ainsi avec nous tous dans « la tradition » de la France. Il ajoute ces lignes remarquables :

> La tradition ! Jamais on n'aura mieux vu qu'une civilisation tire toutes ses forces morales de son passé. Comme le lutteur qui recule de quelques pas et s'arc-boute pour soutenir une attaque, la civilisation française, fleur suprême de la civilisation occidentale toute entière, a dû se replier sur elle-même pour résister à l'assaut violent de la barbarie. Elle a fait appel aux morts les plus illustres et les plus lointains dont elle avait recueilli l'héritage. Ces morts sont ressuscités pour venir à son secours. Nous avons revu Léonidas, Fabius Cunctator, des Rolland, des Turenne, des d'Assas. Nous avons revu, cent fois plus beau, l'élan patriotique de 1792. Il m'a semblé que Sainte Geneviève était réapparue ici et là et qu'en tels journalistes revivait la flamme de Démosthène. Je crois que, s'il eût été nécessaire, Jeanne d'Arc elle-même serait sortie du tombeau.
>
> Le positiviste que je suis pense que si Comte assistait au terrible drame qu'il avait si peu prévu, il n'aurait pas hésité à faire appel au roi et même au pontife suprême du catholicisme. Il aurait répondu aux étonnés que quand on est dans la tradition, on peut être en retard, on n'est jamais dans la mauvaise voie. Puisque les morts gouvernent les vivants, il faut les aider dans cette tâche. Insensé qui voudrait

exclure du cortège des reviviscences qui nous sauveront, la vénérable religion romaine, dont l'influence heureuse reste toujours si forte même sur les incroyants, s'ils sont issus de cette lignée.

Attila II voyait si bien quel obstacle terrible il en résulterait pour la réalisation durable de ses folles visées, qu'il avoua un jour avoir érigé le projet de la destruction du catholicisme, en but suprême de sa vie et de ses efforts. Or, toujours il fut sage d'aimer et de respecter ce qui excite la colère de l'ennemi. Une telle vénération ne court aucun risque de s'égarer.

Voilà comment s'exprime un esprit pratique lorsqu'il met avant tout la cause de la France et de la civilisation. Cela ne présente évidemment aucun rapport avec l'intérêt alimentaire et diviseur des partis dévorants qui ne comprennent qu'eux. Personne ne se chargera d'expliquer cela aux rédacteurs de *La Lanterne*. Personne ne leur demande de le comprendre. Un peu d'intelligence ou de sens national, cela les suiciderait.

Adresse au Saint Père

9 décembre 1916.

À l'occasion de la nomination de trois cardinaux français, de nombreux groupements avaient fait parvenir au Souverain Pontife, avant le consistoire, l'expression de leur reconnaissance et de leur attachement au Saint-Siège.
Voici le texte de l'adresse qui a été envoyée par la Ligue d'Action française. Elle est de la main de notre ami et collègue Louis Dimier :

Très Saint Père,

Tous les patriotes français ont ressenti profondément le témoignage d'affection accordé par Votre Sainteté à leur pays dans le choix auguste par lequel trois archevêques français ont été promus à la pourpre au cours du dernier consistoire.

Ce choix de Votre Sainteté porte à huit le nombre des cardinaux de notre nation, actuellement vivants dans le Sacré Collège. De tout temps, un nombre aussi élevé a été rarement atteint, et il l'est dans des circonstances qui le rendent d'autant plus précieux que le pays, traversant des épreuves plus rudes, discerne avec plus de vivacité dans cet acte de Votre Sainteté, la bienveillance qui l'a dicté.

Cette bienveillance. Votre Sainteté avait daigné la témoigner tantôt par des paroles et tantôt par des actes, qui, sans rien diminuer de la prudence imposée par la charge de pontife universel et de père commun des fidèles, se faisaient cependant connaître de ceux dont Votre Sainteté pansait les plaies et relevait les courages. Appelé à gouverner la Société spirituelle dans un temps où la barbarie semble redevenue la loi du genre humain, où les promesses d'arbitrage vantées pendant la paix avec une aveugle confiance reçoivent un démenti éclatant de la guerre la plus effrénée qui fut jamais, Votre Sainteté, placée au-dessus de la bataille comme pasteur des âmes, a patiemment recueilli et pratiqué ce que les révolutions laissaient entre ses mains, des garanties d'humanité observées par quinze siècles de société catholique. Au milieu de ce fracas d'armes sans égal, Elle a sauvé les restes du droit des gens.

La France, plus que nulle autre, en a senti le bienfait. Cependant, à son égard, nul acte de Voire Sainteté n'égale celui d'aujourd'hui, grâce auquel, dans la personne de huit de ses enfants, la France recueille l'honneur de contribuer de ses talents, de son esprit, de ses vertus, de son prestige, aux actes du Conseil suprême de l'Église, étendu d'un bout du monde à l'autre sur les millions de fidèles de la catholicité.

Très Saint Père,

Les membres des Comités Directeurs de l'Action française, présents à Paris, vous supplient d'avoir pour agréable l'hommage de reconnaissance qu'à titre d'amis et de conseillers de milliers de patriotes français, ils déposent humblement aux pieds de Votre Sainteté.

Pour et contre l'union sacrée

Récits des temps mérovingiens

14 septembre 1914.

En ce temps-là, comme de nos jours, les préfets, les édiles, représentants du pouvoir central et magistrats municipaux se dérobaient quelquefois devant l'ennemi, cet ennemi étant barbare, ce barbare dur et cruel. Alors se levaient les évêques. Simples surveillants du clergé, organes d'un pouvoir purement spirituel, dépositaires d'une autorité que rien d'extérieur n'avait constitué, ils se révélaient cependant seuls capables de rassurer les pusillanimités inquiètes comme de rallier les bonnes volontés sans emploi. Forts de la voix d'un peuple qui saluaient en eux la certitude, le commandement, la justice, la paix, tous les biens qui manquaient, ils rétablissaient dans le troupeau assez d'ordre et de confiance pour se charger ensuite d'aller, seuls et sans armes, tenir tête à l'envahisseur.

Ce n'est ni d'aujourd'hui ni même d'hier que nous l'avions calculé ; dans l'inévitable dissolution matérielle d'un pouvoir administratif sans énergie, notre clergé gallo-romain allait redevenir devant l'ennemi la tête du pays et le véritable défenseur de l'État. Mais les incidents admirables, qui viennent de décerner à l'éminent successeur de Bossuet sur le siège de Meaux le titre officiel, incontesté, incontestable, de *defensor civitatis*, ne laissent pas de nous remplir d'une admiration qui, étant pure de tout élément de surprise, n'en est que plus profonde, plus forte et plus satisfaisante pour la pensée.

Le clergé catholique n'en est plus à faire ses preuves de civisme ou d'héroïsme, mais on pouvait se demander si nos populations méthodiquement séparées de lui, trompées par une littérature philosophique courte et perfide, sauraient se retourner du côté de ses vrais amis ; si d'affreux préjugés nouveau-nés ne viendraient pas s'interposer et tout rendre inutile. Des épreuves récentes, antérieures à la guerre, nous avaient tranquillisés quant à nous. Lorsque, en 1907, les églises de Montpellier furent ouvertes aux vignerons du Languedoc en quête d'asile nocturne, la multitude se montra par son empressement et par son respect absolument digne d'un appel aussi confiant. Quatre ans plus tard, à Aix, assistant au sacre d'un évêque enfant du pays, je vis le peuple, qui passe pour radical, mettre tout son cœur à s'associer à cette allégresse. La tragique affaire de Meaux donnant à l'esprit public des secousses incomparablement plus vives, devait aussi rouvrir des sources plus profondes de confiance et d'abandon heureux dans le bienfait des guides spirituels dont le nom était synonyme de conseil, de tutelle et de consolation. Ce feuillet de l'histoire de Meaux, humide de sang et de larmes, est extrêmement sombre, mais le passé qu'il nous ravive enferme un bien bel avenir !

LES CLÉRICAUX AUX LONGUES DENTS

30 septembre 1914.

Le Temps fait observer aux catholiques qu'on leur a beaucoup accordé. Un archiprêtre figure dans la commission municipale de Vitry, où le conseil municipal était défaillant. Le clergé ayant été grossièrement diffamé en de certaines circonscriptions rurales où il est présenté comme l'instigateur de la guerre, deux fonctionnaires de l'administration centrale, ont signalé aux populations la sottise et l'indignité de ces calomnies ; comme ils n'ont pas été révoqués ni blâmés, *Le Temps* fait admirer aux catholiques la grandeur d'âme avec laquelle la religion est traitée. Les voilà sans doute ces « choses » qui ne sont plus « strictement légales », mais qui, à la faveur de la guerre peuvent être tolérées. *Le Temps* engage amicalement non pas les catholiques (les catholiques clairvoyants sont avec lui) mais les personnes imbues de l'esprit clérical, prêtres, prélats, cardinaux, pape même, à ne pas exagérer l'ambition.

Il m'a paru utile de savoir de façon désintéressée et, comme on dit en Allemagne, comme on disait hier encore à la Sorbonne, de façon objective, à quoi s'était haussé l'esprit d'usurpation et d'empiétement clérical.

Premier grief, ces insatiables demandent que la République abjure solennellement « le caractère de laïcité qui est dans son essence » : le cardinal Sevin, archevêque de Lyon, suivi par *La Croix* de Paris demande la participation officielle de l'État aux actes religieux. Il semble que cette démarche de la part de croyants, de la part de prélats revêtus de la pourpre, est assez naturelle. Le contraire seul devrait étonner. Ce qui étonne aussi, c'est qu'on puisse au nom de la neutralité et de l'indétermination religieuse opposer une objection de principe quelconque à un vœu pareil !

M. Poincaré avait parlé d'union sacrée, M. Barthou de trêve magnifique ; cela semblait ne rien exclure. En stipulant comme « de l'essence de la République » la laïcité, on exclut la doctrine catholique.

On a tort de ne pas tenir compte de ce grand point, quand on essaye de qualifier l'attitude des catholiques. Ou le catholicisme est admis, ou il ne l'est pas. S'il ne l'est pas, qu'on le dise ; s'il l'est, qu'on le voie tel qu'il est. Il est libre, si vous le jugez sur sa règle. Il ne l'est pas, si vous le jugez sur la vôtre. En fait, le catholicisme défend aux clercs de porter les armes ; pourquoi faire grief à ce prélat qui en termes graves et douloureux se plaint de l'envoi du clergé aux armées ? Il eût été si facile de n'offenser point la justice en employant les prêtres uniquement comme aumôniers, brancardiers, infirmiers.

En fait, le catholicisme admet qu'il y a relation entre les fautes et les malheurs, entre les fautes collectives et les malheurs collectifs. Pourquoi, si le catholicisme est admis, comme *Le Temps* l'assure, faire grief à cet autre prélat qui rattache les calamités nationales aux erreurs de la nation ?

Mais, dit *Le Temps*, ce sont des maladresses, ce sont des imprudences. En ce cas il y a une hiérarchie catholique. Elle en jugera, mais de quoi se mêle *Le Temps* ? Incompétent sur la doctrine qu'il paraît ignorer, que vaut sa juridiction religieuse ? Dans l'intérêt même de notre paix intérieure, un organe connu pour ses liens confessionnels extérieurs au catholicisme devrait s'abstenir de censurer les évêques et les cardinaux. S'il lui plaît de traiter d'affaires ecclésiastiques, il y a les rabbins, il y a les pasteurs, *Le Temps* peut les contrôler à son aise : les cléricaux aux longues dents ne s'en mêleront pas.

Pour la paix française

1er octobre 1914.

Il paraît que M. de Mun dépasse la mesure ! Cela lui est dit de bien des côtés ! Un Français convaincu que des multitudes de ses compatriotes, en faisant leur devoir devant l'ennemi, vont risquer plus que leur vie, vont affronter l'abîme des biens ou des maux éternels, ce Français-là a-t-il le droit de parler, d'écrire, d'agir conformément à cette foi, à cette espérance et à cette crainte ? Il paraît que cela risque d'impatienter, d'agacer, de faire sourire... En vérité, l'on voudrait mesurer l'importance de ce rire-là ! J'aimerais à voir de mes yeux l'homme normal et équilibré allant au-devant de la mort, non pas seul, mais en troupe, avec sa compagnie, avec son régiment, et qui dans cette circonstance se permettrait la moitié d'un sourire à la vue d'un objet béni ou d'une prière imprimée. On me cite M. Hervé. Mais M. Hervé est dans son fauteuil. Je parle du soldat qui sait ce qu'il se doit et ce qu'il doit aux autres, à celui qui a le sentiment de la responsabilité partagée entre lui et ses frères d'armes !

Ah ! que ce murmure misérable trahit de médiocrité et de petit esprit s'il n'y a pas de petit intérêt là-dessous, s'il n'y a pas de conspiration nouvelle d'un parti ; de ce parti qu'Auguste Comte appelait déjà, il y a soixante ans, « le plus arriéré des partis », le seul capable de faire acte de parti, en une heure où tous les partis devraient s'évanouir pour faire place à des opinions et à des doctrines se défendant, se limitant et s'éclairant d'une honnête lumière les unes par les autres !

On n'a pas encore expliqué l'abominable rumeur campagnarde qui attribuait aux curés et au pape (à ce grand pape qui en est mort !) la responsabilité de la guerre. Elle a couru partout, dès le lendemain de la déclaration. Et sur plus de trois cents hauts fonctionnaires de l'Administration centrale, préfets et sous-préfets, il ne s'en est trouvé que deux pour y opposer le bref démenti du bon sens. Cette diffamation du clergé vient sans doute d'Allemagne, mais un parti en profite. À moins que ce coup diviseur ne vienne des bas-fonds de ce parti, auquel cas les Allemands en auraient le profit sans en avoir eu la peine ! Un gouvernement qui veut être national et qui puise à son gré dans toutes les ressources de la nature si généreusement offertes, se devrait de poursuivre et de flétrir de haut ces mensonges déshonorants.

Qu'on ne dise pas qu'ils répondent à des attaques. Ils ne répondent à rien. Nulle initiative de division n'a été prise, en aucun cas, de ce côté-ci du pays. Il y a une Affaire dont nous n'avons plus ouvert la bouche depuis le désarmement du 2 août devant l'ennemi ; c'est la *Guerre sociale* de mardi qui a parlé d'« un certain militarisme d'avant l'affaire Dreyfus » ! C'est elle encore qui, le même jour, expliquait que si le président des États-Unis n'est pas « platement égoïste », c'est qu'il a du sang juif dans les veines : il faut avoir du sang juif dans les veines pour être « idéaliste » et pour oser vouloir « la paix ! »

Ces injures sournoises dans ce patois de Chanaan ne valent pas la peine d'être rendues. Je les transcris pour faire voir qui trouble la paix.

« LA GUERRE DES CURÉS »

1er octobre 1914.

Une sourde campagne, la campagne de la « guerre des curés » continue à être menée. Une vague rumeur répète que l'immense effusion de notre sang français a été provoquée, désirée, payée même par les prêtres ou par les nobles, ou par les riches, ou par les bourgeois. Deux honorables protestations officielles, émanant d'un préfet et d'un sous-préfet ont constaté le fait pour la Savoie et pour la Loire-Inférieure. Le même fait, qui serait honteux pour le pays, s'il en était le fruit naturel, a été observé en Dordogne par M. Fonsegrive[27] qui en a parlé deux fois au *Correspondant*. M. de Mun, à *L'Écho de Paris*, possède un volumineux dossier de ces infamies. *La Croix* signale que les mêmes bêtises méchantes se répètent dans un grand nombre d'autres départements. Les premiers dans la presse parisienne, nous avons abordé en rougissant cet affreux sujet. Nous y avons apporté toute la mesure possible, et c'est au nom de l'honneur français que nous avons adjuré nos concitoyens de réfléchir, d'intervenir, d'obliger les pouvoirs publics à prendre une initiative d'ensemble, la seule qui soit en état de nous dégager tous de tout contact avec l'abjection et l'ineptie.

À défaut d'honneur national, l'intérêt national devrait être écouté. Dans l'état présent de la guerre, il ne reste plus à l'ennemi qu'un espoir, c'est notre division. Sans doute la sottise, la peur, l'envie civique, la haine sociale sont les alliées naturelles de l'ennemi. Mais voudrait-on nous faire croire que ces éléments indignes sont activés ou protégés, servis ou défendus par une faction politique ? Reste-t-il une faction intéressée à nous diviser et à nous agiter devant l'ennemi ?

Une Française dont tous les parents se sont battus de tous temps pour la France et dont le fils, naturellement, se bat aux avant-postes plus souvent qu'à son tour[28], nous écrit que dans l'Indre les basses manœuvres dont je parle vont jusqu'à préciser ce que chaque famille notoire a pu donner de subsides à l'Allemagne pour l'aider dans son entreprise. Car il ne s'agit pas seulement de châtelains ou de prêtres ; notre simple bourgeoisie a, elle aussi, son compte. M. Fonsegrive l'avait noté dans son premier article du

---

[27] George Fonsegrive (1852-1917), romancier et philosophe, disciple de Marc Sangnier. (n.d.é.)
[28] La noble mère de René d'Aubeigné, tombé depuis au champ d'honneur.

Correspondant, il l'a oublié dans le second et je le regrette pour la clarté et la valeur de ces articles.

Plus les familles font « d'action sociale » et répandent de bienfaits autour d'elles, plus elles sont visées par ces rumeurs. L'une d'elles, qui ne cesse « d'aller au peuple » est soupçonnée d'avoir donné une somme tellement énorme que l'empereur Guillaume est venu, en aéroplane, lui porter ses remerciements. Cela est stupide sans doute ? Donc cela est d'abord indigne. Et puis cela peut finir par faire autant de mal à la France que de bien à l'Allemagne armée, et ce n'est pas peu dire !

Le Conseil des ministres vient de répondre aux pétitionnements en faveur des prières officielles que les lois n'admettaient pas son intervention dans les manifestations cultuelles ; les mêmes lois admettent-elles la bête et gratuite diffamation des citoyens les uns par les autres ? Et si les lois sont gardiennes de la Cité, peuvent-elles permettre les travaux souterrains qui minent la place publique alors que l'ennemi assiège le rempart ? On châtie les fauteurs de panique. Les fauteurs de guerre civile ne doivent pas être traités avec plus de douceur. On a sacré l'union, afin qu'elle fasse la force qui fera la victoire. La défaite est au bout des faiblesses créées par la division.

La guerre aux curés

Je sais qu'on renverse les rôles. Comme pour masquer ces réclamations incontestables fondées sur des scandales d'une indubitable réalité, on s'est mis à exploiter des griefs fabuleux. Un grand journal sérieux d'ordinaire ou qui couvre mieux ses passions, a pris la tête du mouvement. Une démarche du clergé, la plus naturelle de toutes, la plus simple, la plus inoffensive, et dont un clergé catholique n'était pas libre de s'abstenir, mais qui laissait le gouvernement parfaitement libre de l'accueillir ou de la rejeter, cette démarche qu'on repousse et qu'on a toujours voulu repousser, la requête en faveur des prières officielles, est devenue, par un audacieux renversement des rôles, un principe d'accusation !

Depuis, l'accusation continue et se développe. Parbleu ; elle est utile, elle a même deux utilités. D'une part, elle dispense de réparer les calomnies et, d'un autre côté, cette accusation apporte à ces calomnies, en elles-mêmes absurdes, un concours officiel, qui, lui, n'est qu'injuste, insensé et faux. Cependant qu'on y réfléchisse ! S'il faut considérer comme un attentat à la trêve ou comme une rupture de l'union sacrée le fait que des prêtres ou des évêques aient conjuré l'État de se faire représenter devant les autels, autant dire tout de suite que la profession catholique est interdite en France. Il n'y a pas de catholicisme réel sans cette aspiration à catholiciser la nation. Cela est extrêmement grave, il ne faut pas craindre d'y revenir.

Certes, on peut sourire de certains griefs particuliers soulevés ces jours-ci, médailles cousues dans des vêtements militaires, nom de Dieu invoqué par un colonel, cordiale invitation des officiers à leurs hommes pour que ceux-ci se réconcilient avec le bon Dieu ; effusions naturelles, effusions légitimes propres à tout homme de cœur et à tout esprit convaincu en des circonstances pareilles, effusions telles qu'il faudrait, pour les abolir, refondre l'humanité, mais la refondre en l'abaissant ! De pareils reproches sont négligeables pour la mesquinerie qu'ils dénotent. Mais il faut relever, il faut prendre au sérieux les admonestations de *L'Humanité* et du *Temps* à certains écrivains ou prédicateurs catholiques. Car là vraiment, c'est l'âme, c'est l'esprit du catholicisme qui sont en cause. Quoi ! Le Père Janvier ose dire que « sans le secours de Dieu » nous n'obtiendrons pas la victoire ? Quoi ! un écrivain catholique parle des péchés de la France expiés sur l'immense autel des batailles ; et il ose expliquer les douleurs de ses frères, ses propres douleurs, par une expiation à la justice de Dieu ?...

« Paroles odieuses », écrit un socialiste. Il faut avertir bien clairement ce socialiste que l'odieux, ici, c'est lui. Il ne s'en doute pas, et voilà son excuse. Mais enfin il appelle les passions de la haine sur une doctrine dont le cœur de nos pères et de nos mères a vécu durant de longs siècles, sur la doctrine dont nos frères combattants, nos frères blessés et mourants se nourrissent et s'abreuvent, comme des seules substances consolatrices qui ne leur soient pas arrachées avec la vie. L'offensive vient de ceux qui crient à l'offense ; l'attaque injuste vient de ceux qui attestent la justice et l'égalité.

Moralement, cette pauvre attaque-là n'est pas belle puisqu'elle en veut à la paix des âmes innombrables qui dévouent à la France tout ce qu'elles possèdent d'existence mortelle. Et politiquement cette même attaque fomente des divisions et des querelles dont les premiers effets seraient d'abaisser le drapeau.

Enfin, du point de vue de la polémique pure, ce mauvais coup vaudra désormais peu de chose, car il apparaît dans son jour ; simple parade et parade très vaine ! Pure diversion tentée pour étouffer les plaintes de patriotes niaisement et perfidement diffamés.

Un acte public

7 octobre 1914.

Empêchera-t-on les bêtises de recommencer ? Sans l'espérer, nous le désirions, nous le demandions, puisque c'est au gouvernement en personne que nous nous adressions pour mettre fin aux infamies débitées d'un bout à l'autre du pays sur la complicité des prêtres, des nobles ou des riches avec l'envahisseur allemand. Le gouvernement se serait honoré en imitant les deux fonctionnaires qui ont protesté publiquement, par circulaire, contre ces diffamations, beaucoup plus offensantes pour les diffamateurs que pour les diffamés. Une parole adressée de haut à l'ensemble du pays et généralisant les deux protestations locales eût montré qu'il y a, sous les mots prononcés de concorde et d'union les sentiments réels, les volontés concrètes tendant à une politique digne des extrêmes besoins de la nation.

Un témoignage officiel ! Encore un coup, nous y tenions infiniment plus pour l'honneur et la paix de la France que pour les Français visés par l'outrage. Le courageux évêque de Montauban, Mgr Marty, a jugé cet outrage trop inepte et trop odieux pour être même discuté :

— Quoi donc ? Le pape meurt de la tristesse que lui cause la guerre, 20 000 prêtres sont occupés à défendre la France et 10 000 vont être appelés. Le premier fusillé des Allemands est un prêtre... Nous multiplions nos efforts pour soulager nos blessés, nous faisons des prières solennelles pour que Dieu nous donne la paix et la victoire... Et nous sommes avec les Prussiens ?

Il y a pourtant des parties du territoire où il a fallu élever la voix aussi haut que possible. Ainsi Mgr l'archevêque de Tours a-t-il dû adresser à ses diocésains une lettre pastorale émue d'indignation où il énumère les dévouements sacerdotaux qui lui tiennent le plus à cœur, puisqu'ils sont l'œuvre de son propre clergé ; ce vicaire de Bléré, frappé au front et qu'il a fallu trépaner, ce bénédictin, dom Moreau, accouru de Belgique, blessé, prisonnier, revenu à son poste à peine guéri, dignes frères de tous ces nobles fils de l'Église de France qui renouvellent, en les multipliant, les fastes d'un héroïsme quatorze fois séculaire... Une âpre iniquité envers d'irréprochables serviteurs de la France n'a point paru chose française à l'archevêque de Tours, il écrit avec autant de vérité que de sainte hardiesse : « De quelle officine sortent ces odieux mensonges ? Tout ce que nous pouvons dire, c'est que l'officine est trop ténébreuse et trop ignoble pour être de création française. »

La « marque » allemande y est sensible et claire. Il eût été fort sage au gouvernement de le dire. Il eût été politique de montrer qu'on était armé et bien armé, non pas contre de pauvres distributions de médailles ou d'objets de piété qui n'ont jamais fait de mal à qui que ce soit, mais contre les entreprises de divisions semées par l'Ennemi sur notre territoire. Un acte de ce genre aurait montré que nous sommes aussi forts au dedans qu'au dehors, puisque nous avons enfin reconnu quelle était la condition principale de la puissance d'un État, à savoir la concorde entre ses citoyens.

La neutralité

On se trompe de la façon la plus complète et la plus malheureuse quand on se figure que l'expression de la concorde et de la paix peut se trouver dans les formules de l'État neutre. Il y a dans ce mot le contraire du sentiment que les meilleurs des républicains voudraient y renfermer. Dans un langage plus mesuré que celui que nous avons dû critiquer dernièrement, *Le Temps* se figure que « la neutralité absolue » est un acte de « déférence égale » envers toutes les philosophies et toutes les religions. D'abord ce n'est pas neutralité qu'il faudrait dire, mais respect profond, mais vénération intime et active ; l'abstention et l'inhibition sont procédés trop négatifs. On n'unit pas un peuple avec des exclusions, des refus, des interdictions ; il faut à l'union, à l'accord, des sentiments plus larges et plus cordiaux, des idées plus positives et plus précises. Ensuite, la distribution à part égale de ces sentiments de respect, entre le méthodisme ou l'anglicanisme de nos alliés et amis britanniques, l'islamisme de nos sujets marocains, algériens et sénégalais, le catholicisme de la multitude immense de nos vivants et de nos morts, cette égalité-là dans le pays qui a construit et qui a vu détruire la cathédrale de Reims, pourrait un jour porter un nom : elle pourrait se dénommer le reniement par les Français de l'Histoire de France, et leur suicide moral.

Les scandales diviseurs

Si j'avais eu l'honneur d'approcher M. Millerand quand il fait sa circulaire à la Croix-Rouge, je n'aurais pas manqué de lui proposer énergiquement la méditation de ces vérités. L'erreur politique est commise.

On en commet une autre en refusant d'apporter aux victimes de la monstrueuse calomnie dénoncée ici la réparation juste, la réparation vengeresse que l'intérêt de la Patrie exige pour elles. Plus on tarde, plus on encourage des passions sans aveu et des intérêts sans honneur. Plus on expose, plus on découvre « l'union sacrée ».

Assurément, je ne crois pas à la fonction spirituelle et dogmatique de l'État, mais je crois à son influence morale. Une certaine tenue de l'esprit dans les sphères supérieures pourraient décourager certains débraillés cérébraux. Je le dis sans illusion, mais aussi sans faux fuyant ; il dépendrait non pas certes des prohibitions d'une censure ou des mots d'ordre du gouvernement, mais du langage, de l'attitude et de l'allure du « ministère national » que certaines offenses, que certaines insultes, ne vissent pas le jour. Il suffirait d'en décourager les auteurs. Il suffirait qu'on sût le désir et la volonté de paix du gouvernement pour qu'à *La Dépêche de Toulouse*, par exemple, personne, n'eût songé à écrire l'apostrophe haineuse qui fait le tour de la presse française avant d'aller réjouir et réchauffer les espérances de nos grossiers ennemis.

« *Battez-vous maintenant, petits soldats ! Donnez votre chair, donnez votre vie ! Et mourez en pensant que la cloche de l'église sonnera peut-être des carillons quand les Allemands entreront dans votre village.* »

Cette façon de dénoncer dans le clergé, dans ses cloches, dans ses églises un élément intéressé à la défaite française et à la victoire allemande réalise le plus cruel, le plus impie, le plus diviseur des scandales. Cette division doit être conjurée et ce scandale doit finir ; tous les bons citoyens ont le droit de l'exiger, comme le respect de la loi, comme l'exécution des sentences judiciaires, au nom du peuple français !

Question de force ou de faiblesse, autant dire de vie ou de mort pour notre nation envahie !

PAS DE DANGER !

9 octobre 1914.

Le secrétaire de la rédaction de la Guerre sociale, M. Tissier, qui est aux armées, rassure son rédacteur en chef sur les résultats moraux de la vie des camps :

> Tu peux crier... que le renouveau chrétien est un *bluff* formidable. Sous les obus et les balles, la minute présente est trop précieuse pour qu'on songe à l'éternité, à Dieu et ses prêtres ; on songe à soi et à l'ennemi d'en face. Dans les rares minutes de répit, on songe au repos, pour être dispos, tout à l'heure, quand recommencera la bataille. Dans les conversations, on parle de la France, de nos libertés, on ne parle pas de Dieu ni de ses ministres.

« On songe à soi ». Voilà les bons b...[29] copieusement rassurés. M. Tissier n'a pas vu, jamais ! des blessés « demandant les secours de la religion » : « ils réclament des secours plus matériels ». Moi, je veux bien. Mais je voudrais surtout savoir pourquoi M. Tissier, M. Hervé, tous leurs camarades sont à ce point préoccupés de s'assurer que les secours religieux ne sont pas demandés. Qu'est-ce que cela peut bien leur faire ? S'ils s'en f... pour eux, pourquoi ne s'en f...-ils pas pour les autres ?

Le prosélytisme religieux se comprend. Il est de droit naturel, il coule de source. Mais le prosélytisme irréligieux, d'où vient-il ? Et que signifie cette rage à vouloir, cette passion à désirer non que les hommes croient, admettent une doctrine déterminée, mais que, d'abord avant tout, et toute autre affaire cessante, ils la rejettent ou l'oublient ?

On comprendrait la haine du catholicisme par amour du protestantisme, de l'islamisme ou du bouddhisme ; mais la haine tout court, en voyez-vous le sens ?

— Votre religion ? L'affirmation inscrite au revers de votre irréligion ? Votre foi ? Plus simplement votre doctrine ?

Voilà ce qu'on voudrait demander aux anticléricaux. Et c'est à quoi ces destructeurs n'ont jamais répondu qu'en essayant de faire de nouveaux dégâts.

Ce n'est pas le « *bluff* » du renouveau religieux qui est « formidable », c'est la puissance de méchanceté jadis cachée, mais aujourd'hui manifestée dans ces esprits qui s'emmitouflent de basse sensiblerie ou de fausse bonhomie. Leur mystérieuse haine des hommes apparaît si claire, si pure, si féroce aux termes de la lettre de M. Tissier, on y voit si bien éclater le vœu formel de disputer aux âmes, spécialement à des âmes françaises, les sources de leur force profonde et de leur espérance supérieure, qu'on ne peut

---

[29] *Bons bougres*, sans doute. (n.d.é.)

s'empêcher de se rappeler tout aussitôt les infâmes rumeurs venues d'Allemagne et propagées contre le clergé.

UNE COURAGEUSE CAMPAGNE

10 octobre 1914.

Tous les jours, *La Dépêche de Toulouse* insère en tête de ses colonnes un article intitulé « La situation ».

On pourrait croire qu'il s'agit de la situation de nos armées, de l'effort gigantesque soutenu contre l'envahisseur.

Pas du tout ; la situation qui intéresse *La Dépêche*, c'est celle des partis à l'intérieur.

Sur les bords de l'Aisne, de l'Oise, de la Somme, de la Scarpe, généraux, officiers, sous-officiers, soldats mènent une campagne héroïque contre l'Étranger. La Dépêche elle aussi, mais sur les bords de la Garonne, mène une campagne acharnée contre la France catholique.

Une habile stratégie a choisi pour point d'appui du quartier général les paroles d'un petit curé de campagne, ou leur écho travesti, sous lequel il est facile de reconnaître une doctrine de réversibilité et d'expiation qui fait l'âme non seulement du catholicisme et du christianisme mais d'à peu près toutes les hautes philosophies du monde connu ; moyennant quelques jeux de mots dont la qualité seule laisse à désirer, *La Dépêche* pousse des attaques brillantes auprès desquelles les charges de notre infanterie dans la région de Roye ne seront que de la saint Jean s'il est permis de s'exprimer d'une façon aussi cléricale.

Les catholiques français sont au front et tirent sur les Allemands. À l'arrière, *La Dépêche* n'est pas moins occupée ; de Toulouse, elle tire sur les catholiques français.

Disons-le à notre confrère de Toulouse comme à la France de Bordeaux ; leurs brillants faits d'armes ne seraient guère supportés de ce côté-ci de la France. Ici, et je l'espère dans quelques autres bonnes villes de nos provinces du Nord, de l'Ouest, du Centre et du Midi, on a le sentiment de l'Étranger tout proche, et l'on aperçoit la situation d'une autre manière ; il faut être bien éloigné ou bien distrait du théâtre de la guerre, il faut être par sa pensée ou par son corps un habitant des antipodes ou de la Lune pour se permettre une diversion aussi offensante pour la conscience de la nation.

À Paris, la feuille qui se permettrait avec tant de clarté et de continuité ces passe-temps d'une autre époque succomberait sous le mépris universel.[30]

L'ACCORD RELIGIEUX ET MORAL

11 octobre 1914.

Vraiment, n'y a-t-il pas moyen de s'accorder ? En recevant le texte du discours magnifique prononcé par le Père Janvier à Notre-Dame le 29 septembre pour le pèlerinage de supplication à Jeanne d'Arc, j'ai voulu en le relisant avec attention y chercher la matière ou le point de départ des cris de fureur que l'éloquent religieux a arrachés à la presse anticléricale. Est-il besoin de dire que cette recherche n'a abouti, comme elle ne pouvait aboutir, qu'à faire éclater les analogies de sa haute doctrine de l'expiation catholique avec les vues morales communes à toute « la philosophie éternelle »... Il y a des gens que le dogme du Purgatoire fait écumer ; je n'y puis rien, le Purgatoire est dans Platon. Cela devrait le recommander à l'indulgence ou à l'attention de nos esprits forts.

On me permettra de répéter : n'y a-t-il pas moyen de s'entendre ? En lisant le Père Janvier, un détail me frappait ; c'était l'identité du noble point de vue de sa charité religieuse avec le point de vue noble aussi, d'une très laïque philanthropie qui, parlant de la guerre, de la guerre à continuer, émet en frémissant le vœu que nos bataillons ne se laissent pas emporter aux mêmes fureurs que les hordes allemandes... Ce vœu nous choque, parfois, quand il laisse entrevoir une arrière-pensée de doute sur la noblesse d'âme de nos soldats et de leurs chefs ; il nous satisfait pleinement, il correspond à tous les désirs, à toutes les volontés des Français fils de Français et de Françaises, lorsque ce vœu exprime aussi la confiance dans la magnanimité des héros de notre nation.

Écoutez ces beaux mots qui portent de beaux sentiments :

> Les masses se sont heurtées depuis deux mois, avec des alternatives de succès et de revers, honneur à vous, soldats français (applaudissements), vous n'avez pas tué les femmes qui, armées comme des belligérants, tombaient entre vos mains, vous n'avez pas

---

[30] Les temps ont changé avec le retour de Bordeaux.

jeté les blessés dans les fleuves pour vous faire des ponts de leurs cadavres, vous ne les avez pas achevés, mais, disciples de la noble Pucelle, vous avez eu pitié de leur souffrance, vous avez partagé avec eux votre pain, vous les avez confiés à nos brancardiers, à nos médecins, à nos infirmières qui, animés du même sentiment que vous, les pansent aujourd'hui et les soignent comme leurs propres frères et comme leurs propres enfants. Je l'espère, bientôt, vous poursuivrez jusque chez lui l'envahisseur... Quand vous serez victorieux, vous n'userez pas de représailles...

Vous devinez la suite, vous devinez que l'auditoire applaudit de nouveau. Voilà le sentiment des Français catholiques. Il est humain. Il l'est au moins autant que celui des lecteurs de *L'Humanité* ou même de *La Guerre sociale*. Sur des bases pareilles, pourquoi ne pas s'entendre, ne pas se rapprocher ? Qu'est-ce donc qui divise, quand cela réunit ?

Si l'on veut prendre conscience de cette ressemblance profonde que le commun caractère national et natif a inscrit en chacun de nous tous, pensons à certains traits d'une authenticité indiscutable rapportés des ambulances et des hôpitaux où se trouvent les blessés allemands. Un de leurs officiers se plaint. De quoi, s'il vous plaît ? Entendez :

« Mes propres soldats m'ont dévalisé quand ils m'ont vu au sol sans défense. »

Il y a des apaches dans toutes les armées. Quel officier de sang français avouerait cela devant l'ennemi ?

Une Française demande à un officier allemand s'il est satisfait de la manière dont on le traite. Il répond tout net :

« Sans doute ! Mais vous ne nous soignez si bien que parce que vous avez peur de nous. »

Les voilà ! Constatons que nous sommes autrement bâtis, et sachons tirer tout ce qu'il contient du sentiment de notre différence profonde d'avec l'ennemi : l'évidence de la fraternité nationale finira bien par jaillir !

DE L'INDISCRÉTION RELIGIEUSE

15 octobre 1914.

Ce journal n'a jamais été à la disposition du parti dit conservateur. Il a toujours demandé des réformes sociales profondes, hardies et, dans le cadre national, l'organisation du travail, l'incorporation du prolétariat à la vie sociale dont l'anarchie révolutionnaire l'a éloigné et presque banni. Nous avons été attaqués dans tout ce monde pour de prétendues complicités avec la C. G. T., de prétendues complaisances proudhoniennes ou de prétendues concessions à un syndicalisme de subversion ou de guerre sociale. Ces averses de calomnies subies la tête haute ne nous ont pas empêché d'approuver publiquement M. Édouard Vaillant, vétéran de la Commune, dans ses campagnes pour dégager son parti et préserver ses lecteurs de l'embûche allemande. Avec la même liberté d'appréciation, nous regretterons que, dans le courrier d'hier, les deux organes parisiens du socialisme, *L'Humanité* et *La Bataille syndicaliste*, aient pris sur eux de ressembler à de simples succédanés de *La Lanterne* ou du *Radical* et publié en tête de leurs colonnes les plus inutiles des sorties anticléricales. Les organes de l'intérêt ouvrier ont leur raison d'être en guerre comme en paix ; les organes de division religieuse n'en ont pas.

J'ai lu attentivement les plaintes de ces deux journaux. Les unes et les autres apparaissent bien faibles et portant sur des faits bien inconsistants si on les compare à l'interprétation, au jugement que l'on en tire ! M. Vaillant s'écrie que l'on « doit le respect » aux blessés de sa religion ou de son irréligion, croit-il donc qu'on ait pu leur manquer de « respect » ? Il veut les défendre « contre toute injure à leur dignité » ; suppose-t-il que, cette injure, on ait pu la leur faire ? Oui, il le croit. Il le suppose sur le simple rapport de quelques cas, dans lesquels des ecclésiastiques auraient « insisté » pour offrir aux blessés les secours de leur ministère. J'ai beau lire et relire ; c'est l'insistance qui aurait fait l'injure, c'est l'insistance seule qui aurait constitué le manque de respect... Si l'on voulait jeter les Français les uns contre les autres, on ne chercherait pas une interprétation plus irritante, ni je dois le dire, plus folle. Est-ce injurier un malade, ou un blessé, est-ce le moins du monde manquer de respect à la dignité d'aucun homme que de lui proposer, même avec insistance, et même avec indiscrétion, une doctrine dont celui-ci ne veut pas ? On peut l'agacer, lui déplaire. Aucun élément injurieux ni même irrespectueux ne peut être relevé là-dedans. C'est d'ailleurs une grave question que de savoir jusqu'à quel point peut aller d'une part le déplaisir et d'autre part l'obsession ou l'indiscrétion ! Des esprits mieux placés que M. Édouard Vaillant pour juger de tout cet ordre-là pourraient lui affirmer qu'il se trompe beaucoup. Quelle que soit l'impatience que peut causer l'excès de zèle, il est bien rare qu'il ne s'y mêle point un sentiment de reconnaissance attendrie, car le zèle religieux s'accompagne normalement de marques d'intérêt et de signes de sympathie dont les corps souffrants et les âmes inquiètes sont remués avec une égale douceur. Le point serait à calculer par qui n'aurait en vue que le bien-être et la paix physique ou morale de nos blessés. En vérité, y songe-t-on ?

Vœux de paix religieuse ou campagne de division ?

Admettons cependant ! Et faisons la supposition que les plus horribles excès de prosélytisme aient été commis, sous forme d'insistance désagréable, sous forme même d'obsession irritante par quelque ecclésiastique ou par quelque femme pieuse. M. Vaillant est prévenu que je n'en crois rien. Mais admettons-le. Veut-il faire cesser le mal ? Je le lui demande tout net : le veut-il ? Si oui, rien de plus simple ; ces prêtres ont des supérieurs, ces femmes ont des directeurs et des pasteurs ; pasteurs, directeurs, supérieurs merveilleusement écoutés. M. Vaillant qui, par ses amis et anciens amis Guesde, Sembat, Millerand, Briand, Viviani est un peu du gouvernement,

M. Vaillant n'a qu'à prier ces messieurs de faire une démarche aussi pressante que discrète, aussi discrète que pressante, auprès des autorités religieuses. Elles seules sont compétentes. Elles seules sauront agir efficacement si c'est vraiment l'efficacité que l'on cherche.

Les journaux viennent de crier contre « les chaînes de prière ». Eh bien ! il a suffi d'une personne compétente, le chanoine Goubé, pour établir qu'on avait affaire à une superstition réprouvée. Dans tous les autres cas de plainte juste, on peut affirmer à M. Vaillant que l'ordre serait rétabli, sans traîner, Il suffit au pouvoir civil de demander à l'Église, dans les formes et le ton qui conviennent, de vouloir bien collaborer avec lui pour la paix publique ; je doute qu'il rencontre des auxiliaires plus sûrs et des alliés plus actifs. Le gouvernement français a l'extrême chance d'avoir devant lui une organisation puissamment hiérarchisée qui suit, comme un seul homme, ou plutôt comme une seule âme, les instructions spirituelles de son chef. Qu'il s'adresse donc au pape tout droit !

Pour établir « l'union sacrée », on n'a pas craint de s'adresser aux chefs socialistes au point de leur ouvrir le ministère. Il ne s'agit pas de nommer un cardinal ministre sans portefeuille, mais de prier l'autorité catholique d'intervenir en faveur de l'ordre, troublé, à ce que l'on assure, par tel ou tel élément de l'organisation catholique. Pourquoi hésiter ?

Ce détour par en haut, d'une efficacité certaine, présenterait, avec le grand avantage d'être prompt, celui de ménager l'intérêt de l'union devant l'ennemi. Le bien qu'on paraît désirer s'obtiendrait sans agitations dangereuses. On ne tourmenterait pas les nerfs du public avec des accusations et des imputations irritantes. On ne le passionnerait pas sur d'âpres conflits religieux par lesquels le pays a besoin, comme dit si bien Bailby, de ne pas être embêté. La presse ne se donnerait pas la honte de concourir indirectement à cette basse et honteuse campagne de la « guerre des curés » dont l'écho soutenu ne cesse de nous revenir.

Oui, les Allemands continuent à jeter l'ignoble semence : les curés ont voulu la guerre, ce sont les curés qui l'ont fait déclarer. Ici, les curés seuls ; là les curés avec les nobles. Dans un département de l'Ouest, dont je peux dire le nom, on raconte que notre ami L... a fui en Suisse avec son argent (il est chez lui, dans sa maison de campagne, blessé à l'ennemi) ; que notre autre ami L... a filé en Angleterre (il est à Cherbourg sur un torpilleur) ; que C... a mis en sûreté sa fortune et s'est sauvé en Angleterre (il s'est engagé au ... dragons, à ...) et ainsi de suite ! Voilà les abominables diffamations que l'ennemi colporte. Il s'agit de savoir si un parti quelconque peut vouloir collaborer avec l'ennemi.

La « mansuétude » et la discorde

16 octobre 1914.

Je ne voudrais pas insister outre mesure sur la guerre au clergé. Mais au moment même où nous publiions hier nos réponses à la presse socialiste, un fameux adversaire du socialisme, M. Clemenceau, venait appuyer *La Bataille syndicaliste* et *L'Humanité*, en ayant bien soin de s'envelopper des termes d'une modération doucereuse et d'une philosophie auxquelles, pour mon compte, je ne crois pas. M. Clemenceau n'a jamais servi que des passions et des rancunes, les unes et les autres fort vives, et je crois savoir qu'il a été l'instigateur principal de la récente campagne de *La Dépêche* à Toulouse. Son ramas de lieux communs pillés chez Spencer et qu'il prend pour une philosophie ne mérite même pas la peine d'être discuté. Ce qui est intéressant dans l'article d'hier, c'est l'espèce de marché qu'il propose au gouvernement. D'une part, on a censuré des articles de lui ou de quelques-uns de ses frères et amis. D'autre part, l'apaisement religieux est une nécessité de l'heure. Alors, M. Clemenceau écrit :

> Une politique de mansuétude n'est pas pour m'effrayer, si ceux qui représentent l'idée moderne de l'État laïque ne sont point réprimés quand ils dénoncent le danger des paroles de discorde qui pourraient compromettre la paix publique irréparablement.

En d'autres termes : nous laisserons faire les cléricaux, nous ne demanderons pas de mesures de violences contre les prêtres ou les infirmières qui servent leur foi, mais à la condition qu'on nous laisse crier contre eux, c'est-à-dire agiter librement le pays. Voilà tout à fait le contraire du conseil donné hier ici même au gouvernement : — S'il y a des excès de zèle commis, adressez-vous à l'autorité religieuse, priez-la de collaborer avec vous ; mais ne tolérez pas de campagnes de division.

Cette opposition radicale, involontaire et spontanée à la méthode de guerre civile prêchée par M. Clemenceau serait certes le plus grand honneur d'une vie.

— Mais, demanderez-vous, quelles sont les paroles de discorde jugées par M. Clemenceau de nature à compromettre la paix publique irréparablement ?

Peut-être les indignités suivantes parues à *La Bataille syndicaliste* :

> En dehors des invocations fétichistes à un Dieu tour à tour implacable et miséricordieux, au sacré cœur de monsieur son fils, à la Vierge mère et à divers autres personnages de la mythologie chrétienne, procédés propres à impressionner au plus des nègres papous, les tenants du trône et de l'autel avaient reconstitué pièce à pièce toute une organisation de combat.

Je gagerai plutôt que ces sales insultes dirigées contre les croyances et les personnes, seront considérées par M. Clemenceau comme d'inoffensives formules de paix. Ce qui trouble sa paix, ce sont ces paroles de Mgr l'archevêque de Rennes : « Assurément, la France a mérité les châtiments qui la frappent. »

Eh ! bien, si de telles pensées sont estimées compromettantes pour la paix du pays, il n'y a qu'un mot à répéter : — Le catholicisme n'est pas libre en terre de France, et non seulement le catholicisme, mais le platonicisme, mais l'aristotélisme, mais tout enseignement d'une philosophie tendant à déchiffrer les énigmes du monde. Si l'on veut cela, qu'on le dise. Qu'on ose le dire : la réflexion philosophique, l'explication philosophique sont prohibées par l'État. Il faudrait seulement ajouter au nom de qui et au nom de quoi.

LA RUMEUR INFÂME

21 octobre 1914.

Le Journal des Basses-Alpes, La Semaine religieuse de Digne et *La Croix* de Paris, publient le document que voici :

> Certains individus font courir dans une commune du département des bruits stupides, prétendant que le clergé français est l'auteur responsable de la guerre, et poussent à des représailles contre lui les familles dont les membres seraient victimes de la guerre. Le commandant d'armes met en garde le public contre de pareilles nouvelles ; il avertit charitablement leurs auteurs qu'une surveillance est exercée contre eux et que le Conseil de guerre les attend sous peu.
> Le commandant d'armes, Lantoine.

C'est la troisième manifestation officielle de la vigilance publique à l'adresse des auteurs de faux bruits calomnieux et diviseurs. La première venait du préfet de la Savoie, la seconde du sous-préfet de Chateaubriand. La troisième porte haut la marque de l'autorité militaire ; la juste répression qu'elle annonce en termes excellents a aussi l'avantage de confirmer la réalité des rumeurs qui, dès le 1er ou le 2 août, ont couru le pays. À la veille des serments de trêve sacrée, la Révolution qui, souvent, vient d'Allemagne, mobilisait tous ses espions, tous ses suppôts, conscients et inconscients, pour tenter de nous jeter les uns sur les autres. Civils ou soldats, républicains, nationalistes ou royalistes, nous n'avons qu'un devoir : prendre à la gorge les colporteurs de mensonges pernicieux et les forcer à signer leurs dires, à donner leurs raisons et à nommer leurs sources. L'unité nationale est certainement à ce prix.

La lettre de l'évêque de Dijon

Dans une lettre qu'il adresse à son clergé, Mgr l'évêque de Dijon vient de placer sur le véritable terrain la question de la propagande religieuse par les médailles et les scapulaires. Agitée partout, même dans les conseils du gouvernement avec plus de passion que de raison, l'affaire n'avait été abordée jusqu'ici qu'au point de vue des fauteurs ou des fautrices du

« prosélytisme » ; on a toujours laissé de côté ceux qui en sont l'objet, à savoir nos blessés français. Ou plutôt on les a traités par prétérition, en considérant comme accordé et hors de conteste que leurs convictions philosophiques ou religieuses avaient dû être offusquées. Mais l'avaient-elles été ? Et pouvaient-elles l'être ? C'est de ce point de fait que s'est occupé Mgr l'évêque de Dijon.

M. le ministre a été mal informé, dit-il. « Ce ne sont pas les infirmières qui, habituellement, proposent les médailles, ce sont les militaires qui les demandent et qui s'empressent pour les recevoir ». « On a même vu des protestants en demander pour eux, la diversité de cultes ne les arrêtait pas. » « Il suffit de s'être trouvé sur le quai d'une gare, au passage d'un train portant des troupes au feu ou ramenant des blessés, pour le constater. » « On n'a jamais réduit par des circulaires un besoin instinctif de secours religieux dans la perspective d'un péril. »

C'est ce qu'il sera difficile de faire comprendre aux personnes que monseigneur l'évêque de Dijon appelle des dénonciateurs « à l'affût de délits cultuels. » Mais il reste le genre humain qui comprendra et sentira. Nous avons besoin de paix civile, il n'y en a point sans justice, sans bienveillance et sans intelligence. Nous avons besoin de toutes nos forces morales, et vouloir, à une heure pareille, retrancher de ce total précieux les précieuses forces morales inspirées par la loi catholique, serait, si la faille était volontaire, un crime contre la patrie. Elle est involontaire ? Alors, ce n'est qu'une bêtise, mais énorme. Hâtez-vous de la déplorer ou de la faire oublier. Du commun point de vue national, abstraction faite des idées religieuses ou irréligieuses, c'est le moins que l'on puisse faire !

L'indignation de Pelletan

31 octobre 1914.

Eugène Pelletan n'avait pas fait sa barbe depuis 1848. Celle de Camille, son fils, date de 1878. Il se croit toujours à l'époque où se fit sa fortune et où il fonda la République des républicains. Ses trois années de « péril national » à la tête du ministère de la Marine, ne lui ont pas laissé de souvenir distinct : mais qu'un mot, une ligne, viennent réveiller les souvenirs de l'âge héroïque, le revoilà debout, et militant, plus jeune que jamais, la plume au vent contre le « péril clérical ».

Un journal catholique ayant parlé, comme on en peut parler en 1914, des garanties qu'il souhaite à l'autorité du Saint-Siège et de la nécessité de son indépendance, Camille Pelletan en conclut aussitôt que nos catholiques, non seulement chercheraient aventure au-delà des Alpes, mais d'ores et déjà s'emploieraient à refroidir ou à retourner contre nous les sympathies dont nous disposons en Italie ! Ces accusations abominables ne coûtent rien du tout à cette verve ignare. On recherche un moyen de garantir la souveraineté pontificale, on parle de réviser une loi de 1871, qui s'appelle précisément la loi des garanties ; et, comme, selon notre Camille national, « cela ne peut se faire sans une guerre nouvelle contre l'Italie », tout ce qui sera dit ou écrit sur ce point sera interprété dans le sens d'un défi sanglant !

N'exagérons point la perfidie de cette méthode. Pelletan doit être sincère. Il a beau multiplier les sottises, je crois qu'il les croit. Car, vous dis-je, il se croit au beau temps où l'électeur candide avalait les bourdes cruelles qui favorisèrent toutes les combinaisons de nos ennemis en Europe et principalement de M. de Bismarck. Aujourd'hui, les gens s'informent ; surtout avant que d'écouter un des plus fameux destructeurs de notre force maritime, ils commencent par aller aux renseignements.

Ceux qui ont pris l'habitude de dépouiller la presse italienne, surtout la presse nationaliste, qui est la plus dévouée aux idées d'Unité, savent qu'elle est extrêmement déférente pour le Saint-Siège. Ils savent que les deux règnes de Pie X et de Léon XIII ont donné un nouveau prestige au gouvernement pontifical, même estimé du simple point de vue des intérêts de l'Italie.

Le Vatican ne fléchira pas sur ses droits. On dit même qu'il est sur le point de les revendiquer avec une singulière vigueur au nom des conséquences du conflit international. Mais de là à créer des conflits armés entre la conscience nationale italienne et les catholiques du reste du monde, il y a de profondes différences. Tout esprit sensé le perçoit si Camille Pelletan ne les soupçonne pas. Une chose, au vrai, lui importe : rendre odieux les catholiques, les faire censurer par M. Malvy, à qui il les dénonce dans *Le Radical*, et déblatérer confusément contre son vieil ennemi, le pape de Rome.

L'ÉTAT ET LES PUISSANCES RELIGIEUSES

1er novembre 1914.

On déplore l'incapacité prodigieuse des administrations de la démocratie napoléonienne à collaborer avec les forces organiques du pays. Une preuve nouvelle de ce malheur profond nous est donnée dans le conflit qui vient d'éclater à Montauban entre l'évoque et le préfet.

S. G. Mgr Marty est un homme d'action de premier ordre. Peu d'entraîneurs d'hommes sont à lui comparer pour la vivacité de la pensée, la chaleur de cœur, la hardiesse généreuse à prendre en toute chose plus et mieux que les responsabilités de son rang. Un régime sérieux, appliqué avant tout à l'ordre, aurait, vous le devinez bien, commencé par appeler ce prélat dans ses conseils pour lui demander un concours régulier. Il y aurait eu à faire pour lui, autant et plus que pour tout le monde, mais, à l'ouvrage fait, on se serait promptement aperçu de la qualité de l'ouvrier. On a agi tout au rebours. On a demandé à Mgr Marty de se tenir en deçà de son devoir. Vous pouvez, là aussi, deviner la réponse ! À l'heure actuelle, bien peu accepteraient cette diminution, mais l'évêque de Montauban moins que tout autre.

On sait que *La Dépêche de Toulouse* a imprimé contre le clergé français des calomnies que leur violence seule aurait dû faire supprimer comme diviseuses. Or, elles reposaient sur des rapports faux, et dont la fausseté, reconnue après débat public, a été proclamée par autorité de justice au nom du Peuple français. Mgr Marty a jugé que le journal capable de se tromper ainsi, de se tromper au risque de créer des discordes devant l'ennemi, ne devait pas être lu par des catholiques. Usant d'une autorité spirituelle qui ne saurait dépendre d'aucun pouvoir matériel, l'évêque de Montauban a interdit à ses diocésains la lecture de *La Dépêche*. Cette décision avait entre autres avantages celui d'ôter aux catholiques une occasion de s'indigner qui, à elle seule, était nuisible à la paix publique. De son trône d'évêque, Mgr Marty collaborait à cette paix. Qu'est-il arrivé ? Le préfet a censuré la décision épiscopale, en « caviardant » par deux fois l'ordonnance dans le *Bulletin catholique* de Montauban !

Si on le prenait à la lettre, cet abus de pouvoirs se présenterait à l'esprit comme le simple effet d'une confusion d'idées. Nous dirions familièrement que c'est une bêtise, et nous passerions. En l'espèce, je crois qu'il y a autre chose. Les puissants metteurs en œuvre politiques et industriels qui tiennent le sud-ouest au moyen de *La Dépêche* ont estimé recevoir dans cette affaire un dommage commercial auquel ils tentent de parer par des moyens politiques. Le préfet de Tarn-et-Garonne, qui n'est pas catholique et n'a sans doute pas l'habitude de certaines distinctions philosophiques élémentaires, a marché dans la voie indiquée par ses protecteurs toulousains. Sa gaffe, qui est forte, ne s'explique guère autrement. Ce fonctionnaire sera sage de réfléchir que l'inique mesure revient à prendre la défense de l'agresseur, qui est *La Dépêche* (affaire jugée) contre la victime de l'agresseur, qui est le clergé catholique (même affaire, même jugement). Cela a réussi longtemps. Cela pourrait bien ne pas réussir toujours, surtout dans les cas aussi clairs ! Sans doute les coupables, en ce moment, essayent de montrer les dents. Ils n'effrayent personne. Nul n'est d'humeur à laisser un « péril national » de la catégorie de M. Pelletan crier au « péril clérical ». L'audace même de ces attaques brusquées en diminue souvent la valeur. Il est peut-être ingénieux d'accuser les catholiques français de nous aliéner méchamment l'Italie ; il est moins ingénieux de le dire, quand on est Pelletan, c'est-à-dire l'ancien ministre de 1904, celui qui, dans le voyage de Bizerte, lançait à la marine italienne de tels défis que son président du Conseil se trouva dans l'obligation absolue d'en faire à la tribune des excuses publiques et d'alléguer « la chaleur communicative des banquets ! » Il peut sembler malin de couvrir de caviar une lettre d'évêque pour préserver de toute atteinte le petit commerce d'un grand journal radical, mais il peut être moins malin de seconder ainsi des entreprises de diffamation qui tomberaient à plat, — on l'avoue implicitement — sans une protection administrative acharnée à tromper et à laisser tromper de malheureux lecteurs, acheteurs et payeurs.

8 novembre 1914.

Calomnies et calomnies

« Tandis qu'une certaine presse se plaît à dénoncer de prétendus calomniateurs du clergé... »

Ainsi commence un *Premier Bordeaux de la Lanterne*. Une « certaine presse », c'est nous. Les « prétendus calomniateurs » ont été déjà signalés, certifiés, authentiqués par un préfet, un sous-préfet, un commandant de place.

Si l'on veut connaître en quoi les calomnies consistent, en voici une prise au hasard et traitée comme elle le méritait d'après une coupure de *La Vie paroissiale de Plœuc* (Diocèse de Saint-Brieuc) citée par *La Croix* d'hier soir.

Texte des paroles lues le 20 octobre par le curé de Plœuc au prône des trois messes :

> Je porte à votre connaissance et avec l'agrément de Mathurin Denis, maçon, époux Ruellan, de Saint-Éloi, qu'en audience de justice de paix du 22 octobre dernier, il a rétracté les paroles injurieuses qu'il a tenues publiquement à mon égard, m'accusant faussement d'avoir porté de l'argent aux Allemands pour nous faire la guerre, et m'a fait à ce sujet des excuses complètes, me disant qu'il ne croyait pas un mot de cette histoire qualifiée de grotesque.

Suit la juste menace des recours plus sérieux que prendrait le curé de Plœuc si l'accusation grotesque venait à se renouveler. Il importe de féliciter ce curé énergique qui sait ainsi défendre son honneur de prêtre français. Mais il ne servirait de rien de demander à la prétendue Lanterne de reproduire ce document, de nous dire ce qu'elle en pense et de nous expliquer pourquoi elle a parlé de ces calomnies avérées comme de calomnies prétendues. La prétendue Lanterne est la pure vessie de l'obscurantisme. Je lui fais l'honneur de penser qu'elle n'a pas assez de clarté dans l'esprit pour se rendre compte de la gravité des divisions ainsi provoquées devant l'ennemi.

Un véritable quiproquo

22 novembre 1914.

Une dépêche Havas, naturellement aggravée par *Le Temps*, nous apporte de Pau la nouvelle suivante :

> L'abbé Etcharf, de Saint-Étienne-de-Baigorry, avait fait au début de la guerre un violent prêche où il déclarait que la guerre était le châtiment voulu par la Providence, à cause de la persécution religieuse. Traduit devant le tribunal de Bayonne, il fut acquitté. Sur pourvoi du ministère public, le jugement a été confirmé, mais l'arrêt déclare déplorables les paroles du curé, bien que ne tombant pas sous le coup de la loi.

La dépêche Havas parle de « sévères attendus ». *Le Temps* confondant les curés et les pasteurs, la prédication et le prêche, éclaircit comme il peut ces attendus déplorables. Nous permettra-t-on de douter que les audiences du tribunal et de la cour aient vraiment élucidé la question dont ils n'étaient pas juges, si la prédication catholique est restée libre en France ?

Depuis plus d'un mois que l'on parle de ce prône du curé basque, nous nous demandons s'il n'y a point là tout simplement un abominable malentendu, comme il en surgit à chaque instant dans notre nationalité en charpie, « dans ce peuple mutin divisé de courage », comme disait Ronsard pour une période analogue... Oui, si c'était un quiproquo ?... Le doux et mystique Voyant qui conseillait à ses disciples de s'aimer les uns les autres[31] commencerait par dire aux Français d'aujourd'hui : « Traduisez-vous les uns les autres ! Ah ! ne vous battez pas, ne vous condamnez pas avant de vous être traduits ! »

Donc, le curé basque a prêché que cette guerre est un châtiment providentiel des crimes ou des fautes de la France. Que disait-il, ainsi parlant ? Avec la précipitation de l'esprit de parti, avec l'espèce de cécité rageuse que donne la passion anticléricale, les journaux radicaux, *Dépêche de Toulouse* en tête, ont pensé que ce châtiment était unilatéral, qu'il était destiné à la France seule et que, par voie de conséquence, guerre, dans la

---

[31] Saint Jean à Pathmos.

pensée du curé basque, voulait dire châtiment suprême, donc défaite, donc disparition de la France...

Or, en soi, la guerre est un fléau bilatéral. Dans la conception catholique de la providence, il est parfaitement admissible que la même guerre dût aussi punir les crimes de l'Allemagne. Les Français ont pu le mériter par les persécutions incontestablement appliquées au catholicisme, par exemple à l'exil de cent mille religieux ou religieuses. Mais les Allemands ont pu encourir un châtiment égal par d'autres infractions, telles que leur orgueil, leur chasse folle au bien-être le plus épais, leur luxe insultant et grossier, la décadence des mœurs privées et publiques dans toutes les classes de leur société. Cette façon d'entendre la justice divine laisse absolument en suspens l'issue de l'épreuve, quelle qu'en soit la décision. La France dix fois criminelle peut être cent fois victorieuse : *nil obstat*. Et bien au contraire, s'il est vrai que les purgatoires aboutissent aux paradis...

— Mais le châtiment ?

— Eh ! le châtiment, il est manifeste. Est-il besoin d'être vaincus pour le subir et pour le subir tous ? Cette hécatombe de combattants à la fleur de l'âge, ces flots d'un beau sang sacrifié qui, ruissellent depuis trois mois, ces larmes de mères, de filles et de veuves, et ces coups que redouble, selon la pénétrante pensée de Joseph de Maistre, l'ange de l'extermination, ne trouvez-vous pas que cela châtie ?

Ou qu'est-ce qu'il vous faut ?

Ce qu'il vous faut, messieurs de la Cour d'appel de Pau et messieurs de la presse républicaine, même modérée, c'est d'avoir gardé la notion du langage de la théologie ou de la casuistique, tel qu'il est parlé et doit l'être en toute chaire catholique. Vous vous indignez, vous ragez, déchirez vos habits et criez au blasphème avant même de savoir ce dont il s'agit. Cela vous donne l'envie de pondre des lois nouvelles. Il vous suffirait d'appeler un bon truchement.

« Vieilles haines »

Si l'affaire du curé basque n'était pas tout à fait limpide, il faudrait citer celle de l'évêque de Grenoble, S. G. Mgr Maurin, accusé par le journal socialiste du pays de nourrir dans son cœur le serpent des « vieilles haines accumulées », parce qu'il engagea ses prêtres et fidèles à lui déférer, pour qu'il les déférât lui-même aux tribunaux, les gens qui colportaient des imputations infamantes pour le clergé... Dans une lettre publiée par *La Croix de l'Isère* après insertion dans *Le Droit du Peuple*, ce prélat expose avec une grande clarté qu'il n'y a pourtant pas deux conduites possibles :

> Si l'on veut la paix et l'amitié, il faut se rendre mutuellement justice. Si l'on se montre injuste, il faut consentir à aller s'expliquer, au besoin s'accorder devant les tribunaux.

À moins qu'il n'y ait un troisième parti obscurément voulu et secrètement préparé par une faction ignorée, mais forte : le parti pris d'éterniser nos guerres civiles.

Mieux vaudrait pourtant en finir avec ces « vieilles haines » artificiellement attisées et exaspérées ! Tant de cœurs devraient depuis longtemps s'être reconnus pour des frères, puisqu'ils sont les uns et les autres du bon sang de France !

Pour « l'Union sacrée » ?

26 janvier 1915.

Sous prétexte de plaider la cause de l'union sacrée, voici que, pour la troisième ou la quatrième fois, *Le Temps* publie un article qui n'est pas beau et commet une action qui non plus n'est pas belle. Nous avons signalé une par une ces défaillances d'un journal que nous approuvons quand il le faut. Nous ne manquerons pas au devoir de lui infliger de nouveau le blâme qu'il a mérité pour les plus graves motifs.

Nous n'avons pas sous les yeux l'article dans lequel un catholique lyonnais, M. Pierre Jay[32], aurait, d'après *Le Temps*, identifié (après Fichte), le protestantisme et le germanisme, la barbarie teutonne et le messianisme luthérien, nous ne pouvons savoir si les termes de cet article offensent ou non les sentiments de tolérance et de modération que *Le Temps* juge être indispensables à l'union sacrée, mais il faut constater que la réponse du plus grand journal de la République aggrave cette offense si elle a été faite, ou de

---

[32] Pierre Jay (1868–1947) était jusqu'en 1917 chroniqueur au *Salut public*, quotidien lyonnais républicain et conservateur. La notice qui lui est consacrée par le Musée du diocèse de Lyon s'efforce de la présenter comme libéral, voire moderniste, mais on sent que le trait y est quelque peu forcé. (n.d.é.)

toute façon il la constitue directe et formelle, ne serait-ce qu'à l'endroit où *Le Temps* met en parallèle le secours donné par l'» Angleterre protestante » à la « Belgique catholique » avec le « silence diplomatique » qu'aurait « gardé le Saint-Siège » « après la destruction de Louvain et le massacre de vingt-huit prêtres belges ». Ces allégations concrètes lancées avec une telle légèreté contre la Cour et la personne du pape, sur un sujet encore infiniment mal connu, doit être dans la pensée du *Temps* ce que notre confrère appellerait sans doute une « réponse modérée à l'infâme pamphlet » de M. Jay contre la mémoire de Martin Luther. Mais Luther est mort depuis des siècles, et S. S. Benoît XV et S. É. le cardinal Gasparri sont vivants. Cela fait une différence dont un esprit politique ou même un esprit juste aurait pu tenir compte, bien qu'elle ait été inaperçue des passions religieuses du *Temps*, les mêmes qui l'emportent à nous aliéner le catholicisme espagnol.

En revanche, il est vrai, ces gaucheries du *Temps* pourront surprendre les nombreux catholiques irlandais ou anglais qui combattent pour nous.

Nos alliés, qui savent leur histoire, n'oublient pas qu'il y a six siècles que l'Angleterre lutte pour écarter des Flandres (et d'Anvers !) la souveraineté de toute grande puissance continentale. Puritains et Anglicans eux-mêmes s'étonneront d'y trouver leur foi engagée : ni Wiclef, ni Henry VIII n'étaient nés du temps du Prince Noir !...

Quant aux catholiques français, ce *Temps* ne peut manquer de les promener de stupeur en stupeur jusqu'à l'irritante formule dite de « conciliation » par laquelle on prétend attirer la pensée d'un écrivain ecclésiastique et lui proposer de nous unir dans « la France de Vincent de Paul et de Voltaire ! » Cette insolence est de M. Joseph Reinach ; elle date, dit *Le Temps*, des « temps les plus troublés et les plus funestes de l'affaire Dreyfus ». Nous n'aurions pas réveillé ce souvenir. Nous n'aurions pas eu à rappeler que M. Joseph Reinach, doué d'un véritable génie de l'erreur de fait, est aussi l'un des maîtres de l'impropriété du langage.

La fausse union sacrée

Et cette hurlante insolence de l'accouplement de noms qu'il s'était permis est aggravée par le commentaire du *Temps*. On peut avoir goût à Voltaire et trouver, par exemple, dans le petit poème en prose intitulé *Candide ou l'Optimisme*, le chef-d'œuvre de l'amertume ou le souverain remède contre la confiance, l'espérance, l'amour et tous les autres biens dont se leurre l'humanité, mais je défie qu'on découvre dans ce petit livre, le meilleur, le plus mauvais, le seul qu'ait écrit Voltaire, rien qui présente ce caractère de « noble » ou de « grand » que veut faire reconnaître *Le Temps* à toute œuvre française, et que précisément Voltaire, Français à sa mode, n'a jamais mérité. L'emphatique rapprochement établi entre Voltaire et le Saint de la Charité offensera les catholiques et dégoûtera les lettrés. C'est assez ce qu'on risque à suivre les directions de Reinach ou les fureurs du fanatisme historique.

Car enfin, pour en revenir au point de départ du *Temps*, nos six ou sept cent mille protestants français ont, certes, tous les droits à être défendus, d'autant mieux qu'ils font leur devoir militaire et civique comme les autres ; mais leur cause est distincte de celle de Luther et ce n'est point mal parler d'eux que de noter qu'il y a quarante millions de luthériens en Allemagne, que cela compte dans l'économie de la race et du génie allemand, que Guillaume II est piétiste ou que Martin Luther a personnifié l'homme allemand d'après l'auteur allemand qui dressa la doctrine de l'allemanité... À voir *Le Temps* se formaliser de si loin, on peut se demander de quoi il ne se formaliserait pas et si l'union sacrée ne veut point dire simplement pour lui un silence consacré au seul intérêt de sa secte et de sa faction.

La véritable union sacrée

Par une heureuse coïncidence, voici que M. Ferdinand Buisson, protestant convaincu, nous fait l'honneur de nous adresser, à Pujo et à moi, un article du *Manuel général de l Instruction primaire* où quelques conditions de l'union sacrée sont définies de manière si cordiale qu'à certains mots nous étions tentés de nous écrier que nous allions les dire ; pour certains autres, nous les avions déjà écrits.

« Unité d'action », dit M. Buisson, « diversité d'explication », c'est-à-dire qu'il faut marcher ensemble de corps et de cœur, mais bien se garder d'ajouter comme tous les fabricants d'union stérile, que l'on met de côté ses sentiments privés et ses motifs particuliers. Cette abstraction préalable refroidirait tout ! Elle mènerait à nous croire Français, moins nos sentiments de Provençaux, de Tourangeaux, de Bretons ou de Flamands, alors que notre qualité de Français est au contraire la somme de ces sentiments ou plutôt la somme de tout ce qu'ils ont de commun, de compatible et, si j'ose faire un barbarisme, d'associable ! Même ce qui diverge peut-être associé à la guerre, M. Buisson le voit très bien. Il cite des lettres inspirées les unes de sentiments les plus chrétiens, les autres de la foi socialiste ou pacifiste. « On verrait tel camelot du roi », ajoute M. Ferdinand Buisson, « s'inspirant de convictions précisément inverses pour aboutir, lui aussi, à une mort héroïque ».

Il n'y a qu'une limite à cette diversité, la limite que suffit à imposer l'observation de la discipline militaire et civique. Si, au lieu de faire la guerre, les pacifistes faisaient la paix, si les socialistes au lieu de marcher contre les Boches, se tournaient contre le capitalisme français, si les royalistes renversaient la République et si les républicains libéraux se laissaient empêtrer dans les formalités constitutionnelles au lieu de s'en remettre de tout à la souveraine loi du Salut public, c'est alors que l'union sacrée offensée par l'une ou l'autre de ces actions divergentes devrait être invoquée et rétablie d'un mot : face à l'ennemi ! Tant que l'action converge, tant que le visage, les bras, la pensée de tous sont tournés du même côté, tant que chacun met au premier rang de nos nécessités politiques et militaires, ce *prius vivere* qu'il faut traduire *a abord vaincre !*, le rappel à l'union tout court est illégitime, car n'étant inspiré d'aucun intérêt général, il couvre un intérêt particulier qui ne s'avoue pas et doit être tenu pour suspect. Ce que M. Buisson appelle la diversité d'explication représente une nécessité politique dérivée de nos présentes et fâcheuses diversités d'esprit.

Reste la discussion entre ces explications différentes ? Autre question qu'il faut voir à part.

Peut-on discuter ?

Absolument parlant, la discussion aurait dû être évitée. Cela a même été possible durant les premières semaines de la guerre, partie en raison de ce que le choc absorbait l'attention, partie en ce que le choc des idées ne s'était pas produit en Europe.

Mais après Louvain et surtout après Reims, les intellectuels allemands ont pris des attitudes telles, tenu un tel langage qu'il a fallu, pour leur répondre, les définir. Et là, les mâles habitudes de l'esprit français sont inflexibles, il n'y a pas de politique qui tienne : ou ne pas faire ou faire bien. Il ne faut pas s'occuper d'expliquer le pangermanisme, le féroce individualisme ethnique des Allemands, ou il faut en dire les racines et les sources, telles qu'elles sont, sources idéalistes, sources mystiques, et mêmes sources religieuses. Quand M. Boutroux a publié son étude majestueuse et spirituelle, mais incomplète, de la *Revue des deux mondes*, il a bien fallu l'approuver de n'avoir pas reculé (comme d'autres), devant le nom de Fichte, mais le désapprouver de n'avoir pas osé prendre note des responsabilités de Kant. Nous avions tellement raison que, peu après, dans sa conférence de Londres, M. Boutroux nous fit cette concession, il nomma, il inculpa Kant. Mais si l'on nous accorde généreusement Kant, il faut nous accorder Jean-Jacques Rousseau : Rousseau né au carrefour de la latinité et de la Germanie, Rousseau grand excitateur et vivificateur de Kant et de l'Allemagne, Rousseau par le même principe, auteur de le Révolution dite française, Rousseau dernière incarnation de l'esprit de Luther. La filiation historique de l'individualisme européen n'est pas douteuse. Elle a été reconnue par ses partisans (historiens romantiques et philosophes révolutionnaires), et par ses adversaires (Bossuet, Comte, etc.). Demander qu'elle soit aujourd'hui reconnue telle quelle exacte, complète, fidèle, afin de bien voir l'ennemi, afin de ne pas nous tromper sur sa nature et sur ses tendances, voilà le plus simple des choses. Que servirait de nous leurrer sur le passé ? Nos bonnes relations avec les protestants de France, entre lesquels nous comptons un grand nombre d'amis, n'ont pas été gagées par notre sentiment sur la Réforme ou sur Luther ou sur l'individualisme ; elles reposent sur la communauté de notre foi patriotique et notre attachement à la paix civile. Que le luthéranisme ait été une erreur ou un mal, ils en reviendront s'ils le reconnaissent. S'ils ne le reconnaissent point, ce n'est pas une raison de nous prendre aux cheveux. La discussion paisible n'a qu'à continuer.

M. Boutroux ne nous a accordé ni Rousseau, ni Luther, mais d'autres l'ont fait. D'admirables exposés de philosophie et d'histoire ont été produits par des « intellectuels » catholiques. M. Jacques Maritain a fait, à l'Institut catholique, un très beau cours, dont nous avons parlé, et que *La Croix* résume. S'il se trompe, si nous nous trompons avec lui, il y a cent façons de le dire et de l'expliquer. Pourquoi ne pas nous en montrer une ou deux ? Pourquoi devenir frénétique ? *Qui vous meut, qui vous poinct ?* disons-nous avec Rabelais au *Temps*, si, comme on peut le croire, la querelle faite à M. Pierre Jay, de Lyon, n'est qu'un agréable détour pour nous joindre ? Cette diversion sur l'intolérance, qui aboutit à supprimer le plus piquant des plaisirs de la tolérance, savoir l'échange des idées, ressemble d'un peu près aux procédés de M. Henri Bergson, justement critiqués par *Le Temps* l'autre jour. M. Henri Bergson conte des fables vaines sur le matériel sans âme des Allemands ou sur leur manque d'idéologie ou d'idée morale ; l'unique résultat est de présenter à la France une image fausse de l'ennemi. Nous présentons l'image vraie, et *Le Temps* la barbouille en criant que c'en est fait de l'union sacrée. Ce journal du régime où l'autorité et la loi sont les résultantes des opinions, cet officieux du Gouvernement de la discussion, du contrôle et de la critique, se prononce pour la clôture de tout débat d'histoire et de philosophie.

— En temps de guerre ! dira-t-il. Mais, comme il est écrit dans Dupont et Durand :

— Après vous.

— Après vous.

— Après vous, s'il vous plaît...

Nous rappelons au *Temps* qu'il s'est prononcé pour la reprise du verbiage parlementaire. Nous fermerons notre Sorbonne quand il aura demandé et obtenu la clôture du Palais-Bourbon et du Luxembourg.

LA RUMEUR INFÂME

25 février 1915.

« C'est vous et les évêques qui donnez l'argent ramassé pour le denier du culte à l'Allemagne pour nous faire la guerre... »

Ainsi parlait, criait peut-être, un coutelier de Sainte-Agathe, Gabriel Dolzome, à son curé, l'abbé Baraduc. L'injure était publique. L'abbé dut porter plainte, et le fol insulteur a été condamné à 30 francs d'amende, plus le franc de dommages-intérêts auquel s'était borné le plaignant.

Je découpe le fait dans un article de *La Croix de l'Allier* ; notre confrère Georges Pignard-Pégnet y ajoute le commentaire d'une indignation éloquente, sans protester d'ailleurs contre la légèreté de la peine qu'explique, pense-t-il, la sottise du délinquant ? En effet, contre la sottise, même la plus malfaisante, il ne faut ni peser sur les lois, ni les forcer, ni en demander de nouvelles. Mais, j'ose l'avouer, on voudrait de nouvelles mœurs.

Le coutelier de Sainte-Agathe n'est justiciable des tribunaux que parce qu'il nous manque une vraie opinion publique et que celle-ci a perdu son pilori. À Paris, au fond des villages, c'est surtout la peine morale de la risée, de la huée, qui devrait atteindre et frapper ces grosses inepties dont l'intention n'est pas innocente et dont le résultat peut être très nuisible et très pernicieux. Un ordre du jour motivé, conçu en termes comminatoires, une protestation ferme, directe, émue, une attitude résolue et triste, émanant des autorités, voilà ce qui serait utile : de quoi rendre du ton et du courage aux honnêtes gens, de quoi inquiéter et dissuader les sots. L'opinion du pays saurait faire le reste.

Mais il faudrait que ceux qui ont la responsabilité de la direction eussent la volonté de généraliser le mouvement osé par quelques agents secondaires et sur des points trop isolés. Il faudrait qu'à cette mesure de vive et tardive répression morale correspondît une enquête, une enquête sérieuse, sur les origines de l'infâme rumeur.

Ses victimes

Cette rumeur, nous l'avons signalée, mais rougissant de honte pour notre pays, nous nous sommes fait un point d'honneur de ne pas la discuter.

Nous n'avons pas voulu encourir l'humiliation de défendre les prêtres français, non plus que les officiers français, ni les nobles français, ni les bourgeois français, au moment où tous les fils de toutes nos classes et de toutes nos conditions se présentaient ensemble au feu de l'ennemi et versaient à torrents le plus pur, le plus jeune, le plus généreux, le plus humain et le plus beau d'entre tous les sangs. Instituer une argumentation là-dessus nous eût paru entraîner une espèce de déchéance intellectuelle autant pour nous qui tenions la plume que pour ceux qui nous liraient et pour ceux mêmes en qui nous étions obligés de voir des adversaires, mais que nous honorions et respections comme Français.

Il y a en France, comme partout, une étendue de population trop occupée des besoins élémentaires de la vie pour avoir le loisir de réfléchir au sens des paroles, et celle-là peut croire ou plutôt répéter des propos dont elle ne conçoit pas exactement la niaiserie ni la malice. Ce que nous nous sommes longtemps défendu d'admettre, ce que même aujourd'hui nous croirons difficilement, c'est que ces insanités à doublure d'indignité aient été fabriquées et élaborées sur notre sol par des cerveaux français, et des langues françaises. Divers indices concordants, tels que la propagation de la rumeur infâme, le long de certains itinéraires suivis par les courtiers de sociétés étrangères ou du moins métèques, nous donnaient à penser que cette infamie diviseuse arrive en droite ligne des pays qu'elle sert : des pays allemands. Quelques Français mettent tout en œuvre pour modifier gravement cette première interprétation généreuse.

Pour assainir l'opinion

D'abord je le leur dis en toute simplicité, les Français, nos confrères de la grande presse d'information.

Pourquoi *Le Matin*, *Le Journal*, *Le Petit Journal*, *Le Petit Parisien* (qui, tous, paraissent aspirer à un rôle de patriotisme et d'impartialité et qui, si je m'abuse et si je suis dupe, comme je veux l'être, ne me démentiront pourtant pas, et leur silence montrera le véritable postulat de l'esprit public, qui est d'accord avec les nécessités du moment), pourquoi ces grandes feuilles d'informations qui pénètrent au fond des provinces ne se sont-elles pas attelées à une campagne contre ce hideux colportage de guerre civile ? Il ne s'agit pas seulement de louer impartialement le curé, le rabbin, le vénérable de loge ou le parlementaire qui tombent au feu ; il s'agit de dire non moins impartialement que celui qui charge d'une connivence active avec l'ennemi, une catégorie quelconque de la nation française, commet aussi la plus sale des offenses contre les héros de chacune des catégories diffamées. Toutes les apothéoses accordées aux martyrs n'effaceront pas la nécessité de la justice à l'égard de leurs frères. Qu'en pensez-vous, Grosclaude ?[33] Vous qui avez voyagé comme Ulysse[34], je vous défie d'avoir trouvé en pays jaune ou noir infamie comparable à celle que l'on fait courir ; comment ne travaillez-vous pas cinq ou six fois le mois à en dégoûter vos lecteurs ! Et vous, monsieur Pichon[35], et vous, monsieur Jean Dupuy ?[36] La bienfaisance de vos grandes machines tombe à rien si elles ne peuvent rien contre des colosses d'absurdité.

Encore tout espoir n'est-il pas perdu de ce côté-là. Il faut, je pense, renoncer à obtenir une ombre de sagesse et de bon sens de la presse d'extrême gauche. Depuis la faillite du pacifisme et du germanisme, depuis l'oubli (momentané, je l'espère), des idées d'organisation du travail qui leur composaient une façade recommandable et une raison d'être utile, les journaux tels que L Humanité et La Bataille syndicaliste vivent depuis six mois dans un anticléricalisme dont je renonce à qualifier la misère.

Ils ne sortent plus de là que pour exercer un vague protectorat sur les idées, les marchandises et les organisations allemandes ou bien pour flétrir la réaction et les réacteurs ; les historiettes de médailles et de scapulaires, les resucées calomnieuses tirées de la légende du moyen-âge, les déclamations anti-papalines dont quelque Judet fournit le prétexte, composent maintenant le principal de leurs soucis. Eh ! bien, à la rigueur, cela s'expliquerait encore décemment par le désir d'échapper à la domination cléricale dont ils se croient menacés par un réveil général de foi ou plus volontiers encore par un désir peut-être naïf, peut-être stupide, de maintenir d'abord, envers et contre tout, même contre la pitié et le soin des malades, même contre l'évidence de l'état d'esprit des blessés, les droits supérieurs de la personne humaine, de son autonomie selon Kant ou de sa Liberté avec le plus grand L... Tout en estimant que n'importe quel prêtre ou religieux, n'importe quel dévot et n'importe quelle dévote doivent avoir, en moyenne, et toutes choses égales d'ailleurs, un respect de la liberté des âmes, un sens de la spontanéité intellectuelle et morale égal sinon supérieur à celui dont peut s'honorer M. Pierre Renaudel ou M. Compère-Morel, la préoccupation

---

[33] Grosclaude, interpellé comme directeur du *Journal*, venait de le quitter.
[34] Étienne Grosclaude (1858–1932), chroniqueur et humoriste, connut la célébrité avec la parution en 1898 d'*Un Parisien à Madagascar*. (n.d.é.)
[35] Stephen Pichon (1857–1933), homme politique violemment anticlérical, plusieurs fois ministre des Affaires étrangères, fit la plus grande partie de sa carrière aux colonies. Maurras l'apostrophe ici en tant que chroniqueur au *Petit Journal*. (n.d.é.)
[36] Jean Dupuy (1844–1919), directeur du *Petit Parisien*, fut plusieurs fois ministre. (n.d.é.)

de ces messieurs demeurerait intelligible et par conséquent discutable, à une condition. À la condition que, dans des cas aussi pleinement, aussi parfaitement définis que celui des pauvres gens qui répètent la rumeur infâme ou des misérables qui la font courir, les rédacteurs de *L'Humanité* ou de *La Dépêche* fussent les premiers, les plus fermes et les plus vigilants, et les plus ardents à dire et à redire, de temps à autre, comme de bons sergents de la démocratie, comme les dignes hommes de confiance du peuple : « Allons, allons, camarades ! allons, citoyens et citoyennes, ce sont là de grandes bêtises qu'il faut bien prendre garde de ne pas répéter, histoire de ne pas devenir idiots... »

Ces avis cordiaux, qui ne feraient aucun mal à la classe la moins éclairée, rendraient service à l'ensemble de la nation, en honorant les hommes d'extrême gauche qui donneraient ainsi les preuves d'un esprit de justice extérieur aux préjugés et aux intérêts de parti. Leur anticléricalisme y gagnerait un aspect d'honnêteté qu'il n'a point et que leur silence, depuis sept mois, ne leur permet plus d'acquérir à moins de quelque merveilleux retour qui, de leur part, m'étonnerait.

L'État français

En revanche, je veux espérer énergiquement que l'État verra son devoir, ou, sans le voir, le fera. Quelques-uns nous croient dupes. Nous le sommes à peine. Mais nous croyons, ou plutôt nous voyons qu'il y a des situations plus fortes que les volontés, et les dispositions personnelles des hommes. Un minimum d'intelligence suffirait à persuader le pouvoir qu'il n'a pas d'intérêt à laisser corrompre et déséquilibrer le bon esprit de la nation. Tous les plus beaux calculs sur les éventualités qui succéderont à la guerre ou la répartition des forces entre les partis font pitié en une heure où la victoire seule importe, et les outils de la victoire qui ne sont pas seulement les canons de 75 ou de 155, mais la paix du pays, sa santé, sa vigueur morale. Si on le laisse empoisonner et diviser, on s'expose à se laisser vaincre. Le gouvernement serait bien avancé le jour où la déflagration soudaine d'explosibles mal surveillés l'obligerait, je ne dis pas à dégarnir le front de quelque corps d'armée, mais à appauvrir nos dépôts pour pacifier une province mise à feu ! Il a les responsabilités de l'ordre comme celles de la défense nationale. Ne dites pas, bon libéral qui ne parlez un peu haut que depuis que Guillaume occupe dix départements, ne dites pas que le gouvernement n'est pas digne de ces responsabilités ni de l'autorité qui s'y rapporte. Il les a. Il les a : cinq fois sur dix, il est forcé de se conduire comme s'il valait mieux qu'il ne vaut. C'est ce gouvernement, quel qu'il soit, parce qu'il est le gouvernement, qui, parce qu'il y a intérêt majeur, a le devoir d'intervenir comme sont intervenus tels de ses représentants. La nécessité est certaine. Le mal s'étend, Vindex, de *La Croix* de Paris, a cru devoir lui consacrer toute une brochure, répondant à la calomnie par l'apologie. S. É. le cardinal Sevin, dans une haute et belle instruction pastorale, fait une place à l'abjecte calomnie et se donne la peine d'y répliquer par une ironie d'ailleurs vengeresse : « Ce sont les curés qui font faire la guerre. Quels curés ? Et chacun de s'écrier : — Ce n'est pas celui de ma paroisse ! » Ce nouveau et grave témoignage établit que le Lyonnais, la vallée du Rhône, le Sud-Est, se sont laissé pénétrer par la rumeur que nous avons signalée, dès la mi-août, en Bretagne, en Berry, en Bourgogne et en Périgord, à peu près simultanément. Un mal aussi général doit être attaqué par la plus générale des puissances publiques. Seul, l'État est à même de le combattre efficacement.

Le peut-il ? Le voudra-t-il ? Pourra-t-il le vouloir ? Encore un coup, je n'ai pas d'illusion sur les desseins et les tendances. Ce n'est ni Jean ni Pierre, c'est l'Action française, c'est nous-mêmes qui avons montré qu'en démocratie libérale ou radicale, un des quatre États confédérés qui nous gouvernent est précisément cet État maçonnique dont tous les intérêts semblent coïncider avec ceux que semble servir la rumeur infâme. Mais nous sommes en guerre. Et, en temps d'invasion, sans que la Franc-maçonnerie s'améliore, sans que la peste se bonifie, l'intérêt maçonnique pâlit, l'intérêt national reprend les hautes couleurs de la vie. Ces deux intérêts acquièrent des rapports de forme, de gravité et de distance qui ne ressemblent point à leur rapport du temps de paix.[37]

LA CENSURE À BORDEAUX

5 mars 1915.

L'un des hommes auxquels la Défense nationale est en droit d'adresser les plus graves reproches, M. Camille Pelletan, avait lancé, dans un journal

---

[37] Cet optimiste très volontaire a été mis en défaut. La presse parisienne ne fit aucun écho à cet appel de bon sens et de concorde.

girondin, des attaques virulentes contre le pape. Du point de vue de la politique élémentaire, cela est à peu près aussi intelligent que de prendre à partie M. Maura, Don Jaime ou M. Giolitti pour l'attitude de quelques-uns de leurs partisans. Un prince de l'Église, S. É. le cardinal Andrieu, archevêque de Bordeaux, a répliqué à M. Pelletan, avec autant de dignité et de pertinence que d'énergie.

Le cardinal s'est borné à évoquer en termes sévères, mais extrêmement généraux, le rôle misérable tenu par M. Pelletan pendant ses trois années de dévastation rue Royale. Citoyen français, écrivain et docteur, Mgr Andrieu avait élevé et mesuré son langage pour déjouer tout à la fois la réplique et la critique. Aussi n'est-ce point là-dessus que le censeur bordelais a trouvé matière à intervenir. Mais ces motifs inattaquables étaient suivis d'un bref dispositif défendant aux catholiques, sous les peines édictées par la loi du catholicisme, toute lecture du journal de M. Pelletan ; c'est ce dispositif qu'il a été interdit aux journaux de faire connaître !

En vérité, pourquoi ? *La France de Bordeaux et du Sud-Ouest* n'est pas un journal catholique, M. Pelletan appartient lui-même à la communion protestante ; qu'est-ce que cela peut bien leur faire d'être excommuniés ? Il n'y a que le gobe-mouches Gustave Hervé pour se figurer qu'un pasteur suisse dont il parlait dernièrement pût éprouver le moindre dommage à l'idée d'être retranché d'une confession à laquelle il n'a jamais appartenu et se fait même honneur de n'appartenir point. Le cardinal, le prélat, le prêtre qui met le public au courant de la doctrine de M. Pelletan et de son journal, doctrine nullement mystérieuse, nullement cachée, je suppose, qu'est-ce qu'il fait de désagréable ou de gênant pour qui que ce soit ? Il épure la situation. Il la rend claire et loyale. Au fond, il aide à sa manière, aux intentions de MM. Pelletan et Lucien-Victor Meunier.[38] Ces messieurs arborent une cocarde violemment anti-catholique. Le cardinal signale ce petit insigne afin qu'il soit remarqué des intéressés, afin que ceux qui s'associent à cette œuvre ne soient plus regardés ni comptés pour des catholiques. L'ordre est rétabli.

---

[38] Sorte de pape du journalisme politique de l'époque, Lucien-Victor Meunier (1857– 1930) représente par excellence l'alliance du journalisme et des milieux parlementaires de la troisième République, laquelle couvrit Meunier d'honneurs. Il a collaboré à quantité de publications, mais « son » journal c'est *Le Rappel* dont il devint le journaliste prépondérant après la mort de Vacquerie. (n.d.é.)

Ce qui rétablit l'ordre ne peut pas le troubler. Alors ? Ou bien le préfet de la Gironde a voulu se mêler de définir ce qui est catholique et ce qui ne l'est pas, prétention contraire à la loi de Séparation presque autant qu'au bon sens et au sens commun. Ou il veut essayer de donner à l'antipapalisme de M. Pelletan et de M. Meunier un caractère clandestin contre lequel ces deux messieurs, tel qu'on les connaît, se devront de protester. Dans les deux cas, la censure exercée contre le dispositif des déclarations du cardinal Andrieu ne va pas seulement contre les libertés nécessaires du catholicisme en pays français ; elle contredit toutes les lois de cohérence de l'esprit humain, elle relève de l'absurdité pure et simple. Dans l'intérêt et le bon renom de cette chère censure, mieux vaudrait en finir avec ce non-sens.

LA RENTRÉE DE M. CAILLAUX

17 mars 1915.

C'est un anniversaire.

Il y eut hier une année que Gaston Calmette tombait à son poste sous une balle d'assassin.

Hier donc, par une lettre que *Le Temps* insère à titre de document, M. Joseph Caillaux ou « le Crime impuni », comme Capus l'appelle, faisait sa rentrée dans la politique française.

Cette proclamation aux électeurs de Mamers est du reste datée du 14 mars. Le 14 mars 1915 sera-t-il une date fatale de notre grande guerre ? La défense républicaine va-t-elle succéder, ou tout au moins se juxtaposer à la défense du pays ?

Ces trois cents lignes de copie grand format ont brusquement rouvert une large baie sur le cloaque. L'air méphitique de la politique des partis dont nous étions déshabitués rentre à flots. L'ancien ministre des finances donne un corps aux aspirations diviseuses de la démocratie laissées depuis huit mois inertes et sans emploi ; c'est ce que l'auteur appelle avec une jolie emphase, qui doit avoir sa sincérité : « la politique dans le sens le plus élevé du mot ».

M. Caillaux commence naturellement par une plainte qui est de style. Toutes les mauvaises querelles, toutes les querelles d'Allemand de l'intérieur ont le même début : *L'Humanité* publie-t-elle de sales caricatures du pape ? elle se plaint qu'on n'observe pas l'union sacrée ; *La Lanterne* veut-elle crier, des mois entiers, contre d'innocentes distributions de médailles ou de scapulaires ? elle flétrit les perturbateurs de l'union sacrée ; M. Caillaux veut-il déclarer qu'il a couru les Amériques et n'y a trouvé dans les partis cléricaux qu'un nombre infime de partisans de la France ? cette calomnie indirecte à l'adresse des catholiques français est précédée de la diatribe rituelle contre « certains » qui « ont une façon particulière d'entendre l'union sacrée ».

Les perturbateurs de l'union sacrée

Pour obliger ces inepties à rentrer sous terre, il devrait suffire de rappeler trois faits précis.
1. Dès le premier jour d'août, une rumeur infâme a couru toutes les campagnes de la France, accusant les prêtres, les évêques, les nobles, les bourgeois et les officiers d'avoir poussé à cette guerre ;
2. Il ne s'est trouvé d'un bout à l'autre du territoire, qu'un fonctionnaire militaire, un agent de l'administration civile et un juge pour faire justice de ces rumeurs ;
3. Quand (les 23 et 24 février derniers) nous avons prié toute la grande presse d'informations parisienne, la presse de M. Caillaux comme *La Lanterne* et *L Humanité*, de réprouver cette rumeur humiliante pour la santé d'esprit autant que pour l'honneur du peuple français, personne, absolument personne, ne nous a fait écho.

J'avais le droit de prendre acte de ce silence comme d'un aveu de profonde insincérité. J'ai usé de mon droit dans notre *Action française* du 28 février. Les véritables perturbateurs de l'union sacrée se nommaient. L'aveu était si net qu'ils n'ont pas osé protester. Nous causerons union sacrée avec M. Caillaux quand il nous aura expliqué son silence ou le silence de ses journaux sur les colporteurs de la rumeur infâme et sur leur impunité scandaleuse. Là fut le premier attentat au pacte d'union. Si l'on en veut alléguer d'autres, ils ne sauraient être examinés qu'après celui-là. Outre que sa réalité ne fait ni doute ni question, il date de la première huitaine d'août, il n'a jamais cessé depuis, il n'a jamais été sérieusement réprimé.

Le déni de justice de l'État républicain à l'égard de ses nationaux contraste avec l'activité diplomatique déployée par le Saint-Siège en faveur des prisonniers de guerre de toute nationalité et de toute confession. Le Saint-Siège remplit sa fonction bien au-delà de ses ressortissants naturels ; même en temps de guerre et d'union sacrée la démocratie ne connaît jamais que des partis, ou plutôt son parti. Elle ne peut remplir ni la fonction ni le domaine de la France !

« Pour berner le prolétariat »

5 et 11 avril 1915.

Tandis que le pape délivre les prisonniers civils qui le remercient poliment, la diffamation anticléricale continue dans les journaux socialistes sous le couvert de la précaution bien connue : « pour ne pas briser l'union sacrée », grand air qu'on finira bien par mettre en musique. Ceux qui ne somment pas Benoît XV d'excommunier Guillaume II, à qui sa qualité de calviniste héréditaire assure une excommunication vieille de plusieurs siècles, font d'extraordinaires instances pour le montrer suivi et peut-être mené par des influences avant tout catholiques ; c'est la papauté qu'il faut détester bien plutôt que la Germanie. Il est vrai que notre presse de réaction tissa, sur ce mystère d'iniquité, le voile du silence.

L Humanité se plaint du bruit fait autour des voyages du socialiste Sudekum[39] et de la discrétion observée sur ceux du catholique Erzberger ?[40] Qui a parlé d'Erzberger ? Qui ? M. l'abbé Wetterlé, et après lui, nous tous.

En quoi Erzberger embarrasserait-il ses coreligionnaires ? Les socialistes ont promis d'imposer la paix, ils subissent la guerre. Le catholicisme s'était jadis proposé de discipliner et de civiliser la guerre et, tant qu'il est resté maître de la situation, il y est parvenu dans une importante mesure.

Mais, dit *L Humanité*, il y a François-Joseph. « François-Joseph ne fut-il pas toujours le dévoué serviteur du Saint-Siège ? L'Autriche n'est-elle pas la fille de prédilection de l'Église ? Les jésuites... Le parti militaire autrichien, dont l'archiduc assassiné était le chef... » Ces anathèmes à l'Autriche absolutiste présentent l'avantage de faire oublier la Prusse hier libérale et aujourd'hui socialiste. Ils ont aussi le mérite de détourner l'attention du parti

---

[39] Albert Südekum (1871–1944), un des chefs du parti social-démocrate, conduisit pendant la guerre les négociations avec les partis socialistes étrangers, notamment des pays neutres. Son action et sa doctrine furent violemment attaquées par les marxistes ; Lénine le qualifiait d'opportuniste et de social-chauvin, et Trotsky de révisionniste, si bien qu'il est généralement décrit comme le meneur de l'aile droite du parti. (n.d.é.)

[40] Matthias Erzberger (1875–1921), député au Reichstag depuis 1903, fut le négociateur et signataire allemand de l'armistice de Rethondes. Il devint ensuite ministre des finances et mourut assassiné par un groupe extrémiste. (n.d.é.)

dirigeant hongrois, les Tisza, les Buryan, les Arcanyi, tous protestants, et qui semblent être restés les maîtres définitifs de la double monarchie depuis l'assassinat de l'archiduc qui passait pour leur adversaire le plus acharné...

La religion de l'inhumanité

Il sera difficile de faire prendre l'écho suivant pour une parole d'union sacrée !

On nous informe que l'archevêque de Paris a visité l'ambulance établie dans l'école laïque de Bois-Colombes. Est-il également vrai qu'il y a levé sa dextre pour la bénir ?

S'il en est ainsi, que pense-t-on en haut lieu de ces singuliers accommodements avec la loi de séparation qui semble avoir institué la neutralité en matière confessionnelle sur les terrains de l'État ?

Cette dextre levée sur les terrains de l'État pourra donner la chair de poule à tous les gens de loi qui vivent de la démocratie et que l'anticléricalisme officiel aide, puissamment, à « berner le prolétariat », selon la remarque de Jules Guesde. Mais nous ne pouvons pas nous empêcher de demeurer un peu surpris de trouver de tels sentiments dans un journal qui représente les idées de Jules Guesde ou qui usurpe le nom de *L'Humanité*. La main d'un prêtre vénérable levée sur des blessés et des agonisants ne saurait offenser que des anthropophages professant la religion de l'Inhumanité.

UNITÉ ET AMITIÉ DEVANT L'ENNEMI

16 avril 1915.

Détournons les yeux, voulez-vous ? Quittons un instant du regard cette presse immonde, que le sentiment de sa bêtise, d'une bêtise claire puisqu'elle est en langue française, n'a pas su encore étouffer. Réfugions notre pensée dans le pays des braves, voyons quel est là-bas, le régime et le coutumier des rapports entre croyants et non croyants sur le front de bataille. Un lecteur de *L'Action française* adresse à un ecclésiastique de nos amis qui nous la communique une très belle lettre ; je tiens à la publier aujourd'hui, pour purifier l'air français des inepties sordides parues dans les journaux d'hier.

Ce poilu dit en quelques lignes la règle de haute courtoisie intellectuelle qui s'institue d'elle-même entre Français.

Écoutez comme il parle d'adversaires :

> J'ai eu le grand plaisir de constater pour le Vendredi Saint, un geste délicat de leur part. Sur sept, nous sommes trois catholiques. Trois se disent athées ou libres penseurs, et un est indécis. Dès le mercredi, je leur avais dit que nous comptions faire maigre et comme le ravitaillement est quelquefois précaire en poissons, je n'avais pas parlé des œufs. Pendant mon absence, ils se sont arrangés pour composer un menu des plus stricts, ni viande ni œufs et tous ont fait rigoureusement maigre comme moi. L'entente la plus cordiale règne dans l'armée au point de vue des idées.

Assurément de cette entente, des joyeux sacrifices qu'elle comporte, de la hauteur et de la grandeur d'âme qu'elle suppose, tous les profonds ennemis de la nation française conçoivent et doivent concevoir de vives alarmes. Elle les trouble. Ils n'auront de repos qu'ils ne l'aient troublée. De tels bienfaits publics menaçant leur industrie, ils préparent donc leur défense, en attaquant. Je parle de ceux d'entre eux qui savent prévoir. Mais pourquoi les amis de la nation ne concevraient-ils pas les prévisions correspondantes, afin de déjouer le piège tendu ? Il ne faut pas croire qu'il se détendra tout seul et que le mal se donnera bénévolement le coup mortel ; il veut survivre et survivra si l'on ne sait pas l'écraser.

Donc, vigilance, et, pour veiller utilement, propagande et propagande. Ne laissons pas de trop belles âmes nous communiquer une confiance que rien n'autorise.

Confiance et méfiance

J'ai lu avec délices la lettre d'un de nos amis du Midi, « simple ouvrier », nous dit-il, maintenant soldat d'artillerie coloniale, qui combat à l'extrême pointe de notre frontière nord-est. Il nous rapporte que le matin même un des évêques de la frontière a prêché que :

> ... cette guerre serait la fin des luttes intestines dont notre France est déchirée, que cette guerre pourrait s'appeler la guerre de l'union,

parce qu'après avoir vaincu l'ennemi, nous serions unis dans la paix comme nous l'avons été dans la victoire.

Ce qu'entendant, notre ami fut tenté de « mettre sous les yeux de Monseigneur » nos extraits des articles émanant des grands meneurs de l'anticléricalisme. Tout compté, j'aime mieux que notre lecteur se soit abstenu. Il est beau, il est bon que les chefs du sacerdoce français jurent ainsi publiquement, face aux obus de l'ennemi, sur nos drapeaux et sur nos armes, les profonds sentiments de paix civile qui animent leur cœur et que rayonne leur doctrine ; il est beau, il est bon que notre ami et avec lui, tout le fonds sérieux et fort de la France, soient les témoins de ce scandale injuste, mais instructif et fortifiant :

Pendant que tous les prêtres de France prêchent l'union, et la pratiquent sous ses formes les plus touchantes, un certain clan les combat par les armes de l'hypocrisie et de la lâcheté.

Il faut que ce contraste soit ; mais, afin qu'il soit pleinement, il doit être vu, senti et compris à fond. Cette intelligence et ce sentiment risqueraient de manquer si nous n'en faisions ici un commentaire clair et net. Une fois renseignée et fixée, notre France saura comme toujours élever ses merveilles de raison, de justice et de discernement. Mais il faut lui fournir toutes les lumières et encore une fois, savoir les propager.

LA PROPAGANDE RELIGIEUSE

20 avril 1915.

Il y a de longs mois que nous signalons l'anticléricalisme croissant des campagnes de *L'Humanité*. Gémissante ou brutale, l'agression contre la propagande religieuse estimée inconciliable avec les règles de l'union sacrée a fini par devenir à peu près quotidienne. À notre avis, ce point de vue est faux, cette exigence folle. Les socialistes ne tiennent pas compte de l'essentiel. Ils ne veulent pas voir comment l'homme mis en perpétuel danger de mort par la guerre ne peut s'empêcher de songer à l'au-delà. Ceux de ses semblables qui se font une idée déterminée de la vie future ne peuvent s'empêcher davantage de le presser, d'y réfléchir. S'il y a recrudescence de zèle prosélytique, il y a, d'autre part, élan égal, sinon plus vif encore du côté des mystères que recouvre la mort. En juger autrement ne me paraît possible qu'à la faveur de parti pris systématique. Il est positif que, dans une existence aussi menacée que celle du combattant, s'il y a place pour toutes les griseries et toutes les étourderies, l'indifférence positiviste est une exception.

La « foi laïque » dont parle Hervé peut avoir ses apôtres, ses héros, ses martyrs, bien qu'elle me paraisse trop peu définie pour agir ; mais M. Louis Dubreuilh[41] nous a appris dans un article qui n'était pas dénué de mesure que, cette foi ne se privant pas de faire du prosélytisme, il était fort compréhensible que les autres croyances en eussent fait autant. Rien de plus naturel en effet. Quel homme peut être assez mal luné pour trouver injurieux, ou désobligeant qu'un autre homme lui veuille communiquer ce qu'il sait, ce qu'il croit, ce qu'il aime ou ce qu'il espère ? De tels points, s'ils étaient sérieusement acquis, nous obligeraient à nous demander de quoi l'on se plaint et (en dehors des intérêts et des passions de parti ou de secte) qu'est-ce qui peut bien motiver une campagne anticléricale.

Dénégation

« Mais », dit Bracke, lequel ne manque pas d'aplomb, « où voit-on une campagne d'anticléricalisme ! » Bracke déclare qu'il ne la trouve « engagée ni dans ses rangs, ni ailleurs ». Nos lecteurs riront amèrement de ce ton. Il est simple et placide. Il renverse avec tranquillité les faits établis. Ne comptez ni sur un scrupule ni sur un regret de l'écrivain. Cet écrivain est le même qui est resté muet au fur et à mesure que nous dépouillions toutes les pièces du procès intenté aux catholiques et traînant depuis la fin de l'été dans tous les journaux du régime, depuis *Le Temps* et *La Dépêche de Toulouse* jusqu'à *La Guerre sociale* et à *L'Humanité*.

« Ni ailleurs ! » dit Bracke. Le silence de la presse républicaine, grande presse d'information, presse de propagande politique, presse socialiste, le silence de Bracke lui-même, devant nos dénonciations répétées de la « rumeur infâme » devrait suffire à régler la question. À l'heure où l'ennemi du dehors, servi par quelques-uns de ses complices de l'intérieur lançait contre les Français, et de ceux qui se faisaient tuer au premier rang, l'inepte et honteuse accusation d'avoir fait déclarer la guerre, aucun de ces partis que les progrès du catholicisme inquiétaient ne s'est montré assez détaché de lui-

---

[41] Louis Dubreuilh (1862–1924) fut le premier secrétaire général de la S. F. I. O., de 1905 à 1918. (n.d.é.)

même pour permettre à ses adhérents de rendre hommage à une vérité de bon sens. Ce seul silence forme un tel aveu qu'il est à peine nécessaire d'évoquer le mot de Guesde qui l'illumine :

— On a voulu se réserver le suprême moyen de « berner le prolétariat ». Bracke, il est vrai, raconte que :

> Des Français ont cru bon de mettre à profit le temps de guerre pour entreprendre sur la liberté de pensée ou d'action du soldat combattant ou revenu des combats.

Quels Français ? Où ? Quand ? Quelques journaux dont celui de Bracke ont essayé parfois de préciser cette accusation. Tous nos lecteurs se rappelleront comment on a fait voir et toucher aux termes mêmes des accusations leur pitoyable enfantillage. Mais, si elles étaient sérieuses, comment un gouvernement pourvu de tous les moyens de l'État n'arrive-t-il pas à les tirer au clair ? Ce ne sont pas nos amis qui sont les maîtres, ce sont les amis de Bracke ; comment en sont-ils arrivés à ces deux extrémités également fâcheuses, pour des raisons différentes, et de laisser se faire le mal et de le laisser dénoncer par des moyens de presse qui ne peuvent que semer des divisions dangereuses ?

S'il y a mal, le seul remède

Quand Bracke s'écrie :
— Une faveur attachée comme prix à une pratique religieuse, qu'est-ce autre chose qu'un attentat de ce genre.

C'est-à-dire un attentat à la liberté. Il sera peut-être surpris de me voir de son avis, mais les catholiques s'étonneront de cette surprise, eux qui éprouvent une horreur profonde à la pensée d'un marchandage de cette qualité et qui y voient certainement un de ces trafics des choses sacrées qui rentrent dans la définition de la simonie. Mais je constate que Bracke, arrivé devant le fait, fait constaté ou supposé et que je n'admets que par hypothèse, aboutit à la plus stérile ou à la plus funeste des conclusions. Au moment où il nie avoir fait, ou voulu faire de l'anticléricalisme, il prétend établir son droit à déchaîner ce malheur ; les catholiques ont commencé prétend-il. Admettons-le, toujours par hypothèse. Et alors ? Alors quoi ? Où l'État n'a rien pu, que pourra l'opinion ? Une guerre intestine ? Nous avons tellement besoin de la paix que Bracke en faisant cette guerre, en essayant de la légitimer, s'empresse de la désavouer.

Il n'y aurait eu qu'une solution : s'adresser aux pouvoirs compétents, aux pouvoirs ecclésiastiques. Combattre une exagération d'ordre spirituel et moral par les autorités spirituelles et morales correspondantes. Voir les prêtres, ou les moines et les évêques, voir le pape, s'entendre avec eux tous pour que les instructions nécessaires ou le supplément d'instruction nécessaire soient donnés afin d'empêcher le zèle de s'égarer, la propagande catholique de fourcher, le prosélytisme naturel et légitime de se retourner contre lui-même... L'histoire et la logique sont d'accord pour montrer que la solution serait là.

Oui, elle serait là pour un État tout autre que l'État démocratique et républicain, celui qui déclare ignorer l'Église et se constitue lui-même, par nécessité électorale tout autant que par tradition historique, en pouvoir spirituel. Cet État n'a d'autre ressource que de se taire comme État et de fournir les journalistes de récriminations aussi impuissantes que lui.

Pour la paix intérieure

26 avril 1915.

L'Humanité disait hier matin :

> Ce sont des Petites Sœurs des Pauvres qui soignent nos blessés à... (Bouches-du-Rhône), à l'hôpital militaire des Chartreux. Nous permettra-t-on de leur dire qu'elles outrepassent leur droit et qu'elles avilissent leur devoir en menaçant de faire priver du congé de convalescence les hospitalisés de pensée libre qui refusent de se plier aux pratiques de la religion ?
> À l'autre bout du pays, à l'hôpital temporaire de... (Calvados), les Femmes de France commettent des abus aussi criants avec plus de hardiesse. Ceux qui veulent ignorer la prière commune et qui refusent d'assister aux offices du dimanche courent, sous leur égide, le risque de s'en aller avant l'heure coucher sur la paille du dépôt des éclopés.
> Le prosélytisme clérical est de plus en plus répugnant.

Il serait répugnant, en effet, si de tels faits étaient authentiques. Mais le ton même du rapport commande au moins le doute. Ses lignes respirent la passion et l'imprécision. Elles semblent venues d'une plume furieuse, mais incapable de mettre les points sur les *i* pour expliquer ce dont elle croit avoir à se plaindre. Un furieux qui bégaie n'est pas un bon témoin. Pourtant, par un jeu d'hypothèse, dont je demande pardon aux Petites Sœurs des Pauvres et au bon sens, admettons la vérité de ce rapport qui sue la fable et, le premier regret exprimé, attachons-nous à vouloir faire cesser le mal. Qu'éprouverons-nous tous d'abord ? Que la publicité injurieuse, l'injure ainsi généralisée, a l'effet de redoubler les difficultés de l'affaire. On n'aurait pas mieux travaillé si l'on avait voulu en compliquer le règlement, en rendre les sanctions malaisées et, par-dessus le marché, accroître la violence des discussions engagées autour de ceux qui ont le plus grand besoin de paix et de calme, nos malades et nos blessés. Voilà une question habilement posée ! On a commencé par où l'on n'aurait eu le droit de finir qu'à la dernière extrémité, la lutte civile... Ah ! certes, on peut tout casser, fermer les hôpitaux, licencier le personnel, abandonner les blessés et satisfaire ainsi la rage anticléricale, mais avouons que l'humanité (pas le journal) en pleurerait.

La doctrine Georges Clemenceau, celle qui brûle la ville pour faire cuire l'œuf, ou la doctrine du sauvage de Montesquieu, qui coupe l'arbre pour avoir du fruit, serait seule à triompher de ces coups de haute justice. Les Français cultivés trouveraient la chose un peu boche. Que faire alors ? se demandent-ils s'ils ont une teinture de la complexité des problèmes moraux où se trouve engagé le plus délicat de l'âme humaine. Mon Dieu, cela est simple : traiter au moral et au spirituel un problème spirituel et moral. On nous a dit et nous savons (il n'est pas défendu d'être informé de ces choses) que l'Église plus intéressée que *L'Humanité* à ce que son prosélytisme ne soit pas « répugnant », réprouve formellement ces pesées indiscrètes sur la conscience des mécréants. Alors, cela devient extrêmement simple : nous nous adressons à l'Église.

Nous lui communiquons nos informations. Nous lui demandons de les vérifier. Nous la prions d'user de son autorité, d'appliquer ses propres règles, de nous aider à maintenir la paix publique. Et si l'Église représentée d'abord, je le suppose, par M. l'aumônier de l'hôpital militaire en cause, fait des difficultés, nous ne serons pas acculés au conflit pour cela. Il y a des juridictions diocésaines. Au-dessus, il y a l'évêque. Au-dessus des évêques, il y a le pape. Un gouvernement pratique, actif, expéditif, vigilant, aurait vite fait de trouver le terrain d'accommodement sur lequel le prosélytisme religieux, qui est un devoir, serait aidé à se tenir dans les règles de justice et d'honneur qui, important beaucoup à l'Église, n'importent pas moins à l'État.

« LE PROSÉLYTISME CLÉRICAL »

2 mai 1915.

Le 26 avril, j'ai extrait, du journal *L'Humanité*, une de ces innombrables notices diffamatoires pour le catholicisme français qui remplissent les journaux révolutionnaires, et je l'ai reproduite textuellement :

> Ce sont des Petites Sœurs des Pauvres, *etc.*

Par la plus absurde des hypothèses, dont j'avais soin de m'excuser auprès des Petites Sœurs des Pauvres et du sens commun, j'ai supposé le fait vrai et examiné comment, en ce cas, on aurait pu espérer le faire cesser. L'exemple fictif me servait à montrer une grande vérité, savoir qu'en tout état de cause, à prendre pour exactes les histoires contées par les anticléricaux, il était urgent de faire collaborer l'Église et l'État, leur ignorance réciproque étant la plus sotte semence de guerre civile.

Mais j'avais eu raison de faire mes réserves et, tout en les faisant, de donner au récit menteur la publicité d'un journal véridique. Huit jours n'ayant pas coulé depuis le lundi 26 avril, j'ai reçu hier matin de la ville des Bouches-Du-Rhône où se serait passé le fait raconté par *L'Humanité* la rectification suivante. Naturellement la lettre ne vient pas des Petites Sœurs des Pauvres ; elles ont mieux à faire qu'à lire les journaux qui les calomnient ou qui les défendent : elle est l'œuvre d'un soldat blessé.

> ... Loin de faire des menaces à ceux qui n'y vont pas (aux offices religieux), les Petites Sœurs les entourent de soins dévoués, tout comme les autres, ne voyant en eux que des défenseurs du pays, ne ménageant ni leur temps, ni leur dévouement. L'hôpital, uniquement tenu par elles, est d'une propreté irréprochable, les soldats sont considérés comme de la famille et leurs affaires sont nettoyées et remises en état d'une façon magnifique ; chaque soldat, en partant,

est possesseur d'un colis de linge offert par les Petites Sœurs.

Le seul fait qui s'est produit est le suivant : un dimanche, plusieurs soldats sont rentrés dans un état d'ébriété complète, frappant leurs camarades, menaçant et insultant « très grossièrement » la sœur supérieure. Le lendemain, ils furent envoyés à l'hôpital militaire, où l'autorité voulait les punir de prison et leur supprimer leur permission. La sœur supérieure intervint en leur faveur et obtint que la punition soit levée : ils ont donc eu leur permission.

Répétons : voilà comment les Petites Sœurs des Pauvres « outrepassent leur droit et avilissent leur devoir... à l'hôpital militaire des Chartreux, à... (Bouches-du-Rhône) ». Si « le prosélytisme clérical » est jugé « de plus en plus répugnant » par ceux qui colportent et impriment ces fables, nous ne nous presserons pas de juger, quant à nous ; nous attendrons la rectification ou le silence de *L'Humanité* pour statuer définitivement sur le vrai caractère de sa campagne.

Simple note : jamais L'Humanité *n'a voulu désavouer la rumeur infâme.*

Les embûches cléricales

5 mai 1915.

... Puisque les attaques se répètent et que toutes commencent par la formule rituelle « sous le couvert de l'union sacrée », tirons de nos dossiers un fait qui a été passé sous silence par amour de l'union sacrée, un fait que personne ne nous demandait de rendre public, un fait qui ne nous était pas signalé directement et qui est consigné dans une lettre d'ecclésiastique français qui ne devait pas nous être montrée et qui nous fut communiquée par une tierce personne. Ni l'auteur, ni le destinataire de cette lettre ne se douteront, jusqu'à la minute où ceci leur tombera sous les yeux, que nous ayons pu en faire aucun usage. Le caractère intime du récit en confirmera l'autorité. Je demande à tous les esprits de bonne foi ce qu'ils pensent de l'aventure suivante :

> La guerre religieuse continue toujours et redouble, sur certains points. À X..., par exemple, à l'hôpital de la..., le curé de la paroisse ne peut confesser les malades qu'en présence des infirmières laïques. Une certaine demoiselle X... se tenait au pied du lit du mourant au moment où le prêtre le confessait. Priée de s'éloigner, elle répondit :
> — Je suis là par ordre et j'y resterai.
> Quand le curé se présenta de nouveau, un nommé Z..., membre du bureau de bienfaisance, lui barra le passage et l'empêcha d'entrer.
> On a protesté, mais en vain.

Le parti républicain gouvernant peut penser ce qui lui plaît de la confession. Il ne peut pas penser que la confession ne fait pas partie intégrante du catholicisme. Dès lors, tout obstacle officiel mis à la confession est un obstacle au libre exercice du culte catholique sur le territoire français. Par conséquent, l'obstacle doit être levé par le parti régnant, ou ce parti doit avouer que ce culte est interdit. Entre ces deux positions officielles possibles, il n'y a de place que pour un mensonge, officiel, lui aussi.

La ressource du mensonge

Il est fâcheux d'avoir à dire que cette troisième position, celle où l'on ment, est très recherchée aujourd'hui. Mentir avec effronterie, ou mentir avec prudence, est-ce donc un refuge si assuré ? Le mensonge capte des votes. Il est permis de douter qu'il suscite des dévouements et recueille des fidélités. Or, c'est aux dévouements et aux fidélités qu'appartient l'avenir de notre temps troublé. Les hommes et les groupes qui demandent à la menterie hypocrite ou cynique de les tirer du mauvais pas où les a fourrés leur imprévoyance pourraient bien voir cette manœuvre se retourner contre eux.

Nous avons généreusement mis au compte des Boches toute la responsabilité des infâmes rumeurs imputant l'initiative de cette guerre au pape, aux prêtres, aux nobles, aux officiers, aux riches ; mais, s'il n'est pas douteux que le murmure destiné à nous diviser devant l'ennemi arrivait tout droit de l'Allemagne, les agents de transmission ont bénéficié de singulières complaisances et d'une entière impunité ! Sauf en trois cas que nous avons spécifiés, pas une poursuite, pas une protestation ! La presse d'information s'est tue. Les parquets se sont tenus cois. La rumeur venue des champs flotte à présent dans quelques faubourgs parisiens. Un pape qui est mort de la guerre aurait voulu la guerre ! Les familles françaises qui ont été le plus cruellement éprouvées par la guerre l'auraient ou désirée ou provoquée, ou même payée ! Ces absurdités qui sentent le Boche prennent Paris pour un village boche, mais il est bien curieux que les journaux et les assemblées où l'on raille si vivement les contrevérités dont se nourrit l'opinion publique en Bochie admettent de tels produits boches à entrer et à circuler sans difficulté dans notre pays.

À la campagne, l'antienne s'est légèrement modifiée. Un officier, un propriétaire, un grand fermier manque-t-il depuis quelque temps ? Tout le monde l'a vu partir officier ou soldat. Tout le monde peut et doit supposer qu'il est au front avec les autres... Pas du tout : il est en prison ! C'est du moins ce que l'on chuchote. Et si une mission quelconque lui vaut d'être aperçu à Paris ou dans une capitale régionale, l'objection ne vaut pas contre l'opinion des commères :

— Il aura intrigué pour avoir une permission... sous caution... on l'a relâché quelques jours, mais ça n'y fait rien, M. X. est bien en prison !

Ces jolies semences de guerre sociale, apportées comme toujours du pays de Bismarck et de Kant, du pays de la Réforme et de la Révolution ne forment pas une atmosphère bien salubre pour un pays réduit comme le nôtre au devoir essentiel de périr ou de vaincre. Le parlementarisme renaissant a fait se relâcher dans des proportions importantes la grave et forte discipline civique des tout premiers mois de guerre. Le gouvernement serait très sage d'y prendre garde. Les besognes de la défense nationale sont déjà lourdes. Il en allégerait les complications éventuelles en réprimant avec la dernière énergie nos facteurs de difficultés intérieures, au lieu de les suivre d'un œil plus qu'indulgent...

Sans doute, se croit-il très fort, mais peut-être qu'il se trompe sur les vraies conditions de sa force. Et sans doute aussi le mal ainsi préparé, espère-t-il n'être plus là pour en subir les conséquences. Mais est-il bien certain que l'ère des anciennes irresponsabilités continue ?

LA DÉFENSE ET L'ATTAQUE

8 septembre 1915.

Le Rappel d'hier est revenu sur le sujet qu'y avait traité la veille M. Steeg. Il affirme de nouveau que « ce n'est pas du côté républicain que les moindres infractions ont été commises au pacte de l'union sacrée ». Si nous prenions ce lapsus au pied de la lettre, il faudrait croire que, en effet, selon notre confrère rallié par miracle à nos couleurs, c'est bien du côté républicain que sont venues non pas « les moindres », mais les plus grandes infractions à l'amitié civique devant l'ennemi.

Telle n'est malheureusement pas sa pensée.

Telle est pourtant la vérité.

Mais déjà, les yeux blancs, les paumes rejointes ou discrètement frottées l'une contre l'autre, voix cafarde, ton pénétré, le méprisable gobe-mouches Gustave Hervé n'a pas manqué de faire ressortir avec une tristesse pleine de componction, tout ce qui a été fait depuis le début des hostilités contre l'union sacrée. Il n'a pas oublié ce forfait des forfaits, qui consista en des distributions de médailles, d'insignes religieux, de petits Sacrés-Cœurs et peut-être d'offices religieux ou d'absolutions à l'article de mort ! Quelques prêtres ont aussi prêché qu'une guerre, étant un fléau, était aussi une expiation ; thèse conforme à la doctrine du catholicisme, qui n'est pas encore prohibé en France, et concordante avec les plus hautes philosophies générales de l'Orient et de l'Occident mais qui déplaît à telle ou telle secte religieuse opposée au dogme du purgatoire. Ah ! gémit notre Hervé, ou, pour mieux l'imiter, « hélas ! » ces prêtres-là étaient de cruels ennemis de l'ordre. N'ont-ils pas essayé aussi de convertir au christianisme quelques tirailleurs algériens ? On a vu beaucoup d'hommes, considérant dans cette guerre un chronique péril de mort, revenir aux idées religieuses de leur enfance. Un certain nombre d'autres hommes, animés de la charité intellectuelle inhérente au sacerdoce, ont pressé leurs semblables de réfléchir à la haute question d'avenir que proposent à tous la mitraille et l'obus. Hervé sait que des officiers, confessant leur foi, ont donné l'exemple. Il ajoute que des camarades, avant d'entraîner leurs voisins au feu, les ont entraînés à l'autel.

De quoi le pauvre Hervé montre au fond de ses yeux des larmes si amères que le lecteur se demande si les mots de la langue ont changé de sens depuis le matin...

Deux actions à comparer

Multipliez par dix, par vingt, par mille, cet ensemble de faits reprochés aux curés ; ce sont des faits religieux, ce ne sont même pas des faits de cléricalisme. Je défie qu'on y montre quelque chose de spécifiquement politique. En dehors des théocraties musulmanes ou des organisations nationales fondées, comme le monde slave ou le monde grec, sur un rite, quel Pouvoir politique peut ranger sincèrement les actes d'une telle nature dans la propagande « réactionnaire » ? Mais soit ! Et imaginons que l'horreur en ait commencé le 2 août 1914, à la mobilisation. À la même heure, a commencé de circuler d'un bout à l'autre de la France, quelquefois par des routes que jalonnait l'espionnage boche, une rumeur infâme imputant à nos prêtres, à nos officiers, à nos bourgeois, enfin, à toute la plus vieille armature française, 1° la responsabilité de la guerre ; 2° la complicité avec l'ennemi ! De la politique, cela ! Rien que de la politique.

Or, depuis 15 mois et 6 jours qu'elle rôde partout il s'est trouvé exactement un commandant de place, un sous-préfet, un préfet et un juge de paix pour se prononcer contre cette calomnie monstrueuse. Le gouvernement, adjuré par nous, au nom de l'honneur français d'intervenir, n'a pas bougé ; la grande presse, pas davantage. La petite nous a injuriés. Un écho de *La Bataille syndicaliste* nous a présentés comme des espèces de mouchards, elle a même couché avec de l'encre sur du papier un « pouah ! » des plus édifiants quand nous avons proposé à nos confrères de dénoncer et de réprimer un scandale, vraiment diviseur, celui-là. Ce journal trouve propre et peut-être utile de laisser diffamer les orphelins et les veuves des combattants. Ce journal juge beau de laisser courir le bruit que des hommes pleins de valeur et de savoir, promus pour leur science et pour leur bravoure, avaient été emprisonnés ou fusillés pour le crime de trahison ! Ce journal trouve juste et humain de laisser exposer la France aux déchirements et aux convulsions. Ce journal se qualifie et se définit.

Nous connaissons assez de républicains honnêtes pour savoir que ces rumeurs allemandes, servies par une obscure complicité à l'intérieur, les remplit d'indignation et de dégoût. Pourquoi gardent-ils ces sentiments pour eux seuls ? Pourquoi ne les disent-ils pas et ne les écrivent-ils pas ? L'audace des bandits vient de la timidité des honnêtes gens. Je propose aux honnêtes gens du *Rappel* la lettre suivante qui m'est envoyée de Bretagne.

Elle émane d'un territorial, « brave homme religieux, bien pensant » me dit-on :

> J'ai une nouvelle à te demander, j'ai entendu dire que le recteur de notre paroisse a attrapé trois mois de prison pour envoyer de l'or en Allemagne ! Mais pour moi, j'ai de la peine à mettre cela dans mon idée... Mais cependant, si c'est vrai, il mérite davantage.

Parbleu ! Et voilà la rumeur infâme introduite à l'endroit où voulait la mettre l'Allemagne. Elle est dans la tranchée. Mais qui l'y a conduite ? Qui l'y a laissée arriver ? Si quelqu'un a le cœur d'assimiler des œuvres de propagande religieuse à l'abominable réseau qui a transmis l'infâme rumeur allemande, que cet homme se fasse la honte de lever la main...

La France d'abord

On lit dans *La Croix des Landes*, à la fin d'une énumération des mêmes rumeurs propagées :

> ... Calomnies stupides contre les prêtres, contre les messieurs qui sont loin des tranchées, tandis que les soldats du peuple y passent tout leur temps. Stupidité et méchanceté, car les prêtres font admirablement leur devoir sur le front et il suffit de regarder autour de soi pour constater que presque toutes les familles nobles ou bourgeoises ont des morts ou des blessés. Mais il y a parmi nous des misérables qui, ne pouvant le nier, racontent que certains de ces jeunes gens ne sont pas morts en combattants, mais qu'ils ont été fusillés pour trahison.

Je demande au *Rappel* s'il y a commune mesure entre cette diffamation des héros morts à l'ennemi et la critique de la démocratie ou les souvenirs circonstanciés donnés à d'incontestables fautes d'incurie militaire ? Les courants « dissimulés, dangereux, perfides », dont se plaint *Le Rappel*, sont-ils comparables pour la perfidie qu'ils recouvrent ou pour le péril public qu'ils recèlent à ces mouvements antimilitaristes et antisociaux dont il ne dit rien ?

Le Rappel est républicain, d'accord. Mais la France peut se concevoir sous un autre régime. La Société, aujourd'hui placée sous la loi démocratique, peut prospérer sous des lois toutes différentes. On ne me fera pas admettre que l'attachement à la République puisse être plus fort, dans un citoyen, que le patriotisme ou le souci de l'ordre public. Dans tous les cas, du simple critérium de l'union sacrée, ni les distributions de médailles, ni les critiques motivées de la structure de l'État ne font les affaires de l'ennemi, et bien au contraire ; nos critiques procurent un réconfort intellectuel évident, et l'action religieuse apporte un réconfort moral dont nul ne peut disconvenir. Mais à quoi sert l'antimilitarisme et l'esprit de guerre civile ainsi tolérés, sinon à l'exaltation des idées d'un Parti ou à la conservation de ses intérêts ?

Je dis peu. J'en dis assez pour conclure que le particularisme dont vous vous plaignez n'est qu'en vous.

Deux politiques religieuses

Notez bien que l'on est prêt à admettre qu'ici ou là, dans la fièvre des événements et des angoisses, dans l'exaltation du prosélytisme et de la charité, des excès de zèle aient pu être commis. Excès explicables, mais excès regrettables. Plût au ciel que le monde ne connaisse pas d'autres fléaux moins faciles à réparer !

Un État normal n'aurait fait ni une ni deux, il se fût adressé illico aux cardinaux français, au nonce du pape, en demandant à l'un ou à l'autre de ces princes de l'Église d'agir sur leurs fidèles pour réprimer, régler, modérer ces élans bien intentionnés, mais d'effet discuté. N'eût-elle pas le sentiment de la dignité des hommes ou de la majesté de ses propres sacrements, l'Église a intérêt à maintenir dans tout cet ordre la juste mesure. Ici, le réveil même du sentiment religieux l'eût intéressée à cette collaboration morale avec l'État. Son autorité spirituelle, agissant par des moyens spirituels, eût été la plus efficace de toutes. Mais on ne pouvait y avoir recours. Pas de nonce du pape ! Pas de relations régulières avec les cardinaux et l'épiscopat ! L'État était frappé d'impuissance, car le matériel ne peut pas grand-chose sur le moral. On a donc recouru à ces mouvements d'opinion qui, utilisant nos divisions religieuses et philosophiques, soulèvent aussi implacablement, la colère et la haine. De « débordements cléricaux » assez hypothétiques et, à tout prendre, bien anodins, on a fait sortir des campagnes anticléricales, génératrices ou régénératrices de discordes devant l'ennemi. Ce n'est pas beau. Et ce n'est pas heureux. Un politique aussi immoral que Machiavel ou Talleyrand jugerait d'un mot cette politique : ce n'est pas fort.

Dans l'Autunois

Il y a plus faible encore. C'est de tenir par simple pique d'amour-propre à des formules sans esprit comme sans réalité. Le 31 août, le Conseil municipal d'Autun, composé de radicaux modérés, avait autorisé à mains levées le rétablissement de la procession des reliques de saint Lazare à travers les rues de la ville. Des affiches enthousiastes avaient remercié le Conseil, tracé l'itinéraire, annoncé un pavois aux seules couleurs nationales. Cette pompe religieuse a-t-elle été jugée incompatible avec les progrès de l'esprit moderne ou avec les dernières découvertes de la science ? Trois jours après, la Préfecture de Saône-et-Loire annonçait que, si la procession sortait, la troupe interviendrait par son ordre. S. G. l'évêque d'Autun n'a pas voulu laisser employer l'armée française à cette besogne. Il a renoncé à la procession. Tel est le haut esprit patriotique du clergé français. Tel est l'esprit métaphysique d'une préfecture de la République française.

Si l'on estime que cet esprit métaphysique est compliqué de l'âpre sentiment des intérêts d'un parti, je n'y puis contredire ; c'est à Autun que s'est produit le fait récemment signalé par tous les journaux, de *La République française* à la *Gazette de France* :

> M. Jean-Marie Pillien, demeurant à Saint-Fougeot (Saône-et-Loire), est un mutilé de la guerre. Il se présente au concours spécial de préposé des contributions indirectes qui doit avoir lieu le 30 août prochain. Certes, nul n'a de plus beaux titres que ce soldat amputé par les balles allemandes.
>
> — Doucement, doucement ! dit le sous-préfet d'Autun. Comment votait-il ?
>
> Et il expédie une demande de renseignements « confidentielle » à M. Périer, conseiller général de Saône-et-Loire :
>
> *M. le sous-préfet d'Autun a l'honneur de prier monsieur Périer, conseiller général à Autun, de vouloir bien lui retourner après l'avoir remplie, la notice ci-contre, concernant Pillien (Jean-Marie), mutilé de la guerre.*
>
> *Antécédents… Moralité… Opinion et attitude politique…*

(Urgent).

Le papier destiné à M. Périer, conseiller général, fut remis à M. Germain Périer, député, qui infligea au sous-préfet le châtiment sévère mais juste de publier sa lettre.

Ainsi, les héros de la guerre doivent être divisés en deux classes ; ceux de droite, à qui rien n'est dû, et ceux de gauche pour qui seront toutes les complaisances.

C'est un peu cynique à avouer ! C'est même un peu imprudent.
Mais l'imprudence des imprudences, c'est d'imputer à d'autres la rupture de l'Union sacrée, quand on arbore à son passif des actions de cette nature.

LA PRIÈRE DU GÉNÉRAL

24 octobre 1915.

Un chef musulman qui combat sous notre drapeau a toute liberté pour invoquer Allah. Un officier socialiste est laissé libre de mêler aux paroles destinées à entraîner ses hommes, ses rêveries et ses conceptions particulières du passé et de l'avenir de l'humanité. Un comtiste aurait peut-être licence d'invoquer tour à tour le Grand Être, le Grand Fétiche et le Grand Milieu. Toute faculté religieuse doit être refusée aux généraux français qui seraient catholiques. On lit dans *L'Humanité*, au chapitre des « Faits qui parlent » :

> Le 29 septembre à 14 heures, la dépêche suivante était communiquée aux troupes...
> Le général signataire ajoute : *Non nobis sed tibi gloria, Domine.*
> Les poilus qui avaient été un peu suffoqués par le latin du général de Castelnau disent maintenant que nos grands chefs, une autre fois, feraient bien de s'exprimer en français et de dire la vérité...

Sans insister sur l'inexactitude de la citation, admirons tout d'abord comment ces gens qui ont toujours à la bouche notre fraternité latine se montrent incapables de supporter le moindre usage de la langue latine, ni la moindre allusion au plus grand fait matériel et moral du monde latin d'aujourd'hui, qui est certes le catholicisme.

Admirons aussi comme ce latin facile reste mystérieusement incompris de *L'Humanité*. Ainsi, il ne dit pas « la vérité », ce texte ? Sans doute si on l'estropie ![42] Non, dans sa vraie teneur. *Non nobis, Domine, non nobis sed nomini tuo da gloriam.* Cela ne veut pas dire qu'en fait, il n'y a pas de gloire pour nos combattants et nos victorieux. Mais cela signifie qu'entre ces victorieux combattants, quelques-uns, les croyants, s'adressent à Dieu et le prient de détourner d'eux cette gloire par eux méritée. Ils la lui renvoient, ils l'adjurent de se la réserver ainsi à lui-même, en raison d'une vue de justice plus haute, de piété plus profonde, peut-être pour atteindre à des mérites supérieurs, à des bienfaits ultérieurs. Car, disent ces croyants, quel qu'ait pu être notre effort, d'où venait-il, sinon de l'auteur et du père céleste ? Nos positions, nos armes, nos pensées, nos bonheurs, nos chances découlaient de lui de tout temps, ou peut-être oscillaient de toute éternité dans cette main, dans cette pensée, dans cette bonté supérieures à toutes nos armes et à toutes nos chances. En remontant ainsi le fleuve des effets jusqu'à leur source et à leur cause, en y laissant, comme un tribut de gratitude et d'amour, l'hommage de l'action qui a jailli de nous et de ses effets immédiats les plus glorieux, nous faisons preuve de raison pénétrante, de volonté bonne et unie à la souveraine volonté, qui doit être faite du sentiment d'humilité qui convient aux fils du limon. Sans avoir calculé ce résultat moral, nous nous gardons des vaines fumées de la fortune, nous conservons la lucidité de notre raison, et, en le sachant bien, et en le voulant bien, nous nous concilions ce juge et ce maître de tout, de qui tout dépend et dérive ; en nous mettant dans son cœur comme ses enfants, nous rendons plus facile l'écoulement naturel de toutes les grâces divines dont la France profitera...

Est-ce bien ? Est-ce beau ?

Voici donc un des sens exacts de cette prière qui remercie et qui demande, qui consacre et prépare. Sur la vérité de son objet, le genre humain

---

[42] Quelqu'un me dit que la phrase « *non nobis sed tibi gloria, Domine* », si elle est estropiée, ne l'est point par *L'Humanité*, mais par l'auteur de la citation. Non ; dans cette hypothèse, l'erreur viendrait toujours du journal socialiste. Même en ce cas, le verbe sous-entendu par le général catholique est manifestement au subjonctif, *sit*, et non moins manifestement, comme le montre son contexte, *L'Humanité* sous-entendait un verbe au présent de l'indicatif ; elle prenait l'invocation, le souhait, le vœu de la prière pour une affirmation positive. Elle traduisait : « la gloire est à vous, Seigneur » au lieu de : « que la gloire en soit à vous ». C'est la faute lourde.

n'a guère douté et, si les écoles disputent, ni *L'Humanité*, ni tous ceux qui doutent comme moi, ne sont plus assurés sur un tel sujet que le général français qui, lui, ne doute point. Emportée à la réalité des réalités ou à la plus haute des illusions humaines, cette prière est ce qu'elle est. Il serait convenable, il serait raisonnable, il serait humain et français de ne pas la défigurer et, si on parle d'elle, de ne pas la fausser.

Un des devoirs élémentaires que commande le soin de la paix civile et de la conservation sociale entre Français commande de savoir le vrai sens des pensées et des sentiments cultivés par des millions et des millions de nos compatriotes, qui sont le plus voisins de nous et avec qui nous devons entretenir des relations de tous les jours. Il est amer et ridicule de constater qu'un jeune écrivain français ne puisse risquer une erreur de détail sur le célèbre Kant ou sur l'illustre Gobineau, sur le fameux Karl Marx ou sur le cher Novalis, sans arracher tout aussitôt des cris de protestation et d'indignation à tout le chœur de la défense républicaine campé entre la rédaction du *Temps* et les bureaux de *L'Humanité*, et déguisé pour la circonstance en critiques littéraires, philosophiques ou économiques, quand les plus grossières erreurs accumulées par ces messieurs sur le catholicisme devraient passer comme lettre à la poste. Qu'on joigne l'insulte à l'ironie, cela est trouvé parfaitement naturel.

Cependant, des seuls points de vue qui soient communs à des croyants et à des incroyants, l'utilité morale de ces élévations religieuses n'est pas douteuse puisqu'elle est proclamée par les hommes de haute intelligence et d'énergie puissante à qui le gouvernement de la France a confié ce qu'elle avait de plus précieux, le drapeau et l'épée, la conduite des hommes et la responsabilité du commandement ! Quand des chefs admirables disent *notre force est là,* on a le devoir de les croire. Le moins que l'on doive à cet aveu solennel du besoin de leur âme, c'est le respect. Mais on doit davantage, dès que l'on s'est donné la peine de comprendre la signification profonde de la prière catholique, le sens qu'elle enveloppe dans l'intelligence du monde, et les rapports qu'elle soutient avec toutes les sources de vie intérieure ; les ignorants seuls et les sots peuvent garder le droit de ne pas admirer.

L'incident Lagardère

11 novembre 1915.

Les quinze jours d'arrêt donnés à M. l'abbé Lagardère pour son sermon sur l'expiation feront l'office d'un paravent politique. À moins que les agences et les journaux aient rapporté infidèlement la parole de ce prêtre catholique et que l'affaire ne soit autre que nous ne la connaissons, je persiste à considérer l'incident comme un déplorable malentendu, lié à cet état de décadence auquel la presse et la tribune ont réduit le langage français et qui nous a fait perdre le sens des mots comme l'idée élémentaire des choses.

S'il n'était plus possible à un prêtre catholique de parler de l'expiation de la France, expiation qui n'est exclusive ni certes de la victoire de la France, ni non plus d'une expiation incomparablement supérieure imposée aux peuples ennemis ; si ces idées contemporaines de notre civilisation, antérieures même au christianisme et que la dégénérescence luthérienne ne saurait ni remplacer, ni faire oublier, devaient être proscrites de l'armée française, je dis que le catholicisme en serait exclu aussi, et non seulement le catholicisme mais une moitié au moins des philosophies qui sont enseignées dans les classes, et les plus hautes, en particulier celle-là que Leibnitz appelait *perennis quaedam philosophia.*

Je n'ai pas à discuter la mesure qui frappe M. l'abbé Lagardère, mais il faut penser ou que les faits qui la motivent sont encore mal connus ou qu'il y a méprise et surprise en haut lieu. Méprise ou surprise seront d'ailleurs tout à fait bienvenues à la Chambre, rendez-vous naturel de tous les coq-à-l'âne et de toutes les calembredaines en cours. Sans protestation oratoire et sans rectification tapageuse, il est facile aux autorités catholiques de rétablir avec toute la discrétion et la prudence nécessaires la vérité de droit si elle a été méconnue ; car, pour parler comme M. Compère-Morel, les Français catholiques ont les mêmes titres que les Français anarchistes au ravitaillement moral. Ils y ont même un titre supérieur, puisque la doctrine qui les ravitaille leur prêche de façon directe et logique, la discipline, le dévouement, le service de la patrie ; ce qui n'est point le cas de plusieurs des doctrines d'en face.

Où « avez-vous un texte » ?

16 février 1916.

Depuis dix-neuf mois de guerre, il y en a dix-huit que nous dénonçons la rumeur infâme diviseuse des forces françaises et des esprits français. Louis Dimier eut sujet de mettre en cause à ce propos *La Dépêche de Toulouse*. Celle-ci fit l'indignée et la solennelle ; empruntant, d'une manière bien imprévue chez elle, la méthode de Fustel de Coulanges, « avez-vous un texte », nous a demandé la grave *Dépêche*.

Nous n'étions pas à court de texte, mais je dois avouer qu'à cette époque le plus beau texte montrant *La Dépêche de Toulouse* en train de pousser à la haine civile n'était pas en notre possession, car il n'était pas de ce monde, où il est entré à la date du 14 février, en réalité le 12 au soir. La censure de la Haute-Garonne n'a pu s'empêcher d'en supprimer quelques traits. Mais l'édition complète a été vendue à Toulouse-ville, à Villefranche de Lauragais, à Castelnaudary, à Carcassonne, l'Hérault, le Gard, les Bouches-du-Rhône, le Var ; dans tous les endroits où il a pénétré de la sorte, ce texte, un article de M. Paul Adam, a provoqué impunément les Français à s'entre-haïr et à se méconnaître en se manquant les uns les autres de respect sur le patriotisme et sur la raison. Un ministre a demandé à M. le député Roulleau-Dugage de plus amples détails sur les provocations de ce genre. Il n'y aurait qu'à lui adresser l'article type de M. Paul Adam.

Cet agent provocateur commence en ces termes, non échoppés :

> Il y a peu de jours, *Le Temps* signalait un bruit selon lequel les Empires du centre auraient offert au pape d'agréer son ambassadeur parmi les membres d'un congrès de la paix, si l'influence du Pontife décidait maintenant partout les catholiques d'importance à combler les vœux germaniques en demandant la fin immédiate de la lutte.

La nouvelle a été démentie dans les vingt-quatre heures. M. Paul Adam n'en tient aucun compte, il aime mieux répéter les confidences d'un mystérieux ecclésiastique « étonné par les opinions toutes brusques d'un député clérical » qui aurait vanté « la paix hâtive » (une paix à la Caillaux peut-être) devant « un jeune officier blessé et décoré ». Un ami de M. Paul Adam « qui fréquente les journalistes conservateurs » lui aurait annoncé « la préparation d'un mouvement pour la paix dans une de leurs gazettes ». Plus loin est nommé *L'Éclair*, c'est-à-dire le complice électoral de M. Caillaux et son tuteur judiciaire de juillet 1914. Si M. Paul Adam n'a pas inventé son roman de toutes pièces, il faut en retenir cette accusation contre un ancien journaliste conservateur passé depuis deux ans au parti de M. Caillaux !

Je préfère ne rien donner de la partie échoppée de l'article. Il suffira de dire que, par une insolente et grossière intervention, M. Paul Adam impute à des « paysans cléricaux de l'Orne et de la Mayenne » la rumeur révélée par des correspondants royalistes, rendue publique par nous et d'après laquelle il faudrait éviter de cultiver la terre pour aboutir plus vite à la paix ! Cette ridicule infamie (M. Paul Adam ne s'est pas soucié de varier nos propres adjectifs) était mise dans les mêmes bouches (cléricales peut-être ? royalistes, n'est-ce pas ?) qui chargent des responsabilités de la guerre les prêtres, les officiers, les bourgeois ! M. Adam ne s'est pas soucié de la contradiction ! Il lui a suffi de ragots trouvés dans « un journal républicain », *Le Perche*, pour accuser les cléricaux en masse de vouloir bien livrer leur pays aux « hérétiques » incendiaires de Louvain et de Reims... « Il suffit », conclut la lettre ouverte de M. Paul Adam, « de dénoncer à la nation le forfait pour que le peuple en fasse justice, n'est-ce pas ? »

La Dépêche ayant reçu cette lettre ouverte, l'ayant insérée, et vendue, évitera, je pense, de nous demander désormais notre texte. Il est dans ses colonnes, qui sont dignes de le garder. Mais je dois à M. Paul Adam son passé.

M. Paul Adam se livre en ce moment à des exercices de rhétorique d'un patriotisme excité et farouche, souvent moins criminel que la pièce qu'on vient de lire, toujours peu éclairé, toujours circonscrit à l'immédiat et d'un verbiage effrayant.

Les Français de 1916 doivent être informés que M. Paul Adam n'a pas toujours été le féroce anti-germaniste ni le cocardier bruyant que voilà.

Il écrivait, il y a vingt ans :

> La richesse de l'idée philosophique allemande, le génie de Goethe qui engendra notre romantisme, et celui de Wagner qui modifia nos conceptions d'art en les alliant aux métaphysiques symbolisées, la belle organisation du socialisme germain, cela et mille raisons économiques doivent nous faire désirer des relations économiques et sociales très étroites entre les deux peuples...
>
> Mais il ne semble pas que ces relations, aujourd'hui, soient moindres que celles qui unissent à l'Angleterre, par exemple, dont

> l'influence guide nos goûts plastiques, comme celle de l'Allemagne guide nos goûts philosophiques et musicaux.
>
> On peut dire que l'Allemagne est, à cette fin du XIXe siècle, le pays d'où nous tirons le plus d'esprit... Les misères de 1870 se compensent par les dons intellectuels que le vainqueur nous apportera.
>
> Le théâtre, les concerts, la librairie, les congrès socialistes, où les leaders allemands et français se concertent, l'accueil obtenu chez nous par Wagner, Nietzsche, M. Hauptmann et même M. Nordau, les voyages de nos dilettantes à Bayreuth, marquent une tendance qui enchante tout esprit désireux de voir s'amoindrir des manifestations barbares ne répondant plus à aucune des déductions sérieuses du temps.

Elles étaient fameuses les sérieuses déductions de M. Adam en 1895 ! Mais poursuivons :

> On se souvient que les Francs ne furent qu'une tribu germaine et nos attaches latines nous impressionnent peut-être moins depuis que la renaissance romaine value par la Révolution se gâche dans le méridionalisme excessif des parlementaires...

Les lecteurs de *La Dépêche de Toulouse* verront que cet ennemi du cléricalisme n'est pas l'ami très chaud du « méridionalisme ».

> Je pense donc que ces relations entre Allemagne et France, déjà heureusement rétablies, par l'entremise de l'élite intelligente, doivent maintenant se renforcer par le concours de ces énergies qui opéraient une pression sur la politique des gouvernements. Les artistes, les socialistes, les marchands des deux pays devraient fonder une ligue germano-franque avec le but bien net de mettre à rien les expectatives militaires d'une minorité ridicule, bruyante, infime.

Les intérêts des deux nations sont les mêmes en Afrique.

> Pourquoi les commerçants unis d'Allemagne et de France n'exigeraient ils pas qu'une partie importante des armements fut

employée, *etc.*

M. Paul Adam, comme on voit, ne s'est pas trompé à moitié. Il est bien de ce groupe d'hommes qui contribuèrent il y a vingt ans à jeter la France dans la direction du désarmement qui nous livra à l'envahisseur. Il est de ceux que tout patriote réfléchi doit prier d'abord de se taire pour ne rien ajouter au lourd passif des agitations. Il ne se rattrapera pas. Qu'il se fasse oublier. Ou qu'il s'entende dire que sa honteuse imprévoyance de 1895 est digne de ses folles visions de 1916.

Le défi de *La Dépêche*

23 février 1916.

Le même jour où M. Paul Adam publiait ses abominables diffamations contre les catholiques français dans *La Dépêche de Toulouse*, le même journal publiait ces quatre lignes tirées, disait-elle, d'une lettre du front :

« Je mets au défi n'importe quel poilu (mais un vrai, alors !) de dire qu'il a vu monter la garde aux tranchées à un curé ou à un millionnaire. »

Nous avons relevé ce défi au moyen des premiers exemples venus que nous ont proposés nos lecteurs. Tous les journaux dignes du nom français font de même. On n'a que l'embarras de choisir entre les traits de vertu militaire cités un peu partout à l'honneur des « curés ». Nous transcrivons très volontiers ce qu'un de nos amis nous détache du *Bulletin des armées de la République* (13-15 janvier 1916) :

> *Légion d honneur.*
> Sergent Lamy, 566e infanterie : sous-officier d'une haute valeur morale, animé de l'esprit de devoir et de sacrifice poussé jusqu'à l'héroïsme. Blessé cinq fois au cours du combat du 6 septembre 1914, il conservait le commandement de sa section et la maintenait sous le feu le plus violent. Atteint d'une sixième blessure, et mis dans l'impossibilité d'assurer son commandement et de faire le coup de feu, il se traînait près des blessés, leur distribuant le contenu de son bidon. Revenu sur le front à peine guéri et mis, sur sa demande, à la tête d'un groupe de volontaires, a rempli avec la plus grande bravoure plusieurs missions périlleuses. Blessé grièvement le 12 novembre

1914, a donné à ses hommes l'ordre formel de l'abandonner sur le terrain en vue de leur éviter de tomber entre les mains de l'ennemi.

Chose horrible à dire, le sergent Lamy, c'est l'abbé Lamy, professeur au grand séminaire d'Issy ; c'est un curé et, pour suprême malchance de cette pauvre *Dépêche* où, décidément, l'œuvre boche de division et de haine n'est plus accomplie que par des lourdauds, ce héros qui s'est offert si noblement à tous les sacrifices appartient, nous dit-on, à une famille de bourgeoisie plus qu'aisée. Il avait de l'argent et il s'exposait à la mort : l'étonnement de *La Dépêche* sera sans mesure.

UNE PROVOCATION NOUVELLE

28 février 1916.

Nous avons vu hier quelque chose de plus sérieux dans l'ordre du pire : une note anonyme de *L'Humanité* (organe socialiste officiel) a essayé de provoquer, parmi ses lecteurs, un nouvel accès d'anti-cléricalisme béat. Les provocations de *La Dépêche* m'avaient paru la semaine dernière atteindre aux derniers confins de l'infamie. Mais *L'Humanité* les recule, *L'Humanité* publie et reproduit une carte postale qu'un Père jésuite officier aurait expédiée en souvenir des morts de son régiment et qui, d'après *L'Humanité* tomberait sous le coup de l'interdiction officielle de « publier des cartes postales illustrées représentant des localités ou des points de vue pris dans la zone des armées avec ou sans indication du lieu représenté. » Nous avons cherché vainement la représentation d'un point de vue ou d'une localité sur le facsimilé donné par le journal socialiste. Nous y voyons une croix, une couronne d'épines, une auréole détachée sur une carte de la région Verdun Saint-Mihiel avec cours de la Meuse. Cette carte est dans tous les atlas et au verso d'un grand nombre de cahiers d'écoliers. Le rapport que *L'Humanité* vient établir entre la défense de fournir les images matérielles de notre pays et ce schéma abstrait distribué autour d'emblèmes religieux est un rapport absolument imaginaire. La rage anticléricale l'aura pourtant rêvé en vue de chercher aux jésuites une querelle d'Allemand. Nous passerions en haussant les épaules, si nous ne lisions plus bas ceci : la carte, dit le journal, est « offerte par le père jésuite Boutin, officier au... secteur postal... » Nous supprimons les chiffres que *L Humanité* ne se gêne pas pour publier, car elle est au-dessus des lois. Elle ajoute :

> Il est déjà surprenant que l'on ait eu la faiblesse de donner les galons d'or à un membre de l'Ordre qui, au commencement de la guerre, témoigna sa sympathie à l'Allemagne en termes dithyrambiques dans une déclaration officielle que la presse publia.

Nous ne savons à quel canard peut bien faire allusion *L Humanité* pour bourrer le crâne de son malheureux public. L'ordre des jésuites étant un corps international (de la seule internationale qui tienne) est aussi incapable de faire des déclarations officielles de sympathie que d'antipathie pour l'Allemagne ; le lien spirituel qui le réunit est d'une autre nature, il se noue sur un autre plan que le plan matériel des conflits entre les nations et les races. Il est permis et même facile à l'Ordre de les éviter. Ses membres remplissent leur devoir national, chacun à son poste, et le patriotisme des jésuites français est jugé là où il le faut sur nos champs de bataille. À l'heure où je lisais l'infamie de *L Humanité*, une main amie m'adressait la coupure suivante du *Petit Marseillais*, à la rubrique du « Midi au feu » (car on n'a peut-être pas oublié que les électeurs de M. Renaudel ont été aussi calomniés par leur sénateur Clemenceau que les membres de la Compagnie de Jésus) :

> *Le général commandant la ... division cite à l ordre de la division l abbé J. Brémond, d Aix-en-Provence, aumônier volontaire :*
> Pendant une année qu'il a passé au régiment, n'a eu de cesse qu'il ne fût arrivé à connaître individuellement les hommes et à prendre sur eux la plus heureuse influence. Très actif, ne connaissant pas la fatigue et ignorant le danger, a toujours marché avec les unités les plus avancées. Déjà fin août 1914, avait collaboré à l'évacuation difficile d'une ambulance presque sous le feu de l'ennemi. Le 25 septembre 1915, sous le feu le plus vif d'infanterie et d'artillerie, s'est porté en terrain découvert à la recherche d'un officier que l'on croyait tombé. Du 28 septembre au 10 octobre 1915, a accompagné les batteries portées en avant sur le terrain conquis, prodiguant sa présence partout où il la jugeait nécessaire et particulièrement aux endroits les plus exposés.

Cet abbé, Jean Brémond, est précisément un jésuite. Pire : il a un frère jésuite, le père André Brémond, helléniste, exquis auteur d'un livre plein de sens et de charme sur *La Piété antique*. Ce n'est pas tout. L'abbé ou le père Jean Brémond eut un frère bénédictin. Je mettrai le comble à l'horreur de ces révélations en ajoutant qu'il est aussi le propre frère de M. l'abbé Henri Brémond, le saint et diabolique auteur de cet *Humanisme dévot* qui vient de paraître chez Bloud et dont tous les esprits curieux d'histoire pittoresque font déjà leurs délices. Il n'était pas possible de donner dans la calotte au degré du père Jean Brémond. Et voilà que cet intrigant se mêle d'assister et de consoler les mourants, de sauver les blessés et de se prodiguer aux endroits les plus exposés ! Proprement, cela crie vengeance, on comprend que les citoyens conscients embusqués de *L Humanité* n'aient pas hésité à régler en bloc son compte et celui de ses frères jésuites ou non. « Les jésuites », conclut *L Humanité*, « peuvent tout oser ».

La véritable audace

Ils osent en effet affronter le feu ennemi. Mais il est permis de faire observer que, dans son genre, le culot, si j'ose ainsi dire, des socialistes de *L Humanité* est incomparablement plus oseur. Car enfin, ces messieurs qui s'effarent qu'on ait donné « les galons d'or » à ce Français, animé de fantastiques sympathies pour l'Allemagne, sont les mêmes qui ont entretenu jusqu'au dernier moment les relations les plus suspectes avec la *Sozial Demokratie* allemande, qui se sont fait berner par elle, qui se sont fait payer par elle (20 000 marks s'il vous plaît), et qui, depuis dix-neuf mois de guerre, ne cessent de présenter à la patrie française, au prolétariat français indignement berné une défense de l'Allemagne et des Allemands où l'on distingue, hélas ! plus que des sympathies de cœur : la honteuse complicité de l'esprit de faction.

L'article de *L Humanité* a paru le jour où le cœur de la France vibrait au canon de Verdun. L'offense à quelques-uns de nos plus généreux défenseurs devait être repoussée et punie sur l'heure. Mais les auteurs de cette distraction impie ne devraient-ils pas être recherchés par la justice, s'il en était une, pour être voués publiquement aux colères et aux mépris de tous les Français ?

« Les jésuites peuvent tout oser »

1ᵉʳ mars 1916.

Nous ne connaissions pas « ce père jésuite Boutin » que *L'Humanité* de dimanche accusait d'une espèce de trahison et inculpait (délit imprévu dans le journal de M. Jaurès), de sympathie pour l'Allemagne. Mais nous n'aimons pas que l'on diffame des Français qui sont soldats ou qui font honneur à la France. Comme nous aurions défendu le conseiller d'État Collignon ou l'instituteur Chalopin ou ce M. Jacquet de la Ligue des Droits de l'Homme, tombé à Lille sous les balles des bandits prussiens en criant : *Vive la France ! Vive la République !* nous avons fait honte à l'ancien organe du désarmement national payé 20 000 marks par la *Sozial Demokratie* allemande.

Comme il arrive, nous avions plus amplement raison que nous ne croyions d'abord, et le tort que s'est fait le malheureux journal de M. Renaudel, était aussi plus grave encore ; le Père Jean Boutin, auteur de la carte postale incriminée par *L'Humanité*, est mort au champ d'honneur le 31 octobre 1915. Il est mort en héros après quinze mois de campagne.

Le père Boutin

Quelques textes officiels doivent être cités ici. Ils sont empruntés au *Bulletin annuel de l'association des anciens élèves de la Seyne*, car l'abbé Boutin appartenait au diocèse de Fréjus, précisément celui que M. Renaudel représente à la Chambre :

> Boutin Jean, de la Compagnie de Jésus, sous-lieutenant du 312e régiment d'infanterie :
> Cité à l'ordre du régiment : « Chef de section, d'un dévouement et d'une bravoure incontestés, prend part à toutes les patrouilles délicates et difficiles. »
> Félicitations : « Le général commandant la 65e division d'infanterie adresse ses félicitations aux gradés et hommes de troupe volontaires commandés par le sous-lieutenant Boutin, du 512e régiment d'infanterie, qui, dans la nuit du 30 juin au 1er juillet 1915, ont fait preuve de dévouement, d'esprit de sacrifice, de calme et de

sang-froid en exécutant une corvée très pénible qui consistait à enlever un petit vallon situé en avant de notre tranchée de Prière et ramener dans nos lignes 9 cadavres et 14 fusils français.

Inscrit au tableau spécial de la Légion d'Honneur pour le grade d'officier...,

Voici dans quels termes le lieutenant-colonel du 512e a fait part à la famille du malheur qui la frappait :

> Je venais d'être blessé pour la troisième fois et j'étais immobilisé dans mon poste de commandement lorsqu'on vint me rendre compte que le sous-lieutenant Boutin, profitant d'un brouillard très épais, avait voulu aller voir un de ses postes d'écoute en avant de sa tranchée de première ligne de Lorraine.
>
> Bien que la distance entre ces points ne fût que d'une cinquantaine de mètres, il a été, dans ce trajet, en butte à un tir de mitrailleuses ennemies.
>
> Malgré son casque une balle l'a atteint très grièvement à la tête.
>
> On l'a transporté au poste de secours, mais son état étant très grave, on l'a évacué sur l'ambulance ; il est mort en route.
>
> J'ai demandé pour lui, par téléphone, la croix de Guerre et celle de chevalier de la Légion d'honneur et j'ai été heureux d'apprendre que cette suprême récompense, destinée surtout à sa famille, lui était accordée.
>
> Son souvenir restera à jamais vivant au 512e, dont il restera l'une des gloires les plus pures.

Le père Boutin ayant traversé le séminaire de Saint-Sulpice, on me communique un numéro du *Faisceau*, bulletin des élèves de Saint-Sulpice tués à la guerre, dans lequel se trouvent citées quelques belles paroles tirées des lettres de ce héros.

Pour « berner le prolétariat »

Les députés qui n'ont pas opté comme M. Bokanowski et le commandant Driant pour le front liront avec stupeur ces mots du père Jean Boutin :

> Encore un nouveau deuil... quand donc seront finies ces hécatombes ? Quand donc ? Ne voyez pas cependant dans mes paroles l'ombre d'une plainte. Le bon Dieu m'a donné vis-à-vis de la guerre une inépuisable dose de patience. Je ne désire pas le moins du monde être ailleurs que sur le front.

Pas possible, dira M. Renaudel ! Mais tous les goûts sont dans la nature, le père Boutin préférait à ses aises les tâches les plus difficiles. Par exemple :

> Il y a devant nos lignes quatre morts français datant de six mois au moins ; mais comme nous sommes très près des Boches, personne ne s'est encore risqué à aller les prendre. Hier, j'ai demandé à mon capitaine l'autorisation d'aller les ramasser. Le capitaine en a référé au chef de bataillon. Celui-ci en a référé au colonel, lequel n'a pas permis à la petite expédition de sortir. Ce qui m'a navré, bien entendu. Vous ne sauriez croire combien j'aurais été content de risquer l'entreprise. Là, il y avait vraiment un peu de danger, et vivre dans le danger procure une joie tout à fait réelle.

Les compagnons d'armes du père Boutin ont déposé sur son cercueil sa croix de guerre et sa Légion d'honneur, qui toutes deux dataient, comme on vient de le voir, « de sa mort dans l'accomplissement de son devoir d'officier ». Une affluence considérable suivait le corps. Les poilus se disaient qu'il était « très bon pour ses hommes, ses chefs le lui reprochaient ».

Telle était la « hardiesse effarante » de « cet individu », comme l'appelle le journal de M. Renaudel. Qui voudra contester que les jésuites de nos jours puissent « tout oser » ? Les rédacteurs de cette *Humanité* dont nous avons noté plusieurs fois le caractère inhumain autant que les tendances boches ou philoboches seront sages, avant d'écrire, de prendre plus soigneusement les mesures de l'effarante hardiesse des jésuites et des individus similaires. La lecture de quelques bons livres tels que les *Impressions de guerre de prêtres soldats* recueillies par M. Léonce de Grandmaison pourra leur servir de guide, de défense, de garde-fou dans les divagations de l'anticléricalisme alimentaire. Un peu plus réfléchis, un peu mieux informés, ils continueraient, je le crois, à faire du mal. Ils ne s'en feraient pas, directement, à eux-mêmes. Ils ne nous feraient pas songer sans cesse au jugement lapidaire porté par leur ami M. Jules Guesde sur la Défense républicaine et l'anticléricalisme : deux façons de « berner le prolétariat » disait-il à Jaurès au Congrès d'Amsterdam, le 17 août 1904.

« LA RECTIFICATION » DE *L'HUMANITÉ*

3 mars 1916.

Voici en quels termes le journal *L'Humanité* rectifie l'abominable erreur qu'elle a commise sur le père Jean Boutin, mort au champ d'honneur. Les lignes suivantes ont paru hier à la seconde page du journal socialiste.

> Nous avons publié, il y a quelques jours, un cliché de propagande cléricale qui s'est trouvé mettre en cause le nom du capitaine Boutin, qui appartenait à l'ordre des jésuites. Un ami de cet officier nous apprend qu'il a été tué à l'ennemi le 31 octobre 1915 et qu'il avait été cité deux fois à l'ordre du jour.
> Nous voulons reconnaître, sans aucune espèce de réticence, le courage du jésuite Boutin, marqué par le sacrifice de sa vie, et nous ne voudrions à aucun prix passer pour avoir eu l'intention d'insulter à sa mémoire. La carte que nous avons publiée nous a été transmise seulement ces jours-ci par un de nos amis du front. Il faut croire que cette carte de propagande n'était pas sans quelque inconvénient puisqu'elle rentre dans la catégorie de celles qui se trouvent visées par la dernière circulaire du général Galliéni.
> Qu'elle qu'ait été la mort héroïque du capitaine Boutin, il n'en reste pas moins qu'il vaudrait mieux que de telles propagandes ne s'exercent pas. C'est en nous plaçant à ce point de vue général que nous avons reproduit la carte en question et nous n'hésitons pas à dire que si nous avions connu la mort du capitaine Boutin, nous n'aurions pas cité son nom, comme nous l'avons fait par souci de précision, puisqu'il figurait sur la carte.

Le tracé de géographie inscrit sur la carte postale du père Boutin ne tombait nullement sous l'interdiction signalée par *L'Humanité* et qui s'applique aux illustrations « représentant des localités ou des points de vue ». Rappelons que le dimanche 27 février, le journal aux 20 000 marks de la *Sozial Demokratie* allemande et des Maggi-Kub-Compère-Morel, après avoir diffamé l'ordre du père Boutin comme animé de sympathies pour l'Allemagne, ajoutait : « Comment qualifier la hardiesse de cet individu qui ne considère les interdictions ministérielles que comme bonnes à s'asseoir dessus ? Elle est effarante. Les jésuites peuvent tout oser. »

Telles sont les injures jetées à ce héros. Si l'on trouve dans la « rectification » la moindre trace d'une excuse, on ira la porter aux parents de cet audacieux jésuite ; M. le docteur Boutin, son père, et Mme Boutin, sa mère, sont particulièrement admirés pour leur dévouement à soigner nos blessés dans les hôpitaux de Toulon.

LE DÉFI DE *LA DÉPÊCHE*

6 mars 1916.

Nous voici en retard dans une discussion dont nous avons supporté le poids durant des saisons. Nous voici heureux d'avoir été devancés par Barrès, par M. de Lamarzelle, par une multitude de journaux régionaux de toute opinion, au premier rang desquels il faut citer *Le Républicain du Var* dont le nom exclut tout soupçon et dont le collaborateur, M. L. Marcellin, avec l'indignation du patriote et de l'honnête homme, avec l'illusion généreuse du républicain qui ne sait pas ou qui ne veut pas croire que la République est le gouvernement et la tyrannie d'un parti, s'est élevé éloquemment contre l'odieuse campagne qui diffame les prêtres français.

Mais c'est à Toulouse, dans la patrie de *La Dépêche*, que l'engagement a été le plus vif.

Prenant au mot le propos du 15 février : « Je mets au défi n'importe quel poilu (mais un vrai alors !) de dire qu'il a vu monter la garde aux tranchées à un curé ou à un millionnaire » un autre journal toulousain, *L'Express du Midi*, a fait une enquête auprès de l'épiscopat afin de donner la liste des prêtres morts au champ d'honneur, blessés, décorés, disparus et prisonniers. C'était fort bien imaginé et fort bien fait. Oui, mais à la sixième liste, la censure toulousaine, celle qui avait toléré le défi, interdisait de le relever plus longtemps !

On peut trouver que c'était fort. C'était même très fort. Voici plus fort. Le journal radical qui occupe Toulouse en pays conquis et qui y est également le maître des fonctionnaires et des fonctions a imaginé d'unir ses protestations à celles de *L'Express*. *La Dépêche* a publié un article intitulé naturellement « *Pour la vérité* » approuvant l'indignation de *L'Express* et faisant chorus avec lui ! Mais *La Dépêche* a oublié d'ajouter qu'il lui suffisait d'un signe du petit doigt pour faire autoriser son confrère à reprendre la publication interdite. Et comme le public n'est pas obligé de le deviner, *La Dépêche* se figure qu'elle a beau jeu !

Eh ! bien, non elle est prise. Son article du 3 mars porte ces mots :

> Jamais, en effet, nous n'avons contesté qu'il y ait eu des prêtres et des religieux qui aient versé, comme tout le monde, leur sang. Sur ce point, la mauvaise foi n'eût été que de la naïveté.

C'est précisément ce qui est arrivé à *La Dépêche*. Elle a eu la naïve mauvaise foi de publier le 15 février le défi de son « poilu », dont on a lu le texte ; toute l'hypocrisie du monde n'empêchera pas que ce qui est écrit soit écrit.

Les jésuites français

Pour bien finir, nous allons mettre sous les yeux de *La Dépêche* et de *L'Humanité* une statistique des jésuites français qui fait un beau et digne tableau d'honneur.

Il ne m'est pas permis de dire combien de jésuites ont été mobilisés depuis août 1914, mais à la date du 15 février 1916, il en était mort 69, 10 étaient portés disparus, 99 étaient blessés, 116 avaient la croix de guerre, 45 avaient la Légion d'honneur, 10 la médaille militaire, 1 la croix de Saint-Georges russe et 2 la médaille militaire anglaise... Ces chiffres[43] qui témoignent d'un patriotisme héroïque dans la Compagnie de Jésus, ne peuvent tenir compte des pertes et des exploits dans l'offensive de Verdun, postérieure d'une semaine. Au lieu d'ergoter, l'adversaire politique devrait saluer. Même en ergotant, il devrait saluer encore.

« POUR L'HONNEUR DE LA PRESSE »
M. HUC VEUT BIEN PAYER ET ALLER EN PRISON

---

[43] Des chiffres analogues, précisés et accrus, ont été portés à la tribune du Sénat, dans un éloquent discours de M. de Lamarzelle, en janvier 1917.

1er avril 1916.

L'autre jour, apprenant la condamnation à trois ans de prison et mille francs d'amende du nommé M..., aubergiste de Sousceyrac, diffamateur des curés et des capitalistes (ou millionnaires), nous avons exprimé aussitôt l'espérance que M. Huc, directeur de *La Dépêche de Toulouse*, l'un des premiers propagateurs de la rumeur infâme flétris par le commissaire du gouvernement, se substituerait en tout et pour tout au condamné, paierait à sa place et irait en prison pour lui, par un juste sentiment des responsabilités que lui créent son intelligence, son autorité, sa fortune.

Nous voyons avec plaisir que le directeur de *La Dépêche de Toulouse* ne conteste à aucun degré cette vue. Son silence à cet égard semble montrer qu'il comprend comme nous l'honneur de la presse. Dans son numéro du 30 mars, son journal se contente de demander à Maurras de « citer le numéro de *La Dépêche* où il a pu lire une allégation semblable ».

Une « allégation semblable » même presque identique, l'allégation-type de la rumeur infâme, se trouve sans aller chercher plus loin, au numéro de *La Dépêche* du 15 février dernier dans ce fameux défi du poilu qui a fait son tour de France et qui a valu un blâme à la Censure de Toulouse, coupable de l'avoir laissé passer :

> Je mets au défi n'importe quel poilu (mais un vrai, alors !) de dire qu'il a vu monter la garde aux tranchées à un curé ou un millionnaire.

L'aubergiste de Sousceyrac (que *La Dépêche* appelle avec une certaine pompe un citoyen du Lot), s'était borné à dire que les curés et les millionnaires avaient placé leur argent en Allemagne et qu'avec cet argent les Allemands nous faisaient la guerre. M. Huc a commis et provoqué à commettre des calomnies « semblables » à celles de l'aubergiste de Sousceyrac, mais de beaucoup supérieures en gravité.

La preuve demandée, la preuve du fait est acquise. Comme le journal de M. Huc n'a pas contesté la justesse de notre jugement sur ses responsabilités, il y a lieu de croire qu'il versera bientôt 1 000 francs au nom de l'aubergiste, et se constituera prisonnier pour trois ans en son lieu et place.

LE PRINCIPE D'UNION SACRÉE

2 avril 1916.

Dans une lettre adressée aux députés de la droite par M. le président du conseil, il y a quelques lignes d'une remarquable énergie sur les devoirs du gouvernement :

> ... Il a prescrit aux autorités civiles et militaires de rechercher activement et de ne pas hésiter de livrer à la justice ceux qui tenteraient de troubler le pays par des campagnes de calomnies qui ne peuvent que servir les intérêts de l'ennemi. Vous pouvez être certains qu'il tiendra la main à ce que les instructions qu'il a données à ce sujet soient exécutées avec toute la vigilance et la fermeté nécessaires.

Ces engagements sont très nets. Il ne faudrait pas que des autorités inférieures ou latérales eussent liberté d'en éluder l'exécution.

Quoi qu'il en soit, cette partie de la lettre de M. le président du Conseil ne soulève aucune difficulté de principe. Mais une autre partie de cette lettre a le défaut d'identifier deux choses très distinctes : les discussions plus ou moins vives, portant sur des personnes, des idées, des choses déterminées, et le murmure ignoble imputant à des classes entières de citoyens, les prêtres, les officiers, les bourgeois, les nobles, de vagues et confuses accusations.

Cet infâme rumeur dure depuis vingt mois ; et sa naissance coïncide si bien avec le moment de la déclaration de guerre qu'il est difficile de ne pas l'interpréter comme un reste des préparatifs de révolution sociale que l'espionnage allemand avait certainement installés dans notre pays.

À peine l'union sacrée était-elle conclue, ce murmure éclatait. Il n'a été poursuivi judiciairement qu'à de rares intervalles, mais dès septembre 1914. Un an après (et ce long temps démontre l'inefficacité absolue de la répression) en septembre 1915, la presse parisienne tout entière (à l'exception du *Rappel*) a refusé de dénoncer, comme je l'en conjurais, une rumeur destinée à nous diviser devant l'ennemi. En revanche, toute action, toute idée ayant le malheur de déplaire à Hervé, à Renaudel, ou à Vigo était, dans les organes de ces messieurs, immédiatement qualifiée de rupture de l'union sacrée. Il est équitable de dire que leur dénonciation affecta toujours le ton et l'allure de l'hypocrisie extrême.

Ceux qui dénonçaient la rupture imaginaire étaient les mêmes qui voulaient éviter d'en constater une réelle, dont ils étaient les artisans ou les complaisants.

Comme j'ai signalé la réalité, ainsi j'ai discuté une à une toutes les imaginations alléguées par nos socialistes et nos radicaux. Il faut recommencer. Nous recommencerons.

POUR NE PAS FAIRE SA PRISON

7 avril 1916.

Sans prévoir les expédients qui permettront peut-être de soustraire l'aubergiste de Sousceyrac diffamateur du clergé français à la condamnation définitive, nous avions dit ici que M. Huc, directeur de *La Dépêche*, dont l'aubergiste n'aura été, en somme, que l'écho affaibli, voudra, pour l'honneur de la presse, payer l'amende et se constituer prisonnier à la place du condamné qui n'est que sa victime. *La Dépêche* nous a sommés de citer un texte qui établit sa part de faute. Nous l'avons cité sans retard en nous félicitant de trancher si rapidement la question de fait, puisque M. Huc et ses collaborateurs paraissaient être d'accord avec nous sur le principe. Nous nous préparions à fêter la noble et ferme démarche d'un confrère qui saurait prendre hautement toute la responsabilité de ses actes écrits. Nous promettions un buste digne de lui à ce Régulus toulousain. Mais aux lieu et place de l'heureuse nouvelle, voici que *La Dépêche* se jette sur l'histoire d'une fausse accusation contre le lycée des filles de Rouen, accusation partie d'un journal de gauche, enregistrée à droite, mais échoppée, rétractée, désavouée avec une loyauté aussi excellente que la vigueur avec laquelle la censure l'a réprimée. Bien entendu, *La Dépêche* ne dit pas un mot ni de la répression, ni de la rétractation. Elle se garde aussi de reparler de l'aubergiste de Sousceyrac, et des projets de M. Huc, mais elle écrit :

> Nous demandons que M. Charles Maurras, au nom de la loi de réversibilité, aille en prison pour le calomniateur inconnu.

La Dépêche a tort de parler de réversibilité. M. Huc se doit à lui-même d'aller en prison parce que ses actes écrits ont une responsabilité personnelle et directe dans l'acte parlé de l'aubergiste de Sousceyrac. Je ne me dois pas d'aller en prison ; ni de loin ni de près, je n'ai accusé le corps du personnel universitaire de Rouen ni d'ailleurs d'organiser des souscriptions en faveur des prisonniers allemands.

La Dépêche de Toulouse a fait cette diversion hâtive parce qu'elle n'a rien, même de frivole, à répliquer à nos réponses de l'autre jour. Mais nous la ramenons à la question, parce qu'il n'y en a qu'une et qu'elle importe à la dignité de la presse et à la salubrité de l'air français.

Si ces influences administratives que l'on a signalées n'arrêtent pas en route le dossier de l'aubergiste de Sousceyrac, si libre cours est donné à la justice, si les curés et les capitalistes sont défendus comme on a raison de défendre les professeurs, si l'aubergiste est invité à payer la prison et l'amende, M. Huc accomplira-t-il cette double peine à sa place ? Le directeur de *La Dépêche de Toulouse* s'acquittera-t-il des trois ans de prison et des 1 000 francs d'amende qu'il a fait pleuvoir sur le dos de l'aubergiste de Sousceyrac ?

CE QUI ROMPAIT L'UNION SACRÉE

8 avril 1916.

Les socialistes ont crié à la rupture de l'union sacrée dès le commencement de la guerre, notamment pour les actes de propagande religieuse dans les hôpitaux ou au front. Tout nouvel acte de foi catholique leur paraissant anti-socialiste violait le pacte de l'union devant l'ennemi qui, d'après eux garantissait leurs positions d'avant-guerre, non seulement au Parlement, où elles sont accrues, mais dans l'opinion de chacun et de tous. L'union sacrée, c'était l'arrêt de la réflexion du pays, son insensibilité, son imperméabilité à toutes les plus fortes leçons de la guerre. D'après ces messieurs, l'union sacrée devait empêcher de penser. Cette erreur, sur l'esprit humain, se doublait d'une erreur de fait sur la nature de la religion catholique. Il est de l'essence des grandes religions occidentales d'être prosélytiques ; ce n'est donc pas les tolérer, comme s'en vantent les socialistes, c'est les combattre que de leur contester le droit de prêcher et de convertir. Enfin, dans les périls de mort constants que représente la guerre, vouloir empêcher des croyants de travailler à faire croire autour d'eux, essayer de leur défendre de sauver, selon le langage sacré, des âmes menacées d'une éternité de souffrances et capables d'une éternité de bonheur, c'est faire acte de férocité pure et simple envers ces croyants. Si les socialistes ne le comprennent pas, c'est la preuve que les Boches ne sont pas seuls à « manquer de psychologie ».

Reste le cas, toujours possible, de l'abus ou de l'indiscrétion. Je répète depuis vingt mois qu'il n'y a pour l'État qu'un moyen pratique d'éviter ces pénibles conflits, c'est de s'adresser à l'Église, de s'entendre avec les chefs ecclésiastiques qui remédieront par des moyens spirituels aux écarts de même nature. Hors de là, les politiques réfléchis ne voient qu'aigres interventions de la presse ou du gouvernement ; au lieu de faire respecter l'union sacrée, elles en étendent et en prolongent la perturbation.

Un autre grief des socialistes valait-il mieux que le premier ? Ils se plaignaient des sermons prononcés çà et là sur l'expiation par la guerre. Nous avons répondu sur ce point que, ici encore, on touchait à un élément religieux.

Il se peut que le dogme de l'expiation blesse quelque thèse courante ; mais quel est ce dogme d'État au nom duquel un dogme catholique est proscrit ? Si un enseignement catholique n'est plus admis dans la République, qu'elle le dise, qu'elle prononce catégoriquement le *C'est défendu*. Rien de tel que la netteté.

J'arrive à la troisième allégation, la plus récente. Elle est de M. Bracke. Ainsi que les lecteurs en ont l'habitude, elle va être discutée en elle-même, absolument comme si elle avait le moindre sérieux.

La facétie

Bracke s'est défendu d'être un anti-catholique ni un anticlérical de carrière. Mais d'abord il ne peut défendre son journal d'être devenu, depuis la guerre, le principal organe de l'anticléricalisme républicain. *L'Humanité* a voulu faire oublier aux militants les graves responsabilités de ses chefs dans les malheurs de l'imprévision ; en les ameutant contre les curés, les bourgeois, les officiers et les royalistes, elle espéra, elle espère toujours se tirer d'affaire en « bernant » une fois de plus le prolétariat, suivant la formule que Guesde en donna le 7 août 1904[44] au Congrès d'Amsterdam. Bracke se croit

---

[44] À deux autres reprises dans le même ouvrage, Maurras évoque la date du 17 août. C'est sans doute ce qu'il a également voulu faire ici, et l'erreur de typographie n'a pas été corrigée. Ceci étant, la littérature existante n'est pas très précise sur le déroulement exact de ce sixième congrès de la seconde internationale ; certaines sources situent le discours de Jules Guesde,

impartial. Je dois faire observer à tous et à lui-même qu'il n'a aucun intérêt à l'être ; il est beaucoup trop homme de parti pour l'être jamais. Il l'est si peu qu'en pleine campagne anticléricale de son journal, en pleine propagande de la rumeur infâme, Bracke a déclaré dernièrement que cette campagne n'existait pas. Qu'est-ce qu'il lui fallait ?

Je ne m'arrête donc pas aux facéties de Bracke. D'après lui, les catholiques doivent penser que la bataille de la Marne n'a pas été gagnée par nos généraux et par nos soldats, l'intervention de saint Michel et de Jeanne d'Arc ayant dû leur en ravir une part de mérite et d'honneur. On expliquerait cent fois à Bracke qu'il mêle à plaisir l'Iliade à la Somme et que les effets de sa confusion font une grossière injure à des millions de Français ; quelque soit son goût professoral pour l'exactitude, il ne manquera pas de recommencer sur-le-champ.

— Pourquoi ?
— Parce que.
— Mais encore...
— Eh ! bien, à s'en priver, lui et son parti perdraient trop. Quand on n'a pas prévu la nécessité des armements à l'heure où l'ennemi s'armait, il faut bien que l'on se rattrape aux dépens des politiques clairvoyants qui vont à l'église eux, ou leurs femmes, ou leurs amis. La facétie de Bracke doit être traitée comme un simple moyen de lutte intérieure, il n'y croit qu'à moitié, et c'est tant pis pour le lecteur qui se mettrait à y croire en plein.

L'erreur sincère est plus intéressante. Et je crois bien la trouver quand Bracke engage la conversation avec les membres de l'Institut libres penseurs et catholiques.

L'AFFAIRE DES ACADÉMIES

9 avril 1916.

L'Académie française, l'Académie de médecine et l'Académie des inscriptions se sont fait représenter l'autre dimanche à une cérémonie présidée par l'Archevêque de Paris à la basilique de Montmartre. Quelques journaux ayant vu dans cette démarche de trois classes de l'Institut une nouvelle preuve d'union sacrée :

---

en réponse à Jaurès, le 13 août, et d'autres le 19. Il semble qu'en fait le congrès se soit déroulé du 14 au 20 août, et la date du 17, retenue par Maurras, semble la plus vraisemblable. (n.d.é.)

— Non, a dit Bracke, dans *L'Humanité*, c'est tout le contraire ; l'union sacrée est dénoncée par un acte pareil.

Qui a raison ?

Bracke répète qu'il ne veut porter aucune atteinte aux croyances personnelles.

— Allez à l'église si cela vous plaît ou n'y allez pas, peu importe...

Ce qui importe à Bracke, c'est que la présence ou l'absence demeure un acte personnel. Que l'acte devienne collectif, qu'une académie se fasse représenter en corps à une cérémonie religieuse, cela paraît à Bracke « un peu fort de moutarde », c'est-à-dire, je pense, à la limite des excès qu'il puisse supporter. Bracke est d'avis que la religion est chose individuelle. Mais cet avis vaut ce qu'il vaut, par des raisons que nous n'avons pas le temps de débattre. Seulement l'avis contraire existe. Si le catholicisme est d'avis que la religion n'est pas chose individuelle mais aussi collective, comment mettre cela d'accord avec cet autre avis de Bracke que le catholicisme doit être librement professé et pratiqué ?

On peut évidemment obtenir de la conscience catholique, par la crainte d'un plus grand mal, l'arrêt ou la modération de cet élan social et, si l'on peut dire, corporatif qui est son caractère originel, constant et même croissant. Cette tendance, arrêtée du dehors, reprend toute sa force si l'obstacle tombe. Dès qu'il lui est permis d'être absolument lui-même, le catholique s'évade comme de prison de la contrainte individualiste. On le contraint tant qu'on enferme sa religion dans sa personne. On l'affranchit quand on lui laisse les moyens d'étendre sa foi aux compagnies, corps et communautés. Ce caractère du catholicisme n'est pas niable, il faut en admettre les conséquences.

Elles sont claires.

La religion en France

Un mahométan à qui l'on dirait : « Vous êtes libre, à la condition de n'avoir qu'une femme et de boire du vin », jouirait d'une drôle de liberté. Il serait aussi libre qu'un mormon condamné à la même monogamie ou qu'un doukhobor ou un quaker obligé de porter les armes. Un catholique réduit au droit individuel ne jouit pas du libre exercice de sa foi. Il a la sensation de recouvrer sa liberté dès qu'il retrouve les moyens d'associer son groupe social à son culte, à sa piété, à sa conception de la vie et de la mort.

Dans un pays comme la France, dont l'histoire est pétrie de catholicisme, ce mouvement est le plus naturel de tous. Et au fond chacun s'en arrange. Bracke dit qu'il connaît, dans les trois académies en cause, des membres libres-penseurs ; il n'en connaît pas qui aient protesté. Timidité, ou négligence, semble-t-il croire. Il y a une explication plus honorable ; c'est que les académiciens en question qui ne partagent pas la foi des catholiques la connaissaient pour ce qu'elle est et se rendaient compte de la pensée de leurs collègues. Ils la respectaient en autorisant la démarche collective. En contrariant cette démarche extérieure, ils auraient froissé le for intérieur. La foi des uns a eu complète satisfaction. Nulle offense n'a été faite à la foi ni à la dignité des autres.

— Mais néanmoins ce corps comprend des Israélites, des protestants, des libres-penseurs. Les voilà compromis ou dans leur pensée ou dans leur dignité...

— Quelle idée ! Qui donc pourra croire que les académiciens protestants, libre-penseurs ou juifs aient été représentés à Montmartre ? C'est l'Académie, c'est le corps qui a paru seul.

— Alors ce corps pourra paraître à une tenue maçonnique ou à un culte de « Belzébuth » pour la même raison...

— La raison ne serait sûrement pas la même. Qu'est-ce que Bracke entend par le culte de Belzébuth ? Nous ne le croyons pas lié à l'Histoire de France. Et, si important qu'ait été le rôle joué par une société secrète comme la Franc-Maçonnerie dans l'histoire contemporaine, d'abord un pareil rôle est inavoué par définition ; il ne peut être question d'y convier l'État. Ensuite, ce rôle eût-il été dix fois plus vaste, il n'est comparable ni en importance ni en durée à celui du catholicisme dans notre pays. Un grand corps national comme l'Institut a naturellement sa place dans une cérémonie catholique, place analogue (toutes différences bien réservées) à celle du Catholicisme dans la vie passée et présente de la nation. De telles réciprocités sont si normales qu'il est à peine besoin de les expliquer.

Du point de vue général, ce n'est plus l'acte religieux, c'est le fait irreligieux qui exprime le cas individuel, singulier et rare. L'individu irreligieux peut se négliger, sans en éprouver ni embarras ni froissement ; rien ne lui est plus facile que de faire abstraction d'un sentiment tout négatif pour l'amour de la paix publique, si la paix publique est voulue d'abord et s'il en veut les conditions, entre autres le respect de la conscience religieuse catholique. Or, elle était bornée et limitée par mille tracasseries avant la guerre. L'union sacrée a brisé de sottes entraves.

Le « laïcisme »

Comme l'a dit Bracke chacun a ses raisons de patience, d'énergie, d'activité, qu'il met au service de la cause de la France (il écrit, lui : la cause des nations). Et chacun puise ces raisons dans ses convictions. L'une des convictions qui soutiennent les catholiques consiste à concevoir la France comme une nation catholique. On peut ne pas la partager. Mais il ne suffit pas de la mettre en doute ou de la rejeter pour en être offensé. Contester une doctrine n'est pas la haïr, et ce n'est pas souffrir de la voir pratiquer. Tel des académiciens que visait Bracke peut avoir des convictions différentes de la conviction catholique sans lui être pourtant hostile. Dès lors la tolérer est possible et même aisé.

Cela est très facile au protestant, au juif, au « libre-penseur », à moins que le libre-penseur ne s'attache avec une conviction particulièrement passionnée à cette idée que l'État doit être laïque, que la religion doit être individuelle. Mais cela, il faut l'appeler par son nom et voir que c'est dogme contre dogme, passion contre passion. Cette passion dogmatique ne s'est pas manifestée aux trois Académies en question. Et c'est en quoi l'union sacrée avait agi, nous le voyons bien maintenant.

Bracke remarque que les deux autres classes de l'Institut ne sont pas allées à Montmartre ; c'est peut-être que ces passions y étaient plus vives, cette foi laïque plus virulente. Et alors de deux choses l'une ; ou les catholiques ont évité d'y faire une proposition capable de désunir leurs collègues, et c'était de leur part un véritable sacrifice à l'Union sacrée, ou bien, ayant fait l'offre, ils n'ont pu la faire accepter, les tenants de l'irréligion collective ayant maintenu passionnément leur dogme antagoniste. Mais ce dogme porte implicitement une interdiction d'exister, une prohibition absolue contre le catholicisme ; c'est donc là qu'était l'oppression, la rupture de l'union sacrée a eu lieu hors du groupe catholique et contre lui.

Tout ce qui précède suppose que l'union sacrée unit les gens tels qu'ils sont et non tels que Bracke se figure qu'ils doivent être. Mais lui-même, que dirait-il d'une union sacrée où il serait défendu aux socialistes de se former en parti tant que la guerre durerait ? Ils protesteraient comme de beaux diables, le parti étant l'idée de leur idée et le cœur de leur cœur. C'est pour le parti qu'ils tiennent ouverte la parlotte du Palais Bourbon où ils convoquent les ministres de la Défense nationale devant un auditeur hollandais. Ce neutre n'était pourtant pas prévu dans les règles de l'union sacrée. Le public a admis, il a supporté pêle-mêle ce qui était compris dans la règle du jeu et ce qui n'y était pas. Il a laissé les socialistes observer le contrat pour ce qui leur convient, le violer quant au reste. C'est ce qui les encourage à la tyrannie. En feignant d'offrir la liberté dans la paix aux catholiques, ils prétendent leur interdire pratiquement : 1o leurs devoirs de prosélytisme ; 2o l'enseignement du dogme de l'expiation ; 3o leur action sociale et corporative, enfin 4o (mot qui dit tout) ce que M. l'abbé Ermonet appelle « la notion que l'Église se fait d'elle-même » *(Dictionnaire d'apologétique)*. Qu'on le veuille ou non, c'est la guerre au catholicisme... Mais alors, dites-le.

On aime mieux ne pas le dire ; il y a des Français même non croyants qui sont très résolus à ne pas tolérer la reprise de ces petites fantaisies bismarckiennes.

On objecte bien que ceux-ci[45] auraient des millions de belles adhésions nouvelles s'ils ne s'encombraient pas de cette énorme difficulté religieuse. Ils se contentent de s'obstiner à répondre que les plus grandes difficultés ne sont pas du côté que l'on croit. Des principes simples, nets, infrangibles sont aussi des adjuvants sans pareils. Sans doute ils manquent de souplesse, mais ils ont la vertu d'assouplir l'adversaire et ils ne gênent pas la souplesse des hommes, et ils l'assistent même en éclairant son chemin.

Cela est si vrai que notre règlement des questions religieuses, comportant le respect du catholicisme tel qu'il est et tel qu'il se connaît, comporte aussi une somme de tolérance et de paix civile supérieure à tout ce que peut donner ce « laïcisme » qui se recommande également par des rêves de concorde publique et qui, au fond, ne représente que la mise en système et la mise en pratique d'une intolérance inouïe. Je n'en veux d'autres signes que le grognement irrité du citoyen Bracke devant l'honnête tolérance des « libres penseurs » des trois Académies.

L'illusion est si forte que le député du XIVe a pris le murmure de sa passion oppressive pour le cri de la liberté contre l'oppression.

---

[45] C'est ce que l'on ne cesse de nous dire, à nous.

LES DROITS DES PÈRES DE FAMILLE

14 avril 1916.

Une élucubration de M. Sixte-Quenin[46] nous apporte la plainte d'un père de famille dont l'enfant âgé de onze ans, contre la volonté paternelle expressément signifiée, recevrait (par erreur ou malignité) une instruction religieuse dans un orphelinat de la guerre. Que le fait soit exact ou supposé, le malheureux député ne s'aperçoit pas que cette pièce corrobore la thèse du droit absolu de la famille, telle que l'ont soutenue ici M. Challamel, à *L'Écho de Paris* Barrès, au Sénat M. de Lamarzelle. Mais il faut admirer la rigueur avec laquelle on nous impose l'observation de ce principe ; parce que l'enfant d'un « camarade » de M. Sixte-Quenin, « conseiller municipal d'une commune de la Seine », aurait été l'objet d'une action religieuse dont le père n'eût pas voulu, on n'instituera pas de précautions contre cet abus, mais on établira violemment l'abus contraire. Le régime de neutralité malveillante établi par le laïcisme d'État sera infligé à tous les enfants de tous les pères qui leur souhaitent une éducation religieuse. Ainsi décidait ce sultan qui, entendant dire à sa dame qu'elle avait été accrochée au passage par un ânier, voulait faire décapiter sur l'heure tous les âniers de Bagdad.

Comme on peut abuser d'une religion, pas de religion ! Les chroniques du despotisme oriental donnent seules idée de ce qui se passe dans ces cervelles d'oiseaux bornés et violents. Au lieu de chercher paisiblement entre représentants qualifiés des philosophies et des religions existantes quelque moyen pratique de parer aux froissements et aux difficultés imputables aux plus hautes passions de l'esprit, au lieu de voir si un comité de braves gens animés d'intentions droites[47] ne pourrait pas veiller utilement à ces délicates affaires de conscience et de sentiment, M. Sixte-Quenin préfère se délecter l'imagination à calculer je ne sais quelle « vague anticléricale » qui serait née du prosélytisme catholique, mais que lui-même confectionne, monte et fignole avec amour, d'accord avec une poignée de gaillards de sa qualité, qui, jusqu'à présent, en ont vécu comme lui. Avant tout, ils comptent empêcher

---

[46] Anatole Sixte-Quenin (1870–1957), militant socialiste arlésien, était pendant la guerre simple député des Bouches-du-Rhône. En 1920, après la création du Parti communiste qui entraîne avec lui le journal *L'Humanité*, il devient rédacteur en chef du *Populaire*, son concurrent socialiste. (n.d.é.)

[47] Le Secours national, par exemple.

de tarir une source de revenus que M. Guesde appelait au Congrès d'Amsterdam, le 17 août 1904, l'une des deux façons de « berner le prolétariat », l'autre ayant nom « la défense républicaine ».

Écrivant seul, je tiens la plume pour beaucoup. Chefs socialistes, on commence à en avoir assez de vous ! Personne n'était plus résolu que nous ici à répandre sur le passé une cendre oublieuse qui efface les divisions. Mais il y aurait pis que de se diviser, ce serait de laisser régner une coterie essentiellement diviseuse usant de la paix qu'on lui laisse pour faire la guerre et, depuis dix-huit mois tournant tous les pouvoirs de son unité à diviser et à dissoudre tantôt l'armée, tantôt l'opinion publique, tantôt le gouvernement ou bien les trois choses ensemble.

Croyant avec Pascal cette vérité que, surtout en guerre étrangère, la paix intérieure est « le plus grand des biens », nous ne nous sommes pas souciés de leurs entreprises ni de leurs injures, et nous les avons laissés tranquilles aussi longtemps qu'ils ont voulu laisser à peu près tranquilles les parties essentielles de l'État armé. C'est à leurs nouvelles tentatives antinationales qu'ils doivent rapporter le châtiment dont ils se plaignent avec un comique si fort ; car, somme toute, il ne consiste qu'à mettre sous leurs yeux leur passé.

ÉTRANGE « UNION SACRÉE »

31 mai 1916.

M. le chanoine Collin a été approuvé ici, pour les vérités qu'il a dites dans *La Croix*. Nous comprenons fort bien qu'il soit désapprouvé ailleurs par des hommes qui ne partagent l'opinion de M. l'abbé Collin ni sur la méthode politique ni sur les doctrines religieuses dont il est pénétré. Ces méthodes de politique intérieure, ces doctrines de vie profonde sont naturellement livrées aujourd'hui aux disputes. On se serait battu pour elles, il y a vingt-deux ou vingt-trois mois ; aujourd'hui, devant l'ennemi, on se contente d'élever la voix ou d'enfler le ton de sa plume. Cela ne fait de mal à personne, et cela peut éclairer ici ou là l'esprit hésitant. Encore un coup, nous ne sommes pas inhumains ni injustes, nous comprenons toutes les colères saintes auxquelles un auteur peut se laisser aller en l'honneur des idées qui lui sont chères.

Cependant, n'y a-t-il pas un peu d'excès dans les lignes que l'on va lire de M. Albert Mathiez, professeur d'histoire à la Faculté de Besançon, dans sa réponse à M. Collin ?

M. Collin avait adressé des reproches de tiédeur aux chefs de l'ancien parti catholique français.

De tels reproches, s'écrie aussitôt M. Mathiez,

> ne sont pas nouveaux. Ils ont été formulés cent fois par les organes du centre allemand et notamment par ceux qu'inspire le fameux Erzberger.

Ainsi M. Mathiez a vu « les organes du centre allemand » élever le reproche de tiédeur. Il voit d'autre part les mêmes termes chez M. Collin, qui reprenait, à ce sujet, la plus vieille, la plus incontestable tradition française, celle qu'on peut aussi bien saisir dans *Athalie*. Cette rencontre aussi innocente et fortuite que possible, suffit à M. Mathiez ; le langage de ce protestataire alsacien est lié par ses soins à celui du Centre allemand !

Mais ce n'est pas tout. M. Mathiez continue :

> Répétés, avec une opportunité douteuse, par un ecclésiastique messin, qui vient chez nous faire la leçon aux Français, ils revêtent (ces reproches) un caractère étranger.

Cela est proprement odieux. C'est l'odieux même. Ainsi un ecclésiastique messin, qui « vient chez nous », n'y serait plus chez lui ? Faisant « la leçon aux Français », il ne serait donc plus un Français lui-même ? et le plus arbitraire rapprochement avec les discours du « fameux Erzberger » dont personne ne se souciait en France avant la guerre suffirait à donner un « caractère étranger » aux cordiales effusions patriotiques de cet enfant de notre Lorraine ?

J'ai dû faire des reproches terribles à M. Clemenceau : je ne l'ai pas traité d'Allemand. Il m'est arrivé d'accuser les chefs socialistes d'une invraisemblable et folle confiance dans la Germanie. Je ne les ai jamais dépossédés de leur qualité de Français.

D'un mot, M. Albert Mathiez aura fait disparaître toutes les distinctions, toutes les différences, tous les ménagements dus entre citoyens. Et il nous reproche de manquer à l'union sacrée !

J'avoue que j'hésite à caractériser de semblables paroles. Non, cela est un peu trop dur. On ne ratifie pas les traités de Francfort par passion anticléricale. M. Mathiez, que je ne crois pas insincère, mais que je plains de l'être ainsi, se figure de bonne foi que les doléances historiques de l'abbé Collin et de Dimier sur d'anciennes fausses manœuvres de politique intérieure représentent des accrocs aux sentiments intimes qui nous sont commandés devant l'ennemi et M. Mathiez ne voit pas quelle méconnaissance, je ne dirais plus de l'union, mais de l'unité française représentent ses propres paroles ! Il ne sait plus que Metz fait partie de la France et sa haine des catholiques et des royalistes rend presque saisissable sa triste nostalgie des divisions de 1793 et 1794 en pleine guerre étrangère ; comme si ce luxe permis à la florissante patrie de Danton et de Mirabeau pouvait l'être à la France ratatinée par cent ans de démocratie !

Je n'ajouterai qu'une chose, qu'il faudra redire probablement : M. Albert Mathiez est digne de grande pitié.

Un grand citoyen

12 mai 1916.

Les funérailles du cardinal-archevêque de Lyon accomplies avec toute la pompe religieuse dont l'Église entoure ses Princes, ont été honorées aussi d'un cortège civil où l'on distinguait le préfet, le sénateur-maire, quatre généraux revêtus de grands commandements, le premier-président, le procureur général, les représentants de la haute université. Je ne crains pas de dire que, par ces délégations de tous nos pouvoirs civils et militaires, l'État français a fait une œuvre de justice qui le grandit.

Depuis le commencement de la guerre, S. É. le cardinal Sevin avait imposé à l'admiration, plus encore que la noblesse de son caractère et la hauteur de son intelligence, la sainte et puissante ferveur de son patriotisme. Une note succincte de *La Croix* reproduite ici a fait allusion à toutes les œuvres dans lesquelles il se multipliait au service de la nation. L'essentiel, qui ne peut être dit, sera connu plus tard.

On verra l'héritier du plus antique patrimoine ecclésiastique des Gaules dans cette œuvre éminemment gallique et française de la résistance à la Germanie ; on le verra de sa colline de Fourvières au conclave romain, de la Curie à Lyon, ne laissant de relâche à l'activité personnelle que pour stimuler, entraîner, régler et promouvoir l'activité d'autrui ; attentif à la paix publique, à la concorde intérieure, indigné quand il le fallait des semences de division, mais, au feu de ces passions généreuses, toujours calme, soucieux de ne rien outrer, de crainte de confondre ce qui est et ce qui n'est point ; plus attentif encore aux actions de la guerre, anxieux de notre victoire et pour tout ce qui avait trait à nos blessés, à nos prisonniers, à nos morts, plus ardent que personne à utiliser les ressources de l'universalité catholique et du seul internationalisme qui jusqu'ici se soit montré vivant, intelligent et bienfaisant.

Les catholiques lyonnais nous confiaient, ces temps derniers, le respectueux enthousiasme, l'élan vénérateur avec lequel leur cardinal, mieux connu, mieux suivi de jour en jour, était accueilli par les foules et les élites. La nouvelle ne m'a causé aucun étonnement. Aux deux occasions, antérieures à la guerre, où j'avais eu le grand honneur d'être admis en sa présence, il n'avait pas été difficile de reconnaître dans le cardinal de Lyon un de ces privilégiés qui sont nés pour accroître la dignité des choses humaines, en diminuer, en simplifier, en résoudre les difficultés et les maux. Je n'oublierai jamais le premier aspect de ce visage souriant sous un front grave et pur, cette parole nette et simple, pleine de rondeur et de rectitude comme l'énergique pensée, enfin ce regard rayonnant les lumières de la franchise et les chaudes flammes de l'amitié.

La sympathie aux yeux ouverts...

Ni explication, ni tâtonnement ; une entrée en matière rapide, une conclusion prompte abrégeant tout ce qui n'était pas la réflexion ou l'action, tels apparurent les traits essentiels de ce caractère si jeune, si vivant, doux et bon comme l'espérance et d'une fermeté que, seule, une préparation théologique profonde sait imprimer à l'élite sacerdotale.

Notre ami Stéphane Gayet, du Barreau de Lyon, depuis blessé glorieusement au champ d'honneur, m'avait fait l'amitié de m'accompagner dans ma première visite à la colline sacrée. À la descente, il put sourire de fierté à l'impression que me laissait l'audience.

Dès décembre 1913, l'œuvre d'admiration était déjà commencée dans le cœur des diocésains. On voit avec plaisir d'après les protestations élevées avant-hier par l'abbé Delmont comme par la composition du vaste cortège d'hier combien le temps et les circonstances avaient étendu et accru autour du grand citoyen qui succombe la faveur des murmures de respect et de piété. Comme le dit très bien *Le Temps*, que je suis heureux de citer, ces funérailles imposantes empruntent aux événements douloureux que nous traversons un caractère de haut enseignement. Je suppose qu'entre autres choses elles enseignent aux Français de ne pas négliger les premières valeurs intellectuelles et morales de leur patrie, qui sont, je crois bien, réunies dans le trésor des vieilles églises de France.

UNION SACRÉE : JUIFS ET JÉSUITES

20 juin 1916.

Henri Casewitz, qui vient d'être tué au champ d'honneur, était un des dix capitalistes juifs qui fondèrent *L Humanité*. Nous le disons comme nous avons rapporté plusieurs fois des traits du même ordre au moment même où nous les avons appris, sans hésiter le moins du monde à nous incliner devant la grandeur de ces sacrifices. Cela ne nous gêne pas plus que d'écrire ou de récrire le nom de *L'Humanité*, qui ne peut pas en dire autant ; elle sécherait de tristesse plutôt que de confier à ses lecteurs les seize lettres de notre nom qu'elle écrit, d'autres fois, à tort et à travers.

C'est pourquoi elle tortille :

Un journal qui est royaliste et qui se dit d'union sacrée...

À la bonne heure, on se reconnaît tout de même. Donc, notre union sacrée est fallacieuse. Elle serait sincère si elle tendait des pièges à un ministère où trois des nôtres seraient assis. Elle serait pure et parfaite si elle adressait à la mémoire d'un héros tombé pour la France les paroles insultantes répandues par *L'Humanité* sur la tombe du père jésuite Boutin et pour lesquelles elle vient d'être condamnée par le tribunal de Toulon. Les rédacteurs de *L'Humanité* font de l'union sacrée lorsqu'ils insultent les jésuites combattants ; mais les rédacteurs de *L'Action française* qui répriment l'insulteur, font de la désunion. Tel est le sens des mots. Rien de tel que de le savoir.

CLÉRICAUX ET ANTICLÉRICAUX, TRADUCTION ET CONFUSION

21 octobre 1916.

Il n'y a aucun avantage à ce que les Français se heurtent, en pleine guerre, sur des sujets aussi essentiels, aussi graves, aussi passionnants que leurs idées religieuses. Nous avons fait, en ce qui nous concerne, des efforts continus pour empêcher quelques-uns des malentendus qui sont à l'origine de la plupart de ces conflits. Nous avons même embrassé la carrière de traducteurs, expliquant aux catholiques ce que voulait dire telle ou telle pensée démocratique ou républicaine, expliquant aux libres-penseurs ce que signifiait telle ou telle formule catholique dont ils croyaient devoir se montrer choqués. Nous avons eu l'honneur et la joie de satisfaire de cette façon beaucoup de pensées droites et sincères appartenant à l'un ou à l'autre camp. Mais ces succès n'ont jamais été obtenus que dans des cas personnels ; unité par unité les Français peuvent s'entendre ; seulement cette entente n'est pas du goût de tout le monde, et l'on paraît avoir de grands intérêts à ce qu'elle ne devienne pas générale. Nous avons dû constater qu'au fur et à mesure de la production de nos éclaircissements, certains partis, certaines coteries de gauche en concevaient une véritable fureur. On a répondu à notre campagne d'éclaircissements en multipliant les efforts pour brouiller les cartes et noyer le débat. Nous espérons donner quelque jour un historique en règle de cette entreprise d'obscurantisme en faveur de nuées et des fumées qui sont propres à jeter les Français contre les Français.

La limite du mal

Il est heureux que ces propos de mauvais conseillers intéressés aient été écoutés avec distraction. Les Français n'en sont pas au point auquel on les voudrait. Sagement, ils ont mieux aimé suivre l'avis impérieux, les suggestions persuasives de notre état de guerre, qui disaient de songer d'abord à l'ennemi présent sur le sol national. C'est du fait de cette présence qu'il subsiste encore, de fait, une notion presque suffisante de ce qui fut appelé l'union sacrée. Ainsi sont limités les effets naturels, les effets rationnels du régime de la discussion.

Mais un mal limité n'est pas un mal inexistant. Les chefs radicaux qui le voient sont à peu près unanimes, eux qui l'ont fait, à le déplorer et à en rejeter les responsabilités sur leurs adversaires. On n'ouvre pas un de leurs journaux (ni les journaux socialistes du reste) sans y lire comme à *L'Événement* d'hier que leur groupe ou leur monde « a pratiqué l'union sacrée avec un scrupule absolu ». Pas une de leurs feuilles de chou qui ne le répète. C'est le mot d'ordre. Il ne faut pas se lasser de redire ni, puisque les mots ne suffisent pas, de prouver que voilà une fable énorme.

Il suffit de se reporter aux premiers mois de la guerre pour y voir naître les étonnantes campagnes de *La Dépêche de Toulouse*, celles qui se sont développées jusqu'au seuil de l'année courante par le fameux défi du « poilu », mais qui ont pris naissance bien avant la fin de 1914.

Battez-vous maintenant, petits soldats ! Donnez votre chair, votre vie ! Et mourez en pensant que la cloche de l'église sonnera peut-être des carillons quand les Allemands entreront dans votre village...

Ces cris de haine civique de la fameuse *Dépêche* sont de la première semaine d'octobre 1914, il ne faudrait pourtant pas l'oublier.

Notre « cléricalisme »

11 février 1916.

— Voilà bien, nous dit-on, votre cléricalisme.

Il se peut. D'excellents amis nous disent que ce cléricalisme fâcheux nous prive de millions de lecteurs et d'adhérents qui ne demanderaient qu'à se joindre à nous sans cela. Est-il besoin de dire que je regrette ces lecteurs et ces adhérents ? Mais tous comprendront que nous devrions regretter plus encore un esprit de parti, de préjugé, d'erreur qui nous mettrait hors du sens commun et de la raison.

On me dit :

— La raison, c'est de l'idéologie... Croyez-vous ?

L'habitude de décider de tout à la pluralité des voix a fini par faire croire au public, comme aux enfants, comme à bien des femmes que les rapports des choses dépendent seulement de la volonté des gens. On choisit par exemple d'être nationaliste mais anticlérical, on est pour la France, mais contre le pape ; si l'on juge cette attitude esthétiquement fière, si on peut la faire passer pour le signe d'une belle âme, on ne cherche pas davantage, Et pourtant, s'il y avait quelque lien entre la Papauté et la France ?

Si ce lien était extérieur à nos partis pris ?

J'ai connu un petit garçon qui trépigna de fureur quand on lui eût prouvé sans qu'il pût répliquer que, d'un point pris sur une droite, on pouvait élever une perpendiculaire et qu'on n'en pouvait élever qu'une. Le pauvre enfant se figurait que le sentiment de cette nécessité naturelle et logique empiétait désormais sur sa liberté. Il lui fallut des mois et des saisons pour arriver à voir que c'était tout le contraire et que, en tenant compte de la loi ainsi reconnue, il étendait le cercle de son pouvoir et de son action sur les choses.

S'il y a des vérités liées et des réalités connexes dans l'aire de la politique, celui qui les ignore ou qui les méprise s'expose à de profonds déboires ; qui les connaît et les respecte se met, au contraire, en état d'en bénéficier. Tel est l'avantage premier de ce que nous nommons la vérité politique.

Il y a des causes liées en fait. Les critiques auxquels je réponds ne font aucune objection à tout ce que j'ai dit de la liaison de la cause de l'Église et de la France ? Puisqu'ils n'y trouvent à redire que par des mouvements d'humeur personnelle, ils me permettront dès lors de conclure que notre point de vue n'est pas celui du cléricalisme, mais de la vérité.

On ne réfléchit pas assez à ces liaisons, à ces connexités naturelles, qui existent en elles-mêmes, sans égard à nos goûts et à nos dégoûts. Quand dès août 1914, nous avons dénoncé la rumeur infâme, elle n'attaquait alors que les prêtres, les bourgeois, les officiers, les riches, les nobles. Elle mettait ensemble quelques catégories de citoyens qui, jusqu'ici, n'étaient pas toujours associées : richesse et noblesse, par exemple, bourgeoisie et clergé. Mais c'est que, pour notre révolution intérieure souhaitée par l'Allemagne, il était important que la ligne de démarcation se fît exactement là. D'un côté, un prolétariat antireligieux, antisocial, antimilitaire, de l'autre tout ce qui, dans la nation, peut la grouper et la conduire, tout ce qui possède, dure, organise, tient les citoyens réunis. Le caractère antinational de la calomnie était donc lisible à l'œil nu. Cela devrait nous rendre méfiants.

La réponse de « l'écume »

15 juin 1916.

Un aimable jugement a été porté en mars dernier sur *L'Action française* dans *La Revue chrétienne*, organe du « christianisme évangélique libéral » pour certaines « familles protestantes ». L'auteur, notre juge, M. Henry Dartigue, n'a pas émis sa sentence sans en avoir vu les défauts. Une inspiration plus forte l'a emporté comme les prophètes :

> Il faut bien l'avouer, dit-il, au risque de porter atteinte à la trêve des partis que nous devons maintenir, même dans les questions littéraires : le groupe de l'Action française nous paraît être comme l'écume du courant qui soulève et entraîne la portion la plus saine de la jeunesse française.

Les figures de rhétorique n'ont pas le privilège de nous émouvoir, surtout celle-ci. Les membres de l'Action française ont le sentiment de taper terriblement sur les nerfs à un homme comme M. Dartigue, parce qu'il est obligé d'apercevoir combien le monde échappe au point de vue un peu étroitement moral sur lequel il se trouve fixé par ses habitudes d'esprit. Mais, même sur ce terrain moral, son terrain, nos états de services nous permettent de le regarder sans baisser les yeux, qu'il s'agisse de clairvoyance politique, d'activité civique ou de dévouement militaire. Je ne fais pas de comparaison pour humilier autrui. Mais nous pouvons nous tenir, en souriant, où nous devons être. Écume, si l'on veut, mais si sanglante et si lumineuse que tous les bons Français doués de raison avouent pour elle la sympathie secrète de leur cerveau, ou de leur cœur, ou de tout leur être.

Nos idées et les partis

Comprenons plutôt ce que veut dire M. Henry Dartigue afin de le détromper, s'il y a lieu, sur un point de fait. Il a écrit un peu plus haut, nous visant déjà :

> Ce serait une erreur grave de juger de ce mouvement de réforme morale qui s'est produit avant la guerre seulement par ses parasites, je veux dire par ceux qui le compromettent en l'exploitant selon leurs ambitions de parti.

On tient la pie au nid. M. Henry Dartigue révèle deux erreurs de fait, intéressées peut-être, en tous cas intéressantes pour lui, favorables à ses commodités ou à ses passions, celles-là même dont il devrait se garder avec le plus grand soin. En effet, M. Dartigue croit que ce mouvement de réforme existait d'une part et que nous existions de l'autre ; alors, nous serions survenus et nous aurions capté une veine du flot. M. Dartigue se trompe ; ce mouvement, nous sommes de ceux qui l'ont créé. Nous l'avons provoqué, quand il n'existait pas. Nous l'avons soutenu, appelé, encouragé, secondé et éclairé de toutes nos forces. Des textes innombrables et aveuglants feraient la preuve si le fait, généralement admis de nos adversaires déclarés, pouvait être l'objet d'une contestation.

Ce n'est pas tout. L'ingénieux rédacteur de *La Revue chrétienne* imagine aussi que c'est comme membres d'un « parti » que nous avons adhéré à ce mouvement.

Le malheur est que, aux temps où nous cherchions la voie, nous n'étions d'aucun parti et les partis ne nous intéressaient pas. Nous étions, qui des militaires, qui des professeurs, qui des écrivains ou des avocats ou des artistes, fort occupés de tout autre chose que de politique. C'est la politique qui est venue nous rejoindre, c'est elle qui nous a dit, avec toutes les preuves imaginables :

— Je suis le centre fléchi, mais nécessaire, de la vie intellectuelle et morale de la nation ; les partis m'ont viciée, mais ma nécessité pour la France est si forte que, dans la succession des efforts à faire, des besognes à assumer, c'est ma besogne de nettoyage, d'épuration, d'éclaircissement politique qui doit tout primer.

Et c'est ainsi, les raisons en sont écrites, très palpables, dans nos livres et dans notre vie, c'est ainsi, non autrement, que nos amis ont lâché, qui l'épée, qui la barre, qui l'amphithéâtre, qui l'atelier, qui l'art du romancier ou celui du critique pour des travaux de politique dont plusieurs ne sont pas sans analogie superficielle avec ceux des partis, mais qui sont en réalité tout le contraire.

On ne peut manquer pas d'être un peu surpris et affligé de voir les rédacteurs d'une *Revue chrétienne* aussi mal informés de notre direction et de notre passé. Beaucoup de protestants français nous ont témoigné plus d'attention et plus de sympathie ; je me garderai donc de généraliser le cas de M. Henry Dartigue. Le caractère de sa conception erronée est d'être extrêmement faible ; à qui fera-t-il croire que des esprits comme Paul Bourget, Léon Daudet, et d'autres à qui il veut bien reconnaître des qualités de théoriciens politiques, aient commencé par regarder autour d'eux, se consulter sur le meilleur moyen de rallier la jeunesse à la monarchie et se soient résolus pour ce motif à se placer au point de vue de la science, parce que le prestige de la science était fort vif aux yeux des nouvelles générations ?... Eh ! ce prestige était en eux. Et leur vue scientifique ou empirique de l'ordre, de la prospérité, du progrès des sociétés, elle avait commencé par guider leurs propres idées et décider de leur vie personnelle ! Ils auraient été incapables de se placer pour leur compte à un autre point de vue, par exemple à celui du légitimisme sentimental de *René*... Non, ce reproche est trop absurde. Et si M. Dartigue veut que je lui dise tout à fait ma pensée, ses insinuations de parti pris ou de manœuvres politiques portent en elles le plus grand des ridicules ; elles puent l'esprit de parti.

Rome et les barbares

Les Germains peints par eux-mêmes

22 octobre 1914.

Un pasteur de l'Église réformée, habitant Vernoux en Ardèche, vénérable vieillard de quatre-vingts ans, le Nestor du protestantisme européen, ayant connu jadis, en 1869, le prédicateur de la Cour de Berlin, M. le pasteur Dryander, lui écrivit tout au commencement de la guerre pour lui proposer une action commune : 1o de leur patriotisme respectif, qui les divise de sentiments et d'intérêts terrestres ; 2o de leur commune foi chrétienne qui les réunit dans le ciel, mais qui, dès lors, les oblige tous deux à employer toute l'influence dont ils peuvent disposer pour que la guerre soit conduite avec autant d'humanité que possible, pour que le vainqueur quel qu'il soit n'abuse pas de sa force, pour que les personnes et les droits des faibles soient respectés...

Au bout de six semaines, M. le pasteur Dryander répondit dans le *Norddeutsche Allgemeine Zeitung*, « sans avoir pris la peine d'en aviser son correspondant », note le *Journal de Genève*. Cette réponse est un refus. Et quel refus !

Après avoir consulté deux autres théologiens de son Église et de son pays, le docteur Lahusen et le licencié Axenfeld, qui ont signé la lettre avec lui, M. Dryander déclare repousser les propositions de M. Babut, non dans leur principe, mais pour un savoureux motif accessoire.

> Nous les rejetons parce qu'il ne doit pas y avoir la plus lointaine apparence que, d'après nous, on ait besoin en Allemagne d'un avertissement ou d'un effort quelconque pour que la guerre soit conduite en accord avec ses principes chrétiens et suivant les exigences de la miséricorde et de l'humanité. Pour notre peuple tout entier comme pour notre état-major, il va de soi que la lutte ne doit être conduite qu'entre soldats, en épargnant soigneusement les gens sans défense et les faibles, et en prenant soin des blessés et des malades sans distinction. Nous sommes convaincus, en pleine connaissance de cause, que cette règle est celle de notre armée tout entière, et que, de

notre côté, on combat avec une maîtrise de soi, une conscience et une douceur dont l'histoire universelle n'offre peut-être pas d'exemple... Quand l'inqualifiable conduite de populations odieusement égarées par leurs gouvernements a rendu indispensables la destruction de propriétés privées ou l'exécution de francs-tireurs, nos chefs ont considéré cela comme un pénible devoir qui les obligeait à faire souffrir aussi des innocents pour préserver nos blessés, nos médecins, nos infirmières d'attaques scélérates.

Quant à l'origine de la guerre, voici :

> Depuis l'empereur jusqu'au plus modeste journalier, on n'aurait pas trouvé en Allemagne cent hommes conscients qui, je ne dis pas cherchassent, mais voulussent la guerre avec nos voisins. Nous sommes nous autres Allemands, le peuple le plus ami de la paix qui soit... Jusqu'au dernier moment, alors que déjà les filets d'une coalition sacrilège des peuples et des intérêts les plus disparates se resserraient sur nous, l'empereur et le chancelier ont poussé jusqu'aux dernières limites imaginables leurs efforts pour le maintien de la paix. Nous vous soumettons les explications de notre chancelier ; elles sont, dans leur claire et simple vérité, grandioses... Ainsi nous ressemblons, nous autres Allemands, à un homme paisible qui serait assailli en même temps par trois hyènes altérées de sang...

À cette soif du sang, la France joint un penchant « contre nature » pour la Russie et le dédain injurieux des avances courtoises que l'amoureuse Allemagne lui prodigue. L'Angleterre ajoute à sa complexion d'hyène « le seul amour du penny » qui lui a donné des mœurs d'« assassin ». Bref, jurent les trois pasteurs Dryander, Lahusen et Axenfeld, quand M. le pasteur Babut voudra obtenir de ses collègues prussiens leur adhésion aux déclarations chrétiennes qu'il sollicite, il devra commencer par « flétrir publiquement l'infamie de l'attaque, le crime sacrilège qui a rendu cette guerre possible ». D'ici là, rien de fait. Pas de « communion fraternelle » avec les trois peuples-hyènes rués sur l'honnête Germain, seul humain. Guerre à outrance, guerre à mort, même entre pasteurs du saint évangile !

Voilà comment jugent les hommes de paix du royaume de Prusse. Le manifeste des 93 a montré ce que leurs penseurs laïcs ont dans leurs fortes têtes. Menons l'enquête dans la région où c'est le sentiment et l'instinct qui prévalent. *Le Temps* d'avant-hier livrait à la publicité le journal de route d'un humble instituteur, sous-officier dans l'armée d'invasion, et tombé sur le champ de bataille. Je ne transcrirai pas les lignes où déborde la gloutonnerie nationale, mais voici une réflexion où se montre la naïve sauvagerie. Il vient de voir brûler Visé, réunir tous les habitants que l'on a pu trouver et fusiller un sur trois de ces pauvres gens. Raison donnée par ce sous-officier : la population avait tiré sur le commandant de brigade. Moralité tirée par le même : « Dès l'instant qu'il faut perdre la vie d'une façon aussi barbare, mieux vaut ne pas laisser pierre sur pierre dans de pareilles localités et massacrer indistinctement innocents et coupables. »

Dira-t-on que c'était la suite d'un ordre supérieur, et que le militarisme prussien est seul coupable ? Ce militarisme a bon dos. Nous penserons tout le mal que l'on voudra du militarisme prussien, et nous ne verrions qu'avantages à fusiller « sous les tilleuls »[48], si nous les prenons vivants dans la Wilhelmstrasse, Guillaume et ses fils, grands chefs dudit militarisme, mais il est intéressant de savoir comment les volontés et les passions individuelles accueillent ces ordres et si elles les exécutent à contre-cœur ou autrement. Deux socialistes faits prisonniers ont déclaré qu'ils avaient été induits à des actes de traîtrise sous menace du revolver ; à supposer que les prisonniers allemands soient des modèles de véracité et que le succès de l'accusation contre les chefs ne les entraîne pas à la renouveler trop souvent et à supposer que ce ne soit pas un mot d'ordre convenu, on voudrait demander aux socialistes français si la menace du revolver suffirait à les faire agir, eux, comme les camarades.

Non, n'est-ce pas ? Cela juge la différence du Français et de l'Allemand, quelles que soient leurs conditions !

Un officier allemand, ne parlant qu'à lui-même, traitant de ses hommes et de lui, écrit dans un journal de route, traduit et communiqué par l'Agence Havas :

> C'est l'heure où l'on se moque de tout sentiment de civilisation et d'humanité. Quand une poignée de soldats s'abat sur une maison, on peut être sûr qu'il n'y reste plus rien. Tous les instincts se réveillent avec une terrible puissance. Le soldat qui a entendu siffler les balles et éclater les obus se dit : — Pourquoi, si aujourd'hui une occasion

---

[48] *Unter den Linden*, la principale avenue de Berlin. (n.d.é.)

favorable s'offre, dois-je m'imposer une privation ? Demain, peut-être, je serai mort... Et tous se précipitèrent dans la cave et sur les provisions comme des fourmis sur un rat mort.

La nature allemande parle là toute pure. Les prédicateurs de Guillaume II nous assimilent à l'hyène altérée de sang, mais ses soldats se rendent eux-mêmes justice en se comparant à des fourmis avides et folles. Le ridicule de cette langue, où la pensée ne va jamais sans lourdes images, oblige à concevoir ce peuple sauvage véritablement comme il est : race-enfant, esprit grossier, force rudimentaire qui n'excelle qu'à tout casser.

Les affaires d'Orient

5 novembre 1914.

L'Allemagne a poussé les Turcs à la révolte dans le même sentiment qui lui a fait bombarder la cathédrale de Reims. C'est un acte de désespoir : « Je ne peux ni vous vaincre, ni vous conquérir, je m'en vais vous faire du mal... » Le mal, ce sera, en l'espèce, des massacres de chrétiens en Asie Mineure.

Nous comptons bien, avec les *Débats*, que d'énergiques démonstrations franco-anglaises, si l'Angleterre et la France ne perdent pas de temps, arrêteront sinon l'idée et le projet, au moins les premiers essais de massacre. À cet espoir, il convient d'ajouter un mot : les crimes qui menacent ne doivent certes pas rester impunis, mais il faudrait désirer surtout qu'ils fussent compris et que leur intelligence donnât un avertissement fructueux.

Nos missions en Syrie et en Asie Mineure ne sont pas l'effet du simple zèle individuel engagé à ses risques et périls. De puissantes collectivités catholiques françaises y ont implicitement engagé le nom, l'honneur, presque le drapeau de la France. Toute notre histoire les y engageait, au surplus. Des miracles d'administration généreuse et prévoyante ont été faits là-bas, d'incomparables succès y ont été remportés ; succès prestigieux et qui faisaient pâlir de jalousie haineuse l'effort de nations plus riches d'or ou, d'États mieux armés du fer. Cependant une chose y a manqué depuis une trentaine d'années, l'autorité armée, la voix et l'appui du canon. L'Orient nous a entendus nous calomnier et il a entendu nos calomniateurs renchérir. Bien que les guerres balkaniques où notre Creusot a brillé autant que notre École de guerre, aient relevé dans une forte mesure le prestige du « canon franc », il nous manquait encore quelque chose de ce côté. Il n'est pas au pouvoir de l'initiative privée, si vive et si noble soit-elle, de remplacer tout à fait la fonction des gouvernements. Le nôtre a été longtemps distrait et absent. Cette distraction, cette absence pourraient bien être la cause directe de la redoutable effusion d'un sang d'autant plus précieux qu'il sera tiré des veines d'amis, de protégés de clients traditionnels de la France. Les hauts personnages français qui, depuis si longtemps, affectaient de se désintéresser devant nous de ce qu'ils appelaient la « forme du gouvernement » et nous montraient une France du Levant unie et forte sous un autre ciel, par ces œuvres de bienfaisance, d'évangélisation, d'instruction et de civilisation, comprennent-ils maintenant ce que nous voulions dire lorsque nous écrivions « politique d'abord » ?

Nous ne voulions pas les arracher à leur œuvre ni certes la déprécier. Nous voulions la fortifier, la défendre et la garantir. Des missionnaires le comprenaient. Ils nous l'écrivaient, ils sont venus nous le dire. Ce sont leurs protecteurs de France que nous n'avons pas convaincus. Puisse leur cruelle indifférence à la force ou à la faiblesse des remparts de notre cité ne pas coûter trop cher à nos citoyens ! Bien appliquée, notre maxime, trop discutée et trop diffamée, notre *politique d'abord* eût commencé par constituer en France un État assez vigilant pour empêcher l'Allemagne de tenir une place exorbitante à Constantinople ou plutôt de nous y enlever notre rang... De l'incurie diplomatique, cela vous fait l'effet de simples fautes d'orthographe sur du papier à tranches d'or... Regardez mieux. De plus près, c'est du sang humain.

À LA SORBONNE : DE LA FORCE

8 novembre 1914.

La Sorbonne, on ne l'ignore pas, est une grande blessée. Elle a été blessée par l'Allemagne, non dans la guerre, mais dans la paix. L'une des principales opérations d'avant-guerre aura été de s'emparer de l'illustre place forte universitaire et d'y installer un culte insensé de l'esprit germain. Ses principaux maîtres, ceux qui la dirigent encore aujourd'hui M. Croiset[49], M. Séailles[50], ont germanisé à l'infini. Sont-ils guéris ? Sont-ils seulement en convalescence ? Jeunes gens, nous ne pouvons aimer à vous induire en défiance contre des maîtres. Ces maîtres ont été des adversaires. Ils sont vaincus, terriblement vaincus par l'événement ; sans parler du respect dû aux chaires où ils siègent, ils méritent un traitement plein de générosité qui doit aller, s'il est possible, jusqu'à l'affection. Mais la critique peut être

---

[49] Alfred Croiset (1845–1923) fut un helléniste réputé. Premier au concours de Normale Supérieure et à celui de l'agrégation, il représente l'archétype de la sommité universitaire dominant son époque mais ne laissant rien d'original à la postérité ; ses idées vagues et généreuses en matière politique et sociale, qu'il rattachait à ses études sur la démocratie athénienne, sont d'une consternante banalité. (n.d.é.)

[50] Gabriel Séailles (1852–1922), éminent professeur de philosophie, était un spécialiste de Kant dont il contribua grandement à propager l'influence dans l'Université française. Voir à son sujet le chapitre IV de *La Politique religieuse* : « l'individu contre la France ». (n.d.é.)

affectueuse, et nous ne saurions laisser passer la leçon d'ouverture prononcée par M. Croiset sans en faire sentir les deux ou trois erreurs profondes persistantes et sans doute voulues. L'éloge qu'en fait M. Séailles dans les journaux établit que l'intervention fera du bien.

Ces messieurs ne prononcent ni n'écrivent plus un mot sans s'élever contre le culte de la force, contre la force elle-même, identifiée ou non à la force brutale. Il ne faut pas laisser courir sur cette pente. Il n'y a pas à diviniser la force, il n'y a pas à l'avilir non plus. La force est bonne en soi.

— Oui, d'accord, la force au service du droit.

— Non, pas d'accord sur des confusions !...

Accordons-nous sur des idées nettes. Le service, bon ou mauvais, auquel on met la force, c'est une question ; le prix de la force en soi est une autre question. Nous parlons de la force pure. Moralement, la force est une vertu et, physiquement, c'est un bien.

— Il ne faut pas en abuser.

— Il ne faut abuser de rien, ni du vin, ni de l'eau, ni de la viande, ni du pain, ni même, saint Paul l'a dit, de la sagesse. Mais mettre les jeunes Français en défiance contre la force, c'est les affaiblir et, en un sens, les trahir à cette heure où ce qui presse, c'est de leur inspirer le désir d'être forts, à tous les points de vue, et de rechercher les conditions naturelles de la puissance tant pour leurs personnes que pour leurs pays.

Mais, disent les professeurs, c'est ce qu'on enseigne en Allemagne !

Nullement. Ce que l'Allemagne enseigne, consacre et admire, ce n'est pas la force en tant que force, c'est la force en tant qu'allemande. La défiance de la force peut paraître un état d'esprit inoffensif ; un peu fouetté et stimulé, ça conduit à siffler le drapeau, à conspuer les « galonnés », à refuser des canons et des munitions à l'armée... On me permettra de dissuader nos professeurs de placer de nouveau la Sorbonne dans ce courant ; le plus bel héroïsme du monde pourrait bien ne pas nous sauver cette fois. *Vive la France* signifie vive notre force française. On invoque la Grèce, Rome ? C'étaient des peuples très forts.

On n'a peut-être pas été non plus très heureusement inspiré en Sorbonne quand on a loué presque sans mesure cet esprit de finesse, qui est fait de mesure, et qui, sous peine de languir et de périr, appelle son complémentaire, l'esprit de géométrie. C'est de rigueur, c'est de logique, c'est de ferme clarté rationnelle qu'ont besoin nos jeunes générations combattantes. Si l'on est convaincu que la Révolution est le terme de notre évolution historique et qu'elle a condensé la philosophie traditionnelle de la France, il ne faut pas craindre de le dire, mais il importe d'éviter de prouver faiblement ce hurlant paradoxe. La déclaration des Droits exprime Rousseau et Luther, c'est-à-dire un retour à l'individualisme barbare de source germanique. Et la Terreur exprime une barbarie de même origine. Enfin, mêler, confondre les vainqueurs de Bouvines, qui ont sauvé le pape, et la Révolution, qui l'a emprisonné, Jeanne d'Arc qui a reconquis le territoire et les Napoléon qui l'ouvrirent trois fois, unifier ces contraires au moyen du terme flottant et vide d'« idéalisme », c'est peut-être une rhétorique ingénieuse, mais je dois dire qu'elle vient tout droit d'un certain Hegel, qui n'était ni Anglais, ni Belge, ni Russe, ni Serbe, pas même Français.

Et puis, ce n'est pas fort !

Chefs et docteurs

12 novembre 1914.

Nous ne nous montrons jamais bien chatouilleux ni difficiles sur les paroles prononcées par les hommes qui ont la responsabilité de conduire la France dans les graves circonstances que nous traversons. Ils parlent selon leur éducation politique, leurs préjugés et les pentes connues du vocabulaire usuel. Mais, si un ministre subit l'esprit public, un maître de Sorbonne le fait. Voilà pourquoi nous épluchons les discours et les écrits de MM. Croiset, Boutroux et Séailles. Voilà pourquoi nous nous sommes gardés de faire subir la même épreuve aux dernières manifestations oratoires et littéraires de la présidence du Conseil et de la présidence de la République. Nous avons même été reconnaissants à M. Viviani de certaines paroles exactes qu'il a mêlées dans son discours de Reims à ce qu'il me permettra bien d'appeler les préchiprécha juridiques de la démocratie. Il a su parler d'un bombardement impie. Il s'est défendu de médire de la force quand la force est en train de sauver la patrie française. Sans doute, nous conservons nos préférences pour l'oraison concise et forte de ce général commandant un camp retranché qui a dit sur la tombe d'officiers morts pour la France : « Comme eux vous êtes tous prêts à faire votre devoir et à prouver qu'une chose importe, c'est le salut de la patrie. » Mais chacun n'est pas obligé de parler à la romaine et il existe des avocats éloquents. Leur parole emprunte ses figures au trésor des lieux communs qui sont courants et ces prêtés-rendus au vœu des auditoires sont parfois ce qui explique le mieux leur succès. Il n'y a qu'à applaudir comme tout le monde et à s'en aller satisfait tant que le bon sens et le goût ne sont pas offensés.

Par contre, nous ne saurions goûter ce genre de satisfaction ni montrer la même endurance lorsqu'une église ou une congrégation enseignante, telle que la Franc-Maçonnerie, dans un ordre du jour destiné à représenter le symbole d'une foi, foi expliquée à des adeptes, foi proposée par des prosélytes à des catéchumènes, écrit sur une même ligne, pour mettre ces deux idées sur le même pied, que « la force et la haine ne peuvent servir de base à une civilisation ». Il devient nécessaire de signaler l'erreur grossière à tous les esprits capables de réflexion. Sans tenter d'opposer à la rue Cadet que le catholicisme fit de la vertu une force, on pourrait l'inviter à méditer utilement le mythe d'Hercule, accueilli, modelé et perfectionné par le plus spirituel des peuples connus.

Les idées de M. Buisson

Quant au manifeste que M. Buisson vient d'écrire au nom de la Ligue des Droits de l'Homme pour raconter « le duel à mort de deux religions, la religion de la force et la religion du droit » (qu'il serait assurément plus sage de combiner) et pour dire en somme qu'il n'a rien appris ni rien oublié, le lecteur situera et jugera ce manifeste quand il se sera rappelé la biographie de son auteur.

Avant 1870, M. Buisson lançait au Congrès de Lausanne la fameuse malédiction contre les « trois livrées » : celle du prêtre, celle du magistrat, celle du soldat. Ce libéral anarchisait. Mais, à la même époque, le monde libéral et démocrate exigeait la suppression des armées permanentes dans son programme de 1869, réclamait une armée qui n'en fût pas une et, pour empêcher le maréchal Ney de transformer la France en caserne, transformait notre patrie en un cimetière. Après la défaite de nos armées et l'éviction de la République conservatrice, M. Buisson fut appelé par Jules Ferry à la direction de l'enseignement primaire ; une courte conversation entre le ministre et son lieutenant témoigna que les vieilles gourmes étaient jetées, les folies de jeunesse passées et bien passées. M. Buisson, devenu homme de gouvernement, était prié, en somme, d'adoucir ses angles. Il les adoucit en effet. Mais, avec toutes les réserves d'expression nécessaires, il s'occupa activement de deux choses : imposer à l'enseignement primaire la morale indépendante tirée d'un kantisme anarchique et persuader les Français des origines françaises de l'anarchisme huguenot, le mouvement de Réformation ne devant, d'après lui, rien à l'Allemagne, rien à Luther, et ayant été une génération spontanée, sur notre sol, par Lefèvre d'Étaples et Sébastien Castelion.

Ainsi l'esprit anarchique de la Réforme était débarrassé de l'étiquette allemande qui nous eût mis en défiance et cet esprit luthéro-kantien était imposé d'office au nom de l'État français aux petits Français.

Je ne puis rappeler quels résultats directs, quels contrecoups indirects détermina dans nos affaires politiques, en particulier dans nos affaires militaires, cet enseignement de l'anarchie au nom de l'État. Le cœur et la fibre profonde d'un peuple né guerrier ne furent pas touchés ; mais la tête fut bien malade à la suite de toutes ces blessures profondes ! Des erreurs innombrables, des méprises sans nom furent prodiguées. Cet État, dont l'enseignement avait pris une part si décisive au mal en fut, par très juste retour, douloureusement affaibli et décomposé. Cette crise de l'État français pendant les dix-huit dernières années n'a certainement pas été étrangère au calcul, heureusement illusoire, de l'envahisseur ; le fait a été admis par tout le monde en France et en Suisse, par les critiques militaires du *Journal de Genève* et par les plus graves anonymes du *Temps*. Dans ces lents travaux d'érosion latente, l'anarchie pédagogique de M. Ferdinand Buisson porte le poids de responsabilités extrêmement lourdes.

Qu'en pense-t-il ? Il vient de le dire. Il pense comme après 1870 ; si les dieux immortels lui prêtent encore un long âge, il recommencera.

Je ne répondrai que trois mots :
— Pas la France !

LA LIBERTÉ D'ESPRIT DE L'UNIVERSITÉ CATHOLIQUE

25 novembre 1914.

Notre ami Louis Dimier me permettra d'ajouter un mot à la note, si forte, qu'il a donnée hier sur la réponse de l'Université catholique de Paris aux intellectuels allemands. Qu'il me permette de répéter après lui le terme par lequel il a caractérisé cette page également digne de l'étude et de l'admiration. Elle émane d'esprits libres, a-t-il écrit. Et il a dit de quelles chaînes de superstitions germaniques étaient affranchies les cinq Facultés de la rue de Vaugirard. Il a ramené cette liberté d'esprit au fait de professer et d'enseigner le catholicisme. Est-ce absolument un pléonasme que d'ajouter, de mon point de vue, au fait de n'être pas tenues au respect dogmatique de la Réforme, au fait de n'être engagées en aucune manière à révérer, historiquement ou philosophiquement, la nation et la patrie de Luther ?

Soit en répondant au fameux article de M. Boutroux de la *Revue des deux mondes* dans notre Revue de la presse du 17 octobre, soit en toute autre occasion, nous avons dû répéter que la critique du pangermanisme ne pouvait s'arrêter à Fichte, il faut remonter au premier patron de l'individualisme moral, à Kant, et Kant ne se comprend pas sans Luther, le grand sécessionniste de la civilisation européenne, le patron de l'individualisme religieux.

Luther, « l'homme allemand », disait Fichte, nous dirions volontiers le grand Barbare et, par voie d'équivalence, le grand Anarchiste. Rousseau, à qui la *Critique de la raison pratique* doit beaucoup, mais qui, à son tour, doit beaucoup à l'esprit philosophique et politique de la Réforme, importa en France le même esprit de division et de sécession germanique. Nous ne disons pas, comme on nous le ferait dire, qu'il faut mettre Rousseau hors des Lettres françaises, nous disons qu'il en a rompu la tradition. Par lui, au schisme européen succéda un schisme français ; cette Révolution dite française qui suscita deux Frances, ces deux Frances qui, peu à peu, par les efforts douloureusement redoublés du champ de bataille, de la méditation et de la discussion, remontent avec peine et lenteur jusqu'au sentiment de leur antique unité.

Si forte, si instante que soit la leçon des faits ou celle des idées, il n'est pas facile à des maîtres officiels, installés au nom des principes de la Révolution, de reconnaître une leçon qui détruit les principes et l'esprit du gouvernement établi. Ce Kant à qui la proclamation des Droits de l'Homme et du Citoyen faisait modifier sa promenade somnambulique, ce Luther qui remplit l'éloquence de tous les prophètes, pères et docteurs du régime, celui-ci maître de Rousseau et celui-là son disciple, comment les impliquer dans la critique du pangermanisme, sans avouer l'essence proprement germanique des idées de Rousseau, et par là de tous les différents modes d'anarchie et de sauvagerie systématisées que, depuis 1789, nous appelons libéralisme ou démocratie ?

C'est de dire cela que les chaires publiques n'étaient pas libres. C'est de taire cela qu'un enseignement qui ne vient pas de l'État, mais qui est très français, s'affranchit spontanément devant l'ennemi.

SCIENCE, BARBARIE : ET QUOI ?

4 décembre 1914.

Dans le dernier discours qu'il a prononcé aux armées, M. Poincaré a reparlé, non sans raison, de la barbarie savante propre à l'Allemagne ; depuis, M. Delafosse, sans contester la justesse de l'observation, a reconnu qu'elle posait le problème sans le résoudre. D'après M. Delafosse, les termes de science et de barbarie peuvent se rejoindre dans une phrase et donner ainsi une antithèse piquante pour l'œil, pour l'oreille, même pour l'esprit. Mais ce léger piquant sert à faire sentir qu'il y a là un point à résoudre, bien loin qu'il y soit résolu. Que la science soit barbare, que la barbarie soit savante, ces faits, même établis, restent scandaleux comme tout rapprochement de termes antagonistes. Comment ces faits existent-ils ? Qu'est-ce qui les fait être ? Comment peut-on devenir savant sans cesser d'être barbare ? Comment la science peut-elle s'accommoder de la barbarie ? Voilà ce qu'il faut expliquer, ce qu'on n'explique pas. Il manque un moyen terme qui rende intelligible ce qui est constaté, et personne ne fait mine de l'apporter.

C'est qu'il faudrait tenir compte du fait philosophique, du fait historique et moral que nous avons signalé de tout temps, sur lequel nous ne cessons de revenir depuis six semaines, depuis que M. Émile Boutroux, à qui il eût appartenu de le définir, l'a négligé sans doute en vertu des raisons d'État du régime. Pour éviter de toucher à Kant, demi-dieu de la démocratie libérale, pour éviter un autre de ses patrons, Luther, M. Boutroux a négligé de voir ou de dire l'essentiel, à savoir que, depuis le XVIe siècle, par la doctrine du libre examen et de la souveraineté du sens propre, l'Allemagne, autrefois participante de la civilisation européenne, a fait schisme, puis régression, puis un vrai retour à l'état sauvage ; que la science de l'Allemagne, bénéficiant de la vitesse acquise, s'est développée d'une part, mais que sa philosophie théologique et morale a été, d'autre part en recul constant, car l'individualisme absolu, tel qu'il se dessina chez Kant, dut aboutir à un anarchisme effréné, chaque être ayant qualité pour faire un dieu de son « moi »... Mais cette apothéose du « moi » se tourna, grâce à Fichte, à diviniser le « moi » allemand, la nature de l'Allemagne, considérée comme être parfait, type pur, modèle absolu de toute chose, et ainsi toutes les aberrations, toutes les grossièretés, toutes les férocités naturellement impliquées dans le caractère allemand se trouvèrent monstrueusement accrues et multipliées par le culte de la morale en cours. Il n'y eut plus ni vrai ni faux, ni bien ni mal, mais seulement allemand et non-allemand comme dans le jargon de la même école, moi et non-moi. De là, la conception de « science allemande ». De là une morale allemande. De là l'abolition de toute connaissance et de toute vertu qui se flatteraient d'être défavorables ou simplement extérieures à l'Allemagne. De là une anarchie intérieure très complète et ramenant dans la direction de la vie sauvage, bien que coïncidant avec toutes les ressources matérielles que la civilisation met au service des peuples.

Ce rapide tableau est, il faut l'avouer, incommode pour ceux qui traînent dans leur bagage le buste de Rousseau, la Déclaration des Droits de l'Homme et les idées de la Révolution. Mais les autres êtres humains sont libres de voir qu'aucun trait esquissé n'est faux et qu'il contient exactement l'explication que l'on demande. La vie même matérielle de l'Europe moderne leur paraît suspendue, au point de savoir qui vaincra, de l'individualisme germain venu de la Réforme et de la Révolution ou des idées générales qu'élabora le genre humain au cours d'un mouvement civilisateur qui trouva ses formules les plus complètes dans le catholicisme romain.

Pangermanisme, révolution

25 décembre 1914.

Nous savons que, en Allemagne, le sentiment individualiste se transforme dans le sentiment pangermaniste absolument comme le sentiment libéral dans le sentiment jacobin, en vertu des mêmes lois de l'esprit, de la nature, de l'histoire. Les fortes analogies des septembriseurs et des tricoteuses avec les massacreurs allemands sont constantes et symétriques. Ici, la barbarie d'un peuple. Là, la barbarie d'une faction. L'une et l'autre exercées au nom d'une philosophie à racine individualiste. L'une et l'autre au nom d'une révolte contre la civilisation catholique romaine et les traditions de la France. La Terreur est l'aboutissement naturel de la Déclaration des Droits de l'Homme et de la sensiblerie de Rousseau, comme l'impérialisme de Fichte est l'aboutissement naturel de l'individualisme de Kant et de la sensiblerie allemande dressée en système. Ces choses-là se tiennent par des chaînes de rapports infrangibles, que nous n'avons pas fabriqués et qu'il ne dépend de personne d'abolir, mais que l'on peut connaître ou méconnaître, dévoiler ou voiler, selon la place que l'on occupe dans le monde, selon que l'on défend les intérêts de la vérité où ceux d'un parti.

Plusieurs fabricants d'illusions politiques, morales et sociales sont à l'ouvrage. Ceux qui, il y a vingt ans, dans la Sorbonne philosophique, tiraient, selon le grand mot de Vaugeois, tiraient comme un rideau sur la moitié de l'œuvre d'Auguste Comte, ceux qui, dans la Sorbonne historique, étouffaient de leur mieux cette haute doctrine de Fustel de Coulanges que nous avons dû exhumer et restaurer de nos mains, ceux-là, les mêmes et leurs héritiers, ont fait savoir par des notules variées dans les feuilles officieuses qu'ils s'attelaient à des publications, à des conférences, sur les « leçons de la guerre », leçons que l'on arrange pour engourdir, aveugler, insensibiliser de nouveau le peuple français et le replonger plus ou moins consciemment sous l'influence des sophismes et des confusions d'Allemagne. Les mêmes apôtres de l'inconscient, de l'intuition et du sentiment s'y emploient. Il faut leur opposer les réfutations énergiques de ce que Léon Daudet appelle fièrement « la Raison mère de la clarté ». L'auteur de *L'Avant-Guerre* a déjà sonné un beau réveil. L'auteur de *Hors du joug allemand* redouble son premier bienfait.[51]

LE FÉDÉRATEUR ALLEMAND EN BELGIQUE

8 janvier 1915.

Comme nous le disions dès le dixième jour de la guerre[52], Guillaume II méritera le sobriquet de fédérateur ; singe malheureux des rois de France qui fédéraient l'Europe autour de leur spectre, ce fédérateur à l'allemande aura réussi à réunir et à coaliser ennemis, concurrents et jusqu'aux simples indifférents contre lui.

C'est lui, disions-nous, qui a soudé la Russie à la Serbie, la France à la Russie, la Belgique à la France, l'Angleterre à la Belgique, et nous prévoyions que son arrogante et grossière prétention allemande, l'hubris traditionnelle du Barbare germain sauraient bien extraire de la nature des choses, de la révolte spontanée du cœur humain de nouveaux alliés en armes, écœurés de ses insupportables provocations. Nous n'osions pourtant pas prévoir que ce parfait Syndic de la Nation et de l'Histoire allemandes finirait par se mettre à dos le catholicisme et l'Église. C'est ce qu'il vient de faire en Belgique. C'est à ce résultat que tendent ses fureurs de Malines, véritables aveux d'une complète brutalité d'esprit, d'une absence d'âme parfaite.

Parce qu'on le lui a dit, parce qu'il l'a lu dans les livres, Guillaume II croit savoir suffisamment que l'Église est une puissance. Pour correspondre à cette notion, les émissaires de sa diplomatie ont tenté d'infester les pays catholiques et de souiller de leurs mensonges jusqu'aux degrés du Vatican. Mais en même temps, et sans que la contradiction soit sensible à son esprit teuton, cet empereur des Boches se figure qu'il lui sera loisible de mettre des sentinelles dans les églises belges, d'y contrôler les prédicateurs et de s'opposer par la force matérielle, ici tout à fait vaine, à la propagation du chef-d'œuvre de lucidité intellectuelle, de courage civique et de véracité

---

[51] *L'Avant-Guerre* a été publié en 1913 et *Hors du joug allemand* en 1915. (n.d.é.)
[52] Article dans *L'Action française* du 13 août 1914 : « Le fédérateur allemand ». (n.d.é.)

sacerdotale que l'archevêque de Malines, primat de Belgique et prince de l'Église, vient de lui jeter au visage !

Le fédérateur allemand ne s'est pas douté que, même d'un point de vue très strictement humain, il allait mettre contre lui les plus hautes puissances immatérielles qui soient au monde, celles de l'esprit pur organisé et perpétué par l'Église.

Le cardinal Mercier

Tous ceux qui réfléchissent suivront la lutte avec passion. Déjà, comme le portrait du cardinal Mercier est partout, il est facile de saluer le vainqueur. C'est ce visage maigre et fin, aux yeux brillants. C'est ce front inspiré, ces joues creusées d'ascète, de moine et de penseur.

Nous n'avons jamais été assez niais pour négliger comme Bergson le facteur de l'organisation matérielle à la guerre ; mais dans cette guerre-ci, portée par Guillaume II sur le terrain du sentiment et de la pensée, terrain dont il n'est pas le maître, mais où son adversaire règne et gouverne de si haut, le fédérateur est déjà perdu. Il est perdu par sa sottise. Sa perte sera consommée par la qualité de son incomparable adversaire.

Le cardinal Mercier, c'est tout d'abord l'autorité, l'influence, le prestige, l'incalculable et, comme disait Bismarck, l'impondérable du catholicisme universel. Le rêve gibelin s'en trouve fracassé. La vieille idée guelfe, que la France relève une fois de plus, peut s'en accroître encore si nous savons nous y prendre, si nous savons faire notre devoir de peuple auprès de « l'homme blanc » qui succède aux Grégoire, aux Sylvestre, aux Innocent, aux Pie... Première menace qui accable la folie boche. Il y en a une seconde dont tout lettré au courant des choses doit témoigner : c'est la haute valeur personnelle des travaux et de la pensée du cardinal Mercier. Plusieurs fois ici, louant cette Belgique qui n'est plus seulement la « mère des beffrois » que Verlaine a chantée et qu'il faut appeler désormais la Mère des hommes, *magna parens*, nous avons eu l'honneur de rendre quelque justice à l'importance philosophique du cardinal. Mais voici qu'aujourd'hui, au *Journal des Débats*, un spécialiste très estimé des études scolastiques, M. G. Lechartier, décrit avec une vérité éloquente le cycle parcouru par ce qu'il nomme justement cette « très grande pensée ». Restaurateur des études thomistes à l'Institut qui portait son nom à Louvain, le cardinal Mercier a fondé une école déjà pleine de gloire et dont la pensée allemande a subi « sur le terrain kantien » de mémorables coups. Les Boches qui ont brûlé la bibliothèque de l'Institut Mercier ont usé de la réfutation à leur portée.

M. Lechartier note aussi « l'influence magnifique » exercée pendant vingt ans sur les « destinées de son pays », « auprès d'un très grand roi et d'accord avec des ministres admirables », par le cardinal de Malines. Cette action déployée dans les jours heureux pâlira nécessairement auprès de celle qui se développe dans les jours sombres, brillante et fulgurante comme le feu du ciel, sur la tête du roi des Boches et sur sa prétendue puissance :

> Cette puissance n'a pas d'autorité légitime... Le seul pouvoir légitime en Belgique est celui de notre roi, de notre gouvernement et des représentants de la nation...

Il ne suffisait pas à Guillaume II et à ses lieutenants de s'être attiré cette indélébile sentence d'une usurpation misérable, d'une occupation cruelle et immonde. Ils essaient de partir en guerre contre elle, ils lui adressent des soldats armés de fusils, de sabres et de canons, ils montent la garde autour d'elle, ils la traitent comme si elle était capable de mourir. Les sauvages de l'Europe centrale, qui s'appliquent de tout cœur à fédérer jusqu'au monde spirituel contre leur puissance, n'ont pas encore compris qu'ils étaient de toute part vulnérables à cet adversaire et qu'ils ne pouvaient même pas le toucher !

P. S. — Quelqu'un leur a-t-il fait signe que c'était trop gros ? Les Boches démentent. Mais l'on dément leur démenti, et cette histoire ridicule de traits tirés contre le ciel leur ressemble trop bien pour être inventée tout entière.

LE LUSITANIA

10 mai 1915.

Le nouveau forfait allemand sur la mer d'Irlande permet de prendre une idée exacte de deux grandes misères de l'âge auquel nous sommes nés. Les moyens de destruction violente et rapide atteignent à la majesté des autres moyens d'action de l'humanité. Aux paquebots géants qui transportent la population d'une ville correspondent des charges d'explosifs capables de les faire disparaître en quelques minutes et qui réussissent, en effet, tout ou partie de ces coups sinistres.

Pour contre-balancer le résultat de ce progrès funeste, il eût fallu qu'à ce progrès tout matériel correspondît, au même degré, l'amélioration, l'éducation et l'embellissement des âmes humaines. Il n'en est rien. Non seulement il n'en est rien, mais il y a le pire. Pour des causes historiques, dont la plus ancienne est la réforme du XVIe siècle, qui scinda la république chrétienne et dont la plus proche fut cette Révolution dite française qui détruisit le reste d'union européenne et exaspéra les mouvements nationaux, les hommes d'aujourd'hui se sentent infiniment moins frères qu'il y a 500 ans, même qu'il y en a 200. Dans la patrie de la Réforme qui est aussi la patrie première des idées de la Révolution, les social-démocrates paraissent avoir adopté la notion de leur empereur sur les liens moraux entre les hommes ; pour eux comme pour Guillaume II, « l'humanité finit aux Vosges », et l'aveugle moi germanique, devenu Dieu, a décidé depuis longtemps que lui seul valait le sacrifice de toutes les nations et de tous les êtres. Il ne s'agit même pas de se faire servir par des vaincus. Il s'agit de les remplacer. Cela était démontré par les curieux transferts de populations jugées trop nombreuses, trop onéreuses sur le sol occupé de la Belgique et de la France du Nord. L'attentat dont les passagers innocents de la *Lusitania* sont victimes achève de prouver que nous sommes en présence d'une guerre à l'antique et à la sauvage : dépossession, extermination.

Un portrait du Pape

19 juillet 1915.

J'ouvre le livre que M. Francis Charmes vient de publier sur la Guerre 44, je l'ouvre presque au hasard, à une page qui nous présente le pape, le nouveau pape, au lendemain même de son élection. Elle a paru le 15 septembre dans la *Revue des deux mondes*.

M. Francis Charmes, ancien sénateur, membre de l'Académie française, dirige cette revue, l'une des forteresses du libéralisme européen. Il n'a pas nos idées, nous n'avons pas les siennes ; mais il est de ces adversaires avec lesquels on peut communiquer par le moyen d'un certain nombre de vues et de tendances identiques, dont les principales sont le patriotisme et le sens commun. Or, que dit M. Francis Charmes au lendemain de l'élection de Benoît XV ? Je vous recopie son propos :

Parmi les cardinaux *papabili*, on avait parlé du cardinal Ferrata, qui a été autrefois nonce à Paris et y a laissé de bons souvenirs. Il l'avait été auparavant à Bruxelles ; il connaît le monde, il a acquis une grande expérience diplomatique. Le premier acte du pape a été de lui confier la secrétairerie d'État. Nous n'ajoutons rien de plus aujourd'hui, sinon que Benoît XV, à la cérémonie dite de l'hommage qui a suivi son élection, a serré dans ses bras le vénérable cardinal Mercier, archevêque de Matines, en lui disant : « Dans votre personne, c'est tout votre peuple que je plains, que je bénis. » Ce geste ira au cœur, non seulement de la Belgique, mais de tous ceux qui souffrent eu ce moment.

M. Francis Charmes parle du pape et de l'attitude du Vatican en d'autres endroits de son livre, en termes qui me semblent judicieux, nets, concordants avec ceux que l'on vient de lire. Mais c'est à ceux-ci, les premiers, qu'il faut s'en tenir pour se faire une idée définitive du successeur de Pie X. Le nouveau chef du monde catholique vient d'être élu. Au moment de prendre possession de ce trône, que fait-il ? De tant de cardinaux présents, dont plusieurs d'Allemagne et d'Autriche, il distingue le prince de l'église martyre, et c'est lui qu'il serre paternellement dans ses bras, en lui adressant les plus délicates, les plus intimes, les plus douces consolations.

J'en croirais bien notre ami Louis Dimier ou nos confrères MM. Fernand Laudet et René Bazin s'ils me rapportaient cette histoire. Ils sont honnêtes gens, incapables de simuler. Mais enfin, ils sont catholiques, et pratiquants, et militants. Nous avons tous un fameux sens critique en garde éternelle contre ces hommes de foi... Tandis que, M. Francis Charmes, s'il nous rapporte des paroles et des actes de Benoît XV, cela ne peut pas être pour nous édifier ni pour se monter la tête. S'il l'a dit, c'est qu'il l'a vu ou bien su de première main. Je conclus qu'il faut ajouter foi à son portrait du pape. Et s'il s'accorde avec les portraits tracés par Dimier, par MM. Laudet et Bazin, c'est qu'il concorde avec leur modèle à tous les quatre et que M. Clemenceau n'est qu'un imposteur.

La résolution de La Haye

15 août 1916.

La conférence des partis socialistes des États neutres s'est réunie à La Haye, belle ville, mais bien funeste au pacifisme. La résolution qui vient d'y être votée à l'unanimité mériterait de faire réfléchir les intelligences libres et devrait même décider les autres à briser plusieurs clichés qui servent encore à bourrer le crâne des nations et des individus.

Après de vagues imputations adressées à l'être de raison dénommé le Capitalisme, fameux responsable des guerres, et à ses dérivés, le sieur Impérialisme et le sieur Militarisme, deux épouvantails à moineaux qui se fichent un peu des bons adjectifs qu'on leur jette, mais qui pourront un jour être estimés bien commodes et bien utiles par Guillaume II, la résolution de la Haye prend les choses où il faut les prendre quand on veut faire les affaires des Boches et de leur Empereur.

Si c'était chez le pape !

Elle prend acte du « spectacle des crimes sans nom, des misères matérielles et morales indicibles, d'un ébranlement économique formidable » et « de la perspective de voir les budgets des États chargés de dettes toujours croissantes... » Ces faits bien vus, les neutres socialistes n'en recherchent pas les auteurs, qui obligeraient à juger et à condamner ; ils n'en veulent concevoir que le résultat dans un avenir immédiat et prochain :

— Qu'est-ce qui va arriver ?

Cette suite est-elle envisagée comme le châtiment et la rançon des crimes et des fautes boches ? Point du tout. Nos socialistes impartiaux écrivent froidement ce qui peut causer le maximum de satisfaction sous les Tilleuls :

> Ces deux années ne nous ont pas apporté une décision ni de l'un ni de l'autre côté. Il est même douteux que l'avenir nous apporte cette décision et il n'apparaît pas comme désirable qu'un des groupes belligérants réduise ses adversaires à merci.

On peut se demander ce que prendrait le Vatican si le moindre chambellan de la Cour papale avait osé rendre publiques des déclarations dans ce goût. Fin de la guerre en partie nulle. Et souhait, cynique souhait que l'impunité la plus monstrueuse reste acquise aux agresseurs de l'Europe, aux perturbateurs du monde habité !

CATHOLICISME ET GERMANISME

17 septembre 1916.

On a vu et touché par l'utile voyage de Mgr Baudrillart et d'un certain nombre d'autres catholiques dévoués, prêtres et laïques, l'avantage positif qu'il y avait à ne pas laisser sans emploi et sans fruit la religion, les traditions, les mœurs de l'immense majorité des Français vivants et morts. Il y a une espèce d'innocence effrontée à vouloir s'adresser aux races latines en faisant abstraction du plus grand fait de leur histoire, qui est le catholicisme. Les diverses revues de peuples latins ou nations latines qui affectent de l'hostilité au catholicisme seraient sages d'y réfléchir. Il y a 40 ans, elles auraient pu juger que la libre pensée, ou l'évolution, ou je ne sais quoi, étant définitivement venu à bout de cette doctrine et de cette discipline, aucun service n'en pouvait plus être espéré. Aujourd'hui, doctrine catholique et discipline romaine sont plus jeunes, plus vertes, plus vivaces qu'en aucun temps. Il n'y a plus rien contre elles que des haines : pas une idée. Ce sont les idées dites modernes qui, proprement, sont mortes, qui ont perdu tout ressort, toute efficacité, toute ardeur. Elles sont fausses, en outre, comme aurait bien dit Moréas. Mais elles l'ont été de tout temps.

La défaite subie par l'Allemagne n'aurait certes pas suffi à entraîner le discrédit ou le dessèchement des méthodes individualistes et panthéistiques telles qu'elle les incarne sous des apparences diverses depuis plus d'un siècle. Cette défaite sert à faire constater une déchéance déjà reconnue. Ce qui achèvera de disparaître c'est le prestige et le préjugé d'une majesté usurpée. On a vu comment Gabriel Monod, après 1870, félicitait de leur clairvoyance, avec un singulier mélange d'estime et d'ironie les jeunes zouaves pontificaux pour qui la défaite de la France était celle de Rome ; la victoire de la France et de ses alliés aura quelque chose de romain au sens précis où l'entendait l'auteur très peu suspect d'*Allemands et Français*.

Est-ce qu'on va dire que j'embauche la religion au service d'une moitié de l'Europe contre l'autre moitié ? Il me suffit de prémunir nos néo-romanistes, nos néo-latinants contre le danger d'un acte de négligence ou de dédain envers le fait historique de notre éducation, de notre tradition catholique, part intégrante et dominante de la latinité. Les habitudes de l'esprit classique en font ainsi partie ; cette façon de concevoir la science, les lettres, les arts, la vie de société, les disciplines de la pensée y déterminent le goût et même la passion raisonnée de l'ordre. C'est le contraire de l'esprit révolutionnaire.

Civilisation latine, esprit latin

22 octobre 1916.

La visite d'intellectuels espagnols va, naturellement, provoquer une nouvelle débauche d'invocations à la communauté latine. C'est un point sur lequel nos idées sont très arrêtées. On nous soupçonnera difficilement d'hostilité essentielle au latinisme et à la latinité. Cependant, nous aimons à préciser les termes en disant qu'il ne faut pas les comprendre à la boche, dans le sens d'une pure parenté physique et d'une unité ethnique ou matérielle. Nous parlons d'un esprit latin. Nous parlons plus précisément, d'une civilisation latine. Notre grand lien tient à la parenté des langues, à leur origine commune, à l'identité d'éducation et de tradition créées et maintenues par les leçons de littérature, de philosophie, de droit, de politique, de haute morale, recueillies à l'école athénienne et romaine, puis ravivées et transformées par la culture religieuse dont le catholicisme est l'expression définie.

Il y a, certes, une « latinité » vaguement maçonnique dont l'effort s'épuise à éliminer par hypothèse le catholicisme, mais, depuis vingt ans, je n'ai pas réussi à concevoir cela de façon qui soit cohérente. Un monde latin moderne, non catholique, non imbibé, non imprégné de catholicisme ? Non, en vérité, connais pas ! Un monde latin moderne s'évertuant à nier le bienfait philosophique d'Aristote et de saint Thomas d'Aquin ou l'analyse morale d'Ignace de Loyola, ou la casuistique de ses disciples ? C'est là encore un de ces animaux fabuleux qui se déchirent et se détruisent dans l'imagination avant de pouvoir y être réalisés clairement. L'Espagne sans saint Dominique, l'Italie sans saint François, Rome sans Vatican, ou la France sans l'Université de Paris et sans la rue du Fouarre, on peut dire, dans toute la vigueur de l'argot le plus contemporain, que cela n'existe pas et n'a jamais existé.

Romantisme et germanisme

Il y a là des fondations vivantes devenues inhérentes à l'être des peuples ; leur importance s'accroît d'autant plus nettement, elles sont d'autant plus dignes d'être considérées que ce qui s'impose aujourd'hui, c'est la comparaison avec les peuples germaniques où, justement, ces éléments de catholicisme historiques sont loin de présenter la même valeur.

L'Allemand déclare s'être senti devenir lui-même, il a formulé la définition consciente de son *quid proprium* au jour précis où il a prononcé sa séparation d'avec les principes et les éléments de l'Europe méridionale. Qu'il y ait des catholiques boches, on ne le nie pas plus que la prédication de saint Boniface. Que le catholicisme, l'éducation et le tour d'esprit catholique soient un des traits communs aux Allemands comme il l'est aux Espagnols, aux Italiens et aux Français, voilà ce qu'il est impossible (sinon de dire ou d'écrire, l'air et le papier souffrent tout) du moins de penser avec loyauté et bon sens. On ne peut qu'errer et tourner dans le labyrinthe des mots tant qu'on ne s'est pas décidé ou résigné à restituer au « latinisme », comme une de ses conditions essentielles, le sentiment, le goût, l'éducation catholique.

Cet hommage au bon sens ne saurait déterminer de limitation bien fâcheuse. Catholique, voulant dire universel, laisse ouvertes toutes les perspectives sur le reste du monde et l'ensemble du genre humain. C'est contre une limitation et un oubli que nous mettons en garde les Français chargés de recevoir les nobles messagers de l'esprit fraternel d'une grande nation amie.

C'est exactement de la même manière que l'on applaudira certaines pages très remarquables du discours de M. Ferrero. Sous couleur de bergsoniser (car il n'est plus possible de prononcer le mot de « qualité » dans une cérémonie officielle sans faire un grand salut à ce juif d'Écosse qui n'est même pas un bon écolier d'Aristote et de saint Thomas, et qu'il faudra un jour reléguer fort loin dans la suite de Gabriel Tarde), l'historien de la décadence romaine a repris un certain nombre d'idées très justes, il les a exprimées avec un art ingénieux, dans un ordre persuasif. Retenons ce beau jugement sur la nature du peuple allemand :

Il n'a jamais senti profondément l'influence de la véritable latinité. Le sens de la mesure, l'esprit de limitation et la précision, qui sont les qualités essentielles de la latinité, lui ont toujours répugné ; il y a en lui un fond de mysticisme qui semble invincible et qui le porte à chercher l'infini dans ce qui est vague, confus et indéfini. Il avait remporté des victoires brillantes dans deux guerres heureuses... Bref, il a fini par se croire le peuple élu, le levain de la terre, le modèle du monde, et par employer couramment le mot « colossal » pour exprimer les suprêmes degrés de la perfection. Et toute cette sortie sur le « colossal », auquel s'opposera la grandeur de qualité, fort bien venue et parfaite, rappelle en très beau quelques-uns des accents directeurs et des idées maîtresses dont le jeune public de *L'Action française* est le familier. L'ensemble correspond à certains traits d'une invocation à Minerve[53], lue quelque part, nullement chez M. Bergson. Nous avons des maîtres invoqués par nous à leur place, attestés à toute occasion. Nous leur rendons assez de justes honneurs pour avoir toute liberté de prévenir les étrangers s'ils se trompent de porte et vont chercher des références à l'étage au-dessous. L'amitié est un lien, mais la vérité, la raison et la justice doivent veiller attentivement sur la forme et sur les nuances du nœud sacré.

STOÏCISME ORATOIRE

14 février 1915.

Pourquoi le goût du stoïcisme oratoire, qui est le plus sot de tous, a-t-il entraîné M. Pichon à envisager l'hypothèse de notre écrasement ? « Tu peux m'écraser, tu n'auras pas mon âme. » C'est bien joli dans une composition pour le baccalauréat, mais un ancien ministre, qui a manié de grandes affaires, doit savoir qu'un État moderne qui en écrase un autre a les moyens, — moyens scolaires, moyens fiscaux, moyens moraux, religieux et irréligieux, — de lui ravir son cœur et son âme. L'important, c'est de ne pas être écrasé. Notre revanche du droit serait éminemment vaine en France, en Russie et dans la pauvre Belgique, si nous ne pouvions qu'offrir aux méditations du roi Albert un contre-sens quelconque plus ou moins compilé d'Épictète ou de Sénèque le philosophe. Si l'esprit classique ne consiste qu'à se laisser écraser en vociférant des protestations ampoulées ou des réflexions saugrenues, je me range parmi les adversaires de cette classe de déclamateurs, dussé-je conclure avec Péladan l'Ancien ou M. le docteur Gustave Le Bon à l'irrémédiable décadence du sang latin !

Heureusement, ce stoïcisme travesti tape terriblement sur les nerfs de tous ceux qui connaissent la véritable tradition du monde latin. Ils savent que M. Pichon règle son latinisme sur de méchants modèles qui sont de fabrique barbare, c'est-à-dire germanique et luthérienne, par Kant et par Rousseau. Nous parler du long sommeil du Moyen Âge quand c'est le

---

[53] Manifeste rédigé par Maurras en 1902, repris dans les versions successives de *L'Avenir de l'Intelligence*. (n.d.é.)

Moyen Âge, plus encore que l'empire romain, qui latinisa l'Europe occidentale, ou dater l'influence latine de la Renaissance, c'est témoigner d'une culture un peu limitée et s'offrir à la risée des Boches ; cela est proprement barbariser, oui, *barbarizein*, à plaisir ! Définir l'idée romaine par l'horreur de la « contrainte », c'est oublier que le nom de Rome signifie Force, et que le plus romain des poètes après avoir parlé de pitié pour les vaincus, rappelle au second hémistiche la conquête de l'univers par les fils de la Louve.[54] Enfin, c'est, purement bouffonner que de faire entrer dans cette salade horrible de jurisme et de pacifisme contradictoires la Déclaration des Droits de l'Homme et du Citoyen au nom de laquelle quelques Français ont présenté à tant d'autres Français ce dilemme de « la fraternité ou la mort » que l'on peut rapprocher du proverbe allemand. « Si tu ne veux pas être mon frère, je te défoncerai le crâne ».

Monsieur Pichon, Monsieur Pichon, on fait parfois ici un peu de philosophie et d'histoire, mais du simple point de vue diplomatique auquel vous devriez vous tenir, vous avez tort de diffamer la force ; c'est faire croire aux gens que nous ne l'avons pas. Vous avez tort de flatter le défaut des démocraties en donnant aux mots d'Esprit, de Verbe, le triste sens qui les exténue et qui tend à isoler ces forces précieuses du point auquel les appliquer. Ce sont les Latins qui ont dit que l'esprit soulève la matière. Mais, pour la soulever, il évite de s'opposer sottement à elle dans la plus creuse des antithèses ; pour la dompter, il en découvre et il en observe les lois. C'est à ces conditions que l'esprit rayonne et triomphe. Alors, monsieur Pichon, il ne meurt pas pour la patrie, il ne se fait pas écraser pour elle, monsieur Pichon ! C'est lui qui écrase, et l'ennemi est écrasé.

---

[54] Maurras fait vraisemblablement allusion ici aux passages du Livre I de l'*Énéide* où Vénus, émue de voir les navires troyens fracassés par la tempête déclenchée par Junon, vient rappeler à Jupiter sa promesse d'assurer aux descendants d'Énée la domination du monde. Jupiter la rassure en lui confirmant qu'il en sera bien ainsi. Mais on ne trouve pas dans le texte de Virgile de raccourci tenant dans un « second hémistiche » ; peut-être faut-il chercher ailleurs ? (n.d.é.)

Épilogue – Action et raison

Ainsi adjurions-nous... Monsieur Pichon ! Monsieur Pichon ! Autant en emporte le vent. Ni la douce clarté du parler de France, ni l'éclat dur des bonnes raisons ne font écouter, je veux dire écouter efficacement. Écrivains, même lus, à chaque appel nous mesurons combien est médiocre l'action d'une pensée, même estimée, sur les ressorts réels de ces pouvoirs publics qui n'existent pourtant que par leurs vieilles étiquettes de « gouvernement de l'esprit » ou de « l'opinion », de la « discussion » ou de la « raison ! » Aucun système n'est aussi imperméable à ce qui n'est que de l'esprit ! Tant de jours et de mois après les sages études de MM. Fernand Laudet et Lazare Weiler pour le rétablissement de l'ambassade au Vatican[55], leurs raisons ne sont pas mieux ouïes que les nôtres. Et, si les faits qui devraient se faire ne se font pas, les idées qui ne devraient plus être continuent leur incorrigible et stupide ronde. N'en doutons pas, sitôt qu'il pourra replacer son originale antithèse, M. Pichon se hâtera d'opposer la force au droit ou parlera latinité ainsi qu'un Barbare germain. Quant aux idées vraies, qui nous étaient données jadis pour d'invincibles forces, leur fragilité n'est égalée que par l'énorme résistance des erreurs passionnées ou intéressées que soutiennent, qu'épaulent leurs propres parasites. Dès lors l'effort spirituel apparaît d'une inanité immense et tout semble livré à la parole creuse, masque retentissant des pouvoirs de l'Or et du Fer.

Cette amère évidence peut toutefois conduire à de bonnes comparaisons.

... Dans les premiers temps de la guerre, une famille amie de la mienne fut désolée. Son chef, fonctionnaire de la République en Orient, homme d'une rare vaillance, était retenu par les Turcs. Ce n'était pas un prisonnier ordinaire. Un acte d'indépendance accompli par devoir avait aggravé son cas, un procès correctionnel lui avait été intenté. Ce procès pouvait se solder par une amende de quelques francs ou tourner à la turque, on ne sait jamais dans ce pays-là.

Le captif qui tenait de l'otage n'avait pas été laissé à Beyrouth, fenêtre ouverte sur la mer. On l'avait conduit à l'intérieur, à Damas si je ne me trompe. Les siens étaient inquiets. Chacun jugea pressant de tout essayer pour le tirer de là.

---

[55] Dans la *Revue hebdomadaire* et le *Journal des Débats*.

Je m'informai. On assurait qu'auprès de la Porte rien n'était tel que la Compagnie de Jésus et le Sacré Collège. La filière m'étonna un peu. Je la suivis pourtant. Un théologien illustre fixé à Rome, à qui il m'avait suffi d'exposer cette juste cause, voulut bien se rendre au Vatican, d'où l'on écrivit à Constantinople ; très peu de semaines plus tard je ne sais quelles décisions du Grand Turc élargirent mon prisonnier et le firent passer à Alexandrie, puis en France où chacun fit fête à son courage et à son bonheur. Un court billet de Rome m'avait prévenu de l'effort de miséricorde traditionnelle si rondement mené par l'entremise de trois bienfaiteurs augustes (pas un de plus) dont le premier est un cardinal français que je n'ose pas découvrir et le dernier, monseigneur Dolci, délégué apostolique auprès du Sultan, l'impulsion médiane ayant été donnée par S. É. le cardinal Gasparri, secrétaire d'État de S. S. Benoît XV.

Les faits du même genre ont cessé d'être rares, et l'on imagine que je n'ai point le cœur de mentionner sans une gratitude immense les généreux émules du Saint-Siège dans cet élan d'humanité et de charité, il convient de sentir qu'à Madrid, à Genève, à New York les intentions ont été les mêmes qu'à Rome. Ce jeune roi honnête homme, ces républicains de Suisse et d'Amérique ont allumé leur zèle sur les mêmes autels de douleur ou de sympathie pour les malheureuses victimes de la catastrophe du monde. Mais rois ou citoyens, autorités sociales et politiques, tous ceux qui se sont employés au service de la sainte cause souffrante, y ont dépensé ou fait valoir une influence et un crédit qui étaient gagés par des forces et par des biens sensibles à l'œil et à la main. Ils ont agi en vertu de pouvoirs matériels ou par les signes de ces pouvoirs. Pour peser avec courtoisie, mais efficacité, sur l'Allemagne, le roi Alphonse possède un beau royaume avec toutes les réciprocités d'intérêt annoncées et sous-entendues par le nom espagnol. Les hauts magistrats de la Suisse romande, si actifs et si dévoués, eux aussi, tiennent le sommet géographique de l'Europe par où peuvent venir ou être interceptées bien des commodités, ou des nécessités austro-allemandes ou turco-bulgares. Donc ils peuvent donner pour recevoir, recevoir pour donner encore, leur généreux ministère pacifique peut arguer de troupeaux, d'aliments, de denrées ; leur autorité est de même qualité au fond que les brutales forces en guerre avec lesquelles ils traitent et composent. Avec eux, on comprend, sans difficulté, les prix et les rançons d'un beau labeur compatissant.

On comprend moins comment s'opèrent au Vatican les mêmes merveilles. Quand on l'a compris, on se sent pénétré d'étonnement et de respect. Le pape n'a rien. L'immense bienfait romain se trouve accompli par des mains immatérielles, puisqu'elles sont dépourvues de tout pouvoir militaire et ne sont chargées d'aucune puissance économique. L'esprit et son prestige, et son ascendant, et ses persuasions, et sa tradition travaillent donc tout seuls. Rien absolument ne se fait que par la pensée pure. Si des trésors sont réunis pour soulager des infortunes, pour payer des enquêtes et des missions ou défrayer des fonctionnaires, cet argent provient de simples causes spirituelles. Il n'a pas été produit, mais donné. Il a été donné par amour, ou par foi, ou par espérance. Si une religion, la plus pure de l'univers, porte des résultats analogues à ceux des monarchies européennes les plus puissantes ou des plus riches autocraties industrielles et financières du nouveau monde, à leur source il n'y a qu'une aumône ou une prière. Je le dis en observateur impartial, quoique très ému.

Oui, d'une source faite de pensées et de sentiments sans mélange, substance-sœur de la méditation des sages ou de la vertu des héros, jaillissent à long flot tous les lourds éléments nécessaires à la réparation de la vie souffrante. Les éprouvés de son obédience n'ont pas cessé de ressentir l'effet matériel de l'active charité du Saint-Siège. Les peuples de la Belgique, de la Pologne, de la France, de tous les pays envahis en ont recueilli, avec des secours en argent et en nature, des milliers d'actes d'assistance et de protection plus onéreux, mais aussi plus fructueux les uns que les autres.

Dans les divers pays belligérants, les prisonniers de guerre ont été visités au nom du pape. Il aura suffi pour cela de quelques ordres donnés de haut, partout où cela était nécessaire, aux ministres locaux du culte catholique ; mais il a fallu inventer des organisations et des offices nouveaux quand il s'est agi d'amener des vivres dans les camps de captivité, d'obtenir la grâce de condamnés à mort ou de faire diminuer les peines de prison et de travaux forcés, de rapatrier les civils, de rechercher les disparus, d'établir le va-et-vient des nouvelles entre les membres des familles dispersées de part et d'autre des lignes de feu. En même temps, le Saint-Siège obtenait l'échange des grands blessés et des détenus civils, l'hospitalisation en pays neutres des petits blessés et des malades, des pères de famille, pères de trois enfants qui étaient prisonniers depuis dix-huit mois, le repos dominical pour les prisonniers maintenus. Âpre et puissante opération conçue et réussie par l'effort d'un pouvoir qui n'est que moral !

Nulle part on n'aura mieux vu l'esprit créer sa matière ou bien s'assujettir, jusqu'à un certain point, la matière ennemie : le Grand Turc se laisse toucher !

À la première Noël de guerre, le pape demandait une nuit de trêve ; mais il a échoué. Il a échoué dans ses prières pour épargner aux peuples les bombardements aériens. C'est qu'à ces points précis les nationalités modernes, condamnées à anéantir pour n'être pas anéanties, opposaient leur cri de nécessité barbare à la voix qui prolonge l'ancien esprit civilisateur de l'Europe. Alors, d'un accent de mélancolie inégalable, cette même voix, cessant de heurter les parois des Ministères et des Chancelleries, a dirigé vers le troupeau décimé des peuples sa plainte des maux de la guerre, sa condamnation des atrocités, son vœu sacré pour la conclusion rapide d'une paix juste et durable. La disproportion d'un tel vœu n'en brisa jamais l'espérance. Le pathétique appel ne sembla point jailli du cœur d'un prêtre désarmé et solitaire, mais des forces unies d'un monde de pensées et de volontés agissantes.

Cette puissance de l'esprit est si réelle qu'il arrive parfois que les belligérants qui ont pour eux, avec le bon droit, le plus solide espoir de vaincre, en sont à craindre que l'appel ne profite aux pires vaincus.

En France, les esprits que ronge l'obscène volupté de trahir notre peuple ou de le diviser en accusant ce pouvoir pacificateur d'être l'ami de l'ennemi, le complice de l'Allemand. Les réponses à ce faux grief ne sauraient se faire de Rome, qui ne peut ni ne doit changer sa position centrale et supérieure entre les nations. Mais, au cours du printemps de 1917, la définition de la paix catholique a été donnée par un prince de l'Église romaine parlant sous la botte allemande, le jour où les catholiques impériaux, désireux de reprendre de « bonnes relations » avec leurs victimes, ont obligé le cardinal Mercier, primat de Belgique, à leur opposer ce mémorandum de sa charge et de sa doctrine :

> Les catholiques d'au-delà de la frontière qui ne trouvèrent aucun mot de désapprobation pour les massacres commis par les Allemands, lorsque ceux-ci envahirent la Belgique, abattirent les prêtres, incendièrent nos villes ouvertes ; ces mêmes catholiques, qui représentaient des criminels comme des innocents, et qui, pendant trois ans, ont assisté les bras croisés aux tortures d'un peuple qui était autrefois un ami, entonnent aujourd'hui des cantiques de louanges au

sujet de la fraternité chrétienne et l'oubli du passé...

Telle est la prétention exposée dans la clarté de son hypocrisie et de son injustice. Le cardinal l'a soumise aux mesures de l'ordre et de la raison.
Un « néanmoins » y va suffire.

> Notre devoir, néanmoins, est d'insister pour le rétablissement du droit violé, pour le châtiment des coupables et la mise en œuvre des moyens propres à rendre impossible le renouvellement de pareils crimes.

Dans ces lignes toutes simples, le nom de la justice ne vibre pas, mais le sens est si clair qu'il la fait descendre des nues. Au lieu du mot si souvent vide, l'idée s'incarne parce qu'elle surgit précédée de ses conditions, suivie de ses conséquences. Leur poids, leur volume la font distinguer de toute chimère. Une justice vraie implique la Belgique délivrée, la Germanie châtiée et contenue entre des barrières solides. Puis le nécessaire est écrit pour que le vent des mots contraires ne puisse renverser ces notions gardiennes de l'humanité.

Dans la bergerie révolutionnaire, le vœu de justice ne signifie parfois que soulagement de ce qui souffre. Et, comme les peuples criminels seront appelés à souffrir à leur tour, il est facile de prévoir que les brigands qui ont tout dévasté vont se joindre au cortège des postulants de la justice en criant merci et pitié. La réflexion philosophique et religieuse du moraliste catholique a prévu cela. Elle y pourvoit et met bon ordre, en plaçant chaque idée à son rang hiérarchique, en donnant à chaque chose son numéro. Le cardinal Mercier s'exprime en législateur de l'esprit humain :

> L'heure de montrer de la compassion ne sonnera pas tant que le tort ne sera pas avoué, que la contrition ne sera pas exprimée et que la pénitence imposée ne sera pas acceptée.

Le prêtre ne peut se refuser à la compassion ; mais il se refuse à admettre que le premier misérable ou scélérat venu soit sacré. Il y a des malheurs maudits. La pitié du malheur est soumise, comme tout, à des conditions. La miséricorde a ses lois d'existence et ses règles d'application ou de refus. Notre cœur appartient en première ligne à la patrie violée et à ses martyrs, aux victimes directes et indirectes de l'invasion. Ensuite, on songera à s'attendrir sur l'envahisseur. Sans ombre d'ironie, du reste, celui-ci est prié de mériter, s'il veut les obtenir, les bons sentiments dont on a le cœur plein. On lui demande seulement l'aveu et le regret du mal, par l'acceptation de la peine qui, une fois infligée par la force extérieure, devra être comprise par les esprits et reçue des âmes. Si, en effet, l'Allemand ne regrette rien, il recommencera. S'il recommence, d'autres innocents pâtiront. La justice prescrit de commencer par épargner à ces derniers le coup d'une injure nouvelle. Les Allemands n'ont pas à s'en plaindre, du reste ; un recours leur est grand ouvert par la voie du repentir qui les changera.

Sublime de simplicité, de clarté, de hardiesse et de raison, ce programme d'une justice positive couvre et défend le sol et le peuple belges martyrs, mais il va plus loin, il atteint les profonds replis criminels de l'âme allemande, éclairée d'en haut et tirée d'elle-même ! Le cardinal romain qui parlait tout à l'heure comme un soldat de Jeanne d'Arc termine comme un moine de saint Boniface. Son patriotisme s'élargit dans cette charité du genre humain qui aboutit à la conversion des Saxons. En vérité, des armes unies et dirigées par de telles paroles, rationnelles, équitables et bienfaisantes, seraient les armes de la vraie paix ! Il n'y a plus qu'à faire ce qu'elles disent. Le discours facilite l'ouvrage en le guidant. De l'idée qui l'anime et de la pensée qui l'ordonne, résulterait l'action parfaite, la plus haute somme de cette action.

Pour repousser ces vérités, on peut gémir que l'esprit public de l'Europe et de l'Amérique est à cent lieues de la ferme philosophie du catholicisme. Alors, tant pis pour lui ; il n'est pas moins éloigné de toute ferme harmonie du juste et de l'utile, des intérêts et du droit, de l'esprit et de l'action. On n'est pas catholique, soit ! mais on n'est rien et l'on ne pense rien que d'absurde dans l'ordre des généralités directrices. Rien, rien, rien. Libéralisme et démocratisme ont passé par là comme des quantités négatives et diviseuses. On s'en est rendu compte par tout ce livre. On le verra tout aussi bien d'après les formules qui courent. Tels illuminés slaves voient naître la paix générale dans l'embrassade des coupables et des innocents indiscernés ; tous aimés ! tous aimables !... Tels pratiques Américains qui, en 1860, nommaient « démocratie » une société de « chevaliers » et d'esclaves noirs, rêvent de détruire la guerre en prohibant à l'avenir les alliances des faibles contre les forts !... Beaucoup de Français parlent « société de nations » sans se mettre en peine de savoir le premier mot de ce que c'est qu'une société. On étonne les gens si l'on fait remarquer qu'une société exige quelque communauté d'intérêt rendue sensible et consistante par ce minimum de ressemblance d'esprit qui donne aux choses le même nom et entend par les mêmes signes les mêmes idées. Les gens ne sont pas moins étonnés si l'on dit que dans un tribunal international un justiciable éventuel, l'Allemagne, ne doit pas être plus gros que le total des juges, des gendarmes et des huissiers. En pleine assemblée souveraine un élégant orateur ministériel a pu traiter comme extérieure à l'idée de justice l'idée de frapper d'une amende notre agresseur vaincu ; c'est ainsi que nos tribunaux et leurs amendes quotidiennes ont été mis à la porte du « Droit », et l'auditoire a applaudi comme s'il comprenait !

Comment un esprit de négligence et de distraction qui ne veille même plus au sens des paroles ne se retrouverait-il pas dans l'action ? Le politique intrigue, l'homme d'affaires joue, il est devenu pratiquement inutile de donner à l'un ni à l'autre, ni au public, leur juge, aucune direction un peu générale vers un objet supérieur. Cela ne sert à rien. On n'écoute pas. Petit ou grand, le praticien spécialiste se figure qu'il doit commencer par vivre et agir sans savoir autre chose que son métier subordonné. Il subsiste des spécialistes de la raison, mais elle a perdu son empire.

Si l'esprit de la Papauté crée toujours sa matière, on voit que la matière des nations modernes ne crée pas cet esprit sans lequel rien de beau, rien de vraiment utile ne peut s'organiser. Le problème intellectuel et moral n'est donc pas posé à demi ! Le Germain apporta une doctrine fausse, mais le Latin séparé du courant de l'hérédité et des affinités catholiques apporte une doctrine nulle. Ce n'est pas de doctrines nulles que peuvent se nourrir, même en pleine anarchie, les peuples de cette planète où tout aspire à l'intelligence, à l'ordre et à l'action ! Lorsque, voilà longtemps, Maurice Barrès constatait qu'il n'y a aucune possibilité de restauration de la chose publique sans une doctrine, il refaisait l'ample souhait platonicien, exagéré dans ses termes, exact au fond : que l'autorité politique et la philosophie se rencontrent et soient réunies ! Nous manquons d'un esprit public élevé, clair et vif. Il faudra bien aller le chercher où il est si l'on veut imposer à la matière amplifiée une âme vivante, aux progrès de la brutalité moderne un esprit humain.

On ne s'est pas occupé ici d'examiner dans quelles conditions de réforme politique et sociale préalable une grande philosophie, un beau mouvement religieux aurait des chances de réussir en France, d'y forcer l'atonie mentale, et d'obtenir que l'intelligence régénérée reprenne le gouvernement de l'action privée et publique. Mais il est clair que tout est sommeil et déchéance hors de là. Sans cela, tout est perdu de ce qui fait l'homme ! « À moins de cela, mon cher Glaucon, » avoue Socrate dans Platon, « il n'est point de remède aux maux qui désolent les États, ni même à ceux du genre humain ! »

L'École laïque contre la France

1928

*Ce texte est paru dans l'*Almanach d'Action française *pour l'année 1928.*

L'ÉCOLE LAÏQUE CONTRE LA FRANCE

Un système d'abêtissement

Il faut en finir avec le carnaval de la liberté de l'esprit.

Il faut en finir avec la plus sournoise mais la plus odieuse oppression intellectuelle qui ait pesé sur un pays.

Il faut en finir avec la théocratie kantienne et roussienne qui accable écoliers et contribuables français.

Il y avait autrefois, en France, deux livres de classe, très inégalement respectables, d'une antiquité inégale, d'une popularité inégale aussi en fait comme en droit, mais qui représentaient ensemble la somme de l'esprit national. C'étaient le *Catéchisme* diocésain et (l'adjonction est de Nisard[56]) les *Fables* de La Fontaine.

Le catéchisme propageait tout l'essentiel de la morale et de la religion, il apprenait aux bambins ce qu'il faut faire et ce qu'il faut éviter, et comment et pourquoi ; le pourquoi naturel et le pourquoi surnaturel, la raison du devoir, la sanction du devoir, et ces précisions réalistes n'empêchaient pas d'entrouvrir à l'intention des âmes les plus fines, ou peut-être, en vue des moments les plus heureux des âmes communes, le royaume supérieur de la grâce et du pur amour. Le curé de village qui enseignait ainsi la morale et la foi philosophait pour toute l'âme. Il en intéressait toutes les parties basses, moyennes ou sublimes. Ainsi agissait-il. Ainsi obtenait-il des résultats spirituels et moraux dont toute la vie de notre France témoigne. Mais l'école laïque a supprimé le catéchisme. Elle l'a remplacé. Elle a substitué au

---

[56] Désiré Nisard, 1806-1888, homme politique, écrivain et critique — à ne pas confondre avec son frère Charles. À l'appui de cette parenthèse de Maurras sur le rôle de Nisard, citons l'étude de Ralph Albanese, *La Fontaine à l'école républicaine : du poète universel au classique scolaire*, Rookwood Press, 2003, p. 8 :
> Saluant en La Fontaine le créateur d'un genre particulier, Nisard considère les *Fables* comme une sorte de catéchisme laïque, d'où la valeur œcuménique du poète dont l'œuvre rapproche les esprits et fait disparaître les antagonismes de tout ordre. Grâce à son bréviaire poétique propre à tous les âges, La Fontaine incarne l'esprit de la « formation permanente » nous offrant une sorte d'itinéraire spirituel à travers la vie.

Comme celle-ci les notes suivantes sont des notes des éditeurs.

catéchisme le manuel de morale laïque. Elle a substitué à la morale catholique ce stoïcisme germanique de Rousseau et de Kant, qu'il est bien permis d'appeler le dégoût solide et durable de toute raison, l'écœurement fondamental de toute intelligence claire et de tout esprit bien constitué, le haut-le-cœur essentiel du simple bon sens. Le bien pur pour le bien sec ! Le devoir de croire au devoir ! L'absolu désintéressement « sur la terre comme aux cieux » à la racine de tous les actes méritoires ! La vertu si cruellement escarpée qu'il n'y ait d'autre accès vers elle que l'hypocrisie. Et, par bonheur, trop de pathos et de charabia pour être assimilé même en surface non seulement par les enfants, mais par leurs maîtres ! Au total, une fois sur dix, éducation pervertie, neuf fois sur dix, néant d'éducation, d'où il résulte que le « petit sauvage » demeure inéduqué et qu'il se produit un formidable développement de criminalité dans l'enfance et dans la jeunesse.

Il est vrai que l'école laïque ne s'est pas contentée de détourner au profit du manuel le catéchisme, elle lui a sacrifié aussi les *Fables*, elle a écarté aussi le répertoire exquis du bon sens national. Toute cette sagesse, toute cette malice, toute cette réflexion matoise et profonde a dû céder à des sentences utopiques, dans lesquelles le monde se conçoit renversé sens dessus dessous.

De là, un prodigieux abêtissement.

Le paysan et le pâtre d'il y a septante-sept ans voyaient peut-être voler dans la nuit de Noël des angelots joufflus et des étoiles surnaturelles, mais ils savaient parfaitement à quelle catégorie particulière appartenaient ces êtres d'élite et d'exception : ils n'en concluaient pas au bouleversement des rapports naturels ni des rapports sociaux, ils ne croyaient pas au pouvoir international d'un programme de député, et l'idée que la guerre ou tout autre fléau pût être terminé par le tribunal à Genève n'entrait pas dans leur imagination. Ni la foi ni la poésie n'y faisait de tort au bon sens.

Il n'en est plus de même, le *Manuel* a mêlé le Ciel et la Terre. Les fables vraies, les justes fables de La Fontaine qui gardaient et qui défendaient, ont cédé aux fables menteuses et niaises, aux fables qui livrent et trahissent, les fables de Léon Bourgeois[57] et d'Édouard Herriot. Et le pis est que ce malheur n'est pas, comme pourrait le croire l'historien de l'an 3000, un résultat

---

[57] Léon Bourgeois, 1851-1925, est un homme politique français, député radical élu contre le général Boulanger, plusieurs fois ministre, président de la Chambre des députés de 1902 à 1904, théoricien du solidarisme. Il est le premier président de la Société des Nations en 1919 ce qui lui vaut le prix Nobel de la paix en 1920. Aujourd'hui encore sa mémoire est particulièrement honorée par le Grand Orient de France.

involontaire et inconscient d'une aveugle dégénérescence de race. Il est voulu. Il est visé. Il est systématiquement poursuivi. Nous payons pour qu'il soit touché. Une part de nos contributions annuelles est portée à l'État pour que, à chaque petit Français qui atteint l'âge d'aller à l'école, des sommes soient versées, des frais soient faits pour lui ôter des mains le catéchisme, lui rendre les *Fables* suspectes et lui imposer, avec toutes les marques et estampilles de l'État, le stupide petit *Manuel* qui lui enseignera de véritables billevesées sur la nature essentielle du réel et du possible, du bien et du mal !

Une religion d'État

Tout le régime d'enseignement désigné sous le nom de laïcité représente un système complet d'embrigadement et de domestication des intelligences et des consciences populaires. Hors du peuple, dans les classes aisées, moyennes et supérieures, il y a des voies ouvertes toutes grandes pour échapper à cette trituration administrative des cervelles et des cœurs selon le procédé de Rousseau et de Kant qu'imposa la bande des huguenots sectaires et des kantistes bismarckiens qui entouraient Jules Ferry vers 1880 ! Un fils de famille bourgeoise a chance d'apprendre une autre morale que la prétendue éthique indépendante et ses burlesques fariboles : un enfant du peuple, non. Le pauvre petit avalera Rousseau et digérera Kant mis en pilules de la marque Buisson-Pécaut-Monod[58] et Cie. Il n'aura pas le moyen de recevoir une autre éducation, ces sottises lui seront imposées par la loi de l'État, et avec l'argent de l'État, c'est-à-dire notre argent à tous. La secte kantienne et roussienne ne paye pas des établissements pour propager ses chimères anticatholiques et anticritiques, lesquelles sont aussi, par-dessus le marché, tout à fait anarchiques. Ce groupe s'est emparé de l'État, il s'y est installé, et c'est de là, par là, que sa marchandise anti-intellectuelle s'écoule.

Que mon lecteur ne se fâche point des épithètes un peu rudes. Elles sont au-dessous de la vérité. Toute la France finira par savoir quel mécanisme d'abrutissement (et aussi quel instrument de démoralisation), constitue la morale rousso-kantienne dans l'enseignement primaire. Cela tue le pays. Cela tue l'esprit du pays. L'Université le sait bien, et tout ce qui pense dans l'Université, enseignement secondaire et supérieur. Mais cette haute Université est bâillonnée. Elle ne peut parler. Elle est d'État. L'État la tient et il la tue, comme il est en train de tuer, cet État républicain, toute bonne chose française.

On le voit, c'est à un point de vue national, au point de vue de l'intelligence non confessionnelle, comme à un point de vue de simple moralité effective, que je me place pour éclairer le pays sur la véritable réalité du laïcisme : ce régime, cet État, est un régime de théocratie ou de sacristie, tous les mots d'ordre secret y sont d'ordre religieux et une dogmatique implicite y est imposée à ses adhérents de cœur et d'esprit, à ceux, qui ont

---

[58] Ferdinand Buisson, Félix Pécaut, Gabriel Monod : toutes figures très politiques de l'enseignement officiel de la troisième République.

véritablement reçu l'initiation aux derniers mystères, ou qui doivent voir, comme ils disent, la lumière du trente-troisième appartement.[59]

On me dira :

— Quelle dogmatique ? Quelle idée enfermée dans ce dogme ?

Je réponds :

— C'est bien simple : *l'anticatholicisme*, c'est-à-dire la haine des idées, des sentiments, des images du culte et de l'ordre, qui ont composé les 90 centièmes de la tradition mentale et morale du peuple français.

Oui, nous payons des prêtres, et de véritables congrégations de prêtres et de docteurs, dans les écoles normales primaires, pour entretenir cette religion d'État contre l'État.

Oui, l'État paye de son argent et de notre argent, pour faire fermenter ces graines d'anarchie et le mieux renverser, révolutionner et ruiner, lui, État.

Est-il au monde rien de plus bête ? Et le mystère de nos consommations et de nos convulsions n'est-il pas suffisamment défini par ce contre-sens meurtrier ?

Ça ne peut pas durer. La France ne peut entretenir, couver, payer une école contre la France. Notre école primaire doit être « nationale ». Elle ne l'est plus.

L'HISTOIRE DE FRANCE À L'ÉCOLE

C'est l'enseignement de l'histoire, de l'histoire de France qu'il faut surtout considérer dans cette école.

Je ne m'arrête pas aux dispositions des instituteurs dernier cri qui jugent toute Histoire inutile ou même dangereuse *faute de certitude :* les méthodes de la critique transcendante ont été mises aux mains d'esprits enfants qui ne sont pas encore parvenus au point où ils se rendraient compte que n'importe quelle discipline de l'esprit humain, philosophique ou scientifique, spirituelle ou morale, tombe sous les mêmes objections, expose aux mêmes risques, le néant seul ou la foi nihiliste pouvant échapper (jusqu'à un certain point) à des doutes pareils.

Restons dans la zone, moins absurde, des maîtres d'école qui croient à l'histoire et enseignent l'histoire, mais, du point de vue révolutionnaire, contestateur, opposant, schismatique, tel qu'ils l'ont appris des fondateurs

---

[59] Pour un lecteur de 1928, ces expressions désignent et visent de manière transparente la franc-maçonnerie.

de l'enseignement. L'esprit de leurs leçons peut se définir une sorte de religion de tous les échecs, de tous les ratés de l'histoire de France. Si nous avions dans nos annales quelque relation de la manière dont nos brunes populations de Ligures et d'Ibères furent vaincues et refoulées par les grands diables blonds du type gaélique, ces historiens s'attendriraient et pousseraient de grands soupirs sur tous les malheurs issus de l'événement. Ils prennent leur revanche avec la conquête romaine. Ah ! si le grand diable blond Vercingétorix l'avait emporté sur le petit brun qui venait de Rome ! Ah ! si César avait été vaincu ! Cependant, les Français, tels qu'ils sont, sont les fils de la victoire des Gaulois sur les Ibéro-Ligures et des Romains sur les Gaulois. N'importe. Il faut gémir. Il faut regretter. Clovis s'est-il converti ? Ah ! s'il était resté bon païen, bon Germain ! Il défait les Goths ariens : ah ! si l'arianisme l'avait défait ! Surviennent Charles Martel, Charlemagne ; ces maladroits ont refoulé les cavalcades sarrasines et de ce fait, la belle civilisation arabe n'a pas fleuri chez nous, quel malheur ! De la civilisation catholique et romaine maintenue et développée, pas un mot, ou des mots dédaigneux et rapides, pires que le silence. Les Capétiens s'installent : s'ils ne s'étaient pas installés ! Si l'anarchie féodale ou communale l'avait emporté ! Le nord vient à bout du midi, le catholicisme de l'albigisme : c'est un désastre ! c'est un deuil ! Les magnificences du XIIIe siècle, le règne européen de la France, l'apothéose de saint Louis ne compteront pas. Mais quand, aux XIVe et XVe, la France envahie, puis déchirée, se débarrasse avec Jeanne d'Arc de l'hégémonie anglo-normande, même chanson en sens inverse : l'affreux triomphe des Armagnacs et des Dauphinois alliés à la bonne Lorraine a empêché la formation d'un puissant royaume du Nord qui eût commencé aux îles Orcades et se fût arrêté à la Loire ! Mais Charles VII, mais Louis XI, mais Louis XII, la prodigieuse prospérité de la fin du XVe siècle seront escamotés jusqu'à l'approche d'un nouveau sujet de regrets et de larmes : la non-conversion de la France au protestantisme. Comme on aimerait cette chère patrie si elle se fût faite huguenote !

Mais non : Henri IV abjure, et ce sont Richelieu, Louis XIV, cent cinquante ans d'influence, une gloire qui semble comparable, peut-être supérieure, à la période correspondante du Moyen Âge. Ne croyez pas que nos historiens en soient le moins du monde touchés.

Ils ne reprennent de cœur qu'à la Révolution. C'est que la Révolution leur semble « la revanche commune des vieux Ibéro-Ligures sur les Gaulois, des Gaulois sur les Romains, des Francs païens et des Goths ariens sur

Clovis, des Arabes sur les Carolingiens, des manichéens sur les Capétiens, des Anglais sur les Valois, des protestants sur les Bourbons. Par exemple, la décadence causée par cette belle revanche ne les émeut pas : ni la fin de notre marine à Trafalgar, ni les cinq invasions poussées jusqu'au cœur du pays, de 1792 à 1914, ni la baisse de la natalité, ni la hausse de la criminalité, ni la diminution de notre influence par le monde entier ne sont retenues. On n'aimait pas l'histoire qui avait fait la France : comme on adore celle qui la défait !

LES INSTITUTEURS ET L'ÉTAT

Nous ne nous laisserons pas entraîner dans la diversion que peut désirer l'adversaire. Il ne s'agit nullement d'injurier les instituteurs, ni de les accuser d'antipatriotisme. Nous disons qu'ils sont des victimes. « Ils », c'est-à-dire leur très grande généralité. Leblaye[60] est un instituteur antipatriote jusqu'à la trahison, comme Malvy, Turmel, Duval, Caillaux, Almereyda[61] sont des radicaux et des socialistes antipatriotes qui ont poussé au même crime la logique de leur doctrine. Mais les fautes et les crimes sont personnels. Si, comme on le prétend, sur 150 000 instituteurs publics, il y en a 15 000 de communistes, n'ayant de patrie qu'à Moscou, c'est tout d'abord un grand malheur dont il faut demander compte au mode de formation de ces fonctionnaires publics. Comment s'y est-on pris pour qu'une élite populaire chargée d'enseigner au peuple l'État et la Nation, se soit ainsi tournée contre l'État et contre la Nation ?

On dit qu'une élite de cette élite s'est bien battue.[62] Mieux elle s'est battue, plus il faut avouer qu'elle était digne d'un enseignement supérieur et

---

[60] L'affaire de l'instituteur Leblaye date de 1925 : il s'agit d'un instituteur accusé d'avoir eu un comportement qualifié par l'Action française de traîtrise et qui fut réintégré dans l'enseignement après en avoir été chassé. Malgré l'agitation faite autour d'elle, l'affaire Leblaye ne prit jamais vraiment. C'est que d'autres scandales lui faisaient alors concurrence en particulier sur le thème des libertés universitaires ; de plus une lutte violente avait lieu entre Action française et partis du Cartel des gauches alors à peine parvenu au pouvoir. La mise en minorité du ministre par le Sénat sur l'affaire Leblaye apparaît dans ce contexte comme une simple péripétie parlementaire du printemps 1924.

[61] Tous personnages combattus par l'Action française durant la guerre de 1914 et après-guerre parce qu'elle les considérait avoir trahi. Au moment de l'affaire Leblaye évoquée par Maurras la réprobation à leur égard commence à fléchir et l'on parle même ouvertement à gauche de leur réhabilitation.

[62] Durant la grande guerre.

d'une formation meilleure. Ceux qui ont vu dans le livre du père Bessières[63] l'histoire des instituteurs que ce jésuite a connus au front savent quels sentiments animaient ces héros. C'est pour nous une raison nouvelle de demander pourquoi, par quelle perversion intellectuelle ou morale les programmes républicains ont refusé à ces enfants du peuple la nourriture qui était mise à la portée des seuls enfants de la bourgeoisie.

Il y a une doctrine nationale, sociale, politique, élaborée entre 1850 et 1900 par les plus fortes têtes du siècle écoulé et qui, ruinant l'essentiel de l'esprit romantique et de l'esprit révolutionnaire, sauvait de la critique anarchique et ouvrait à l'esprit des directions presque convergentes. Il ne sert de rien de dire que c'étaient des voies royalistes ou catholiques. Renan et Taine inclinaient plutôt à la confession protestante si Comte et Le Play tendaient à se rapprocher du catholicisme. Comte, Taine, Fustel concluaient à une République aristocratique, ou bourgeoise, ou sociocratique, si Renan et Le Play inclinaient à la monarchie. Un État républicain, résolu à préférer la paix intérieure à la guerre civile et le progrès dans l'ordre à la dissension sur les ruines eût naturellement porté l'attention de ses élèves-maîtres ou de leurs professeurs sur ces études d'accord social où la conscience nationale se fût affinée dans le respect du passé et l'espérance de l'avenir. Pas une de ces doctrines qui ne fût, en un sens, laïque, même celle de Le Play (elle attribuait à la concurrence et à l'émulation du protestantisme et du catholicisme la splendeur du progrès moral au XVIIe siècle). Pas une de ces doctrines qui ne pût entrer le plus naturellement du monde dans une doctrine d'État, large, modérée, respectueuse des idées respectables, même assez tolérante des autres pour ne pas éloigner de la ligne du moindre mal. Ces doctrines diverses représentaient la leçon spontanée que de très grands esprits, infiniment supérieurs aux maîtres de la Révolution, avaient tirée soit de nos épreuves intérieures, soit de notre défaite d'il y a cinquante ans. Elles étaient le fruit direct de la libre réflexion d'un peuple désireux de vivre ou de revivre. Lorsque, en 1900, à défaut de l'État inerte ou hostile, l'Action française en eût opéré la synthèse, ces doctrines entrèrent pour une grande part dans cette renaissance de l'orgueil français qui aura fait le caractère des quatorze années

---

[63] En novembre 1915, le jésuite Albert Bessières transforma « l'apostolat de la cigarette » — l'envoi de colis aux soldats par les enfants catholiques — en un mouvement davantage tourné vers l'eucharistie : la « Croisade des enfants » appelée à devenir la « Croisade eucharistique ». Cela explique la grande popularité après-guerre du père Bessières chez les catholiques français. Il sera en outre un auteur prolifique édité jusque dans les années 1950 pour divers ouvrages, dont des souvenirs de guerre.

qui suivirent. Notre enseignement libre, ajouté aux enseignements religieux, qu'il doublait, secondait, au lieu de les contredire, notre enseignement fit ce que l'enseignement officiel avait manqué. Mais pourquoi celui-ci l'avait-il manqué ? Sous quelle suggestion ? Par quelle trahison ? Comment l'État pouvait-il donner de tels enseignements contre lui-même ? La réponse est simple : ce contre-État est sorti d'une contre-Église. Si les vieilles idées antiphysiques, antiscientifiques du XVIIIe et du XIXe siècles se sont « confusément réfugiées » dans nos écoles normales, si des générations d'élèves-maîtres et de jeunes maîtres ont été méthodiquement élevés et dressés contre les meilleures des acquisitions les plus laïques du XIXe siècle, c'est par la volonté et pour l'utilité d'une secte ou plutôt de la section d'une secte, celle qui a voulu obtenir par l'école, sous la troisième République, ce que le prêche avait manqué sous François Ier.

QUE CHACUN PAIE LES FRAIS DE SON CULTE

Il est bien, fâcheux que les 50 ou 60 000 Français et Françaises à qui était due la fondation du *Quotidien*[64] n'aient pas procédé pour le laïcisme de l'enseignement de la même manière que pour le laïcisme de journal ; de petites actions de cent francs auraient pu être souscrites, le capital constitué eût été affecté à la distribution, de la morale de Rousseau et de l'évangile de Kant. Ce groupe privé eût ouvert des écoles privées et les parents à qui la chose eût convenu y eussent librement envoyé leurs enfants. La leçon de morale indépendante aurait tout naturellement formé un certain nombre d'anarchistes. Mais ces ennemis de la communauté n'auraient pas été fabriqués au nom de l'État, organe central de la communauté : les contribuables qui n'aiment pas l'anarchie n'y auraient pas été de leur poche.

L'expédient de la neutralité est, en fait, une rêverie. Ni mille ans, comme l'élection capétienne, ni un an, ni un jour, cet *expédient* ne passe dans les faits. C'est une idée pure et, comme telle, pas bien fameuse. Les manuels scolaires de l'école officielle française sont-ils des livres neutres ? Entre Rome et Genève, entre la morale indépendante et la morale traditionnelle, entre le réalisme national et l'idéalisme révolutionnaire, ces petits livres pratiquent-ils la neutralité ? Est-ce qu'ils peuvent la pratiquer ? Est-ce que les

---

[64] Lancé en 1921, *Le Quotidien* est le journal du Cartel des gauches.

inspecteurs, évêques du laïcisme, qui surveillent la lecture et la récitation de ces pauvres bouquins, sont des évêques neutres ?

Ce qui a existé, c'est l'école rituelle de l'église dont MM. Buisson, Rabier, Liard, Monod, Lapie et quelques autres ont été les prélats, les papes et les clercs. Et cette école a donné les affreux résultats dont témoignent : 1° l'état d'esprit d'une forte minorité d'instituteurs socialistes et communistes ; 2° le développement de la criminalité ; 3o la baisse de la natalité et tous les fléaux publics dont ce pauvre Hervé tient le registre plaintif après les avoir aggravés, jadis et naguère, tant qu'il a pu.

Mais on pourrait négliger ce fait, d'ailleurs patent, que cette école est une très mauvaise école. Du point de vue de la justice, il suffit pour condamner cette école que, enseignant *la doctrine de quelques-uns*, elle soit payée par *tous* et obligatoire pour tous, en particulier pour ceux qui n'ont aucun moyen de se défendre contre ses inventions, ses conjectures, ses frénésies et ses fanatismes.

L'école de quelques-uns doit être payée par quelques-uns.

L'école que tous paient ne doit enseigner que ce qui peut être admis et approuvé par tous. Il n'y a pas à sortir de là.

Un enseignement moral dressé contre les mœurs sociales, un enseignement historique dressé contre le passé du genre humain et contre la gloire de la nation, voilà ce qu'aujourd'hui le contribuable français est obligé de subventionner et, qui plus est, d'avouer, d'autoriser, de patronner au nom de la France ! Voilà ce que commande et impose, pour ses fins d'intérêt propre, le petit groupe qui s'est emparé de l'État, à l'ensemble des autres Français. Mais, plus l'exigence est absurde et inique, plus le moindre murmure qu'elle soulève aussi l'indignation dans le groupe des profiteurs. Que l'État ne recommande plus, ne subventionne plus des doctrines qui le détruisent, que le contribuable non roussien, non kantien et non monodien ne soit plus astreint à payer les frais du culte monodien, kantien et roussien, ces prétentions si justes, si naturelles et si simples donnent des attaques de nerfs au petit groupe conquérant qui trouve si commode de nous faire payer pour lui !

Preuve que la forme de sa conquête ne le rassure pas.

Il s'est imposé par surprise. Il sait qu'il ne durerait pas si ses titres étaient considérés de près.

Préface à L'Action française et le Vatican

Chronologie – Avant-propos

Léon Daudet – Charles Maurras 1927

À tous les amis de l'Action française

Nous venons de relire les épreuves de ce volume[65], simple recueil de textes, mais qui permettra à beaucoup d'entre-vous de se rendre compte de bien des choses ! Feuille à feuille, nous y voyons, quant à nous, non seulement pourquoi vous êtes restés fidèles à l'Action française, mais pourquoi un si grand nombre d'entre vous nous a rejoints à la suite des assauts qui nous étaient livrés. Plus encore que les sentiments d'une amitié tenace, c'est le patriotisme, c'est l'amour de la vérité qui vous ont ainsi conservés ou ralliés à notre œuvre, à notre pensée et à notre action.

Assurément, le débat aura été douloureux pour tous. Les catholiques étaient les mieux placés pour en souffrir dans leurs cœurs troublés, dans leurs esprits quelquefois remués jusqu'au fond ! Mais, eux aussi, les incroyants, de tout temps si émus des splendeurs du bienfait de Rome, si confiants dans l'immense service qu'elle rend à l'esprit humain et au genre humain, auront senti quelque chose se déchirer en eux devant les proportions de l'erreur commise et les cruelles conséquences qu'elle leur semblait contenir.

Cependant, ni les catholiques, ni les incroyants, n'ont pu se permettre de dire, par politique ou faux esprit de discipline, que le blanc n'est pas blanc ou que le noir est blanc : aucun de vous n'avoue ni ne peut avouer que nous ayons « osé... proposer de rétablir l'esclavage »[66], que nous ayons défendu « à Dieu d'entrer dans nos observatoires », que nous nous soyons servi de l'Église au lieu de la servir, que nous ayons enseigné la primauté de la politique sur la religion, recommandé l'usage de moyens illégitimes, ni entendu par nationalisme intégral un nationalisme sans frein. Personne au monde ne peut faire que de tels griefs soient vrais, ni qu'ils aient jamais été vrais. Comme nous l'a écrit un éloquent témoin de nos premiers jours, on peut nous arracher la langue, on ne peut pas nous faire dire : — *Nous avons dit ce que nous n'avons pas dit.*

---

[65] Paru en 1927 et sous la signature conjointe de Charles Maurras et Léon Daudet pour la préface, *L'Action française et le Vatican* est un recueil de textes et de documents en rapport avec la condamnation romaine. (n.d.é.)

[66] Sur cette étonnante accusation, voir le premier chapitre du recueil, publié par nos soins sous le titre *Charles Maurras et le cardinal Andrieu*. (n.d.é.)

De toute évidence, l'Action française était innocente. De toute évidence, elle était victime de mille erreurs de fait. Néanmoins nous avons voulu accorder à la discipline catholique tout ce qu'elle pouvait demander. Dès le début, nous lui avons offert, comme on le verra, toutes les garanties pour la foi et les mœurs. On n'a même pas examiné ces précautions que nous offrions de prendre contre nous-mêmes. Il a fallu finir par comprendre que ce que l'on demandait, c'était notre disparition, l'abandon de notre effort national.

Cette exigence manifeste nous a mis en présence d'un autre ordre de vérités qu'il faut bien appeler la certitude du bien que fait l'Action française et surtout des maux qu'elle épargne et peut épargner. Ni infaillibles, ni impeccables, certes ! faibles hommes exposés à tous les torts de l'humanité, nous poursuivons cependant une œuvre civique et politique nécessaire : d'abord nous travaillons au retour de la monarchie qui seule est capable de rendre au gouvernement du pays ce degré de durée, d'ordre, de raison, et, par suite, de responsabilité dont il ne peut se passer ; mais en y travaillant, nous multiplions, chemin faisant, les services rendus directement à la cause de la patrie et de la société. Ceux qui connaissent l'histoire de l'Action française et ne la travestissent pas savent fort bien que les services de cette sorte ont été incessants avant la guerre, pendant la guerre, depuis la guerre. Services d'une telle nature que personne n'a le droit de nous enlever à ce devoir public, ni de nous éloigner des hommes d'élite qui se sont groupés dans nos comités directeurs, ni de nous arracher à cette immense armée de ligueurs et de ligueuses dont les cadres sont constitués et remplis par ce que le pays compte de citoyens éclairés, dévoués, résolus pour toutes les formes du bien. Déserter plus ou moins spontanément cette tâche serait un acte que les catholiques auraient le devoir de se reprocher comme un péché grave, et que les non catholiques qualifieraient au moins de crime contre l'honneur. Ni aux uns ni aux autres, personne n'a le droit d'imposer de semblables chutes morales.

Les hautes autorités qui ont commis à notre égard cette erreur sont profondément respectables. Nous leur avons toujours prodigué les hommages de ce respect, qui leur est dû. Si elles nous ont obligés à les contredire, on n'a pas obtenu de nous une parole qui suspectât leurs intentions ou offensât leur dignité.

Nous les avons même servies en rétablissant la vérité devant elles et en leur épargnant un abus de pouvoir. Notre résistance les sert encore, et elle sert l'ensemble des catholiques français parce qu'elle maintient la notion des justes indépendances de la politique nationale devant la hiérarchie religieuse. On dit : *céder serait facile !* Mais cette facilité aurait des suites graves. À dater du jour où, ici, des catholiques, des amis du catholicisme, subiraient, comme on le désire, les directions politiques romaines, ils ne seraient pas seuls à perdre toute autorité, toute influence et tout crédit dans notre pays : leur discrédit s'étendrait à tous les catholiques de France, à tous les Français respectueux du catholicisme. À dater du jour où les deux directeurs et fondateurs d'un journal politique auraient, par discipline catholique ou respect du catholicisme, sacrifié leurs devoirs et leurs droits, il n'y aurait plus un seul catholique, fonctionnaire de l'État, de l'Armée, simple militant d'un parti politique, pour échapper à un soupçon perpétuel de devoir consentir, un jour ou un autre, le même abandon de poste, la même désertion sur des suggestions ou des injonctions de même origine ! Tous les catholiques de France seraient réduits au régime annoncé par Mgr d'Hulst à propos du ralliement de 1892 : « Je suis effrayé pour le Saint-Siège et pour les catholiques de France de ce déploiement officiel de l'autorité pontificale dans notre politique intérieure. Je crains que l'on nous oppose avant peu cette ingérence pour nous contester le droit de parler et d'agir comme des citoyens libres. On nous dira : — *Vous n'êtes que des commis de Rome, vous n'avez même pas la propriété de vos opinions politiques.* »[67]

Les suites de cette ingérence seraient d'autant plus insupportables aux Français que les conditions faites à d'autres peuples sont différentes. L'honorable Alfred Smith, gouverneur de l'État de New-York, a pu écrire tranquillement : « ... Je ne reconnais aucun pouvoir aux institutions de mon Église d'intervenir dans la pratique de la constitution des États-Unis ou dans l'exécution des lois de mon pays. » Il n'a reçu de Rome ni réprobation, ni désaveu, ni remontrance. Ainsi, et pour ne dire rien de plus, cet Américain a su rester, selon la forte pensée de Mgr d'Hulst, le propriétaire de ses opinions politiques. Nous le sommes aussi des nôtres. On ne nous les enlèvera pas.

Comment, d'ailleurs, comprendre autrement que comme une triste dérision la liberté toute théorique qu'on nous dit laisser à ces opinions que l'on condamnerait à une vie immobile et muette, liberté sur l'exercice de laquelle un cardinal français a vainement réclamé des précisions ? Nul d'entre nous ne pouvait accepter ce sommeil, ni cette paralysie. En fait,

---

[67] Lettre de Mgr d'Hulst au cardinal Langénieux.

l'injustice et l'erreur ont ajouté au rayonnement naturel de l'Action française l'éclat d'une persécution qui a déterminé le progrès général de sa pensée et de son action.

Pour une raison ou une autre, le coup voulait être mortel. Chrétiennement reçu, ou stoïquement, il a stimulé toutes ces puissances de l'intelligence et du cœur français qui nous donneront la victoire.

Chers amis, nous voulions vous adresser nos remerciements, mais nous ne pouvons nous défendre d'y ajouter l'expression de l'immense fierté qui nous vient de vous.

Nous vous appartenons de tout cœur,

Léon Daudet et
Charles Maurras.

Tableau chronologique

Pour rendre plus facile et plus utile la lecture de ce livre, il nous a paru expédient de mettre en tableau récapitulatif les principaux documents officiels publiés contre l'Action française et les pièces les plus importantes de sa défense.

- **25 août 1926.** Lettre de S. É. le cardinal Andrieu, archevêque de Bordeaux, à quelques jeunes catholiques.
- **2 septembre 1926.** Réponse de Charles Maurras dans *L'Action française*.
- **5 septembre 1926.** Lettre d'approbation de S. S. Pie XI au cardinal Andrieu. (Cette lettre ne fut publiée que le *9 septembre*.)
- **8 septembre 1926.** Réponse des dirigeants catholiques de l'Action française au cardinal Andrieu (publiée le *9 septembre*).
- **12 septembre 1926.** Réponse de l'Union française des Corporations à la lettre du cardinal Andrieu.
- **16 septembre 1926.** Adresse des Étudiants d'Action française, des Camelots du Roi et des Commissaires d'Action française au Pape.
- **16 septembre 1926.** Lettre du colonel de Vesins, président de la Ligue d'Action française à Sa Sainteté.
- **25 septembre 1926.** Déclaration du Pape aux Tertiaires français de saint François.
- **27 septembre 1926.** Publication par *L'Aquitaine* d'une lettre du cardinal Andrieu au Pape datée du *7 septembre 1926*.
- **2 octobre 1926.** Lettre de S. É. le cardinal Gasparri, secrétaire d'État de Sa Sainteté au cardinal archevêque de Paris en réponse aux Étudiants d'Action française.
- **6 octobre 1926.** Lettre du cardinal archevêque de Paris à Georges Calzant, secrétaire général des Étudiants d'Action française.
- **12 octobre 1926.** Lettre de Charles Maurras au Pape. (Cette lettre n'a été livrée à la publicité que le *6 février 1927*.)
- **20 et 22 novembre 1926.** Lettres du colonel de Vesins, président de la Ligue à S. É. le cardinal archevêque de Paris et aux Supérieurs ou Provinciaux de divers ordres religieux, pour obtenir pour l'Institut d'Action française des théologiens, séculiers ou réguliers.

- **21, 25 et 26 novembre 1926.** Congrès d'Action française. Discours du colonel de Vesins, qui redemande à l'Autorité religieuse de donner aux groupements catholiques d'Action Française des théologiens pour exposer la doctrine catholique. (Voir la réponse du Saint-Père le *4 décembre 1926.*) Discours de Maurice Pujo. Déclaration de l'amiral Schwerer.
- **30 novembre 1926.** Lettre du cardinal archevêque de Paris en réponse à la lettre du Président de la Ligue demandant des théologiens.
- **4 décembre 1926.** Circulaire personnelle et confidentielle de Son Excellence Mgr Maglione, nonce apostolique, aux archevêques de France pour leur notifier le refus de Sa Sainteté « de donner aux groupements d'Action Française des aumôniers chargés de veiller sur la doctrine et la morale de ces groupements. »
- **Décembre 1926.** Nombreuses attaques contre l'Action française dans *L'Osservatore romano*, reproduites par *La Croix*. (Nous n'indiquons pas dans ce tableau les articles publiés contre l'Action Française par la presse dite « religieuse ». Exception faite pour les attaques de *L'Osservatore romano.*
- **15 décembre 1926.** Réponse de *L'Action française* aux diffamation, de *L'Osservatore romano* : « Rome et la France ».
- **29 décembre 1926.** Allocution consistoriale.
- **21 décembre 1926.** Article de *L'Action française* : « *Non possumus* ».
- **1er janvier 1927.** Allocution de S. Exc. le nonce apostolique à l'Élysée.
- **3 janvier 1927.** Article de Charles Maurras sur l'allocution du nonce.
- **5 janvier 1927.** Lettre du Saint-Père au cardinal Andrieu.
- **9 janvier 1927.** Publication par *La Croix* du décret du Saint Office (mise à l'Index) en date du 29 décembre 1926.
- **9 janvier 1927.** Article de Charles Maurras sur la mise à l'Index. Lettre circulaire de Charles Maurras à la presse.
- Adresse de l'épiscopat français au Souverain Pontife – 104 signatures – publié par *La Croix* datée du 3 mars 1927 et *L'Action française*.
- **3 mars 1927.** Publication par *L'Action française* d'une lettre d'envoi du cardinal Luçon jointe à un projet de déclaration collective des évêques de France.

- **9 mars 1927.** *L'Action française* publie la Déclaration (sans date) des cardinaux, archevêques et évêques de France au nombre de 118.
- **8 mars 1927.** Réponse de *L'Action française* à la Déclaration.
- **8 mars 1927.** Décret de la Sacrée Pénitencerie (cardinal Frühwirth). (Ce décret fut publié par *La Croix* le *29 mars 1927*.)
- **29 mars 1927.** Réponse de *L'Action française*.
- **16 avril 1927.** Plainte adressée à S. S. Pie XI contre le cardinal Andrieu, par les dirigeants catholiques de l'Action française. (Cette plainte fut publiée dans *L'Action française* le *3 mai 1927*.)
- **11 mai 1927.** *L'Action française* publie la correspondance de ses dirigeants catholiques avec S. Exc. le nonce apostolique au sujet de la plainte du 16 avril 1927.

AVANT-PROPOS

La presse de tous les pays a consacré depuis huit mois d'innombrables articles aux difficultés de l'Action française avec le Vatican. En France, on pourrait compter sur les doigts les journaux de Paris et des provinces qui n'ont pas donné sur notre « affaire » des exposés plus ou moins exacts ou qui n'y ont pas trouvé prétexte à des polémiques passionnées. En outre, des communications officielles que les Autorités ecclésiastiques ont fait faire aux fidèles, soit par l'organe des Bulletins religieux, soit par des lectures en chaire, des sermons, des instructions, des allocutions ont fait retentir le nom de l'Action française sous les voûtes de nos églises. Dans les conversations de la rue, des cafés, des cercles, des salons, nos démêlés avec le Saint-Siège fournissent des aliments à trop de discussions et de querelles.

Au milieu de ces passions déchaînées, la vérité des faits et des positions est souvent – et fatalement – méconnue.

Nous nous sommes efforcés quotidiennement dans le journal de rétablir les uns et de maintenir les autres. Mais les feuilles quotidiennes s'envolent, les réponses décisives sont oubliées : les erreurs volontaires ou involontaires subsistent. Par ailleurs, des scrupules que nous respectons peuvent empêcher des catholiques sympathiques à notre cause et, en tout cas, désireux de justice, de chercher dans nos colonnes la réfutation d'attaques qu'ils savent ou qu'ils soupçonnent être calomnieuses.

L'Action française a pensé que, les choses étant ce qu'elles sont jusqu'à nouvel ordre, il était de son devoir de réunir en un volume, pour les mettre à la portée de tous les esprits de bonne foi, les éléments essentiels des attaques dont elle a été l'objet et des réponses qu'elle y a opposées.

C'est une sorte de Livre Jaune[68] de ses démêlés avec le Saint-Siège, que l'Action Française présente aujourd'hui à tous ceux qui veulent porter sur ce douloureux conflit un jugement éclairé.

---

[68] On appelait *Livre jaune* le recueil des actes et documents régulièrement publié par le ministère des Affaires étrangères à l'appui de la politique française. (n.d.é.)

Le volume[69] s'ouvre sur la pièce initiale du procès qui nous a été intenté, la lettre de S. É. le Cardinal Andrieu, archevêque de Bordeaux, Primat d'Aquitaine, à « quelques jeunes catholiques » et les réponses successives qu'y firent les dirigeants catholiques de l'Action française, l'Union des Corporations françaises et Charles Maurras.

Le chapitre II est consacré à l'intervention du Pape par sa lettre d'approbation au Cardinal Andrieu et aux manifestations de fidélité catholique dont elle fut immédiatement suivie de la part des Étudiants, des Camelots et des Commissaires d'Action française On y trouvera ensuite la lettre du Colonel de Vesins, Président de la Ligue d'Action française à Sa Sainteté. Nous donnons à la suite, et dans leur ordre chronologique, la lettre de l'Archevêque de Bordeaux au Pape, l'allocution du Saint-Père aux tertiaires franciscains de France, une lettre du Cardinal Gasparri au sujet des Étudiants d'Action française et une correspondance de S. G. Mgr Marty, Évêque de Montauban, avec *La Libre Belgique*.

Le chapitre III contient les principales déclarations faites au Congrès d'Action française, et les démarches du Président de la Ligue pour obtenir des aumôniers et théologiens, les réponses du Cardinal Dubois et du Nonce.

Au chapitre IV, nous donnons des réponses de l'Action française à certaines attaques de presse.

Au chapitre V, après l'allocution consistoriale du 20 décembre, nous donnons les déclarations des Comités directeurs de l'Action française : *Non Possumus* et le Discours du Nonce à l'Élysée, le 1er janvier.

Le chapitre VI relate la double condamnation, par le Saint-Office, de Charles Maurras et du journal *L'Action française*, la nouvelle lettre du Pape au Cardinal Andrieu, la déclaration de l'Épiscopat français et le décret de la Sacrée Pénitencerie apostolique et les réponses de l'Action française.

Le chapitre VII donne la plainte portée contre le Cardinal Andrieu devant le Saint Père, le 16 avril 1927, par les dirigeants catholiques de l'Action française.

Le chapitre VIII donne la lettre et le télégramme de Mgr le duc de Guise à l'Action française et diverses adresses de la Fidélité française.

---

[69] Le caractère très disparate des textes du recueil et le fait qu'ils ne sont pas tous de Charles Maurras nous conduit à les publier sous leur forme originale, les traitant en textes indépendants. (n.d.é.)

Au chapitre IX on trouvera toute une série de documents relatifs à l'attitude de S. S. Pie X à l'égard de Maurras, ainsi que la lettre de Maurras au Pape Pie XI et sa correspondance avec le cardinal Gasparri.

Enfin en appendice figurent des pièces et articles justificatifs notamment sur la « Politique d'abord », et *Anthinéa*.

On sera étonné peut-être de retrouver en de nombreuses pages de ce livre les mêmes pensées exprimées souvent par les mêmes mots. Il aurait été facile de diminuer le nombre de ces répétitions et de faire disparaître ce qu'elles peuvent présenter de fatigant pour le lecteur, et, en apparence, de contraire aux règles de l'art littéraire.

Mais outre que la répétition des attaques a rendu nécessaire la répétition des arguments de la défense, nous avons tenu à donner exactement et complètement tels que les circonstances ont exigé qu'ils fussent les documents qui permettent de voir, de comprendre et de juger cet épisode de notre histoire.

Nous avons la certitude qu'il fera disparaître bien des préjugés, et hâtera l'heure de la justice.

Charles Maurras et le cardinal Andrieu

1927

À Son Éminence le Cardinal Archevêque de Bordeaux

POUR UNE ÉPITHÈTE DE TROP

Mercredi 5 janvier 1927

Plus j'y réfléchis, et depuis trois jours[70] cette réflexion ne s'arrête pas, plus il m'apparaît nettement que S. É. le cardinal Andrieu[71] vient de me mettre dans la nécessité de Lui adresser respectueusement mais fermement quelque chose de plus qu'une protestation motivée.

Jusqu'ici Mgr Andrieu s'était tenu, je tiens à le reconnaître, dans l'ordre absolu de son droit. Dans l'usage, ou, si l'on veut, dans l'abus (pour moi évident) de ce droit je n'avais quant à moi ni à le juger ni même à l'apprécier. Il traitait des questions de doctrines morale et religieuse qui lui étaient naturellement soumises et, même s'il lui arrivait de tomber dans l'erreur, ce risque trop humain demeurait un risque professionnel attaché à sa dignité, à l'exercice de sa fonction. Les fidèles s'inclinent et saluent. Les non fidèles, s'inclinant ou non, saluant ou non, évitent de se mêler de ce qui ne les regarde pas. Plusieurs se sont étonnés ou de mon silence, ou de ma réserve, ou de ce qu'ils appelaient ma pusillanimité. C'était, je crois, raison. Ils viennent d'en voir les motifs.

Mais, depuis samedi, les choses ont un peu changé. S. É. le Cardinal Andrieu vient d'attacher aux doctrines de l'Action française deux épithètes

---

[70] Maurras n'avait pas réagi publiquement dans les jours qui suivaient immédiatement la condamnation de l'Action française par Rome le 29 décembre 1926. Les deux articles que nous regroupons ici sont sa première réaction dans *L Action française*, les 5 et 7 janvier 1927. Le texte de ces articles est repris en volume dans le recueil *L Action française et le Vatican*. *Les notes sont imputables aux éditeurs.*

[71] Pierre-Paulin Andrieu (1849–1935), cardinal, archevêque de Bordeaux, avait joué un rôle important dans les démarches qui devaient aboutir à la condamnation par Rome de l'Action française, en particulier en servant de relais de la volonté de condamnation romaine auprès de l'épiscopat français. Une lettre de sa part parue dans *L Aquitaine* le 25 août 1926 et à laquelle Maurras va faire allusion plus bas marque un certain tournant et le début d'une offensive publique du cardinal Andrieu contre *L Action française*.

dont l'une est de son ressort (nos doctrines ne sont pas catholiques, dit-il) mais dont l'autre doit échapper à sa juridiction : elles ne sont pas « françaises », ajoute-t-il.

Il ne m'est pas possible de laisser passer un tel jugement sans le contester, sans montrer ce qu'il a de faible, de flottant et d'inconsistant dans sa haute source. Le Cardinal Andrieu, dans cette matière, ne parle plus comme cardinal, mais comme citoyen. Seulement ce citoyen n'est pas un citoyen comme nous. Il est établi sur un trône, qui pose sur des gradins, qui l'élèvent bien au-dessus du commun des autres. Ce qu'il montre est vu de plus loin, ce qu'il dit s'entend de plus loin aussi : il s'ensuit qu'il peut faire un dommage plus grave aux doctrines auxquelles tant de Français se sont ralliés et qui ont fait du bien, un bien évident à la France. Cela m'impose le devoir de ne rien épargner et même de ne ménager personne pour établir la vérité.

Je ne m'éloignerai certes pas du respect qui est dû à tous les membres, quels qu'ils soient, d'une hiérarchie bienfaisante et profondément vénérable. Je dirai donc la vérité avec respect. Je la dirai.

Et mes premiers mots garantiront ce respect puisqu'ils établiront que S. É. le Cardinal Andrieu a pensé de nos idées sur la France et l'Église exactement ce qu'en ont toujours pensé nos plus ardents et nos meilleurs amis catholiques. Il y a peu de temps en effet, il n'y a pas dix ans, S. É. le Cardinal Archevêque de Bordeaux témoignait à nos idées et à mon humble personne plus que de la faveur. Bien que je n'eusse jamais eu l'honneur de me présenter à lui, il s'exprimait sur mes campagnes et sur mes articles en des termes d'approbation véritablement sans réserve. Lui adressait-on, en septembre 1919, un article de moi sur les questions électorales pendantes, il écrivait sur sa carte de visite, le 13 septembre, ces mots à l'adresse d'un de nos amis les plus chers :

> Le Cardinal Archevêque de Bordeaux tient à vous remercier de la lettre importante que vous lui avez écrite après notre dernière conversation.
>
> Il apprécie beaucoup les réflexions qu'elle contient et il serait très heureux de voir les catholiques et tous les hommes d'ordre entrer, à l'occasion de la prochaine consultation nationale, dans la voie qu'elles leur tracent.
>
> Très suggestif, l'article de Maurras dans *L'Action française* arrivée ce matin, et notre *Aquitaine* y fait écho par son article de tête sur la

nécessité de poser la question religieuse devant le corps électoral.
... bien paternellement à vous en N.-S.,
Paulin cardinal Andrieu Archevêque de Bordeaux.

Bien avant ces jours pastoraux où son *Aquitaine* « faisait écho » à tels articles « suggestifs » de *L'Action française*, exactement quatre années auparavant, le 6 mars 1915, S. É. le cardinal Archevêque de Bordeaux avait daigné déclarer, dans une carte de visite du même modèle, sous la foi de Sa signature : « On ne peut pas mieux dire que M. Charles Maurras... »
De tels éloges, si brillants, auraient pu me tourner la tête.
Du moins m'inspirèrent-ils une gratitude très vive. Il me parut qu'un Prince de l'Église animé de tels sentiments pouvait, en sa qualité d'ancien évêque d'un diocèse de Provence, recevoir l'hommage du petit livre que je composai vers ce temps-là, sous le titre *L'Étang de Berre* et qui devait se vendre au profit des blessés du 15e Corps. Quand l'ouvrage fut prêt, je me fis une espèce de devoir de l'adresser au Cardinal Andrieu. Je reçus une magnifique réponse, qu'il est impossible de laisser ignorer aujourd'hui. Le haut dignitaire français, le Prince de l'Église et, par conséquent, de l'État, qui dénie à nos idées leur qualité française m'écrivait, il y a moins de douze ans, ceci :

Archevêché de Bordeaux

Bordeaux, le 31 octobre 1915.
Monsieur le rédacteur,
Je vous remercie d'avoir bien voulu m'offrir un exemplaire de votre nouveau livre *L'Étang de Berre*.
C'est un monument de piété tendre disait ces jours-ci, dans votre journal, un critique de marque, et l'on y retrouve toute la puissance de pensée et toute la finesse de style du constructeur.
Vous avez admirablement chanté, car ce livre est un poème, les sites et les gloires d'une province française pour laquelle je professe comme vous un culte. Elle a eu mon premier amour d'évêque, et cet amour lui reste fidèle.
La petite patrie ne vous fait pas oublier la grande et vous la défendez avec une plume qui vaut, certes, une épée.
Pourquoi donc ai-je lu dans la dédicace de votre livre aux morts,

blessés et victorieux de la guerre : « si mon corps valait mon âme » ? Vous défendez aussi l'Église, et ce ne fut jamais plus nécessaire, puisque, dans certains milieux, on lui conteste même le droit de prêcher la doctrine pourtant si vraie, si moralisante et si opportune de l'expiation.

Vous défendez l'Église avec autant de courage que de talent. Faut-il s'en étonner ? Elle représente des principes sans lesquels tout le reste se désorganise et s'effondre. Elle a procuré à la France, qui ne date pas de 89, quatorze siècles de grandeur et de prospérité, et vous avez raconté dans une page délicieuse, à propos d'un sacre épiscopal, que vous lui deviez votre salut intellectuel.

Ne contracterez-vous pas envers elle d'autres dettes d'un ordre encore plus élevé ? Je suis tenté de croire que vous en aviez la noble ambition — et nul ne souhaite plus que moi qu'elle se réalise — lorsque vous écriviez dans la préface de votre hymne à la Provence « la nuit sublime d'Augustin et de Monique », « la nuit d'Ostie me remonte dans la mémoire avec le cri théologique du noble auteur des *Confessions* sur la douleur des choses possédées de ce sentiment qu'elles ne sont point composées pour elles-mêmes et qu'un autre désir les anime et les transfigure hors de leur petite durée et de leur minime étendue ». Qu'est-ce que ce désir qui anime et transfigure, sinon le besoin d'infini concret qui tourmente l'homme à toutes les heures de son existence et qui n'est apaisé que lorsque son âme naturellement chrétienne, selon le mot de Tertullien, communie, dans les ombres de la foi, en attendant les splendeurs de la vision, à la vérité et à la charité divines.

Veuillez agréer, monsieur le rédacteur, avec mes remerciements, l'hommage de ma profonde estime et de mon cordial respect en N.S.

Paulin, cardinal Andrieu, Archevêque de Bordeaux.

Que s'est-il donc passé entre la lettre du 31 octobre 1915 et celle que *L'Aquitaine* a publiée, sous la même signature, à la fin d'août 1926 ? Si je n'eusse recherché qu'un vulgaire effet de contraste aboutissant aux éclats d'une ironie universelle, il eût suffi d'opposer lettre à lettre dans L'Action française du 3 ou 4 septembre dernier ! Ce n'est pas cet effet que je poursuivais. Je recherchais, pour ma part, tout autre chose. Je désirais une explication. Je voulais contenter, dans ma pensée et dans celle de nos amis qui connaissaient le document, les curiosités de l'intelligence et de la raison. Un Prince de l'Église avait telle opinion sur nous en octobre 1915. Cette opinion s'était modifiée du tout au tout en août 1926. Pourquoi ? Après y avoir beaucoup songé, je résolus de le demander à celui qui avait tous les moyens de me satisfaire. Je lui écrivis. Voici ma lettre, on dira si elle contenait un seul terme capable de blesser les plus fières délicatesses de la susceptibilité la plus justifiée :

>Paris, le 17 septembre 1926.
>Monseigneur,
>Quelques longues réflexions que j'aie faites durant les quinze jours qui ont suivi l'acte de Votre Éminence, je ne suis pas encore sorti du légitime étonnement où m'a plongé un blâme public que rien ne me faisait prévoir et que rien ne m'explique.
>Je ne peux oublier, en effet, que, il y a onze ans, en échange d'un petit livre que j'avais eu l'honneur de Lui envoyer, Votre Éminence voulut bien m'adresser des paroles que je n'avais ni sollicitées ni même ambitionnées, mais qui m'étaient allées au cœur en raison de la haute sympathie que Votre Éminence témoignait à mon « culte » pour ma Provence et pour notre France.
>Il me coûte de Lui redire Ses paroles trop magnifiques, mais enfin le jugement flatteur porté sur ma plume, qui, disait Elle, valait une épée s'appliquait aussi bien qu'aux travaux du patriotisme, aux modestes essais de défense religieuse qu'il m'arrivait de publier alors comme aujourd'hui.
>Ces essais, Votre Éminence les jugeait utiles et même « nécessaires ». La suite de Ses paroles montre qu'Elle n'avait pu être indifférente à mon effort pour faire comprendre et faire admirer la doctrine de l'expiation catholique. Bien que ces entreprises d'éclaircissement n'exprimassent que mon désir d'être utile au pays, Votre Éminence prétendait y démêler les signes d'un tel courage qu'Elle me décernait le précieux hommage de Sa profonde estime. Votre Éminence m'excusera de placer sous ses yeux le texte complet de cette lettre mémorable. Qu'Elle daigne en relire les termes trop beaux ; il Lui paraîtra naturel que je vienne Lui demander avec simplicité : — Qu'ai-je fait depuis le 31 octobre 1915 pour être traité par votre Éminence comme je l'ai été le 25 août dernier ?

Il me souvient, comme à tout homme de bien des fautes ! Il ne me souvient pas d'un acte, d'un écrit, d'une parole capable d'opérer une telle révolution dans les sentiments de Votre Éminence. Peut-être même ai-je fait quelque chose de plus pour mériter que Sa bienveillance me soit gardée. En 1917 a été publié le livre *Le Pape, la Guerre et la Paix*, dont je ne crois pas qu'un catholique puisse se plaindre. C'était le temps où la « rumeur infâme » et les calomnies contre Benoît XV troublaient trop d'esprits. Les années suivantes, j'ai été un des apôtres de l'heureux rétablissement de l'ambassade au Vatican. Depuis, cette action générale qui avait mérité la faveur de Votre Éminence, a gagné immensément en force matérielle et morale. Nos cadres anciens, décimés par la guerre, ont été rétablis, étendus, fortifiés ; les obstacles élevés en grand nombre contre notre œuvre l'ont servie, loin de l'arrêter ou de la ralentir. Des criminels nous ont visés, des assassins restés impunis ont fait trois martyrs dans nos rangs. Ils ont aussi collaboré à ces progrès de notre cause et de notre action. Devant les images ensanglantées de Marius Plateau, de Philippe Daudet et d'Ernest Berger[72], je me permets de redemander à Votre Éminence ce qui a pu changer Ses sentiments envers une œuvre qui n'a pas dévié de la première ligne approuvée.

Mon incroyance ? Votre Éminence l'ignorait si peu, en 1915, qu'Elle voulait bien y faire allusion dans les termes les plus délicats. De notoriété publique, j'étais alors l'auteur de volumes qui avaient été déférés à Rome un peu avant la guerre, et pour lesquels Pie X avait refusé de me condamner. En 1915, ces livres subsistaient à peu près tels que je les avais publiés, ils n'avaient reçu de moi aucun amendement important. C'est quatre ans après la lettre de Votre Éminence que les modifications les plus amples y furent portées. Qu'elles soient jugées insuffisantes du point de vue de Votre Éminence, rien de plus naturel. Mais le fait de les avoir voulues et entreprises ne peut suffire à me valoir les étranges paroles par lesquelles Votre Éminence, non contente de me retirer estime et

---

[72] Moins connu que les précédents, Ernest Berger fut Trésorier de la Ligue d'Action française. Il est assassiné le 26 mai 1925 d'une balle dans le dos par une anarchiste, Maria Bonnefoy, qui fut relâchée sans jugement au prétexte qu'elle aurait été « déséquilibrée ». C'est cet assassinat supplémentaire qui, avec l'attentat contre la réunion royaliste de la rue Hermel le 5 juin de la même année, détermina Maurras à publier sa *Lettre à Schrameck* le 9 juin.

respect, frappe d'un doute injurieux le désintéressement et la sincérité de Son correspondant d'autrefois.

Incapable de résoudre une telle énigme, j'ai l'honneur, Monseigneur, de la soumettre à Votre Éminence, en lui renouvelant, avec l'expression d'un étonnement douloureux, les hommages de mon profond respect que rien ne saurait altérer.

Charles Maurras.

Cette lettre a été mise à la poste aussitôt qu'elle a été écrite. Elle était recommandée avec avis de réception. Cet avis m'a été retourné dans toutes les règles, revêtu d'un récépissé dans lequel j'ai cru reconnaître l'écriture de Son Éminence le cardinal de Bordeaux.

Je n'ai pas eu d'autre réponse.

Depuis plus de trois mois et demi, Son Éminence n'a pas daigné résoudre ma question.

Cette question subsiste dans toute sa force.

À Son Éminence le Cardinal Archevêque de Bordeaux, II

Vendredi 7 janvier 1927

> *Et vous allez laisser dire que les idées d'Action française n'ont rien de... français ! Et vous ne seriez pas capables de relever hautement et énergiquement une telle parole !*
> *... On passe à l'insulte ! Nous sommes Boches peut-être ? en voilà assez.*
>
> Lettre d'un prêtre français.

> — *Nous aurons l'Action française jusqu'à l'os...*
>
> Propos de table de l'abbé Trochu.

En s'abstenant de nous instruire des raisons ou des causes de son double et triple revirement à notre égard, S. É. le cardinal archevêque de Bordeaux nous a laissé le soin de résoudre ce pénible problème par nos propres moyens. Ses dernières paroles nous ont même imposé cette tâche. Mais de récents événements l'ont facilitée.

La solution serait presque impossible si nous nous en tenions à des vues de bibliothécaire ou d'homme de lettres. Les textes sont des textes. Ils valent ce qu'ils valent. Quand ils sont bons comme ceux qui je citais avant-hier, ils valent beaucoup. Ce ne sont cependant que des écrits. De pauvres écrits qui volent tout aussi bien que des paroles, dans la vie d'un homme d'action tel que le cardinal de Bordeaux ! Il nous a écrit une lettre d'éloges ? Bon. Il a écrit à un tiers d'autres éloges dont j'étais le sujet ? Mieux encore. Encore faut-il admettre qu'il a eu, par la suite, d'autres soucis et que la mémoire de ses écrits, surtout celle des miens, même la mémoire de nos actions, n'a tenu qu'une place infime dans l'ordre de ses jugements ! À cette facilité d'oubli que stimule une existence tout en œuvres, à cet oubli matériel dont l'esprit humain n'est que trop capable, ajoutons quelques passes de mauvaise humeur causées par les dissentiments électoraux de 1919 et de 1924 entre nos amis de la Gironde et l'archevêché... C'était sans doute là de quoi éloigner sensiblement S. É. le Cardinal Andrieu de ses positions de 1915. Était-ce de quoi le retourner si complètement contre nous ? Ajoutons : toutes les cabales du monde, tous les mensonges de la démocratie chrétienne, du Sillonnisme, de l'Action populaire[73], qui, avec les années, ont fini par reprendre du crédit à Bordeaux... Ajoutons, ajoutons. Franchement, il faut convenir que nous avançons peu dans l'explication que nous recherchons.

Mais voici autre chose. Les sentiments de S. É. le Cardinal Andrieu n'auraient-ils pas été rebroussés et révolutionnés par une mauvaise lecture ? Un de ces mauvais livres comme il les craint, comme il a raison de les craindre, ne s'est-il pas jeté au travers de sa pensée, de manière à la bouleverser pour y confondre tout ?

Les lecteurs pourront voir si l'hypothèse nous trompe, car les pièces vont être exposées à leurs yeux. Il est impossible de lire la lettre véhémente écrite contre nous le 25 août dernier par le Cardinal Andrieu sans y relever à chaque ligne d'étroites ressemblances de forme, de fond, d'intention même avec une brochure publiée aussi contre nous par l'avocat belge Passelecq[74] en 1925, donnée en supplément, dans l'*Ouest-Éclair*[75], par l'abbé Trochu.

On sait qui est l'abbé Trochu, ou plutôt on croit le savoir. On le saura de mieux en mieux, au fur et à mesure des discussions. Quant à M. Passelecq, c'est un philoboche notoire, obscurément mêlé aux intrigues du pangermanisme en Belgique.

Lorsque, il y a deux ans, la jeunesse belge, dans une consultation qui fit du bruit, voulut bien me désigner en première ligne comme un de ses maîtres politiques, la réponse de Passelecq avait généralement parue inspirée

---

[73] Le parti d'Albert de Mun et Jacques Piou, parti longtemps soutenu officiellement par Rome comme son représentant dans le jeu des partis en France.

[74] Fernand Passelecq, le père, effectivement avocat, de Georges Passelecq (1909–1999), lequel a été moine bénédictin à Maredsous dès 1925, se spécialisant dans le dialogue avec le judaïsme et l'étude de l'antisémitisme catholique, grande figure du catholicisme du siècle passé. Soulignons que Maredsous a été l'un des foyers importants du mouvement liturgique, et l'un de ceux où ce mouvement a dévié des intentions originales de Dom Guéranger et de saint Pie X pour dériver vers des conceptions liturgiques qui mèneront directement au concile Vatican II.

[75] Créé en 1899 par l'abbé Félix Trochu et l'avocat vannetais Emmanuel Desgrées du Loû, le journal qui rayonnait depuis Rennes sur tout l'Ouest et jusque dans le Poitou se définissait lui-même comme le « Journal républicain du matin ». Son dernier numéro est daté du premier août 1944. Le journal devint alors *Ouest-France*, avec une équipe renouvelée mais néanmoins apparentée à Emmanuel Desgrées du Loû.

par le zèle du libéralisme religieux. Les regards clairvoyants y discernèrent à Bruxelles une action du dehors contre l'influence française.

Mon premier mot avait été : *quel est le Boche qui a écrit ça ?* Ça n'en constituait pas moins un produit capable de nuire. Notre éminent ami le colonel Larpent jugea indispensable d'en publier la méthodique réfutation à l'usage des intelligences jeunes et mal informées, *Pour connaître Charles Maurras* (à la librairie d'Action française).

Passelecq n'a pas détaché un seul de nos amis, jeunes ou vieux, ni dans les hauts lieux, ni plus bas. Ceux qu'elle émut jusqu'à les troubler se renseignèrent comme on verra plus loin : les réponses étaient faciles, claires, simples, personne n'insista. Comment imaginer que l'archevêché de Bordeaux, où nous avions (textes en main) le droit de nous croire connus, dût céder sans combat à cette diatribe ?

Deux faits sont bien certains.

D'abord nous n'avons reçu de Bordeaux aucune demande d'explication.

Ensuite, la lettre[76] de S. É. le cardinal archevêque de Bordeaux est le reflet direct, l'écho véritablement mécanique de la brochure Passelecq.

Je me devais de dire le premier de ces faits.

Le second est apparu dès la fin août dernière à un grand nombre de nos amis qui ont traduit cette évidence dans différents articles d'*Argia* (Pays Basque) et de la *Gazette de l Ouest* (Rennes). C'est à eux que je dois l'idée et le modèle de ce tableau :

CARDINAL ANDRIEU	PASSELECQ
Mes chers amis, vous me demandez si l'on peut suivre en toute sûreté de conscience l'enseignement donné, dans leur Institut et dans leurs publications, par les dirigeants de l'Action française. *La question est délicate.*	*Vous demandez, mon jeune ami,* qu'on vous explique avec précision et le plus simplement possible en quoi consiste cet « immoralisme » qu'on reproche à Maurras et à son école. *Ce n'est pas chose aisée.*
Les dirigeants de l'Action française... se déclarent, de ce chef, *athées* ou *agnostiques*. L'oracle des dirigeants de l'Action française	... Leur position morale est : « catholiques de naissance et de tradition, mais résolument agnostiques. » ... ce livre ne doit pas

---
[76] La lettre publique publiée dans le journal *L Aquitaine* le 25 août 1926 dont il a été question plus haut.

publia dans sa *jeunesse*, un ouvrage intitulé : Le Chemin du Paradis, qu'il a fait *rééditer* en 1920, après *quelques suppressions et corrections de pure forme*. Or, Le Chemin du Paradis est un *recueil de contes licencieux dont l athéisme* rivalise avec celui de nos contemporains les plus réfractaires à l'idée religieuse.	être considéré comme une « œuvre de *jeunesse* » : publié en 189495, lentement écoulé dans le public, Maurras a pris en effet l'initiative de le *rééditer* en 1920... Cette réédition, après vingt-cinq ans, *d un recueil de contes licencieux dont l athéisme*, ou plutôt l'agnosticisme sont plus accentués encore que chez Anatole France... Les *quelques suppressions et corrections* faites par lui, l'ont été en s'inspirant d'« un souci majeur de ne pas trop déplaire aux gens raisonnables... » La concession, bien médiocre, est donc *de pure forme*.
... Anthinéa, dont le premier titre fut : Promenades païennes. Dans l'édition de 1923, l'auteur a supprimé, pour raison de convenance, quatre pages blasphématoires sur le Nazaréen et la nuit du christianisme, mais il n'y a aucune rétractation et bien d'autres impiétés ont été maintenues.	De même pour Anthinéa. Le premier titre de ces impressions de voyage était : Promenades païennes. ... la 10e édition (1923) contient une note expliquant, uniquement par des raisons de convenance personnelle, la suppression de quatre pages blasphématoires sur « le Nazaréen » et « la Nuit du christianisme ». De rétractation, aucune. Les autres impiétés, qui abondent, ont été conservées.
Catholiques par calcul, et non par conviction, les dirigeants de l'Action française *se servent* de l'Église, ou du moins ils espèrent s'en servir, mais *ils ne la servent pas*, puisqu'ils repoussent l'enseignement divin qu'elle a pour mission de propager.	Laissant de côté le domaine des intentions où je ne veux pas m'attarder davantage, je note comme un fait que Maurras, quand il rend témoignage au catholicisme, *ne le sert pas, mais s'en sert*. Il cherche visiblement à l'entraîner dans une entreprise politique.

Quand on renie son Dieu, son Christ et son Église, il est difficile, pour ne pas dire impossible, de construire une morale, la morale vraie, *la morale traditionnelle*...

Aussi les dirigeants de l'Action française, en particulier leur chef, celui qu'ils appellent le Maître, ont dû se réfugier dans *l'amoralisme*. Ils ont *fait table rase de la distinction du bien et du mal*, et ils ont *remplacé la recherche de la vertu par l'esthétisme*, ou le culte de la beauté, et par l'épicurisme ou l'amour du plaisir. Le chef de l'Action française réprouve *tout système qui*, comme le christianisme, *fait de l'effort à la vertu la règle des actes volontaires, la base des institutions sociales et le principe du progrès social de l'humanité*. Faut-il s'étonner qu'il se montre *si prodigue de mépris et de sarcasmes contre ce qu'il appelle des doctrines « vertuistes »* ?

D'après les dirigeants de l'Action française, la société est affranchie comme *l'individu de toutes les prescriptions de la loi morale*, et ils essaient de justifier cette indépendance à l'aide de *deux sophismes : la stabilité du type de l'homme et l'immutabilité foncière de la société*, régie comme l'homme par des *lois physiques* qui excluent la

Vous comprenez dès lors par quelle contrefaçon Maurras remplace *la morale traditionnelle*.

Le choix d'une telle position intellectuelle de base suffirait déjà à justifier *l'immoralisme* dont l'ensemble de la doctrine maurrassienne est taxée... Dans la vie des sociétés comme dans celle des individus, Maurras *fait table rase de la distinction du bien et du mal*... [pour lui] toute éthique se résume dans un *esthétisme*... Esthétisme est pris ici dans le sens du système moral où *la recherche du bien et de la vertu* serait *remplacée* par celle des jouissances intellectuelles et morales (le *Beau* et les *Plaisirs*).

Il [Maurras] est *gonflé de mépris et débordant de sarcasmes pour toute doctrine qui fait de l'effort à la vertu la règle des actes volontaires, la base des institutions sociales et le principe du progrès social de l'humanité*. Le christianisme est au premier rang de ces *doctrines vertuistes*.

La philosophie morale et la *philosophie sociale* de Maurras ont pour traits essentiels de *répudier toute interventions de la moralité* dans l'appréciation des actes humains. Maurras part de ces *deux propositions fondamentales*, « que le monde, naturellement organisé, obéit à des *lois constantes* » et que « le type est un composé stable »... Ainsi fondée sur des principes absolus et exclusifs de moralité, puisqu'elles empêchent l'exercice de la liberté.

Les dirigeants de l'Action française invoquent à l'appui de leur thèse cet autre argument fantaisiste : *l'humanité est divisée en deux classes, ou plutôt deux règnes : l'homme non lettré que le maître de cette école appelle l'imbécile dégénéré, et l'élite des hommes instruits. Or l'humanité doit se conserver telle que la nature l'organise. Elle est donc fatalement condamnée à n'avoir d'autre règle de conduite que l'immobilisme.* Et, pour combler le vide causé par l'absence complète de la loi morale, les dirigeants de l'Action française nous présentent une organisation sociale toute païenne, où l'État, formé par quelques privilégiés, est tout et le reste du monde rien.

Aussi osent-ils *nous proposer de rétablir l'esclavage !* Et qu'on ne leur parle pas d'une *revendication quelconque de l'individu à l'encontre du pouvoir. La raison d'État sera supérieure à toute revendication de justice et de moralité* ; car, dit le chef de l'Action française, « *la morale naturelle prêche la seule vertu qui est la force* », et selon le mot d'un autre maître de la même école « *toute force est bonne, en tant qu'elle est belle et qu'elle triomphe* ».

Du reste, les prétendues *lois physiques dont la société relève exclusivement* fonctionnent avec une exactitude sidérale. C'est ce qui fait

« *stabilité du type de l'homme* » et *d'immutabilité foncière de la société* le « maurrassisme » comportera...

L'humanité est pour lui [Maurras] *divisée en deux classes ou plutôt en deux règnes : l'homme non lettré, qu'il appelle l'imbécile dégénéré, et l'élite des humains instruits... L'humanité doit... se conserver telle que la nature l'organise. Elle est donc finalement condamnée, conclurai-je, à l'immobilisme social.*

Physionomie de l'État maurrassien : L'État-Dieu (titre d'un paragraphe de la brochure Passelecq).

L'État maurrassien absorbe tout de l'individu même sa conscience... Donc omnipotence de l'État.

Rétablissez au plus tôt l'esclavage ! (titre d'un paragraphe de la brochure Passelecq) Le « maurrassisme » ne reconnaît pas la légitimité, ni même la pertinence *d'une revendication quelconque de l'individu à l'encontre du pouvoir... La raison d'État sera supérieure à toute considération de justice et de moralité* au sens traditionnel ; car, d'après Maurras, « *la morale naturelle prêche la seule vertu qui est la force* »... Or, « *toute force*, selon le mot de H. Vaugeois (Revue d'A. F., 1er décembre 1899), *est bonne en tant qu'elle est belle et qu'elle triomphe* ».

dire au chef de l'Action française : « *Défense à Dieu d'entrer dans nos observations.* » Les sociologues qui prononcent cet ostracisme si outrageant pour la majesté divine prétendent faire respecter ce qu'ils appellent l'équilibre du monde. PAULIN, cardinal ANDRIEU, Archevêque de Bordeaux	[Maurras] érige la *vie sociale* en phénomène purement physique, régi par des lois de nécessité *purement physique*, gravitant dans l'espace et dans le temps avec une *fixité sidérale*. De la science, en quelque sorte astronomique, de ce phénomène, il expulse toute notion morale et religieuse : « ... *Défense à Dieu d'entrer dans nos observatoires.* » Ainsi... « le maurrassisme » comportera, pour la discipline essentielle de la vie sociale, de respecter « l'équilibre du monde ». FERNAND PASSELECQ, Avocat à la cour de Bruxelles.

Que M. Passelecq m'attribuât la phrase « défense à Dieu d'entrer dans nos observatoires », cela ne me fait ni froid ni chaud. S. É. le Cardinal Andrieu répétant Passelecq, je dois lui dire que la phrase est de Passelecq, non de moi. De Passelecq le topo[77] de l'État-Dieu. De Passelecq les épigrammes au « virtuisme » Je ne crois pas avoir employé ce terme ridicule, sauf peut-être en citant quelqu'un ou par allusion à son texte. De Passelecq, les fausses dates des éditions de mes livres. De Passelecq, les assertions matériellement fausses sur le degré et la nature des corrections faites à mes deux livres, *Anthinéa* et *Le Chemin de Paradis*. Qui comparerait d'un peu près les ouvrages de Bruxelles et de Bordeaux trouverait le dernier tellement calqué sur le premier que la lettre cardinalice ne garde en propre qu'une erreur matérielle, ce faux titre *Chemin du paradis* (qui ressemble à une carte postale de l'abbé Trochu) pour le Chemin *de* paradis, lequel passe devant ma vieille maison de Provence.

Un tel excès de confiance accordé à M. Passelecq offre quelque chose de rare et de hardi qu'il importe de souligner.

À l'apparition de cette brochure, un autre pasteur d'âmes, un autre archevêque et primat, un autre Prince de l'Église universelle, homme, il est

---

[77] Nous dirions aujourd'hui *topos*, au sens de lieu commun.

vrai, de vaste science, le Cardinal Mercier, s'était ému comme le Cardinal Andrieu. Mais, ayant eu, lui aussi, la bonne idée d'attribuer quelque importance à notre œuvre, ainsi qu'il avait eu la bonté de nous le dire en propres termes au printemps de 1922, le Cardinal Mercier s'informa. Il daigna prier l'un de ses prêtres, qui traversait Paris, de me voir. L'envoyé du cardinal eut la bonté de m'interroger et de m'écouter. Nous y passâmes une soirée entière. Deux amis catholiques assistèrent à l'entretien. Ce fut un exposé en règle. Je montrai comment mes études de politique historique étaient inspirées de l'école expérimentale, Le Play, Taine, et comment ces impartiales études, aussi objectives que possible des faits sociaux, n'avaient rien qui pût ressembler, ni de loin ni de près, à la grossière entreprise de déduction et de reconstitution imaginative machinée par M. Passelecq. J'aurai, quelque jour, à entrer dans le détail.

Tous ceux qui connaissent ma pensée et l'histoire de ma pensée en sont si fortement convaincus qu'en 1905 (car les accusations à la Passelecq sont très vieilles[78]) à la première exhibition de ces calomnies, l'éducateur incomparable[79] à qui je dois toutes les lumières de ma jeunesse avait sauté sur sa plume pour me manifester son étonnement pour ce ramas de quiproquos et de coq-à-l'âne honteux ! Ce que l'on appelle ma doctrine politique n'est pas déduite, elle est induite et induite des faits, des liaisons des faits, que l'on appelle aussi des lois.[80] Non lois impératives, au sens d'ordre et de commandement. Mais lois de constance et de séquence, comme celle du jour et de la nuit, de la chaleur et de l'ébullition. Le monde

---

[78] Allusion transparente de Maurras aux vieilles accusations datant de la polémique avec le Sillon, les méthodes de Passelecq rappelant effectivement celles du P. Laberthonnière ou de l'abbé Jules Pierre.

[79] Mgr Penon.

[80] Le lendemain paraissait à la suite de l'article quotidien de Charles Maurras des *errata* que nous avons réintroduits dans notre texte et que nous ne reproduisons pas, accompagnés d'un *addendum* :

> Pour la clarté générale, qu'il me soit permis d'ajouter un petit nombre de nuances précises au sujet de ma conférence avec l'envoyé du cardinal Mercier : « Ma doctrine politique, écrivais-je hier, n'est pas déduite, elle est induite », j'aurais dû dire, pour les personnes peu au courant du langage des philosophes, que cette doctrine n'était pas « déduite » d'idées générales préconçues, ni, par conséquent, de principes (païens, semi-païens, non-païens ou anti-païens). Par un tout autre mouvement de la pensée, elle est induite du spectacle de l'histoire et des mœurs générales de l'humanité. C'est l'impartialité, c'est l'objectivité de ce travail sur l'expérience historique qui donne tout son prix à l'accord final des produits de l'induction avec les conclusions de la politique morale d'un saint Thomas ou d'un Bossuet.

humain a-t-il des lois de ce genre ? Je l'ai appris de tous mes maîtres de la pensée humaine et, si depuis plus de trente ans tant de catholiques illustres, prêtres, évêques, cardinaux, Pape même, ont bien voulu tenir en quelque estime ces travaux, si de véritables mystiques comme ce bon et saint père Vallée, qui nous a soutenus et bénis jusqu'au dernier soupir, estimaient dans notre œuvre un complément de la leur, c'est qu'ils ne la trouvaient pas contradictoire aux constructions intellectuelles des Thomas d'Aquin et des Bossuet, des Joseph de Maistre, des Bonald, des Veuillot et de leurs élèves : qu'il s'agisse de la constitution de la cité, de la critique du libéralisme ou de la critique de la démocratie, les rencontres étaient si flagrantes que l'on pouvait bien les haïr en secret : elles n'étaient pas discutées.

Voilà ce que je dis, et peut-être bien d'autres choses à l'éminent envoyé de l'archevêque de Malines, qui ne cessa de prendre des notes au cours de mes déclarations. Elles furent très fidèlement rapportées. Le primat de Belgique voulut bien les écouter avec attention. Il eût pu se dispenser de les juger. Il le fit cependant. Le cardinal Mercier dit : — la position de M. Maurras est inexpugnable.

Je crois, en effet, qu'elle l'est en droit. En fait c'est autre chose !

En fait, M. Passelecq nous a mis en présence d'une agression à masque religieux et moral, qui, profondément, était politique.

Passalecq servait l'intérêt politique des libéraux de son pays. Mais il servait aussi l'intérêt politique d'un autre pays que le sien. Il servait le pangermanisme. Il servait l'Allemagne.

Au service de l'Allemagne, M. Passelecq a tendu son piège de bonne foi, au zèle pastoral, à l'apostolat militant d'un membre distingué du haut clergé de France.

Ce piège a tristement joué. À la lettre, M. Passelecq, a surpris la religion de S. É. le Cardinal Andrieu. On sait le reste, et ce qu'on n'en sait pas peut être deviné.

Connus, les uns avec certitude, les autres avec une très forte probabilité, ces faits sont extrêmement douloureux. Il me fallait les faire voir ou entrevoir. Ce n'est pas moi qui les aggraverai d'irritants commentaires.

Le Réquisitoire de Bordeaux

Lettre du cardinal Andrieu et
réponses de l'Action française

1927

Le Réquisitoire de Bordeaux

Le 27 août 1926, c'est-à-dire en pleines vacances et sans que rien ait pu faire prévoir cette manifestation, *L'Aquitaine, Semaine religieuse du diocèse de Bordeaux*, publiait la lettre suivante[81] :

Réponse de S. É. le cardinal-archevêque de Bordeaux à une question posée par un groupe de jeunes catholiques au sujet de l'Action française.

Mes chers amis,

Vous me demandez si l'on peut suivre, en toute sûreté de conscience, l'enseignement donné, dans leur Institut et dans leurs diverses publications, par les dirigeants de l'Action française. La question est délicate, mais je n'essaierai pas de l'éluder, car je dois la vérité à tous, à plus forte raison aux jeunes, puisqu'ils portent en eux l'avenir. Je dois la vérité à tous, et je la dirai avec toute la franchise nécessaire, au risque de causer quelque surprise à des hommes dont j'admire le talent, mais dont les doctrines m'épouvantent.

Si les dirigeants de l'Action française ne s'occupaient que de politique pure, s'ils se contentaient de rechercher la forme de pouvoir la mieux adaptée au tempérament de leur pays, je vous dirais tout de suite : vous êtes libres de suivre l'enseignement que donnent, de vive voix ou par écrit, les maîtres de l'Action française. L'Église, interprète des volontés divines, permet à ses fils d'avoir des préférences au sujet de la forme du gouvernement. Il suffit, pour s'en convaincre, de lire ce passage de l'Encyclique de Léon XIII, sur le ralliement : « Dans cet ordre d'idées, les catholiques, comme tout citoyen, ont pleine liberté de préférer une forme de gouvernement à l'autre, précisément en vertu de ce qu'aucune de ces formes ne s'oppose, par elle-même, aux données de la saine raison et aux maximes de la doctrine chrétienne. »

Vous pourriez encore suivre l'enseignement donné par les dirigeants de l'Action française, si, sans abandonner leurs préférences

---

[81] Le cardinal Andrieu donnait ainsi le premier coup d'une série qui allait aboutir à la condamnation de l'Action française par Rome fin 1926.
Nous reproduisons ces pages d'après le premier chapitre du recueil de 1927 *L'Action française et le Vatican*. (n.d.é.)

pour telle forme de pouvoir, ils se renfermaient dans le travail de la politique qui n'est pas indépendante de la loi morale, étudiant, avec leurs élèves, le moyen de faire voter de bonnes lois et d'obtenir le redressement de celles qui sont mauvaises et qui attentent, comme les lois de laïcité, aux droits imprescriptibles de Dieu, de Jésus-Christ, de l'Église, des Congrégations religieuses, de la famille et des âmes. Le Pape Léon XIII reconnaît la légitimité d'un pareil enseignement dans cet autre passage de la même Encyclique : « Et voilà précisément le terrain sur lequel, – tout dissentiment politique mis à part – les gens de bien doivent s'unir pour combattre, par tous les moyens légaux et honnêtes, les abus progressifs de la législation. Le respect que l'on doit aux pouvoirs constitués ne saurait l'interdire. Il ne suppose ni le respect, ni beaucoup moins l'obéissance sans limite à toute mesure législative quelconque édictée par ces mêmes pouvoirs. »

Mais les dirigeants de l'Action française ne s'occupent pas seulement de la politique qui discute sur la forme du pouvoir et de la politique qui en règle l'exercice. Ils étudient, devant leurs élèves, bien d'autres problèmes qui relèvent directement du magistère ecclésiastique et dont les membres de l'Église enseignée – seraient-ils prêtres, princes ou dirigeants de l'Action française, – ne peuvent traiter, si l'Église enseignante, représentée par le Pape et les Évêques, ne les y autorise par une délégation délivrée à la suite d'un examen constatant leur capacité et leur orthodoxie.

Les dirigeants de l'Action française n'ont pas jugé à propos de solliciter cette licence d'enseignement que l'Autorité ecclésiastique leur aurait d'ailleurs refusée, à cause des multiples et graves erreurs qu'ils ont commises en exposant leur système religieux, moral et social.

Les dirigeants de l'Action française se sont occupés de Dieu. Quelle idée en ont-ils ? Ils le regardent comme inexistant ou inconnaissable, et ils se déclarent, de ce chef, athées ou agnostiques. L'oracle des dirigeants de l'Action française publia, dans sa jeunesse, un ouvrage intitulé : *Le Chemin du paradis* qu'il a fait rééditer en 1920, après quelques suppressions et corrections de pure forme. Or, *Le Chemin du paradis* est un recueil de contes licencieux dont l'athéisme rivalise avec celui de nos contemporains les plus réfractaires à l'idée religieuse.

Les dirigeants de l'Action française se sont occupés du Verbe de Dieu incarné dans le sein d'une Vierge. Quelle idée en ont-ils ? On peut s'en rendre compte en parcourant un autre ouvrage du même chef de l'Action française : *Anthinéa*, dont le premier titre fut *Promenades païennes*. Dans l'édition de 1923[82], l'auteur a supprimé, pour raison de convenance, quatre pages blasphématoires sur le Nazaréen et la Nuit du christianisme, mais il n'y a aucune rétractation, et bien d'autres impiétés ont été maintenues.

Les dirigeants de l'Action française se sont occupés de l'Église. Quelle idée en ont-ils ? Ils repoussent tous les dogmes qu'elle enseigne. Elle enseigne l'existence de Dieu et ils la nient, car ils sont athées. Elle enseigne la divinité de Jésus-Christ, et ils la nient, car ils sont anti-chrétiens. Elle enseigne qu'elle a été fondée elle-même par le Christ, Dieu et Homme, et ils nient son institution divine, car ils sont anti-catholiques, malgré les éloges parfois très éloquents qu'ils décernent à l'Église, dans un but qui n'est peut-être pas tout à fait désintéressé. Selon le mot d'un célèbre théologien placé naguère sur les autels, l'Église est une « monarchie tempérée d'aristocratie », et cette organisation dans l'ordre religieux peut attirer des partisans à l'organisation de même nature que les dirigeants de l'Action française cherchent à établir dans l'ordre politique. Catholiques par calcul et non par conviction, les dirigeants de l'Action française se servent de l'Église, ou du moins ils espèrent s'en servir, mais ils ne la servent pas, puisqu'ils repoussent l'enseignement divin, qu'elle a mission de propager.

Quand on renie Dieu, son Christ et son Église, il est difficile, pour ne pas dire impossible, de construire une morale, la morale vraie, la morale traditionnelle, la morale à base religieuse, la morale du devoir, expression d'une volonté divine. Aussi, les dirigeants de l'Action française, en particulier leur chef, celui qu'ils appellent le Maître, ont dû se réfugier dans l'amoralisme. Ils ont fait table rase de la distinction du bien et du mal, et ils ont remplacé la recherche de la vertu par l'esthétisme, ou le culte de la beauté, et par l'épicurisme, ou l'amour du plaisir. Le chef de l'Action française réprouve tout système qui, comme le christianisme, fait de l'effort à la vertu la règle des actes volontaires, la base des institutions sociales et le principe du progrès

---

[82] C'était dans l'édition de 1919.

social de l'humanité. Faut-il s'étonner qu'il se montre si prodigue de mépris et de sarcasmes contre ce qu'il appelle les doctrines « vertuistes » ?

D'après les dirigeants de l'Action française, la société est affranchie comme l'individu de toutes les prescriptions de la loi morale et ils essaient de justifier cette indépendance à l'aide de deux sophismes : la stabilité du type de l'homme et l'immutabilité foncière de la société régie comme l'homme par des lois physiques qui excluent la moralité, puisqu'elles empêchent l'exercice de la liberté.

Les dirigeants de l'Action française invoquent à l'appui de leur thèse cet autre argument fantaisiste : l'humanité est divisée en deux classes ou plutôt deux règnes : l'homme non lettré, que le maître de cette école appelle l'imbécile dégénéré, et l'élite des hommes instruits. Or l'humanité doit se conserver telle que la nature l'organise. Elle est donc finalement condamnée à n'avoir d'autre règle de conduite que l'immobilisme.

Et pour combler le vide causé par l'absence complète de la loi morale, les dirigeants de l'Action française nous présentent une organisation sociale toute païenne où l'État, formé par quelques privilégiés, est tout, et le reste du monde rien.

Aussi osent-ils nous proposer de rétablir l'esclavage ! Et qu'on ne leur parle pas d'une revendication quelconque de l'individu à l'encontre du pouvoir. La raison d'État sera supérieure à toute considération de justice et de moralité ; car, dit le chef de l'Action française, la « morale naturelle prêche la seule vertu qui est la force », et selon le mot d'un autre maître de la même école, « toute force est bonne, en tant qu'elle est belle et qu'elle triomphe ».

Du reste, les prétendues lois physiques dont la société relève exclusivement fonctionnent avec une exactitude sidérale. C'est ce qui fait dire au chef de l'Action française : « Défense à Dieu d'entrer dans nos observatoires ». Les sociologues qui prononcent cet ostracisme si outrageant pour la majesté divine prétendent faire respecter ce qu'ils appellent l'équilibre du monde. Mais ils oublient cette grave leçon du psalmiste royal tant de fois confirmée par l'histoire : « Si le Seigneur ne garde pas la cité, c'est en vain que ceux qui la gardent exercent autour d'elle une surveillance attentive. »

Athéisme, agnosticisme, anti-christianisme, anti-catholicisme, amoralisme de l'individu et de la société, nécessité, pour maintenir l'ordre, en dépit de ces négations subversives, de restaurer le paganisme avec toutes ses injustices et toutes ses violences, voilà, mes chers amis, ce que les dirigeants de l'Action française enseignent à leurs disciples et que vous devez éviter d'entendre.

Je vous le demande avec une sollicitude pleine de tendresse, car c'est un cœur d'évêque et de père qui vous parle ; je vous le demande au nom de ce que vous avez de plus cher, au nom de votre foi, de votre vertu et de vos espérances immortelles.

Bordeaux, le 25 août 1926, en la fête de saint Louis, roi de France, qui l'appelait le sergent du Christ, et qui remplit toujours si bien les devoirs inhérents à ce glorieux titre.

Paulin, cardinal Andrieu,
Archevêque de Bordeaux.

En réponse à la lettre du cardinal Andrieu, quelques dirigeants catholiques de l'Action française, lui écrivirent la lettre suivante :

Adresse à S. É. le cardinal Andrieu des dirigeants catholiques de l'Action française.

Paris, le 8 septembre 1926.

Éminence,

Nous avons lu, dans *L Aquitaine* du 27 août, une lettre où Votre Éminence porte contre nous les plus graves accusations. « Ils (les dirigeants de l'Action française) se déclarent athées ou agnostiques... Ils repoussent tous les dogmes que (l'Église) enseigne. Elle enseigne l'existence de Dieu et ils la nient, car ils sont athées. Elle enseigne la divinité de Jésus-Christ, et ils la nient, car ils sont anti-chrétiens. Elle enseigne qu'elle a été fondée elle-même par le Christ, Dieu et Homme, et ils nient ces institutions divines, car ils sont anticatholiques... Ils ont fait table rase de la distinction du bien et du mal, et ils ont remplacé la recherche de la vertu par l'esthétisme, ou le culte de la beauté, et par l'épicurisme, ou l'amour du plaisir... (Ils veulent) restaurer le paganisme avec toutes ses injustices et toutes ses violences... Catholiques par calcul et non par conviction, les dirigeants de l'Action française se servent de l'Église, mais ils ne la servent pas... » etc.

Notre stupeur devant ces griefs ne peut être exprimée : ils sont la contradiction précise, rigoureuse, absolue, de nos convictions les plus sacrées, les plus profondes, les plus carrément affichées, comme le savent tous ceux qui nous approchent. Ils nous montrent que Votre Éminence a été trompée sur notre compte par nos ennemis les plus haineux.

Le respect même que nous professons pour l'autorité et la personne de Votre Éminence nous fait un devoir de protester auprès d'Elle ; nous ne mettons pas un instant en doute la hauteur et la droiture de ses vues. Mais il est évident que son information a été surprise. En fait, nous sommes calomniés, indignement calomniés devant l'opinion de notre pays et de nos frères dans la foi ; nous sommes blessés au point le plus intime et le plus sensible de notre conscience de catholiques ; nous sommes gravement atteints dans notre honneur de chrétiens. Nous ne pouvons pas nous taire. Ce serait renier notre foi que de laisser croire à Votre Éminence que nous ne la professons pas avec toute l'énergie de notre âme.

Nous protestons donc de toutes nos forces contre ces accusations « d'athéisme, d'agnosticisme, d'anti-christianisme, d'anti-catholicisme, d'amoralisme », de « paganisme ». Nous croyons tout ce que croit l'Église. Et puisque Votre Éminence nous juge si différents de ce que nous sommes, nous lui offrons de lui adresser, si Elle le désire, la formule de profession de foi, telle que le pape Pie X l'a prescrite, revêtue de nos signatures. Mais nous ne pouvons accepter d'être classés publiquement par un de nos évêques parmi les ennemis de l'Église, notre mère.

Nous nous sommes, il est vrai, unis, sur un terrain exclusivement politique, à des incroyants. Mais à quels incroyants ? à des ennemis de l'Église, à des francs-maçons, à des anticléricaux – comme le font, trop souvent hélas ! beaucoup de catholiques de notre pays (parmi lesquels se recrutent les plus perfides ennemis de l'Action française) ? Non pas ; mais à des incroyants respectueux de l'Église, aussi opposés que nous-mêmes à toute mesure d'oppression ou de vexation à son égard ; bien plus, qui voient en elle, sinon l'institution divine, du moins la plus haute, la plus pure, la plus efficace des forces morales à l'œuvre dans le monde, qui sont prêts, à ce titre, à la défendre, à la servir et non – ainsi qu'on vous l'a dit perfidement – à se servir d'elle, sinon comme on se sert d'un abri auguste et tutélaire, à l'ombre duquel l'humanité, même païenne, a la permission peut-être de se réfugier.

Pour savoir ce que pensent en commun « les dirigeants de l'Action française », est-il juste d'aller rechercher tel ou tel livre de jeunesse, écrit par l'un deux (et d'ailleurs amendé depuis, non « pour la forme », mais par la suppression de longs passages, voire d'un chapitre entier) ? Ces livres-là ne sont pas le thème des enseignements de l'Action française, leur existence même serait ignorée de la plupart de nos adhérents, si les polémiques de nos ennemis ne la leur avait révélée. La doctrine politique de l'Action française se trouve largement exposée dans notre quotidien, dans nos discours de propagande, dans les cours et conférences que nous faisons, dans les ouvrages sur lesquels nous nous appuyons expressément et que nous présentons avec insistance au public. Ceux-là sont bien connus, ils ont obtenu une très large diffusion. Quelques-uns (*Kiel et Tanger, L'Enquête sur la monarchie*, etc.) contiennent une doctrine exclusivement politique qui peut, sans difficulté, être subordonnée à la métaphysique de saint Thomas ou au *Credo* catholique. Bien plus, d'autres sont écrits par les catholiques, dans un sens ouvertement catholique : tel le livre de la Tour du Pin : *Vers un ordre social-chrétien*, qui est comme la charte de notre action sociale.[83]

Voilà où il faut aller chercher notre doctrine ; on ne trouvera là, croyons-nous, ni athéisme, ni anti-christianisme, ni amoralisme, mais au contraire, – même quand c'est un incroyant qui tient la plume ou porte la parole, – la plus grande déférence envers l'Église, ses dogmes, sa hiérarchie. S'il en était autrement, nous n'aurions pas recueilli des éloges motivés de tant de théologiens, d'évêques, des cardinaux Sevin, de Cabrières, pour ne citer que les morts.

Sans doute, nous ne sommes pas infaillibles. Dans un champ de labour si vaste, quelqu'un des nôtres a pu commettre quelque erreur, se servir de quelque expression inexacte, être fautif sur quelque détail. Mais, nous osons l'affirmer, pour quiconque prend les choses avec équité et d'ensemble, l'enseignement de l'Action française est bien tel que nous l'avons dit : sa direction générale, son orientation marquent le souci très vif de respecter le domaine religieux, de ne pas sortir du terrain libre, où tout chrétien peut se mouvoir à son gré, sans encourir aucun reproche. S'il y a eu, parfois, chez nous, un enseignement qui tînt par quelque côté à la philosophie, à la théologie, aux principes moraux de la science sociale, il a été donné par des hommes qualifiés pour cela au point de vue catholique : prêtres, théologiens comme le P. de Pascal, auxquels l'Ordinaire du lieu n'a jamais adressé le moindre reproche.

Votre Éminence peut voir maintenant en quoi nous sommes d'accord avec nos amis incroyants. Ce que nous avons en commun,

---

[83] Que Votre Éminence veuille bien jeter les yeux sur la page sociale que nous publions chaque dimanche et qui est rédigée, à peu près exclusivement, par des catholiques. Elle y verra si nous pensons à « rétablir l'esclavage » ou à diviser l'humanité en deux castes, l'une souveraine, l'autre opprimée. Il est vraiment inouï que la doctrine de La Tour du Pin, l'ami d'Albert de Mun, celle qui a donné jadis l'essor à l'œuvre des Cercles catholiques, puisse être qualifiée de païenne.

c'est une foi patriotique très ardente, le culte de nos traditions nationales, et de nos gloires françaises qui sont parfois aussi des gloires catholiques, telle Jeanne d'Arc ; puis la conviction qu'il faut, pour l'assainissement et le développement de notre pays, une réforme constitutionnelle fondamentale, enfin l'accord sur les procédés propres à la réaliser.

Et nous faisons partager ces idées à un nombre toujours croissant de bons Français.

Voilà notre crime, Éminence, et ce que les catholiques démocrates qui vous ont renseigné sur notre compte, ne peuvent nous pardonner : car chaque progrès de nos idées a marqué un recul des leurs dans l'esprit public. Ils sont jaloux. Telle est l'une des clefs de la formidable et odieuse machination qui a porté aux pieds de Votre Éminence tant de renseignements faux.

Nous n'ajouterons qu'un mot. Pendant toute la crise moderniste, les catholiques d'Action française ont eu la joie de se trouver en accord spontané avec les directions de S. S. le Pape Pie X. Les non-catholiques d'Action française ont salué dans des actes, dont la signification la plus haute leur échappait nécessairement, une défense des biens humains auxquels ils étaient le plus légitimement attachés : par exemple le principe d'autorité, la capacité de l'intelligence à saisir et à démontrer la vérité, la discipline des puissances obscures du sentiment ou de la passion, etc. À ce moment-là, nous avons eu contre nous tout le clan moderniste et semi-moderniste, où les tendances condamnées à Rome s'unissaient à une haine solide pour l'Action française, ainsi qu'on peut le voir en parcourant certains périodiques aujourd'hui disparus, et les ouvrages de certains auteurs, frappés les uns et les autres, par les censures de l'Église. Si c'était ici le lieu et le moment de plaider à fond ce procès, nous pourrions verser au dossier bien des noms propres et quelques pièces décisives... Quoi qu'il en soit, à ce moment, nous avons su, de la façon la plus certaine, que la suprême autorité de l'Église estimait que l'Action française avait fait œuvre utile. L'un de nos directeurs politiques, il y a quelques jours, faisait allusion, dans le journal, à ces incidents, dont nous gardons un impérissable et fier souvenir. Mais ceux qui, de près ou de loin, tenaient aux groupes que nous combattions, alors que l'Église les réprouvait, nous ont gardé une rancune tenace, et n'ont pas cessé, nous le savons de bonne source, de poursuivre contre nous leur revanche. Voilà une seconde raison de leurs menées hostiles à notre égard.

En achevant cette lettre, Votre Éminence nous permettra de garder l'espérance qu'ayant entendu le cri de notre conscience, en possession de notre solennelle profession de foi, maîtresse d'ailleurs, si Elle le désire, de pousser plus loin son enquête, Elle ne se refusera pas finalement à faire justice des allégations publiques qui nous ont atteints dans notre honneur de chrétiens. Nous prions Votre Éminence d'agréer nos sentiments de très profond respect.

Signé :

Léon Daudet, co-directeur politique, membre du Conseil d'administration de l'Action française.

G. Larpent, secrétaire général de l'Action française.

Pierre Lecœur, secrétaire de la Ligue d'Action française.

Maxime Real del Sarte, fondateur et président de la Fédération nationale des Camelots du Roi et des Commissaires d'Action française.

E. de Resnes, président du Conseil d'administration de l'Action française, président d'honneur de la Ligue.

Paul Robain, chef du Service des conférences, trésorier de la Commission de propagande.

Me de Roux, président du Comité d'études législatives et sociales de l'Action française.

Bernard de Vesins, président de la Ligue d'Action française.

Georges Calzant, secrétaire général des Étudiants d'Action française.

L'Amiral Schwerer, président d'honneur de la Ligue, et Robert de Boisfleury, administrateur délégué de l'Action Française, absents de Paris, envoyèrent le lendemain leur adhésion à cette lettre.

Le 12 septembre, Pierre Chaboche, président de l'Union des Corporations françaises[84], s'associait aux dirigeants catholiques de l'Action française :

L'U.C.F. et la lettre du cardinal Andrieu

---

[84] Créée en 1923, c'est une organisation satellite de l'A. F. (n.d.é.)

L'émouvante protestation des dirigeants catholiques de l'Action française, publiée jeudi dernier en tête de ce journal, signalait très respectueusement à la haute attention de Son Éminence le cardinal archevêque de Bordeaux, que la page économique et sociale de *L'Action française* est rédigée presque exclusivement par des catholiques et qu'il serait difficile d'y découvrir la moindre trace des tendances reprochées à tous les dirigeants de notre mouvement.

Appelé, il y a près d'un an, par la confiance que m'ont témoignée Charles Maurras et Bernard de Vesins, à la présidence de l'Union des Corporations françaises, devenu par conséquent le tenant et le propagateur de la doctrine économique et sociale de l'A. F., je tiens à m'associer solennellement à cette protestation, de tout mon cœur attristé par ce regrettable malentendu.

Catholique de naissance, de volonté et de raison, ayant suivi en exil à l'âge de quinze ans mes maîtres, les R.R.P.P. Jésuites, chassés de France par une infâme loi d'exception ; vice-président de l'Association des anciens élèves d'un de leurs collèges ; directeur dans les dernières années d'avant-guerre d'un cercle catholique de jeunes employés et ouvriers, en collaboration avec mon ami François Bébrard, l'éminent président de la Fédération gymnastique et sportive des patronages français, j'ai donné assez de preuves publiques de mon attachement à la religion pour avoir le droit de déclarer hautement que je n'aurais jamais accepté de participer à une œuvre dangereuse pour ma foi. Bien au contraire, j'ai toujours constaté chez tous mes collaborateurs de l'U.C.F. un esprit profondément social et catholique, conforme en tous points aux principes qui constituent notre charte et qui ont été exposés par notre maître le colonel de la Tour du Pin.

C'est donc par suite d'une information erronée ou incomplète que Son Éminence le cardinal-archevêque de Bordeaux a pu considérer les propagateurs de la doctrine corporative, basée sur les idées catholiques de charité et de devoirs réciproques, comme des païens désireux de rétablir l'esclavage et de se servir de la religion pour de mesquins intérêts de parti.

Les sectes maçonniques qui nous haïssent parce que nous leur avons porté, en attaquant la Déclaration des droits de l'homme et du citoyen, principe même du laïcisme, des coups dont elles ont pu mesurer toute la gravité, ne manqueront pas de se réjouir de ce pénible incident et chercheront à l'exploiter dans un désir de vengeance. Leurs manœuvres ne nous détourneront pas de notre tâche. Nous nous souviendrons que le salut de la France, notre seul but, ne peut être obtenu qu'au prix des plus douloureuses épreuves et que celles-ci précèdent toujours de peu les triomphes décisifs.

PIERRE CHABOCHE, président de l'U.C.F.

Réflexions sur la lettre du cardinal Andrieu

1926

Réflexions

Après la première lettre du cardinal Andrieu, Charles Maurras se borna à publier les « réflexions » suivantes dans L'Action française *du 2 septembre[85] :*

Hier matin, à mon premier pas dans Paris, j'ai déployé *L'Action française* du jour et, par l'analyse qu'en faisait mon admirable intérimaire, j'ai connu le sens et l'esprit de la lettre de Son Éminence le cardinal de Bordeaux. Quelques minutes plus tard j'avais en main le document. On me pardonnera de ne rien dire des impressions personnelles que j'en ai reçues. Mais le public a droit à l'expression de mon étonnement.

Cette lettre, dirigée tout entière contre l'Action française, met en cause des livres de moi, et de moi seul. Cependant, la troisième ligne nomme et vise « les dirigeants de l'Action française ». Qu'entendre par ce pluriel ? Qui désigne-t-il ? Suis-je seul dirigeant, et, s'il y en a d'autres, qu'ont-ils fait de répréhensible ? Je vois, plus loin, que les dirigeants d'Action française sont catholiques par calcul et non par conviction, se servent de l'Église ou espèrent s'en servir en repoussant son enseignement... Je prie les catholiques, si nombreux parmi les dirigeants de l'Action française, de trouver ici les excuses et les regrets qu'une telle lecture m'impose à leur égard. Je ne suis ni l'auteur ni la cause de telles erreurs. J'en aurai été l'occasion : c'est à propos de moi que les Bernard de Vesins, les Robert de Boisfleury, les Larpent, les Schwerer et tant d'autres sont ainsi soupçonnés dans l'attachement à leur foi. Je ne me consolerais pas du sentiment de ma responsabilité dans cette cruelle méprise, mais je n'en ai aucune et je n'y suis pour rien : en ce qui concernait mon œuvre littéraire et philosophique, toutes les explications ont été fournies, il y a treize ans[86], et elles ont été portées publiquement où elles

---

[85] La Lettre du cardinal Andrieu lança les polémiques qui devaient aboutir à la condamnation de l'Action française par Rome fin 1926, elle était parue le 27 août 1926 (ou selon d'autres sources le 25 ou le 26) dans *L'Aquitaine*, journal catholique du diocèse de Bordeaux, dont le cardinal Andrieu était archevêque. C'est sur elle que Maurras reviendra d'abord quand il s'exprimera sur la condamnation dans les premiers jours de 1927. Nous avons publié cette lettre du cardinal Andrieu sous le titre *Le Réquisitoire de Bordeaux*. Nous reproduisons ces *Réflexions* d'après le texte paru dans le recueil *L'Action française et le Vatican* en 1927.
Les notes sont imputables aux éditeurs.
[86] Soit au moment des polémiques contre le Sillon et Marc Sangnier.

devaient l'être ; ces explications ont été acceptées alors par la plus haute autorité du catholicisme ; pourtant, l'époque était obscure, le sujet embrouillé, les difficultés à l'état aigu, rien n'en avait été atténué encore : l'acte favorable du pape Pie X, qui reste l'honneur de ma vie, laissa aux catholiques d'Action française toute la paix dont ils étaient dignes.

Des autorités presque aussi hautes suivaient depuis longtemps avec intérêt les enseignements politiques, littéraires, moraux, donnés à l'Action française. Le cardinal de Cabrières, évêque de Montpellier, s'est assis dans une chaire de notre Institut. Le cardinal Sevin, archevêque de Lyon, déclarait notre action une œuvre rédemptrice. Ni ces princes de l'Église, ni les évêques, moines, théologiens qui nous ont comblés des marques de la plus grave affection intellectuelle n'auraient prononcé de tels mots sans nous avoir étudiés à fond. Ils ne les auraient pas appliqués à des gens qui professeraient l'amoralisme, qui feraient table rase de la distinction du bien et du mal, et qui prodigueraient à la Vertu, à l'effort, même au *vertuisme*, des mépris et des sarcasmes que mes lecteurs habituels seront étonnés de me voir imputer.

Sans doute, la bienveillance des autorités que j'invoque allait d'abord à mes éminents collaborateurs, mais mon œuvre elle-même les intéressait. Je me permettrai de dire pourquoi.

Il y a, au commencement de mon œuvre politique, une méthode de critique. C'est la critique des *Nuées*. Dès les premiers jours, au moment des pires confusions, cette critique s'est adressée essentiellement aux principes profonds qui déterminent dans l'histoire de la pensée humaine, comme dans le jeu de chaque esprit humain, les erreurs politiques nommées libéralisme, démocratisme, individualisme, principes qui s'appellent panthéisme, monisme, immanentisme. Cette critique rencontrait là le catholicisme le plus strict. Les jeunes gens qui m'ont fait l'honneur de suivre ma critique y contractaient une aversion solide pour toutes les philosophies de l'inconscient, du *nisus*[87] aveugle, de la Force déifiée. Cela ne formait pas un enseignement explicite, cela résultait du procédé de l'analyse. À un certain moment, quelques-uns voulurent qu'il y eût des « bergsoniens » d'Action française. Il n'y avait pas de « bergsoniens » d'Action française. Les prétendus « bergsoniens » d'Action française, naturellement heurtés et repoussés, devinrent des ennemis et furent ramenés aux erreurs pratiques et politiques du siècle écoulé.

---

[87] En latin : *effort, mouvement*. Le mot est souvent employé par Maurras.

Autre exemple : je n'ai jamais prêché ni endoctriné notre admirable et cher fondateur Henri Vaugeois. Mais enfin il était spinoziste quand nous nous rencontrâmes : avant de devenir catholique, il lui fallut lâcher son beau Spinoza, et nos interminables discussions n'ont certainement pas été étrangères à la rupture.

Un tel « enseignement » est, je crois, ce qui a pu intéresser tant d'esprits directeurs du monde catholique sensibles à la critique du romantisme révolutionnaire et de l'idéalisme germain. Que cela servît l'intérêt supérieur de la pensée catholique, il m'était impossible de ne pas le sentir. Cela ne pouvait pas non plus me détourner de ce que je croyais être la vérité. En 1906, je priais un religieux éminent de vouloir bien inaugurer chez nous une chaire du Syllabus. Quinze ans plus tard, j'avais le bonheur de voir Jacques Bainville et Jacques Maritain ouvrir dans leur *Revue universelle* une chronique régulière du thomisme philosophique. J'avoue hautement des calculs de cet ordre et de cette qualité. Le profond respect que je dois à S. É. le Cardinal archevêque de Bordeaux me fait un devoir de l'affirmer ici.

L'Intervention du Pape

1926

Le 9 septembre[88], L'Action française publiait le document suivant :

LETTRE DE S. S. PIE XI AU CARDINAL ANDRIEU

Nous lisons dans La Croix :
L'*Osservatore Romano* publie une lettre de Sa Sainteté Pie XI au cardinal Andrieu :

Nous avons lu avec plaisir, dit le Pape, la réponse de Votre Éminence au groupe des jeunes catholiques qui l'ont interrogée au sujet de l'Action française. Nous avons trouvé un nouveau et très haut témoignage de la sollicitude pastorale et de la vigilance paternelle de Votre Éminence Révérendissime pour le bien des âmes et particulièrement de la jeunesse sans cesse menacée de nos jours.

Votre Éminence signale de fait un danger d'autant plus grave dans le cas présent qu'il touche plus ou moins directement et sans qu'il le paraisse toujours, à la foi et à la morale catholiques. Il pourrait insensiblement faire dévier le véritable esprit catholique, la ferveur et la piété de la jeunesse et, dans les écrits comme dans les paroles, offenser la délicatesse de sa pureté, en un mot abaisser la perfection de la pratique chrétienne et plus encore de l'apostolat de la véritable action catholique à laquelle tous les fidèles, les jeunes gens surtout, sont appelés à collaborer activement pour l'extension et l'affermissement du règne de Jésus-Christ dans les individus, dans les familles, dans la société.

C'est donc fort à propos que Votre Éminence laisse de côté les questions purement politiques, celle, par exemple, de la forme du gouvernement. Là-dessus, l'Église laisse à chacun la juste liberté, mais on n'est pas, au contraire, également libre – Votre Éminence le fait bien remarquer – de suivre aveuglément les dirigeants de l'Action

---

[88] Les textes suivants forment le chapitre II – intitulé « L'intervention du Pape » – de *L Action française et le Vatican*, publié en 1927. C'est le 9 septembre 1926 dont il est question ici. (n.d.é.)

française dans les choses qui regarderaient la foi ou la morale.

Votre Éminence énumère et condamne avec raison (dans les publications non seulement d'ancienne date) des manifestations d'un nouveau système religieux, moral et social, par exemple, au sujet de Dieu, de l'Incarnation, de l'Église et généralement du dogme et de la morale catholiques principalement dans leurs rapports nécessaires avec la politique, laquelle est logiquement subordonnée à la morale. En substance, il y a dans ces manifestations des traces d'une renaissance du paganisme à laquelle se rattache le naturalisme que ces auteurs ont puisé (inconsciemment, croyons-nous) comme tant de leurs contemporains, dans l'enseignement public de cette école moderne et laïque, empoisonneuse de la jeunesse, qu'eux-mêmes combattent souvent si ardemment.

Toujours anxieux à la vue des périls suscités de toutes parts à cette chère jeunesse, surtout du fait de ces tendances fâcheuses, encore que ce soit en vue d'un bien tel qu'est sans aucun doute le louable amour de la patrie, Nous Nous sommes réjoui des voix, qui, même hors de France, se sont élevées ces derniers temps pour l'avertir et la mettre en garde. Aussi, ne doutons-Nous pas que tous les jeunes gens écouteront votre voix d'évêque et de prince de l'Église. En elle et avec elle, ils écouteront aussi la voix même du Père commun de tous les fidèles.

C'est dans cette confiance que Nous vous accordons de cœur, ainsi qu'à votre clergé et à votre peuple, la bénédiction apostolique.

Donnée à Rome, près Saint-Pierre, le 5 septembre 1926, cinquième année de Notre pontificat.

À la suite de la publication de la lettre du Saint Père au cardinal Andrieu, les adresses suivantes furent envoyées à Rome :

ADRESSE À S. S. PIE XI DES ÉTUDIANTS D'A. F., DES CAMELOTS DU ROI ET DES COMMISSAIRES D'A. F. CATHOLIQUES

Très Saint Père,

Les étudiants catholiques d'Action française, c'est-à-dire la très grande majorité des étudiants d'Action française, déposent aux pieds de Votre Sainteté l'hommage de leur filial attachement et de leur entière soumission aux enseignements de l'Église et, en particulier, de Votre Sainteté. Si, comme il arrive dans beaucoup d'autres formations politiques, ils rencontrent des incroyants sur le terrain où l'Église laisse à ses fidèles une juste liberté, ils ont conscience des dangers que cela peut présenter : c'est de l'Église seule qu'ils reçoivent et acceptent les leçons pour tout ce qui concerne la foi et la morale. Ils s'efforcent d'y subordonner leur tâche comme leur vie. Ils ont appris, en effet, dans les Encycliques de Votre Sainteté et de ses prédécesseurs, à combattre le laïcisme et le modernisme, et, en travaillant à restaurer les traditions nationales de la France, ils n'oublient pas, ils s'engagent à n'oublier jamais que la tradition chrétienne figure au premier plan. Un homme qu'ils admirent, le marquis de La Tour du Pin, a écrit ce beau livre : *Vers un ordre social-chrétien ;* nulle expression ne traduit mieux leur pensée, qui consiste à mettre les conceptions qu'ils voudraient réaliser sous l'étroite dépendance de la vérité catholique. C'est pourquoi, Très Saint Père, dans le domaine de la politique et, pour bon nombre d'entre eux, dans le domaine des œuvres, les étudiants catholiques d'Action française auront à cœur de ne pas négliger cet apostolat catholique dont Votre Sainteté a tracé les règles avec une si haute sagesse.

Très Saint Père,

Les étudiants catholiques d'Action française saisissent avec empressement l'occasion qui leur est offerte d'exprimer à Votre Sainteté leur respect pour Sa personne, leur soumission au Siège de Pierre, et de Lui donner l'assurance qu'ils veilleront plus scrupuleusement que jamais à s'écarter de toutes les erreurs que l'Église condamne, à maintenir intactes dans leurs âmes et à défendre au dehors les vérités dont Rome a le dépôt.

Ont signé : Georges Calzant, secrétaire général des étudiants d'Action française ; C. Jeantet, secrétaire adjoint ; P. Tézenas du Montcel, membre du Comité ; G. Jeantet, membre du Comité, délégué aux lycéens ; R. Dupont, membre du Comité ; L. Van der Elst, membre du Comité.

Les autres membres du Comité, actuellement absents de Paris, n'ont pu encore être touchés.

Les Camelots du Roi et les commissaires d'A. F. catholiques ont envoyé une adresse identique qu'ont signée : Maxime Réal del Sarte, président-fondateur de la Fédération nationale des Camelots du Roi ; François de la Motte, président de la Fédération nationale des Camelots du Roi ; Pierre Lecœur, secrétaire général de la Fédération nationale des Camelots du Roi ; André Guignard, trésorier de la Fédération nationale des Camelots du Roi ; François de La Motte, Philippe Roulland, Gaston Baetz, membres du Comité de la Fédération nationale des Camelots du Roi.

Adresse à S. S. Pie XI du président de la Ligue d'Action française

Paris, le 16 septembre 1926.

Très Saint Père,

Quand Votre Sainteté a daigné écrire le 5 septembre à Son Éminence le cardinal-archevêque de Bordeaux au sujet de sa lettre du 25 août, nous avions déjà rédigé une adresse dont je me permets de remettre plus loin les termes sous les yeux de Votre Sainteté.

Cette adresse affirme notre foi catholique et notre soumission à l'Église. J'ose ajouter que depuis que Votre Sainteté a parlé Elle-même en ayant eu l'extrême bonté de choisir, pour nos efforts comme pour notre bonne foi, certaines expressions dont la bienveillance nous a été au cœur, ces sentiments de soumission et de respectueuse affection envers l'Église, ont été augmentés par les devoirs d'obéissance filiale qu'ont les fidèles envers leur Père Commun.

Au nom de mes amis signataires de l'adresse à Son Éminence le cardinal archevêque de Bordeaux et au nom des milliers de ligueurs, catholiques pratiquants et dévoués, dont j'ai l'honneur d'être le chef politique comme président de la Ligue d'Action française ; je dépose humblement aux pieds de Votre Sainteté une solennelle protestation de notre foi entière aux dogmes de l'Église catholique et de notre soumission à Son Chef. Ces sentiments, qui n'ont jamais cessé d'être les nôtres, la manifestation en est devenue particulièrement nécessaire, puisque l'on a cru pouvoir exprimer publiquement des doutes sur leur sincérité.

C'est la raison pour laquelle je la renouvelle ici en priant Votre Sainteté de daigner agréer l'expression des sentiments de respect et de soumission avec lesquels nous sommes et voulons rester ses fils très obéissants et dévoués.

COMTE BERNARD DE VESINS.

À cette lettre était jointe l adresse à S. É. le cardinal Andrieu, parue dans notre numéro du 9 septembre.

LA LETTRE DU CARDINAL ANDRIEU AU SAINT PÈRE

Le 27 septembre, L'Action française *reproduisait, sans autre commentaire qu'un bref préambule, la lettre adressée par le cardinal Andrieu au Pape, en réponse à la lettre de ce dernier :*

Nous avons le profond regret de trouver dans L'Aquitaine le nouveau document qu'on va lire. Quoi qu'il semble coûter à la dignité et à l'honneur des dirigeants catholiques de l'Action française, nous avons tenu à le faire connaître à nos amis.

Très Saint Père,

Je viens de lire la magnifique lettre que Votre Sainteté a daigné m'écrire, et les expressions me manquent pour La remercier d'avoir approuvé si vite et si bien un acte récent de mon autorité épiscopale. L'Action française n'est pas seulement une ligue politique, elle est encore une école, ses fondateurs l'ont affirmé à plusieurs reprises ; et cette école a une doctrine dont ils ont eu soin de préciser le caractère. On peut lire, notamment dans *L Action française* du 9 décembre 1912 : « Voilà ce qui distingue l'Action française des mouvements patriotiques antérieurs ; voilà ce qui fait sa force, ce qui est la cause de ses succès, c'est que l'Action française a une doctrine. Quelqu'un la lui a donnée. Ce quelqu'un, c'est Charles Maurras. »

La condamnation de cette doctrine officiellement adoptée par l'Action française était-elle opportune ? Elle était non seulement opportune, mais nécessaire, puisqu'elle devait mettre fin au scandale produit par notre silence chez un grand nombre de catholiques français de très bonne qualité. Ils ne pouvaient, en effet, comprendre nos hésitations à censurer une doctrine qui n'épargne aucune de nos croyances, et que l'on pourrait définir comme le Pape Pie X a défini le modernisme : « le rendez-vous de toutes les hérésies ».

Elle constituait dès lors un grave péril pour la jeunesse, un péril d'autant plus redoutable que le « Maître » auquel elle a été empruntée continue à diriger l'école dont elle forme le programme, et qu'il exerce sur ses disciples une véritable fascination. N'a-t-on pas écrit dans le feu de l'enthousiasme : « Il y a deux phares dans le monde : le Pape et le Maître de l'Action française » ? On accorde, il est vrai, que le second brille, au point de vue doctrinal, d'un éclat moins vif que le premier.

Les dirigeants de l'Action française se plaignent d'avoir été calomniés et ils se déclarent prêts à souscrire la profession de foi de Pie X. A-t-on le droit de se dire catholique, quand on fait partie d'une école dont la doctrine est la négation radicale de toutes les vérités que le catholicisme enseigne ? Un pareil oubli des devoirs que le premier précepte du Décalogue nous impose relativement à la profession de foi s'appelait au temps des martyrs et il s'appelle encore une apostasie. Le titre de croyant et celui de renégat ne peuvent se cumuler. Il faut donc choisir, et les membres de l'Action française, dirigeants ou simples adhérents, ne reculeront pas devant le désaveu explicite des fausses doctrines de leur école, si, comme je l'espère, ils ont gardé la notion du vrai catholicisme et un souvenir fidèle de ses intransigeances, surtout en matière d'orthodoxie.

Que le Cœur sacré de Jésus auquel je le demande par le Cœur de la Vierge Immaculée, bénisse l'appel à la soumission qui termine Votre auguste Lettre, afin que tous les jeunes de France et d'ailleurs répondent sans retard à la sollicitude pleine d'amour qui l'a inspiré dans l'intérêt de leur foi, de leur vertu et de leurs espérances immortelles.

En vous remerciant encore d'avoir fait entendre une parole qui donne une si haute consécration à la mienne, je vous prie d'agréer, Très Saint Père, l'hommage de la profonde vénération avec laquelle j'ai l'honneur et la joie de me redire, de Votre Sainteté, le très respectueux, très aimant et très dévoué fils en Notre-Seigneur.[89]

PAULIN, Cardinal ANDRIEU,
Archevêque de Bordeaux.

LES DÉCLARATIONS DU PAPE AUX TERTIAIRES FRANCISCAINS DE FRANCE

Le 25 septembre, l'Action française reproduisait (a après la traduction de L'Osservatore Romano *donnée par* La Croix*) les déclarations suivantes faites par le Saint Père à des pèlerins français du tiers ordre de saint François :*

Le Saint Père, ayant sous ses yeux des représentants de toutes les parties de la France, de toutes les classes et conditions sociales, profite de l'occasion pour dire quelques mots au sujet de sa récente lettre en réponse à la publication de S. Ém. le cardinal Andrieu, dont les pèlerins ont certainement entendu et entendront encore parler.

Le Saint Père tient à déclarer avant tout qu'il a écrit cette lettre poussé uniquement par la conscience de la responsabilité formidable, écrasante et consolante en même temps, qu'il porte de toutes les âmes. Au sujet donc de cette lettre, il y en a qui semblent ne pas comprendre ce que le Pape a voulu dire. Eh bien ! il suffit qu'ils relisent ce que le Pape a écrit, qu'ils le relisent tranquillement, sans préventions et avec cette dévotion filiale dont le Pape ne veut absolument pas douter, et tout sera compris !

D'autres semblent supposer on ne sait quelles mystérieuses arrière-pensées diplomatiques ou politiques. Il n'en est pas du tout ainsi. Le

---

[89] Dans cette reproduction, il manquait la date indiquée en deuxième ligne de L'Aquitaine : 7 septembre 1926.

Pape a fait cela comme il fait tout ce qui est du ressort de son ministère apostolique, dans le but exclusif d'accomplir son devoir, qui est de procurer la gloire de Dieu, le salut des âmes, d'empêcher le mal et de procurer le bien, en dehors et au-dessus de tout parti politique, la grande règle qu'il ne cesse de rappeler toujours à tous et qu'il suit le premier.

D'autres encore ont l'air de répéter aussi, dans cette circonstance, la vieille formule : qu'il faut en appeler du Pape mal informé au Pape bien informé. L'expression a vieilli, mais le monde se répète toujours. Il faut dire, au contraire, hautement, en toute assurance, que la première chose que le Pape a faite, avec toute la conscience de sa responsabilité et même avec le risque d'arriver en retard, a été de bien s'informer, de bien s'éclairer et de ne prendre aucune résolution avant d'être sûr que dans son geste il n'y eût rien qui ne fût conforme à la vérité, à l'à-propos et à l'opportunité. Voilà ce que le Saint Père déclare en recommandant aux pèlerins de le répéter et de le répandre dans la plus large mesure possible. Et il finissait en leur recommandant aussi de dire qu'au-dessus de tous ses sentiments dominait celui d'une pleine confiance en ses fils de France, et que, pour la France entière, le Père de tous les fidèles prie sans cesse et en ces jours plus que jamais.

Lettre du cardinal Gasparri

Au cardinal-archevêque de Paris
Au sujet des étudiants a Action française

Segreteria di Stato di Sua Santita
Del Vaticano, le 2 octobre 1926.

Éminentissime Seigneur,

Le Saint Père vient de recevoir l'adresse (dont je vous envoie copie) rédigée par la Fédération nationale des étudiants d'Action française (groupe de Paris), et c'est au nom du Saint Père que je prie Votre Éminence de vouloir bien leur dire ce qui suit : Sa Sainteté a été particulièrement consolée des expressions d'attachement et soumission et plus encore des promesses que ces bons jeunes gens Lui ont faites. Sa confiance dans leur bonne volonté d'y conformer leur action et leur vie est aussi grande que la prédilection toute particulière que son cœur paternel réserve à la jeunesse catholique d'autant plus que, comme ils l'écrivent, ils « ont conscience des dangers... » ; mais, à ce propos, le Saint Père ne peut ne pas rappeler que quand il s'agit des dangers, et surtout des dangers en matière de foi et morale, la première règle à suivre est de s'en éloigner le plus possible.

D'autre part, affirmer que l'on reçoit et que l'on accepte de l'Église seule les leçons pour tout ce qui concerne la foi et la morale, ne saurait paraître cohérent ni suffisant à sauvegarder l'une et l'autre, quand on reste sous l'influence et sous les directions de dirigeants qui, par leurs écrits, ne se sont pas montrés des maîtres de la doctrine et de la morale chrétienne ; considération qui semble ne pas devoir être oubliée par tous ceux qui aspirent « vers un ordre social-chrétien ».

La sollicitude du Saint Père a été précisément, en dehors et au-dessus de toute considération politique, de rappeler à tous les catholiques et particulièrement à la jeunesse, ce danger et cette incohérence.

Daigne Votre Éminence agréer l'expression de la vénération profonde avec laquelle, en baisant Ses mains, je me déclare de Votre Éminence Révérendissime le très humble et très obéissant serviteur.

Signé :
P., cardinal GASPARRI.

La lettre de Son Éminence le cardinal Gasparri était adressée à Georges Calzant dans les termes suivants :

Paris, le 6 octobre 1926.

Monsieur,

En réponse à l'adresse que les membres du Comité directeur de la Fédération nationale des Étudiants d'Action française ont adressée au Saint Père après la publication de la lettre de Sa Sainteté à Son Éminence le cardinal Andrieu, j'ai reçu de Son

Éminence le cardinal Gasparri une lettre dont j'ai mission de vous donner communication et dont je vous envoie ci-joint la copie.

Ce faisant, je ne doute pas que les Étudiants catholiques d'Action française ne suivent docilement la ligne de conduite qui leur est tracée par le Saint Père. Veuillez agréer, Monsieur, l'assurance de mes sentiments affectueusement dévoués.

LOUIS, cardinal DUBOIS,
Archevêque de Paris.

Les deux lettres ont été portées à la connaissance de tous les Étudiants d'Action française.

Monseigneur Marty, évêque de Montauban, et *La Libre Belgique*

Au lendemain de la publication d'un communiqué, relatif à l'Action française, de S. G. Mgr Marty, évêque de Montauban, *La Libre Belgique*, organe de l'avocat Passelecq et des libéraux qui mènent contre nous une campagne de politique pure, publiait la note suivante :

Bruxelles, 31 octobre.

La Libre Belgique reçoit de Paris cette dépêche :

À la fin d'une lettre dans laquelle il commente les documents pontificaux concernant l'Action française, l'évêque de Montauban, Mgr Marty, écrit ceci :

À l'occasion des grandes fêtes qui viennent d'être célébrées à Rome en faveur des martyrs français de la Révolution, le Souverain Pontife a déclaré, évidemment pour que cela fût redit, puisqu'il s'agit d'une direction générale à donner :

1. Qu'on peut faire partie de la Ligue d'Action française ;
2. Qu'on peut être lecteur et abonné de L'Action française ;
3. Qu'on peut collaborer au journal L'Action française.

Nous avons demandé à la Nonciature à Paris une confirmation de cette déclaration, attribuée au Souverain Pontife. Il nous a été répondu :

« Mgr Marty a dû être victime d'un mauvais plaisant. C'est justement à l'occasion des fêtes célébrées en l'honneur des martyrs français que le Pape, en parlant, soit en public, soit en privé, avec les personnalités françaises venues à Rome, a confirmé, de la façon la plus nette, le jugements formulés et édictés par lui sur l'Action française.

Le jour où celle-ci aura cessé d'avoir à sa tête un chef qui voit dans le Christ l'ennemi de la civilisation, de la société et de l'État comme M. Maurras les conçoit, le Souverain Pontife pourra admettre qu'on reste dans ses rangs et qu'on collabore à son œuvre. »

Voici la réponse qu'adressa Mgr Marty à La Libre Belgique :

Monsieur le Rédacteur,

Dans un récent numéro de votre journal, vous avez publié une « mise au point » ! ! ! que j'ai connue par l'*Ouest Éclair*, votre frère jumeau de Rennes.

Tous ceux qui auront lu cette prétendue mise au point pourraient croire, si je ne les en dissuadais sans retard, que j'ai légèrement attribué au Souverain Pontife les graves déclarations que Sa Sainteté a daigné faire récemment au sujet de l'Action française.

J'avais, cependant, pris soin d'observer que j'étais renseigné par une voie qui ne permet aucun doute. Cela n'a suffi à convaincre ni votre journal, ni celui de Rennes, qui vous emprunte l'affirmation étrange, venue, paraît-il, de la Nonciature de Paris.

Vous apprendrez certainement avec plaisir, pour en informer vos lecteurs en toute diligence, que j'ai suffisamment compris la gravité de mes affirmations, malgré mes soixante-dix-sept ans commencés, pour ne pas les écrire à la légère. Tout ce que j'ai dit, je le maintiens d'autant plus allègrement que j'ai reçu des certitudes nouvelles.

Le Souverain Pontife a daigné déclarer : qu'on peut faire partie de la Ligue d'Action française ; qu'on peut être lecteur et abonné du journal *L'Action française* ; qu'on peut collaborer au journal *L'Action française*.

Il y a cependant un mauvais plaisant dans l'affaire, à vous en croire. Où donc le chercher ? Pas de mon côté. Vous n'y trouveriez que des personnages éminents par leur vertu, leur science et leur haute situation dans la hiérarchie ecclésiastique.

Vous ne le trouveriez pas, non plus, quoi que vous en disiez, à la Nonciature de Paris, à moins que, peut-être, ce fût chez le concierge. La Nonciature ne parle pas inconsidérément, comme on le fait chez vous, d'un vieil évêque français.

Je laisse à vos lecteurs le soin de trouver le mauvais plaisant là où il est. Les deux derniers paragraphes de votre mise au point les dirigeront, par leur caractère évidemment tendancieux, dans leur loyale recherche.

Croyez, Monsieur le rédacteur, que je vous désire l'amour sincère de la vérité en vous bénissant.

P.-E. MARTY, Évêque de Montauban.

Le XIIIe Congrès

1926

Déclarations de Bernard de Vesins, président de la Ligue d'Action française[90]

Au cours de la première séance du congrès de l'Action française, le colonel Bernard de Vesins a fait les déclarations suivantes :

Mesdames, Messieurs,

L'année 1926 nous a apporté une grande douleur.

Le 28 mars, Monseigneur le duc d'Orléans est mort sans avoir réalisé le vœu de toute sa vie : travailler à rétablir la France à son rang dans le monde. Pour nous tous qui, à l'Action française, avions pu apprécier les dons magnifiques que la Providence lui avait départis, qui auraient fait de lui un grand roi et qui portaient en eux le gage d'une splendide restauration française, notre douleur s'est doublée de toute l'affection qui se joignait à la confiance et à l'admiration qu'il nous avait inspirées. Grâce à lui, l'idée royaliste a fait depuis vingt ans d'incommensurables progrès ; le pays tout entier y pense ouvertement comme à une suprême ressource. N'eût-il rendu à son pays que ce service, il mériterait notre reconnaissance et notre respect. Pendant vingt ans nous l'avons servi de tout notre dévouement, de toutes nos forces, de tout notre cœur. Nous le servirons encore en servant le Prince qui lui était allié par tant de liens et qui a courageusement assumé toutes les charges et tous les devoirs du chef de la Maison de France – nouvel exemple, mesdames et messieurs, que « le roi est le seul vivant qui ne meurt pas » ; pour la France, nous continuerons notre tâche et nous lui rendrons sa dynastie nationale.

L'Action française s'est donné à elle-même cette mission politique, et les circonstances qui l'ont fait naître, puis qui ont, à travers tous les obstacles, servi à son développement sur le terrain politique, continueront à lui fournir leur aide. Notre route est politique et l'a toujours été. Faut-il rappeler que l'Action française s'est formée par

---

[90] Les textes suivants forment le chapitre III – intitulé « Le XIIIe congrès d'Action française » – de *L'Action française et le Vatican*, publié en 1927. (n.d.é.)

la réunion d'hommes profondément unis sur le patriotisme et profondément différents sur presque tous les autres points ? Comme la France elle-même, elle comprenait des hommes séparés par leur croyance, leur doctrine philosophique ou leur origine politique. Comme la France aussi, elle les a réunis par le même amour de la patrie.

Entre des hommes si différents, l'accord même purement politique ne pouvait se faire que sur des points extrêmement limités et précis.

Il ne pouvait être question ni d'un système commun de philosophie, ni d'une adhésion de l'esprit à une doctrine générale de l'univers ou même de l'ordre. Mais tandis que les différents partis, en France, se contentaient de vagues déclarations suivant les opportunités électorales, les fondateurs de l'Action française décidèrent de fixer et de définir les points de leur accord politique, et c'est l'ensemble de ces points, avec les démonstrations qui appuyaient pratiquement la nécessité de leur réalisation, qui a formé et forme encore la doctrine politique de l'Action française.

Dès 1899, elle déclarait que le cadre national est à notre époque le dernier et le plus complet dans la société temporelle, mais elle reconnaissait aussi que ce n'était pas le cadre le meilleur que l'on puisse réaliser, puisque l'Europe avait connu, avant Luther, le cadre supérieur international ou supra-national de la République chrétienne qui s'appelait la Chrétienté.

L'année suivante, dès 1900, cette même doctrine s'est condensée dans cet aphorisme qui est familier à tous nos adhérents : le rétablissement de la Monarchie traditionnelle, héréditaire, anti-parlementaire et décentralisée est pour la France une question de salut public.

Nécessité d'un organe de l'intérêt général, organe permanent, *donc héréditaire ;* responsable par sa permanence même, lié par sa nature avec l'intérêt français, *donc traditionnel ;* capable de le défendre contre les appétits et les compétitions des partis, *donc anti-parlementaire ;* et apte à dégager les provinces françaises, dont chacune a sa physionomie, son tempérament propre, de la tyrannie étatiste que le régime électoral ne peut que fortifier, *donc décentralisé.*

Pour se distinguer des patriotes qui, restant républicains, avaient pris le nom de nationalistes, l'Action française, dont le nationalisme ne pouvait pas se cantonner sur le terrain constitutionnel, résolue à réaliser les solutions de son nationalisme dans la constitution politique de l'État français, se dit *nationaliste intégrale* parce que la solution monarchique satisfait à tous les besoins du pays, comme une intégrale en mathématiques représente la somme de toutes les valeurs d'une fonction algébrique.

Dans les questions où la politique touche à la religion catholique, notre règle constante a été la suivante :

Quand se présente une question où l'Église catholique est intéressée, le premier devoir est de s'enquérir de ce que l'Église pense d'elle-même et de tenir cette pensée pour une règle que l'État doit respecter.

Or, l'Église a parlé récemment, elle a averti les fidèles, particulièrement les jeunes gens, d'un danger qu'ils couraient à suivre « aveuglément » les dirigeants de l'Action française « dans les choses qui regarderaient la foi ou la morale ».

Les catholiques ayant une part de direction dans l'Action française ont aussitôt publié leur soumission aux ordres du Souverain Pontife et fourni la solennelle affirmation de leur foi catholique. Ils ont été suivis par des milliers et des milliers de Ligueurs dont nous avons les signatures. Le journal *L'Action française* a donné dans leur intégralité les documents officiels venus de Rome ; il n'en a rien caché à ses lecteurs.

Mais les dirigeants de l'Action française *dans leur unanimité* ont décidé de corroborer par des actes les affirmations de ceux d'entre eux qui sont catholiques pratiquants.

Ils avaient été précédés sur ce point par l'initiative prise par nos amis de Tours, de Toulouse, d'Albi, de Nevers, qui avaient spontanément été trouver le pasteur de leur diocèse pour lui demander les moyens de se conformer dans leurs groupes particuliers aux avertissements du Souverain Pontife.

Mais cela leur était extérieur ; ce n'était pas suffisant. En conséquence, ils ont décidé, unanimement encore, de rétablir à l'Institut d'Action française la chaire du Syllabus, qui n'avait été interrompue que pour des causes accidentelles. Des démarches ont été faites officiellement auprès de S. É. le cardinal archevêque de Paris, des supérieurs ou provinciaux de différents ordres religieux à Paris, afin d'obtenir d'eux que des théologiens séculiers ou réguliers soient autorisés à venir exposer à l'Institut d'Action française la doctrine catholique sur les points qui paraîtront à ces théologiens particulièrement utiles à développer pour éclairer nos adhérents, surtout les jeunes, et les prémunir ainsi contre les dangers que le Souverain Pontife a signalés.

En faisant cela, nous restons fidèles à nos principes constants. Rien ne nous tient plus à cœur que la Vérité.

Discours de Maurice Pujo au Congrès
La jeunesse d'Action française

Mesdames, Messieurs,

Vous venez d'entendre le rapport de la Fédération nationale des Étudiants d'A. F., et vous allez entendre celui de la Fédération nationale des Commissaires d'A. F. et des Camelots du Roi. Puis nous parlerons de l'action qui a été accomplie cette année, et surtout de celle à laquelle il convient de se préparer. Mais vous permettrez d'abord à celui qui est, depuis dix-huit ans, le représentant des comités directeurs de l'A. F. auprès des Étudiants d'Action française et des Camelots du Roi de rendre hommage à cette jeunesse admirable qui est le cœur et le bras de l'action.

Il y a quelques mois, un professeur qui, pour nous faire sa leçon de sagesse et de vertu, est venu du socialisme et de la franc-maçonnerie, reprochait à nos jeunes amis de « perdre leur temps » et de prendre avec nous des « habitudes dangereuses ». Comme ces reproches sont parfois repris par ceux qui jugent nos jeunes amis sans les connaître, vous me permettrez de répéter ici ce que je répondais à ce professeur le 29 janvier dernier :

> Du temps perdu, la défense de Jeanne d'Arc contre ses insulteurs, la fête de l'héroïne nationale imposée, à force de ténacité et de sacrifices, à un gouvernement hostile, le vote de la loi de trois ans rendu possible à la veille de la guerre par la défaite des bandes antimilitaristes, l'anti-patriotisme traqué partout et, notamment, dans les refuges qu'il avait trouvés aux chaires même de l'Université, les insultes à la religion réprimées et obligées à se faire plus discrètes ? Et, plus récemment – avez-vous aussi oublié cela ? – les libertés universitaires défendues, tous les étudiants de France mobilisés et le ministricule chassé, entraînant avec lui tout le ministère des sectaires oppresseurs ? Du temps perdu, Monsieur, la magnifique renaissance du sentiment national dans une jeunesse qui, s'étant éprouvée dans les luttes de la rue contre les Prussiens de l'intérieur, n'ayant reculé ni devant les coups ni devant la prison, fut prête, le jour venu, pour donner l'exemple du suprême sacrifice ?

Des « habitudes dangereuses », cet entraînement quotidien au dévouement, à la discipline, à l'initiative, à la fidélité, à la fierté, au courage ? « Habitudes dangereuses », celles qui, sur le plan intellectuel, ont développé chez ces jeunes gens l'esprit critique en même temps que l'enthousiasme, leur ont donné, avec le désir de dissiper les nuées et de voir clair, l'ambition d'être les premiers dans toutes les branches du savoir, afin de pouvoir défendre aussi leur patrie, son histoire, son goût et ses mœurs contre de mortelles erreurs ?

Au surplus, Messieurs, que l'on entende se plaindre les professeurs de cette Université qui, il y a vingt ans, était presque tout entière maçonnique, protestante et juive, je le comprends assez : la pensée de l'A. F. les a dépossédés de leur crédit. Elle a barré le chemin à leur entreprise méthodique de détruire dans l'esprit de cette jeunesse la culture latine et la civilisation chrétienne au bénéfice du grossier mécanisme anglo-saxon ou de l'idéalisme de Luther, de Rousseau et de Kant qui saccage le réel le plus profond et le plus précieux pour faire la place aux chimères empoisonnées. Elle a empêché les maîtres d'erreur de faire des générations qui passaient entre leurs mains le peuple de matérialistes féroces, d'anti-cléricaux bornés et d'anarchistes désespérés qu'ils avaient rêvé de faire, et c'est pourquoi l'on voit aujourd'hui ces pontifes délaissés, encore maîtres des postes de l'enseignement supérieur, essayer de faire disparaître l'enseignement secondaire où l'influence leur a complètement échappé et le ramener, en éteignant la lumière des humanités, au nivellement de l'enseignement primaire. La pensée de l'A. F. a rouvert à la jeunesse les voies de la pensée française avec laquelle elle s'identifie et qui est la vraie pensée humaine.

Loin d'avoir perdu leur temps et d'avoir pris des « habitudes dangereuses », nos Étudiants, pour avoir voulu être de meilleurs Français, feront aussi de meilleurs médecins, de meilleurs magistrats, de meilleurs ingénieurs, de meilleurs industriels et même de meilleurs professeurs que leur censeur, parce que leur esprit ne sera pas enfermé dans leur spécialité et qu'ils participeront à l'intelligence générale du passé, du présent et de l'avenir de leur pays. Mais les Camelots du Roi, employés et ouvriers, y participent aussi, et, pour avoir appris chez nous l'histoire et la logique dont les avait privés l'école, ils connaîtront les traditions du métier et sa noblesse, et l'exerceront avec plus d'amour. L'Action française reclasse. C'est la République qui fait des déclassés.

Étudiants d'Action française et Camelots du Roi, je crois que vous avez trouvé chez nous un bénéfice plus profond. Si un petit nombre d'entre vous avaient le bonheur d'être maintenus dans une ferme règle morale par une foi vive et d'intactes traditions de famille, les autres – la grande masse à la vérité – se trouvait désarmée par le relâchement plus ou moins sensible, mais auquel aucune de nos classes n'a échappé, de l'esprit et des mœurs. Rien ne semblait pouvoir empêcher le vent déchaîné de l'époque de vous livrer à la religion du plaisir et à celle de l'or. Si, en dépit des faiblesses de votre âge, vous n'avez été ni des jouisseurs, ni des arrivistes, c'est qu'un autre objet – l'idée de votre patrie, l'idée rajeunie et débarrassée des nuées qui vous en cachaient la vraie figure ; – une autre tâche – cette patrie à sauver et à restaurer dans sa grandeur – vous ont été proposés.

À cette tâche, parce qu'elle le valait, vous avez consacré un dévouement sans pareil et des sacrifices sans nombre. Et, tandis que, sur le terrain électoral et parlementaire, la besogne de vos aînés, même quand les circonstances étaient favorables, demeurait complètement stérile pour n'avoir pu s'élever au-dessus des intérêts particuliers, à cette conception pure de la Patrie, votre action efficace, dont je n'ai énuméré que quelques exemples au pauvre professeur qui vous diffamait, votre action faisait cesser les insultes des politiciens à l'honneur national, faisait reculer, en toutes occasions où il se montrait, le honteux sectarisme anti-clérical qui s'était cru un moment le maître ; elle décourageait les entreprises de la hideuse révolution communiste ; elle imposait des mesures de salut public et de défense nationale. Surtout, votre action relevait l'image sacrée de Jeanne d'Arc, la sainte de la Patrie, autour de laquelle vous restez groupés, et dont l'étendard à son tour vous défend ; elle interdisait, elle punissait les insultes dont il avait été licite de l'abreuver ; elle conquérait pour Elle, au prix de la prison et des coups, le droit au culte public, au culte populaire de la rue, et elle obligeait enfin le gouvernement, ouvertement anti-religieux et sournoisement anti-patriote, de la République de s'unir à ce culte en acceptant la fête nationale du mois de mai.

Mais le bénéfice, je l'ai dit, n'était pas seulement pour la France, il était pour vous-mêmes. D'avoir rempli cette tâche, de lui avoir réservé, à l'âge des tentations, votre cœur et vos forces, vous avez été purifiés, grandis, améliorés. L'âme qui s'est ouverte, dans la jeunesse, au désintéressement, au dévouement, au sacrifice, se refermera moins facilement. La patrie elle-même ne la bornera pas, car c'est chez les barbares germains, et non chez nous, qu'on en fait un dieu absolu. Mais si c'est la patrie qui a fait la première brèche à l'égoïsme et que, par cette brèche, le cœur et la raison puissent s'élever à des sphères plus hautes, ignorées ou oubliées, qui méritent plus encore votre ferveur et vos sacrifices, comment ne seriez-vous pas heureux de la grâce où vous aura conduits votre chemin ? Et vous ne serez pas embarrassés pour partager votre activité et votre dévouement, car c'est le propre de la source de la générosité, une fois ouverte, d'être intarissable.

Aujourd'hui, deux de vos camarades hantent ma pensée, deux Camelots du Roi d'avant-guerre qui ne comptent pas parmi les plus glorieux bien qu'ils aient été des plus dévoués. Le premier s'appelait Louis Lejeune. Il était orphelin ; il avait vingt ans et il allait mourir. Une maladie inexorable le rongeait. À son modeste travail et à notre œuvre il avait donné ses dernières forces. Mais le jour était venu où il avait dû tout abandonner et où son état était devenu si grave qu'il n'y avait plus pour lui de salut que dans le recours à la Vierge de Lourdes.

On le mit dans le pèlerinage national. Sur le quai de la gare, à Paris, comme il attendait l'embarquement, couché et presque mourant sur son brancard, un jeune prêtre aperçut la fleur de lys de l'Action française fixée à son habit, et, sous prétexte qu'elle représentait une préoccupation profane, il voulut la lui enlever. Louis Lejeune eut un geste de défense : « Laissez-moi cette fleur, Monsieur l'abbé, dit-il, elle est mon plus cher espoir... »

On ne le contraria pas. Pourquoi, en effet, l'aurait-on séparé de l'insigne qui l'unissait encore à ses compagnons et qui, dans le dernier regard qu'il jetait du côté de la terre, l'assurait que sa courte vie n'avait pas été inutile et qu'il avait participé, lui modeste, à une œuvre qui serait continuée ? Écarte-t-on la famille du lit d'un mourant ? Enlève-t-on au soldat blessé la croix d'honneur qui représente son service à la Patrie ? Louis Lejeune s'était purifié, pour ce voyage, de toutes ses pensées vaines ; il avait fait le sacrifice de sa vie, mais il voulait emporter avec lui cette fleur innocente et noble sans laquelle il aurait été seul. Il s'éteignit doucement à Bétharram, un peu avant d'arriver à Lourdes. Nous l'avons conduit, par une belle journée d'août, au cimetière de la ville sainte, notre noble amie regrettée Mme la marquise de Mac-Mahon, Bernard de Vesins et moi, accompagnés de tous les ligueurs d'Action française présents au pèlerinage national. Et sur sa tombe, au-dessous de la croix miséricordieuse ombrageant le bon chrétien, on a gravé l'insigne d'Action française avec la douce protestation, le cri suprême du bon Français : « Laissez-moi cette fleur... »

Le second Camelot du Roi s'appelait Louis Némo.

Quelque fonctionnaire un peu cruel lui avait donné ce nom qui, en latin, signifie « personne » et qui devait toute sa vie lui rappeler un mystère douloureux, car il était enfant trouvé, élevé par l'Assistance publique. Certes, quelle que soit la bonté de la nature et ses chances, c'est là trouver dans son berceau un singulier germe d'amertume et des conditions qui pourront, assez naturellement, pousser le jeune homme à la révolte contre une société où, à sa naissance, sa place légitime lui a été refusée. Mais Louis Némo rencontra l'Action française : celui qui n'avait pas eu de famille y trouva du moins la patrie à aimer et à servir. Avec la patrie, toutes les traditions d'honnêteté, de délicatesse et d'honneur qui sont en elle. Avec la patrie aussi, la foi des ancêtres que ses parents ne lui avaient pas transmise. Ce déshérité s'enthousiasma pour l'ordre ; celui qui n'avait rien reçu donna tout. Son amour et son dévouement pour la France, exercés, affinés, enflammés au milieu de nos luttes, étaient, à l'heure où éclata la guerre, prêts pour le sacrifice suprême.

Le Livre d'or de l'Action française porte que Louis Némo, blessé grièvement une première fois le 21 septembre 1914 dans un combat à la baïonnette, guéri et revenu aussitôt au front, fut tué le 17 septembre 1915 à un poste d'écoute où il remplaçait son officier.

Mais, en mourant, celui qui s'appelait « Personne » avait la conscience d'être devenu quelqu'un ; il serait bercé par la terre maternelle sur laquelle son sang versé lui avait acquis des droits, et le jeune homme qui n'avait pas eu de nom avait un titre de noblesse : celui de Camelot du Roi.

DÉCLARATION DE L'AMIRAL SCHWERER

Le grand honneur qui m'a été fait le jour où l'on m'a appelé à la présidence d'honneur de la Ligue m'impose, en certaines circonstances, le devoir de ne pas garder le silence.

Il m'impose aujourd'hui le devoir de dire aux membres de la grande famille que constitue l'Action française toute ma pensée sur certain sujet qui préoccupe actuellement tous nos esprits.

Je le ferai sans aucune réticence.

Étant personnellement un catholique très sincère, je suis certain que rien dans mes paroles ne pourra blesser une conscience catholique ou être considéré comme une manquement au respect que je dois à la personne, à l'autorité ou à la dignité du Souverain Pontife.

L'Action française n'est pas une association religieuse. Elle est un groupement politique ayant pour but de sauver la France, de l'arracher à un régime abject qui la déshonore et la tue. Elle réunit, en vue d'atteindre cet objectif, des incroyants et des croyants. Mais les incroyants qui sont avec nous sont de ceux qui respectent et défendent l'Église.

Quant aux croyants d'Action française, ils ont montré dans bien des circonstances – notre président en est un admirable exemple – qu'ils étaient prêts à tous les sacrifices pour la défense de leur religion.

Ces croyants d'A. F. cessent-ils d'être bons catholiques si, tout en restant parfaitement soumis à l'autorité religieuse du Souverain Pontife, tout en étant bien décidés à obéir à tous les ordres qu'il leur donnera en ce qui concerne leur religion, ils prennent leurs directives politiques en dehors du Vatican ?

S'ils se défendent contre d'odieuses calomnies, contre des attaques perfides, cesseront-ils d'être bons catholiques parce que quelques-unes de ces attaques paraissent, hélas ! dans *La Croix* et dans *L'Osservatore Romano* ?

Personnellement, j'ai la prétention d'être un bon catholique ; mais je suis aussi un bon Français.

En servant l'A.F., je sers la France. Cesser de servir l'A.F. serait, à mes yeux, abandonner mon pays.

Personne au monde n'a ni le pouvoir ni le droit de m'obliger à cet abandon.

Personne au monde n'a ni le pouvoir ni le droit de mettre en opposition ma foi religieuse et ma foi patriotique.

En servant l'A. F. je croyais servir aussi ma religion, puisque je luttais contre des hommes qui sont à la fois les ennemis de la France et de la religion. Si, pour des raisons dont il est seul juge, le Saint Père estime que dans nos groupements d'A.F. nous devons élever une cloison étanche entre le domaine religieux et le domaine politique et qu'au sein de ces groupements nous ne devons plus jamais nous occuper des questions religieuses ou philosophiques, nous n'aurons évidemment, nous catholiques, qu'à nous conformer aux désirs du Saint Père.

Dans le domaine religieux, nous resterons entièrement soumis à l'autorité religieuse du Pape ; dans le domaine politique, nous continuerons à suivre les directives politiques des grands Français, des hommes d'intelligence et de conscience droite que sont nos chefs.

Si une nouvelle épreuve plus cruelle encore nous était réservée, si des hommes qui nous poursuivent de leur haine et ne cessent de propager contre nous près du Très Saint Père leurs abominables calomnies réussissaient dans leur criminelle entreprise... Alors... — Je ne me permets pas de donner un conseil aux catholiques qui m'écoutent ; mais j'ai le devoir de leur dire ce que personnellement je ferais ... — Catholique je suis et, ai-je besoin de le dire ? catholique je resterais, plus attaché peut-être encore à ma religion et à l'Église, parce que toutes deux seraient atteintes aussi par le coup qui nous frapperait.

Mais, Français, je ne me bornerais pas à rester fidèle à l'Action française. Je lui serais plus dévoué, plus attaché encore, si possible, parce que les épreuves imméritées qui atteignent une famille doivent, si les membres de cette famille ont l'âme haute, resserrer encore les liens qui les unissent et parce que, fils de France, je n'ai pas le droit d'abandonner l'Action française qui, seule, peut sauver ma mère.

DÉMARCHES DE BERNARD DE VESINS, PRÉSIDENT DE LA LIGUE, POUR OBTENIR DES THÉOLOGIENS POUR L'INSTITUT D'A.F.

Les 20 et 22 novembre 1926, le président de la Ligue a adressé une demande « afin d'obtenir que des théologiens, séculiers ou réguliers, soient autorisés à venir exposer à l'Institut d'Action française la doctrine catholique sur les points qui paraîtront à ces théologiens particulièrement utiles à développer pour éclairer nos adhérents, surtout les jeunes, et les prémunir ainsi contre les dangers que le Souverain Pontife a signalés ».

Cette demande a été adressée à Son Éminence le cardinal archevêque de Paris et aux supérieurs ou provinciaux parisiens des ordres suivants : bénédictins, dominicains, jésuites, rédemptoristes.

Son Éminence le cardinal archevêque de Paris a répondu le 30 novembre.

Réponses du cardinal Dubois et du nonce

Monsieur,

J'ai bien examiné la question que vous avez bien voulu me poser. Les derniers documents publiés par *L Osservatore Romano* ne me permettent pas d'envisager comme pratique la solution par vous indiquée. D'ailleurs, l'affaire est d'ordre trop général pour qu'elle puisse être tranchée définitivement par l'autorité diocésaine de Paris. Veuillez agréer, Monsieur, l'expression de mes sentiments distingués et dévoués.

Louis, cardinal Dubois,
Archevêque de Paris.

Aucune autre réponse n'est parvenue au président de la Ligue. Mais une circulaire de la nonciature aux archevêques de France annonçait dans les premiers jours de décembre que : « Sa Sainteté ne trouve pas opportun que les révérendissimes Ordinaires accordent aux différents groupements d'Action française constitués dans les diocèses de France des aumôniers chargés de veiller sur la doctrine et la morale de ces groupements. »

Le motif donné comme le principal, était le danger d'une regrettable confusion entre la religion et la politique.

Cette décision laisse en suspens la demande réellement faite par le président de la Ligue : à savoir non des aumôniers, mais des professeurs faisant des cours, ce qui laissait la religion en dehors de toute confusion avec la politique.

Les Réponses de l'A.F. et de Charles Maurras

Réponses aux accusations romaines avant la condamnation

1926

Le 15 décembre 1926, L'Action française, en réponse aux attaques dont elle était l'objet de la part de certains journaux, publiait l'article suivant[91] :

ROME ET LA FRANCE
RÉPONSE À DES DIFFAMATIONS DE PRESSE

Tout ce qui nous prête attention dans le monde aura pu voir si l'Action française faisait preuve de patience et de modération ! Les seuls blâmes sérieux qu'elle ait encourus auront porté sur notre usage un peu trop discret de nos droits. Telle règle, tel principe auraient pu être invoqués, telle grave rectification aurait pu être imposée. L'Action française, voulant donner l'exemple de la déférence envers les autorités qu'elle suit ou vénère, s'est limitée à rétablir, de temps en temps, la vérité contre l'extrême licence des fureurs agressives d'une multitude de feuilles qu'un soupir de colère, un murmure d'indignation scandalise, mais pour lesquelles la distinction du vrai et du faux paraît s'être complètement évanouie !

Notre réserve était si forte que nos ennemis ont été réduits à prendre le parti d'élever des doutes sur notre sincérité. Cette insulte a couru *La Vie catholique*, *L'Action sociale*, même *La Croix*. Nous venons de la lire une fois de plus, hier, dans *L'Osservatore Romano*.[92] Cette dernière récidive est intolérable. Nous la relèverons.

L'OSSERVATORE ROMANO

---

[91] L'article est signé « L'Action française » dans le numéro indiqué. Cette signature est reprise dans le recueil de 1927, *L'Action française et le Vatican*. Le titre y est toutefois modifié pour mentionner expressément Maurras en sus de l'Action française.
Les notes sont imputables aux éditeurs.
[92] Il faut rappeler que de vives polémiques avaient opposé durant la guerre et dans l'immédiate après-guerre *L'Action française* et le journal romain, accusé d'être de parti pris pro-allemand et de vouloir compromettre le pape Benoît XV dans ce sens.

Bien loin de devoir accepter les leçons de leurs confrères italiens de *L'Osservatore Romano*, les journalistes français de *L'Action française* seraient à même de leur en proposer plus d'une, et d'importance.

Après tant de confusions grossières, tant de contrevérités étalées au mépris de faits constants, tant de preuves de parti pris aveugle ou volontaire, nous ne saurions nous étonner de constater à quel point les rédacteurs de *L'Osservatore Romano* sont étrangers à ce simple souci de dignité qui suffit à quiconque tient une plume, pour prendre et pour garder toutes les responsabilités qui lui appartiennent.

Il faut cependant admirer que ces messieurs osent, d'un cœur si léger, essayer de faire entendre que leurs responsabilités *à eux*, n'engagent rien de moins avec eux que l'autorité supérieure de l'Église. Est-ce par là qu'ils croient montrer ce dévouement au Saint-Siège qu'ils voudraient si gratuitement dénier à tout autre ?

Fondée, exclusivement, sur un programme de politique française qui (dès lors que sont respectées les lois morales et religieuses de l'Église) ne relève en rien des censures du Saint-Siège, *L'Action française* a su comprendre tout autrement que les porte-plumes de *L'Osservatore Romano* les égards qui sont dus par tous à la plus haute autorité spirituelle qui soit au monde. Le respect du Saint-Siège a été poussé si loin que nous avons épargné jusqu'ici à quelques-unes des autorités qui en dépendent, la publication de textes et de faits qui suffiraient pour les faire descendre au niveau du germanophile belge Passelecq.[93]

Nous aurons donc fait jusqu'au bout ce qui a dépendu de nous pour empêcher le malheur devant lequel n'ont jamais hésité les passions rageuses de ceux qui nous haïssent en haine de la France et aussi en haine de cette vérité que l'on confesse et que l'on publie chez nous. Nous aurons multiplié tout ce qui était humainement possible pour éviter d'exposer le Siège de Pierre, infaillible quant à la Foi et aux mœurs, à une erreur politique qui irait droit aux catastrophes et qui, en attendant, lui ferait subir le contre-coup du discrédit qui s'attache, dès aujourd'hui, dans tous les milieux

---

[93] Auteur belge, accusé par l'Action française de sympathies allemandes, et dont une brochure datant de 1925 inspira en grande partie les premières accusations du cardinal Andrieu contre l'Action française à l'été 1926. Voir notre édition des articles des 5 et 7 janvier 1927 sous le titre *Charles Maurras et le cardinal Andrieu*.

informés, à la petite bande des intrigants simoniaques parmi lesquels se recrutent nos principaux calomniateurs.

L Osservatore rêve d'être identifié au Pape régnant. Nous avons fait remarquer que *L Osservatore* n'a engagé ni la personne ni la politique de Benoît XV pendant la guerre, bien qu'il ait tout osé pour les compromettre cruellement. Ce journal se prétend autorisé et inspiré dans ses articles de venimeuse polémique à notre égard. Nous refusons d'admettre que la Cour de Rome ait donné aux anonymes de la rue Germanicus[94] le mandat d'injurier un père couvert du sang de son fils assassiné[95] parce qu'il est l'auteur de *L Avant-Guerre* et que l'Allemagne a souffert de ses bienfaisantes révélations. Nous ne croirons jamais que *L Osservatore* ait obtenu la liberté honteuse d'offenser, dans leur conscience de croyants ou dans leur honneur d'hommes, des Français qui jouissent dans leur pays et au dehors d'une estime dont ils n'ont pas démérité.

SOUMISSION, RESPECT, JUSTE LIBERTÉ

La parole du Pape a été reçue à l'Action française avec les sentiments d'une soumission filiale ou d'un respect profond. Cette parole n'y a pas été discutée, mais obéie. Elle signalait un péril qu'elle avait le droit de signaler. Elle demandait des précautions vigilantes, des mises en garde sérieuses. Pour y correspondre, des mesures ont été prises. D'autres ont été proposées. Des sections entières de la Ligue d'Action française sont allées demander à leur évêque des conseillers théologiques. Nos Comités directeurs ont soumis à l'autorité leur projet de relever la chaire de politique religieuse (ou du Syllabus) à notre Institut. Que ces démarches soient accueillies ou, comme *L Osservatore* l'annonce avec allégresse, qu'elles soient rejetées, ce sont là des actes. Nos actes portent en eux les signes palpables des intentions qui les inspirèrent : chez les uns, vénération sincère de l'Église ; chez les autres, esprit de discipline et de foi : intentions parfaitement naturelles dans une matière où tout le monde s'accorde à saluer le magistère doctrinal et moral du Souverain Pontife. Nous n'avons jamais songé à nous en faire honneur. Mais ce n'est pas une raison pour les dénaturer.

---

[94] Adresse historique de *L Osservatore Romano*, qui le désigne par métonymie.
[95] Allusion à Léon et Philippe Daudet.

L'Osservatore nous objecte qu'il y a des matières mixtes.[96] Nous osons répondre à ce journaliste que, ne l'ignorant pas, nous avons toujours professé qu'en ces matières, comme l'a dit Bernard de Vesins au Congrès, la primauté appartient à l'Église. Celui d'entre nous qui a eu l'occasion de mettre cela par écrit le premier est précisément le même qui a formulé la maxime « Politique d'abord ». Alors, dira *L'Osservatore*, celui-là s'est contredit ! En quoi ? Pourquoi ? *L'Osservatore* se figurerait-il que « politique d'abord » voulait dire « pouvoir, autorité politique d'abord » ? Il en est bien capable. Malheureusement pour lui, il donne à ces mots un sens qu'ils n'ont pas chez nous ni en eux-mêmes. Cela fait disparaître la contradiction dont il a rêvé. Mais il en rêve d'autres ; parce que l'on a constaté ici la succession des ordres, conseils et directives du Souverain Pontife dans la variété des circonstances et des temps, *L'Osservatore*, de sa grâce, s'imagine que nous accusons les papes de s'être « contredits » entre eux ou, dit-il contredits eux-mêmes. Dans sa passion, *L'Osservatore* oublie jusqu'aux conditions logiques de l'emploi du terme « contradictoires ». Du train dont il va, nous allons le voir revenir, avec toutes les inconsciences de la passion, aux étonnants articles de 1894, où il invoquait l'infaillibilité papale contre les Français qui refuseraient de se rallier à la République !

Il y a des matières religieuses où l'obéissance s'impose de droit. Il y en a où elle s'impose par le haut sentiment des égards dus au pouvoir spirituel. Il y en a, enfin, de naturellement libres.

Dans la lettre du 5 septembre 1926, le Pape a distingué un terrain politique où tous les fidèles jouissent de leur « juste liberté ». Ce terrain, les germanophiles de *L'Osservatore Romano* prétendent le retirer aux Français. Comment ? Par de grossières sollicitations de textes et de faits. Pour critiquer l'amiral Schwerer, ces messieurs nous imputent une étonnante infraction au Syllabus et à l'encyclique *Pascendi* ! À les entendre, nous admettrions que l'Église n'a aucun pouvoir temporel direct ou indirect. Où ont-ils vu cela chez nous ? Où ont-ils pu nous voir soutenir que, au nom du bien public, le citoyen peut négliger les avis, les conseils, les préceptes, les lois de l'Église ? Le bien public est invoqué par nous sur un terrain où l'Église même commence par nous reconnaître, en termes éclatants, nos droits légitimes.

---

[96] C'est-à-dire qui relèvent sous certains aspects de la morale ou de la foi et sous d'autres aspects de la politique.

Jamais *L'Osservatore* ne s'est permis de tels procédés à l'égard de la presse allemande ni du peuple allemand. Il se trompe s'il juge les catholiques de l'Action française capables de se laisser asservir de la sorte !

CE QUE DISENT LES CATHOLIQUES D'A. F.

« Nous ne sommes pas disposés, disent-ils, à rien céder de nos libertés. Nous n'avons pas envie de devenir des ilotes, ni de laisser réduire les Français catholiques à l'état des catholiques mexicains.[97] Nous réclamons le droit de trouver bons les arguments politiques de Maurras, comme les démonstrations astronomiques de Galilée. Ces vérités d'ordre naturel, expérimental, s'imposent à nous, et personne ne peut rien contre elles... L'Église, du reste, n'a pas d'intérêt, pensons-nous, à ce que ses fidèles fassent figure de citoyens diminués, ligotés dans leur activité nationale, réduits à recevoir du dehors leurs consignes politiques. Le Souverain Pontife a la garde des intérêts universels de la chrétienté : les intérêts politiques particuliers de la France échappent, par leur nature même, à sa sollicitude, et c'est nous, Français, qui en avons seuls le grave souci. Dans la politique française nous sommes chez nous et, volontiers, nous redirions, à ce propos, la parole du grand agitateur catholique qui n'était pas "gallican", l'Irlandais O'Connel : " *Our faith from Rome. Our policy from home.*" "Notre foi, de Rome. Notre politique, de chez nous." Nous ne sommes pas ici pour faire de la politique pontificale, mais de la politique française. Nous entendons rester dans ce domaine, indépendants des ingérences ecclésiastiques, aussi bien que des ingérences gouvernementales et financières : c'est notre force et notre raison d'être ; tous les bons Français nous suivront dans cette voie, et l'Église ne gagnerait rien à essayer de nous la barrer. Windthorst ne laissa pas commettre cette faute en Allemagne, du temps de Bismarck, lorsque Bismarck obtint l'oreille du Vatican ; c'est par ses longues résistances à ces manœuvres bismarckiennes venues de Rome que Windthorst put forger si puissamment le parti catholique allemand du "Centrum" qui jouit aujourd'hui de toute la faveur de *L'Osservatore*.

« Nous n'admettrons point, par exemple, qu'un nonce du Pape se mêle de nos affaires intérieures et intervienne dans des questions électorales. S'il

---

[97] Allusion aux Cristeros mexicains, alors exposés aux persécutions.

se construit, dans les sphères ecclésiastiques, un vaste plan de paix européenne et mondiale où la France soit sacrifiée, nous sommes là pour nous y opposer. Nous ne croyons ni à Locarno, ni à la Société des Nations, ni au désarmement de l'Allemagne, qui ne sont pas encore devenus, que nous sachions, des dogmes de foi. Que si certains hommes d'Église mettaient leur autorité au service des dangereuses illusions qui préparent pour l'Europe et, en particulier, pour la France, des cataclysmes sanglants, c'est en vain qu'ils nous inviteraient à les suivre. Simples laïques, nullement théologiens, nous savons tout de même que, si l'Église a la promesse de la vie éternelle, les hommes d'Église – l'histoire entière le prouve – peuvent être mal renseignés, se laisser circonvenir par des influences malhonnêtes, s'engager dans des entreprises nuisibles – et que tout cela s'est produit au cours des âges. Ces affirmations, dont quelques-uns affecteront de se scandaliser, ne sont pas scandaleuses ; elles sont banales : tout le monde dans l'Église sait bien qu'il en est ainsi. Mais pratiquement on agit et on écrit comme si le contraire était vrai. Est-ce loyal ?

« La déférence, ajoutent les catholiques d'Action française, la déférence due à des autorités qui sont sacrées dans leur domaine, et qui auront toute notre obéissance, nous obligerait-elle à les suivre en ce que nous estimons être faux et nuisible à notre pays ? Personne n'oserait le soutenir. Nous lisons dans le *Dictionnaire apologétique de la Foi catholique* (fasc. XIX, col. 114 et 115) ces lignes, à propos du pouvoir du Pape :

> L'indépendance de l'État et des citoyens chrétiens dans le domaine purement politique est une doctrine certaine proclamée par l'encyclique *Immortale Dei* (de Léon XIII) et qui doit être loyalement sauvegardée. Or cette doctrine deviendrait irréelle et illusoire si l'on allait jusqu'à reconnaître à l'Église le droit d'imposer aux fidèles un précepte de stricte obéissance à propos de toute affaire politique où le Pontife romain jugerait que le bien de la religion et des âmes se trouverait intéressé. Il n'est pas une affaire politique de quelque importance qui, surtout dans un régime démocratique, n'ait son contrecoup sur l'intérêt de la religion et des âmes !... Étendre ainsi le pouvoir indirect équivaudrait à supprimer, pour les catholiques, l'indépendance légitime de leur conduite dans le domaine spécifiquement temporel et politique. Ce serait attribuer aux Pontifes romains une prétention énorme, qu'ils ont toujours répudiée... Mais,

> à côté du pouvoir indirect (strictement préceptif), il y a raisonnablement place pour un pouvoir directif... l'autorité d'un conseil paternel qui mérite d'être pris en considération de la manière la plus sérieuse et la plus respectueuse, sous peine de commettre une faute contre la vertu de prudence...
>
> Toutefois, le devoir d'obtempérer à ce conseil cesserait de s'imposer... si, après mûr examen, on estimait, en conscience, avoir des raisons très légitimes et sérieuses, des motifs très graves de suivre la ligne de conduite que Rome désapprouve, et de douter du péril et du dommage religieux que Rome signale dans cette conduite.

Cette théologie-là n'est pas une théologie de journaliste comme celle que l'on improvise chaque jour pour nous combattre. Elle n'a pas été inventée pour la circonstance où nous nous trouvons. Exposée dans un *Dictionnaire apologétique*, elle représente apparemment l'enseignement commun de l'Église. Pour réfuter la légitimité de notre attitude, il faudra inventer un autre enseignement. Nous ne sommes pas des catholiques en révolte : nous sommes des catholiques loyaux, qui seulement ont pris soin de s'instruire et qui savent jusqu'où s'étendent leurs obligations de fidèles. »

LE MENSONGE DÉCHAÎNÉ

Telle est la position très clairement sentie de nous tous. Elle ne l'est pas d'un certain nombre de folliculaires qui, en France et ailleurs, déshonorent leur plume et, parfois, leur habit. Ils sont démocrates ou libéraux, c'est leur droit, nous le reconnaissons en les combattant, mais la démocratie n'excuse ni la mauvaise foi, ni la calomnie, ni le faux, et, quand nous lisons, par exemple, dans *L'Action populaire*, des diatribes où le mensonge se fait jour sans aucune vergogne, l'Action française tout entière a le droit de les qualifier. Mais ne suffit-il pas de montrer quelques échantillons de leur savoir-faire ?

Les catholiques de l'Action française lisent avec stupeur, page 7 d'une « Lettre à un jeune étudiant » : « Jaurès et Maurras – et Lénine ! – tous les trois disent, à la manière de Karl Marx : "La religion est l'opium du peuple." *Voilà pourquoi nous l'attaquons*, crient aujourd'hui les communistes. *Voilà précisément pourquoi je la préconise*, répond Maurras. »

Page 9 : « L'A. F. prononce les exclusions suivantes : l'exclusion d'une règle morale dans les choses de la politique… ; l'exclusion des revendications de la justice sociale en faveur d'une classe déshéritée… et ces exclusions constituent précisément les éléments essentiels de la doctrine politique de l'Action française : *Politique d'abord*, c'est-à-dire : *Exclusion d'abord* de tout le reste… »

Comment un prêtre peut-il en venir à ces jeux de mots déshonorants ?

Nous apprenons, en outre, qu'à l'Action française on a « le dédain de l'ouvrier » (page 13) — qu'en dites-vous, ouvriers Camelots ? — que, dans la question du syndicalisme, on n'y a jamais « fait entendre le son chrétien » (page 12) — qu'en dites-vous, Ambroise Rendu et Pierre Chaboche ? — que la clairvoyance à l'égard de la mystification pompeuse qu'est la Société des Nations, ou la raillerie à l'égard d'un dangereux comédien tel que Valois, ne sont pas de mise chez un chrétien (pages 8, 11, 12) ; que, même le souci de l'orthodoxie remarquable, on le concède, chez les catholiques d'Action française, « trahit un catholicisme peu éclairé. C'est Byzance qui se proclame orthodoxe ; ce n'est pas Rome » (???) (page 6), etc., etc.

Quel chapelet d'insanités !

« Iriez-vous tuer Schrameck ? »[98] demande triomphalement l'auteur de la lettre à son naïf interlocuteur. Ce qui est simplifier beaucoup une question passablement complexe et dont l'énoncé correct serait celui-ci : en temps d'anarchie intérieure, alors que les citoyens ne sont plus défendus contre l'assassinat par les pouvoirs publics, et, qu'au contraire, un très puissant haut fonctionnaire donne son appui aux assassins, est-il permis : 1o de le menacer de mort pour qu'il abandonne ses intentions homicides ; 2o de le tuer pour en interrompre l'exécution ?

Hélas ! Ce goût pervers d'envenimer une situation déjà pénible pour les catholiques de l'Action française, ces mensonges onctueux, ces textes, non pas même sollicités, mais grossièrement déformés, ces raisonnements boiteux et sophistiques – même sur des questions de théologie ! – cette soi-disant « direction spirituelle » où un prêtre démocrate abuse de l'ignorance et de la candeur d'un adolescent, ce mélange de piété douceâtre et de haine recuite forment le morceau le plus répugnant qui soit. Pour diffamer plus sûrement l'Action française, est-ce qu'on veut se déshonorer ? Mais, après tout, il est heureux que ces pages aient été écrites. Nous avons là un précieux spécimen de la manière dont certains hommes d'Église entendent exploiter

---

[98] Allusion à la célèbre *Lettre à Schrameck* de Maurras.

le plus sacré et le plus délicat des ministères. Ils donnent là au public une terrible leçon de choses. Ces « simples feuillets de pastorale » (!) que *La Croix* s'est cru permis de recommander et qui affichent le pieux dessein d'« amener à se soumettre... les consciences troublées » ne susciteront-ils pas plutôt, dans les âmes droites, l'indignation et la nausée ? Que nos ennemis prennent garde de dépasser leur but. Trop est trop.

DE FAMEUX ORTHODOXES

La Vie catholique du 23 octobre a publié une réponse de *L'Action populaire* à Maurras. Les courageux anonymes de *L'Action populaire* commencent par attaquer l'honnêteté de Maurras : il est de mauvaise foi : « voiles *prudents* dont il enveloppe (sa pensée)... Mots jetés *pour* faire illusion... l'usage peu *honnête* que M. Maurras fait de la parole. » Chez des gens qui blâment les violences de polémique, ce jugement des *intentions* est remarquable. Eh ! contre Maurras tout est permis. Son cas fait brèche aux Commandements de Dieu.

Les anonymes continuent. Ils ne reprochent plus à Maurras « *aucune parole* maladroite ». Ainsi s'affranchissent-ils de toutes discussions de texte pour lesquelles, apparemment, ils se sentent battus : l'expédient est merveilleux ! Ils reprochent donc à Maurras les éloges qu'il a donnés à l'Église, *du point de vue naturel.* Ce point de vue, incomplet pour un croyant, est-il faux ? Tout ce qui n'est pas catholique est-il mauvais ? À cette question : « L'Église est-elle bonne ? » l'incroyant qui répond : « oui » est-il à blâmer ? *Doit-il* répondre le contraire ? Ou bien y a-t-il « équivoque » dans sa réponse ? L'équivoque consiste à jouer sur les mots. Où est-elle ici ? « Mais le mot *devoir*, dans la bouche de Maurras, qu'est-ce que cela peut bien vouloir dire ? » Ma foi !, quelque chose comme ce que le bien moral signifiait pour Aristote, dont saint Thomas a commenté l'*Éthique à Nicomaque*, et à qui il a pris les deux tiers de la doctrine des vertus, exposée dans la *Somme !*

Notez que l'officine d'où sort le vertueux intégriste de *La Vie catholique* est la même que celle où paraissaient, il y a quelques années, maint livre moderniste, condamné par l'Église, par exemple : *Dogme et critique*, par E. Le Roy ; *La Crise morale des temps nouveaux*, par Paul Bureau ; tel ouvrage de l'abbé Naudet, et que le « grand ami » dont parle *La Vie catholique* (16 octobre), M. Henri Brémond, fut aussi l'ami et le confident de Tyrrel, et qu'il a eu, lui aussi, sa condamnation de l'Index pour un livre sur *Sainte Chantal*. Ces catholiques, si zélés contre l'Action française, ne sont pas d'un aloi indiscutable. La « condamnation » de l'Action française a particulièrement réjoui ce qu'il y avait de plus suspect et de plus suspecté. Nous comprenons que *L'Action populaire* récuse le qualificatif d'« orthodoxe » comme « trahissant un catholicisme peu éclairé ».

Politique ! Politique, et non religion, que tout cela.

CONCLUSIONS DES CATHOLIQUES D'A. F.

Les catholiques de l'Action française refusent d'être dupes de ce mauvais usage des choses sacrées, ils le signalent aux Français.

« Pour les choses qui regardent la foi et la morale, ajoutent-ils, l'Église n'aura jamais de fils plus soumis que nous. Dans cet ordre, la moindre indication de nos pasteurs sera acceptée par nous avec une discipline et une docilité absolues. À cet égard, conformément aux recommandations données par Rome à nos étudiants, nous fuirons "le plus possible" toute contagion, même provenant de nos amis les plus chers, de nos chefs les plus justement aimés.

« Nous ne les quitterons pas pour cela.

« Voici pourquoi :

« On rencontre en France des catholiques dans la plupart des partis politiques. Les chefs de ces partis sont souvent des "laïcistes" avérés, tel, par exemple, et pour ne pas prendre d'emblée l'exemple le plus fort, M. Raymond Poincaré.[99] Mais les catholiques s'avancent plus loin dans les régions de gauche on les trouve à côté, sous la direction d'anticléricaux militants et agressifs, dans des groupes qui ont, eux aussi, une doctrine et non pas purement politique comme l'Action française, mais plutôt politico-religieuse, empruntée la plupart du temps aux formulaires maçonniques. On a vu certains de ces catholiques voter, par exemple, pour l'intangibilité des lois laïques. Loin de nous la pensée de réclamer contre eux la moindre censure ecclésiastique. Nous nous bornons à constater les faits. Bien plus, on a vu récemment des catholiques se grouper autour d'un homme[100] qui, certes

---

[99] Conservateur, dont la formule était connue selon laquelle ce qui le séparait de Maurras et de l'A. F. c'était « toute l'étendue de la question religieuse ».
[100] Marc Sangnier.

« ne s'est pas montré maître de la doctrine et de la morale chrétiennes », ayant encouru, sous Pie X, une condamnation formelle ; on a vu ces catholiques fraterniser avec des francs-maçons, avec des persécuteurs fameux et impénitents, dont le nom seul rappelle la destruction de nos libertés religieuses les plus chères, traiter avec eux des questions philosophiques et morales, se mettre d'accord avec eux sur certaines conclusions communes et sur certains vœux. Encore une fois, au point de vue religieux, ce n'est pas notre affaire de censurer de telles réunions : nous ne nous reconnaissons pas le droit de murmurer contre la bénédiction apostolique qui les a sanctionnées. Nous sommes fort loin de réclamer pour nous-mêmes le même degré de tolérance et de faveur. Au contraire, nous faisons remarquer que cette tolérance et cette faveur vont à quelque chose qui dépasse et de beaucoup la stricte liberté politique que nous revendiquons. Nos adversaires démocrates-chrétiens seraient donc mal venus à nous reprocher des alliances qu'ils pratiquent d'une façon infiniment plus large et plus audacieuse que nous.

« Dans les écoles publiques et les lycées de l'État, où enseignent des professeurs athées, anti-chrétiens, juifs, protestants, maçons..., les dangers courus par la foi et la morale sont certes extrêmement graves. Néanmoins, tout en souhaitant vivement l'amélioration de tels établissements, nos prêtres ne nous ont jamais fait un cas de conscience d'y mettre nos fils, à charge pour nous de pourvoir par ailleurs à leur éducation chrétienne et de les défendre efficacement contre les influences funestes. Des établissements ecclésiastiques (externats de lycéens) existent même à cette fin. Pourquoi donc agirait-on à l'égard des dangers, sans conteste moins terribles et moins prochains, qui peuvent résulter de la fréquentation des respectueux incroyants de l'Action française ? y a-t-il donc, dès qu'il s'agit de celle-ci, une manière spéciale de juger, une jurisprudence exceptionnelle ? »

NOUS NE TRAHIRONS PAS

... Cette jurisprudence exceptionnelle existe et, dans toute une presse, elle fonctionne contre nous avec ses doubles poids et ses doubles mesures.

L'Action française entière connaît cette injustice.

Tous ceux qui en souffrent, croyants et incroyants, sont quelquefois réduits à rire amèrement des accusations que soulève un texte de Taine ou de Renan publié chez nous quand l'éloge des mêmes hommes et des mêmes œuvres, s'il est fait au dîner de la *Revue des deux mondes*, est dévotement inséré sans réserves ni protestations dans *La Croix*. Ce spectacle immoral et incompréhensible ne peut avoir qu'un sens : on veut imposer à l'Action française d'arrêter sa besogne patriotique et de briser son entreprise de relèvement national. L'Action française ne croit pas que ses devoirs impérieux envers la Patrie en danger puissent être ni désobéis ni éludés comme le souhaitent passionnément les ennemis intérieurs et extérieurs de la France. Personne n'a le droit de lui demander cette trahison.

L'Allocution consistoriale du 20 décembre

1926

L'ALLOCUTION CONSISTORIALE DU 20 DÉCEMBRE SUR LA FRANCE[101]

Nous donnons la traduction de l'allocution pontificale au Consistoire du 20 décembre, pour la partie qui concerne la France, traduction faite directement sur le texte latin. Il y a lieu de remarquer, avec quelque surprise, que ce texte authentique diffère sensiblement de la traduction italienne donnée par L'Osservatore Romano, *qui semble avoir voulu, à certains endroits, en solliciter les termes. Au surplus, la traduction française que* La Croix, *de son côté, a donnée hier, faite également sur le texte latin, est assez différente, pour les mêmes endroits, de la traduction partielle que son correspondant romain, bien connu comme un adversaire acharné de l'Action française, lui avait envoyée le premier jour.*

Le Pape commence par rendre grâces à Dieu pour les heureux événements de l'année à son déclin, canonisations, congrès eucharistique de Chicago, centenaire du héraut du Grand Roi, saint François d'Assise, sacre à Rome des premiers évêques chinois.

Mais, à côté de ces très beaux sujets de consolation, il y a eu des sujets de tristesse, en premier lieu la persécution du Mexique.

Des terres éloignées du Mexique, passons par la pensée à la proche France, pour déclarer de nouveau notre sentiment sur le grave débat qui, Nous le savons, inquiète beaucoup d'esprits, concernant le parti politique ou l'école qu'on nomme l'Action française, et aussi les œuvres et le journal qui en dépendent. De nouveau, disons-Nous, puisque déjà, plus d'une fois, Nous avons dit, et sans ambages, ce que Nous en pensions.

Nous vous en parlons pour deux raisons. D'une part, Votre solennelle assemblée, Vénérables Frères, sur laquelle l'univers catholique a les yeux, Nous fournit une occasion importante et illustre, d'autant plus que les paroles que Nous allons prononcer peuvent avoir leur opportunité et leur utilité hors de France. D'autre

---

[101] Les textes suivants forment la première partie du chapitre V — intitulé « L'allocution consistoriale du 20 décembre » — de *L'Action française et le Vatican*, publié en 1927. *Les notes sont imputables aux éditeurs.*

part, il nous faut répondre aux vœux et à l'attente de ceux qui, dans des lettres où respire une sincère piété avec l'amour du vrai et du juste, nous ont demandé de les libérer de l'hésitation.

En tout cela, s'il ne Nous a pas été possible de rester sans amertume et chagrin, le Dieu très miséricordieux Nous a accordé de non médiocres consolations, et, pour obéir à un devoir et comme à une douce nécessité, Nous nous sommes hâtés de Lui en exprimer Notre reconnaissance par cet endroit des Psaumes : « À proportion de la multitude de mes douleurs, vos consolations répandues dans mon cœur ont réjoui mon âme. » De ce que, par l'intervention de Notre autorité, nous avons accompli un acte très attendu et moins opportun encore que nécessaire, des laïques excellents, des membres de l'un et l'autre clergé, de vénérables évêques et pasteurs des âmes, Nous en ont rendu grâce ; qu'ils reçoivent donc le particulier témoignage de Notre bienveillance, eux, et en même temps tous ceux qui, manifestant leur foi par leurs actes, ont, avec obéissance et affection, ou bien reçu nos paroles comme du Vicaire de Jésus-Christ, ou bien les ont répandues, dans un cercle étroit ou vaste, soit de vive voix, soit par écrit, ou bien les ont interprétées sincèrement et fidèlement et, chaque fois qu'il a fallu, les ont défendues avec courage. Quant à ceux qui insistent pour que Nous parlions avec plus de clarté et de précision sur la question soulevée, Nous voulons qu'ils se remettent dans l'esprit que, en matière de conduite, on ne saurait toujours établir une règle absolue et nette, valable pour tous les cas. En outre, Nos écrits et Nos paroles antérieures (et, en France, pays que ces discours et écrits concernent, personne ne les ignore plus) contiennent, ou formels ou faciles à induire, les préceptes et principes suffisants pour régler le jugement et la conduite. Nous ajoutons, s'il est quelques personnes à l'esprit desquelles il faille porter une lumière encore plus vive, qu'il n'est pas permis aux catholiques, en aucune manière, d'adhérer aux entreprises et en quelque sorte à l'école qui mettent les intérêts des partis au-dessus de la religion et font servir celle-ci à ceux-là ; qu'il ne leur est pas permis de s'exposer ou d'exposer autrui, les jeunes gens surtout, à des influences ou doctrines dangereuses tant pour la foi et la morale que pour la formation catholique de la jeunesse. Ainsi (pour n'omettre nulle des questions ou demandes qui Nous ont été adressées), il n'est pas permis aux catholiques de soutenir, d'encourager et de lire des journaux publiés par des hommes dont les écrits, s'écartant de notre dogme et de notre morale, ne peuvent pas échapper à la désapprobation, et qui même, souvent, dans des articles, comptes rendus, annonces, proposent à leurs lecteurs, surtout adolescents ou jeunes gens, des choses où ils trouveraient plus d'une cause de détriment spirituel.

Toutes ces choses, Nous les avons répétées, non sans douleur, pour ne pas manquer à tant de fils qui ont mis leur confiance en Nous comme dans le Père et le Pasteur universel, et pour ne pas sembler oublier que Nous avons été proposé par Dieu comme « devant rendre compte des âmes ».

Nul ne peut ne pas le voir, l'apôtre Paul Nous approuve quand il allègue un motif grave de cette sorte pour avertir les chrétiens d'obéir et de se soumettre à leurs chefs, afin que ceux-ci puissent rendre compte à Dieu « avec joie et non avec gémissement », ce qui, d'ailleurs, ne conviendrait pas aux fidèles eux-mêmes. D'ailleurs, il ne convient pas que nos très chers fils français restent plus longtemps divisés et sans concorde entre eux à cause de la politique, cela dans leur propre intérêt, dans l'intérêt de la Cité, dans l'intérêt de l'Église. Mais, au contraire, il sera extrêmement profitable, à tous et à tout, qu'ils soient tous étroitement unis dans les choses qui regardent la religion, c'est-à-dire dans la défense des droits divins de l'Église, du mariage chrétien, de la famille, des écoles pour l'enfance et la jeunesse, bref de toutes les libertés sacrées qui sont les fondements de la Cité ; qu'ainsi d'accord, par des manifestations publiques chaque jour plus nombreuses et plus importantes, par la propagande de la vraie doctrine en religion et en morale, par l'apostolat de la charité, ils diffusent la véritable notion de ces diverses libertés que Nous avons rappelées, et en éveillent dans la foule un désir de plus en plus vif, en sorte qu'un jour les citoyens, dans la pleine conscience de leur droit, les réclament et les reconquièrent. L'événement salutaire de cette union des volontés, Nous le désirons très vivement et, chaque jour, par de nombreuses et instantes prières, Nous le demandons à l'Auteur de tous biens.

(Ici une phrase, maltraitée par l'imprimeur de L'Osservatore, qui doit signifier : « Que chacun garde d'ailleurs la légitime et honnête liberté de préférer telle forme politique qui ne contredit pas l'ordre divin des choses. »)

Ces exhortations à l'accord et à l'entente pour l'action en faveur des choses les plus saintes ne diffèrent pas, en substance, des conseils donnés par Notre prédécesseur Léon XIII, d'immortelle mémoire, *(ici, encore un petit membre de phrase massacré par l'imprimeur et qui fait non-sens)*, comme n'en différaient pas les instructions de Pie X, de sainte mémoire : c'est de quoi se rendra parfaitement compte quiconque comparera les actes et textes de l'un et l'autre de Nos devanciers, sans opinion préconçue, comme Nous l'avons fait Nous-même, et se rappellera qu'il n'est ni nécessaire, ni possible de tout répéter à tout le monde toujours.

Il est superflu d'ajouter, mais Nous l'ajoutons cependant, « d'abondance de cœur », comme on a coutume de dire, que Nous n'avons été ni ne sommes poussés à parler ni par des préjugés ou par zèle de parti, ni par des considérations humaines, ni par une ignorance ou une insuffisante estime des services qu'ont rendus à l'Église, et plus encore à la Cité, soit tel ou tel particulier, soit tel groupe ou telle école, mais seulement et uniquement par la charge religieuse que Nous avons assumée, par la conscience du devoir qui Nous lie et qui est de sauvegarder l'honneur du Roi divin, le salut des âmes, le bien de la religion et la prospérité de la France catholique elle-même.

Pour toutes ces causes, et aussi pour qu'il n'y ait pas lieu à des doutes ou à de fausses interprétations, telles qu'il s'en est produit de divers côtés, en particulier tout récemment dans le journal mentionné, non sans manque de respect ou excès d'audace, Nous comptons, avec une confiance absolue, que nos vénérables frères de France, cardinaux, archevêques et évêques, selon leur charge pastorale, rapporteront Notre pensée et Notre volonté paternelle, chacun à son troupeau, ou plutôt les lui exposeront et expliqueront avec fidélité et autorité.

Ces paroles, vénérables frères, auxquelles votre présence ajoute un caractère solennel et que l'approche de la Nativité du Roi pacifique rend plus saintes, puissent-elles établir entre les catholiques de France une concorde entière et active, sous les auspices de laquelle il soit possible de combattre efficacement pour ces suprêmes causes du règne de Dieu où les autres s'appuient comme à leur fondement, à leur couronne et à leur sanction : du règne de Dieu, disons-nous, par la recherche duquel, selon les promesses certaines du Christ lui-même, on s'acquiert et en quelque sorte on s'empare à l'avance de tout le reste : « Cherchez d'abord le royaume de Dieu, et toutes ces choses vous seront données par surcroît. »

L'Action française *fit suivre cette reproduction de l article suivant :*

Non possumus

On vient de lire, dans l'allocution consistoriale, la page qui nous concerne. Nous pourrions soutenir que nous n'avons rien à voir avec les partis qui mettent la politique au-dessus de la religion et font servir celle-ci aux intérêts de celle-là. Nous pourrions établir aussi que toute la presse française, sauf les journaux spécifiquement religieux, tombe autant que nous et beaucoup plus que nous sous le coup des observations pontificales relativement à la critique ou aux annonces littéraires et théâtrales. Le fait est cependant que l'Action française est visée. Nous n'avons ni désir ni volonté de le contester.

Depuis les derniers jours du mois d'août où fut connue l'étonnante lettre du cardinal Andrieu, l'Action française a cherché à comprendre quelles pensées et quelles intentions se faisaient jour à son égard. Au fur et à mesure de la publication des documents successifs émanant du Souverain Pontife ou du secrétaire d'État, elle a attendu une parole claire. Quand cette parole a semblé se manifester, l'Action française s'est empressée de proposer à l'autorité ecclésiastique les satisfactions légitimes. Sa bonne volonté était ainsi hors de doute. Quel usage en a-t-il été fait ? Comment y a-t-on répondu ?

Au début, la lettre du Pape était un grave avertissement, mais qui consacrait notre juste liberté politique et qui nous lavait du péché de monarchie.

Après leurs lettres publiques, nos dirigeants catholiques et nos étudiants étaient félicités par le cardinal Maurin qui ajoutait : « Il est à souhaiter que l'affaire en reste là », ce dont il était félicité par le cardinal Gasparri, mais la réponse de celui-ci aux étudiants avait aussitôt pour effet de rallumer la querelle.

Alors, des évêques, honneur de l'épiscopat national, publient des lettres qui rassurent, et l'entente se fait entre leurs Grandeurs et plusieurs sections locales de la Ligue d'Action française. À Paris, nous nous préparons à relever la chaire de politique religieuse ou chaire du Syllabus. Mgr l'évêque de Montauban, conformément à ce qui est rapporté de Rome, à ce qui est répété par un cardinal et plusieurs évêques, publie que, s'il y a des précautions à prendre, il n'y a ni prohibition ni défense : on peut adhérer à la Ligue, lire le journal, y collaborer. Des démentis parus à *L'Osservatore Romano* s'efforcent d'atténuer ces conclusions si fermes et si nettes. Le congrès d'Action française prend acte de la liberté politique reconnue par Rome aux catholiques français. La lettre du cardinal Gasparri vient jeter des doutes confus sur les textes récents et d'ailleurs concordants. *L'Osservatore* publie contre nous des textes de mesquine polémique où l'absurdité se mêle à la mauvaise foi.[102] Enfin, lundi, au Consistoire, il est dit : *Non licet...*[103] Cela veut-il dire que l'on ne veut plus ni Action française, ni royalisme et que l'adhésion à la République est imposée, sollicitée ou conseillée ?

Des motifs allégués, il en est deux qui ne peuvent absolument pas affronter la lumière de France. Jamais l'Action française n'a *placé la politique avant la religion,* sinon pour dire qu'un moyen est employé avant le but et pour toucher le but. Celui des nôtres qui est le plus visé ici et qui a donné samedi dernier tous les éclaircissements sur son *Politique d'abord*, Maurras a toujours professé la subordination de la sociologie et de la politique à la morale : cela est visible jusque dans ses analyses de la philosophie de son maître Auguste Comte. Tout ce qu'il a écrit et dit sur ce sujet montre bien que, d'accord avec l'Action française tout entière, il n'a pas non plus *fait servir la religion aux intérêts de la politique.* L'histoire du culte de sainte Jeanne d'Arc dans les rues de Paris suffirait à rétablir la vérité sur ce dernier point.

Un troisième motif est d'ordre personnel. C'est ici que s'impose la plus grande attention, car ici le Saint Père croit pouvoir prononcer une exclusive. Contre qui ? Personne n'est nommé. Mais il s'agit bien de Léon Daudet et de Charles Maurras.

Entre tous les écrivains français d'aujourd'hui, entre tous les directeurs de journaux, tous les chefs de partis, il y en a deux, et deux seuls, à qui Rome

---

[102] Sur tous ces épisodes résumés ici par l'article, voyez nos publications des chapitres précédents de *L'Action française et le Vatican*.
[103] « Il n'est pas permis de... »

interdit de se faire entendre des catholiques. Entre tous les journaux français d'aujourd'hui, il y en a un, et un seul, que Rome entend décapiter.

De ces deux hommes, l'un est un romancier du plus haut, du plus magnifique talent, ses peintures les plus libres ne dépassent pas la moyenne de celles qui se trouvent chez beaucoup d'autres romanciers contemporains, certains même catholiques déclarés, certains même apologistes ; ce romancier est aussi le seul qui ait poussé l'abnégation jusqu'à retirer du commerce un de ses romans en plein succès, sur les seules appréhensions qu'avaient exprimées les autorités ecclésiastiques. Il a rendu d'ailleurs à l'Église comme à la France les services les plus éclatants, notamment contre les lois laïques ; de telles haines en sont nées qu'on lui en a tué son enfant !...[104]

Quant à Charles Maurras, chacun sait ce qu'il a fait d'inespéré pour ressusciter en France, avec l'idée de monarchie, l'idée de la reconnaissance et du respect auxquels a droit chez nous l'Église. On ne peut ignorer les innombrables retours à la foi qui ont suivi — soit de catholiques qu'avaient attiédis et découragés tant de lâchetés libérales, soit de mécréants venus de plus ou moins loin au sentiment du bienfait de la religion, puis au désir de ce bienfait, puis à des études nouvelles et (d'autres causes aidant) à l'adhésion entière à la foi chrétienne.

Oui, c'est Daudet et c'est Maurras que, — en 1926, — à Rome, — la plus haute autorité spirituelle qui soit au monde, a cru devoir aller choisir pour les proscrire comme auteurs de publications contraires à la foi et aux mœurs ! C'est sous la direction de ces deux hommes que l'Action française a pu faire ce qu'elle a fait. Rome le sait, les prélats les plus considérés, les religieux les plus éminents, les plus saints prêtres le lui ont dit : l'A. F. a pour elle ce qu'il y a de plus solide et de plus sûr moralement parmi les familles françaises, tout ce qui est en France honnête et courageux.

Elle a contre elle la petite bande haineuse des démocrates-chrétiens, les pèlerins équivoques et suspects de Bierville, un Trochu méprisé de tous, un abbé Renaud, un Lugan, un Jules Pierre, celui-ci convaincu publiquement d'analphabétisme et de faux, les modernistes de la maison Bloud, les folliculaires de *L'Action populaire*, les amis d'un clerc censuré devenu académicien, et tout cela mène un bien étrange triomphe.

Ne nous arrêtons pas à l'injustice cruelle qui est faite à Daudet, à Maurras, à l'Action française, à tous ces catholiques français, à tout ce clergé

---

[104] Allusion à la mort de Philippe Daudet.

français, à tout cet épiscopat français qui, dans une pénible crise, n'ont cessé de montrer la clairvoyance, la mesure et l'honneur français. Nous avons, quant à nous, supporté patiemment, avec l'injustice et l'erreur, de véritables injures et, parce que l'erreur provenait de très haut, nous évitions même de la rectifier explicitement : nous nous contentions de la saisir et de la mettre à nu d'après les petits écrits inspirés et dérivés de lamentables méprises. Il s'agit, pour nous, de continuer à servir, non de récriminer.

Ce qu'on veut, ce que nous cherchions depuis quatre mois, nous le savons maintenant : décapiter l'A.F. et, en même temps, engager les catholiques à s'unir sur le terrain républicain ; c'est très clair. Il ne s'agit plus de morale ni de foi, il s'agit de politique. Il faut que les instructions électorales funestes, comme celles qui ont conduit au désastre du 11 mai[105], soient reçues sans observation par les catholiques français. L'autorité ecclésiastique veut supprimer notre mouvement politique. Elle demande notre mort. C'est même à nous qu'elle la demande.

Cependant, l'Action française n'est pas un journal catholique. Elle n'a pas été fondée par une autorité spécifiquement catholique quelconque ; elle s'est fondée toute seule. Elle n'a jamais sollicité ni reçu aucun mandat. Elle a ses responsabilités propres et aussi ses devoirs vis-à-vis des centaines de milliers de Français qui l'ont suivie et qui la suivent.

À tous, elle ne peut donc que redire aujourd'hui : *Courage ! Si vous voulez toujours ce qui vous a unis à nous, ce n'est pas de notre côté que vous trouverez la moindre faiblesse. L'Action française continue. Personne n'a le droit de lui demander de changer ni son but national, ni sa méthode légitime, ni ses chefs. Personne ne l'obtiendra.*

Le respect du Saint-Siège, la reconnaissance des droits de l'Église catholique sont parmi les articles essentiels de ce qu'enseigne l'Action française et aussi bien les incroyants que les croyants.

Mais, nous l'avons déjà dit, le pape régnant n'est pas à l'abri de l'erreur humaine dans les questions politiques, et si l'Église a la promesse de la vie éternelle, les hommes d'Église, — l'histoire entière le prouve — peuvent être mal renseignés, se laisser circonvenir par des influences malhonnêtes, s'engager dans des entreprises nuisibles — car tout cela s'est produit au cours des âges. Ces

---

[105] Élections où, après les difficultés rencontrées par le Cartel des gauches, les espoirs entretenus par le pape d'un vaste et décisif succès des démocrates-chrétiens furent déçus. Les colères de Pie XI étaient connues, celles consécutives à cet échec furent particulièrement violentes et rapportées par plusieurs témoins.

affirmations, dont quelques-uns affecteront de se scandaliser, ne sont pas scandaleuses, elles sont banales : tout le monde dans l'Église sait bien qu'il en est ainsi. Le Dictionnaire d'apologétique *consulté satisfait, là-dessus, à tous les scrupules.*

Cependant, ces points posés, leur application ne saurait être dirigée par l'Action française.

L'Action française n'a rien et n'entend rien avoir d'une autorité religieuse : ce n'est donc pas auprès de l'Action française que les consciences catholiques ont à s'informer de leurs devoirs religieux.

Mais, après l'allocution consistoriale, nos dirigeants catholiques estiment qu'il est de leur devoir de répéter pour leur part qu'ils ne cessent pas d'adhérer aux distinctions nécessaires contenues dans tous les documents pontificaux, en particulier dans la lettre de septembre dernier, où il était dit, explicitement, que le terrain moral était celui où les fidèles sont soumis aux directions de l'Église, le terrain politique celui où ils jouissent d'une juste liberté.

« Croyant très sincèrement, disent-ils, que l'autorité supérieure n'avait qu'un but : nous préserver, nous et nos enfants, de dangers intellectuels et moraux, nous avions fait le nécessaire pour les prévenir, afin que, en province et à Paris, la pure doctrine catholique, sur les questions mixtes[106], pût être portée au cœur même de nos groupements. Nous étions donc disposés à admettre toute correction et tout redressement que l'Église jugerait à propos de nous demander dans cet ordre. Nos offres sont rebutées, on dit même refusées. *L'Osservatore Romano* nous a annoncé que le Saint-Siège *ne juge pas opportun* d'accueillir ces marques de notre bonne volonté.

« Puisqu'il ne s'agit plus de corriger ni d'assainir au point de vue religieux un mouvement politique, de faire disparaître ce qu'il pouvait avoir de contraire au dogme et à la morale chrétienne, mais de le supprimer dans la mesure où on le peut, la question a changé.

« Elle a changé du tout au tout.

« Pour des motifs religieux, avec des intentions qu'il ne nous appartient pas de juger, le Saint-Siège atteint un but politique en faisant appel au moyen religieux.

« Sur le terrain religieux, l'Église n'a pas et n'aura jamais de fils plus soumis ni plus dévoués que nous. Sur le terrain politique, nous avons le devoir de conserver l'usage de notre juste liberté.

---

[106] Celles qui relèvent à la fois de la morale et de la politique.

« Le devoir d'obéissance cesse où commence le mal, qui s'appelle, pour nous catholiques, le péché. Le principe est vrai pour tous les honnêtes gens, croyants et incroyants, et nul théologien ou moraliste ne peut le contester.

« Nous prêter à la suppression de l'Action française causerait un tort grave au pays, risquerait de le livrer sans défense. Ce n'est pas là une illusion subjective, c'est une conviction confirmée par une incessante expérience à laquelle les événements donnent constamment raison : *l'Action française, seule force organisée capable de sauver le pays, seule redoutée des éléments de désordre*. De cela nous avons l'évidence.

« Si ce n'est pas certain, rien n'est certain.

« Le cas n'est pas imaginaire, puisque le Pape lui-même l'a marqué pour l'Italie. Parlant de sa patrie, le Pape a daigné dire, au sujet du chef du gouvernement fasciste, que *le salut du pays semble vraiment en danger chaque fois qu'un péril le menace, et qu'il estime sa préservation d'une importance extrême pour le pays et digne d'être considérée comme un bienfait public*.

« Le Pape dit cela à l'heure où il se plaint justement des indignes violences dont ont été victimes les prêtres, les religieux et les œuvres catholiques, de la part d'hommes qui, pour avoir été désavoués par le gouvernement fasciste, n'en sont pas moins ses plus fidèles disciples et ses plus ardents partisans.

« L'Action française, elle, a toujours défendu, au prix du sang et de la liberté de ses adhérents, les prêtres et les œuvres catholiques : elle n'a usé de violences que contre les ennemis de la religion.

« Nous supplions le Père commun de considérer que la préservation de cette Action française est aussi *d'une extrême importance* pour notre pays ; que, pour nos intérêts nationaux, à nous, son existence est aussi *un bienfait public* : le salut de la France serait même *vraiment en danger* si l'Action française disparaissait.

« Toute la presse anti-patriote, révolutionnaire et sectaire[107] fait foi là-dessus par un parfait accord avec les ennemis de l'Action française. Mais cet accord est politique. Dans la situation où se trouve la France, l'acte de tuer l'Action française est un acte non purement ni même principalement religieux : c'est un acte politique au premier chef, acte qui porterait un grave préjudice à la France ; il lui serait nuisible mortellement. Favoriser cet acte serait trahir. Nous ne trahirons pas.

« Il est atrocement douloureux pour des catholiques sincères de se trouver dans la situation où nous sommes, il est pénible pour des fils d'être obligés

---

[107] Comprendre : liée à la franc-maçonnerie.

de résister aux injonctions d'un Père. Mais, pour lui obéir, nous ne pouvons pas commettre un péché comparable en gravité à un crime tel que le parricide. Le père qui demande à son fils de tuer ou, ce qui revient au même, de laisser tuer sa mère peut être écouté avec respect : il ne peut pas être obéi. En refusant, nous ne pouvons cesser d'être bons catholiques ; en obéissant, nous cesserions d'être bons Français, en un temps où la France, acculée aux pires dangers, parce qu'elle est trahie par son gouvernement, a besoin du courage, de l'intelligence et de l'énergie de tous ses enfants.

« Ce temps, nous ne l'avons pas fait. Cette crise nationale, nous ne l'avons pas plus créée que le cas de conscience affreux auquel on nous a réduits. Si dur que soit le devoir qui en résulte pour nous, c'est le devoir. Nous le remplissons. Le cœur meurtri, mais sans faiblesse, nous l'accomplirons jusqu'au bout. Nous ne trahirons pas notre patrie. *Non possumus.* »[108]

Ainsi parlent les dirigeants catholiques de l'Action française.

Unis dans la même résolution, les incroyants tiennent à dire qu'ils éprouvent, au point même d'en partager en grande partie la douleur, le sentiment de leurs amis catholiques. Ce n'est certes pas d'un cœur léger qu'eux aussi ils remplissent leur devoir de patriotes et de citoyens contre un avis venu de Rome. L'épisode cruel dont le souvenir est appelé à se fondre et à disparaître dans la chaîne des temps n'efface point de leur pensée la haute somme des bienfaits millénaires de l'ordre et des progrès romains. Leur respect demeure le même, leur invincible déférence n'est pas ébranlée. Mais, placés entre la plus haute des convenances et le plus pressant des devoirs, ils ne peuvent pas hésiter :

— *Non possumus.*

---

[108] « Jugez vous-mêmes s'il est juste de vous obéir plutôt qu'à Dieu ? car, pour nous, *nous ne pouvons* ne point parler des choses que nous avons vues et entendues » (Actes des apôtres, IV, 19–20). La formule est depuis employée pour signifier, devant une demande, même légitime, une impossibilité d'y accéder en vertu de considérations plus hautes.

Le discours du Nonce à l'Élysée le 1ᴇʀ janvier

1927

À la suite du discours prononcé à l'Élysée par le Nonce, à l'occasion de la réception du Corps diplomatique, le 1ᵉʳ janvier, discours où tout le monde avait vu une manifestation de la politique du Saint-Siège, Charles Maurras écrivait, le 3 janvier[109], l'article suivant :

I Les discours de l'Élysée

Hier soir, il nous a paru convenable de retarder de vingt-quatre heures toute reproduction et tout commentaire du discours de S. E. le Nonce apostolique.

Des paroles comme celles de Mgr Maglione[110] demandaient, en effet, plus qu'attention, réflexion.

Avant même de les faire connaître au peuple français, il nous semblait indispensable d'en étudier à loisir le sens, la force, la portée.

Plus nous y pensons, et mieux il nous semble nécessaire de les faire précéder et suivre des réserves et des appréciations convenables.

Ce sont en effet des paroles politiques.

De sa nature, un discours du doyen du corps diplomatique adressé au Président de la République française est un acte politique. Il ne s'agit ni de morale, ni de religion. Là, les peuples, les simples citoyens ont le droit et même le devoir d'élever la voix.

---

[109] La condamnation de l'A. F. par Rome est du 29 décembre 1926 ; les documents officiels sont datés du 5 janvier. Ils ne seront évoqués dans *L'Action française* que le 9 janvier. Le présent texte est donc postérieur à la condamnation romaine, il répond à des déclarations qui le sont aussi, mais l'ensemble est publié quelques jours avant que l'A. F. et Maurras ne réagissent aux censures romaines elles-mêmes, ou ne les annoncent officiellement dans leurs colonnes. Nous reproduisons ici l'article d'après le recueil *L'Action française et le Vatican*, datant de 1927, dont il forme la dernière partie du chapitre cinquième pour les titres I à IV. Les titres V et VI ne figurent que dans l'article tel que paru dans *L'Action française*. (n.d.é.)

[110] Luigi Maglione (1889–1944), alors nonce à Paris depuis moins d'un an. Il sera créé cardinal en 1929 et nommé dix ans plus tard Secrétaire d'État par Pie XII. Précisons que le futur Pie XII ne sera lui-même secrétaire d'État de son prédécesseur Pie XI qu'à partir de février 1930 ; il était auparavant depuis 1917 nonce en Bavière, puis pour toute l'Allemagne. Mgr Maglione est donc le plus haut responsable ecclésiastique à avoir été *et* l'un des acteurs de la condamnation, même s'il était neuf dans le poste de nonce à Paris, *et*, comme secrétaire d'État, l'un des principaux artisans de la levée en avril 1939 des condamnations contre les ouvrages de Maurras, levée qui, de fait, vaudra annulation des mesures de Pie XI contre l'Action française. (n.d.é.)

Ou bien il n'y a plus de franc-parler possible et la « juste liberté » reconnue n'est qu'un mot, ou chacun a le droit et le devoir de dire ce qui doit être dit. Cela est d'autant plus certain que le discours d'hier n'est pas un discours comme les autres. « C'est, dit *Le Temps*, à qui nous ne le faisons pas dire, c'est la première fois, croyons-nous, que le porte-parole du corps diplomatique tout entier souligne avec cette précision dans l'éloge l'attitude adoptée par le gouvernement d'une grande puissance au sujet du plus grave problème qui se pose dans le domaine international. Le fait est d'autant plus remarquable que le nonce apostolique a cru devoir ajouter que, " pour cette œuvre bienfaisante, la France peut être assurée de l'active et loyale collaboration des autres gouvernements, et en particulier, a-t-il dit, de celui qui n'a jamais cessé d'appeler, avec la tendresse d'un Père et au nom du Prince de la Paix, le désarmement des esprits ". Il y a donc, dans ces paroles de Mgr Maglione, une approbation sans réserves d'aucune sorte du Saint-Siège à la politique de paix et de rapprochement de la France que M. Aristide Briand a inaugurée à Locarno et qu'il a poursuivie à Genève. »

Nous avons affaire, d'après *Le Temps*, à la ratification par le Saint-Siège du programme de Thoiry et de Locarno. *Le Temps* pourrait solliciter les textes. Citons-les.

S. E. Mgr Maglione a dit en portant ses vœux :

> Daignez les agréer. Ils sont sincères et chaleureux ; ils vous disent avec quelle sympathie et quelle satisfaction nous suivons les efforts accomplis par la France pour la pacification des peuples. Nous sommes certains que votre gouvernement poursuivra cette œuvre, digne des traditions de votre pays, de son âme très noble et de son très grand cœur. La pleine confiance que nous en avions déjà a été encore confirmée par les projets *que votre ministre des Affaires étrangères exposait, il y a un peu plus de trois mois,* aux représentants d'un si grand nombre de nations. Nul ne peut se rappeler sans émotion le discours qu'alors il prononça. Ses paroles, *si éloquentes et si profondément senties,* exprimaient l'aspiration des peuples...

Etc.
Nous coupons brusquement.
Non pour dénaturer les textes, on les trouvera plus loin au complet.[111]

---

[111] Voici le texte de ce discours.

Mais parce que le point où la duperie devient flagrante et nuisible impose des protestations.

Les intentions de Mgr Maglione ne sont pas en cause.

Les intentions du Saint-Père ne le sont pas non plus. Les unes et les autres veulent la paix. Elles rencontrent les nôtres absolument. Nul peuple plus que le peuple français, nulle fraction de peuple plus que la fraction nationaliste et royaliste du peuple français n'aspire à la paix. Mais ce peuple, et, en particulier, cette fraction du peuple français, possède assez de renseignements certains, assez de lumières distinctes pour déclarer que la politique temporelle du Saint-Siège est trompée et que le prétendu moyen de paix adopté à Thoiry et à Locarno conduit à la guerre tout droit.

Monsieur le Président,

Le corps diplomatique, dont j'ai l'honneur d'être l'interprète, est heureux d'offrir à Votre Excellence, au nom des gouvernements qu'il représente et en son nom propre, les vœux les meilleurs pour la nouvelle année.

Daignez les agréer. Ils sont sincères et chaleureux ; ils vous disent avec quelle sympathie et quelle satisfaction nous suivons les efforts accomplis par la France pour la pacification des peuples. Nous sommes certains que votre gouvernement poursuivra cette œuvre, digne des traditions de votre pays, de son âme très noble et de son très grand cœur. La pleine confiance que nous en avions déjà a été encore confirmée par les projets que votre ministre des Affaires étrangères exposait, il y a un peu plus de trois mois, aux représentants d'un si grand nombre de nations. Nul ne peut se rappeler sans émotion le discours qu'alors il prononça. Ses paroles, si éloquentes et si profondément senties, exprimaient l'aspiration des peuples vers ce rapprochement et cette fraternité spirituelle qui les mettront en mesure de panser leurs blessures, et qui les achemineront, par une émulation toute pacifique, vers des progrès moraux, économiques et sociaux, toujours plus grands.

Pour cette œuvre bienfaisante, la France peut être assurée de l'active et loyale collaboration de nos gouvernements et en particulier — qu'on me permette de le dire — de celui qui n'a jamais cessé d'appeler, avec la tendresse d'un père et au nom du prince de la paix, le désarmement des esprits.

Dieu veuille, que bientôt, et en toute vérité, on puisse appliquer aussi aux rapports qui existeront entre les membres de la grande famille humaine la parole des Livres Saints joyeusement rappelés ces jours par notre liturgie :

« La Justice et la Paix se sont embrassées. »

Monsieur le Président,

Aux vœux que nous venons d'exprimer pour la prospérité de la France, nous joignons de tout cœur les souhaits que nous formons pour votre félicité personnelle. Veuillez les accueillir avec votre habituelle bienveillance.

II L'EXPÉRIENCE MAÎTRESSE

Non seulement nous le voyons, mais nous l'avons vu. Non seulement cela existe, mais cela a été. Le sentier foulé par Mgr Maglione l'a déjà été par Waldeck-Rousseau, par Rouvier, par Loubet, par Fallières, par tous ceux qui ont cru à cet imbécile moyen de paix : le désarmement ; il a abouti à l'agression et à l'invasion.

On peut renier toute prudence, on peut chasser toute science. On peut dire, comme le font quelques pauvres gens, que le monde est né d'hier et n'a rien à apprendre des épreuves et des expériences d'avant-hier. C'est la thèse anarchiste. Elle a été soutenue par Sangnier en 1905. Marc Sangnier soutenait cela (et nous lui en faisions une honte, voir ma *Démocratie religieuse*, p. 106 et suivantes), et la sagesse de Pie X condamnait le principe générateur de cette aberration. Jusqu'à la preuve du contraire, nous douterons que le nonce apostolique ait adhéré à un pareil oubli des principes de l'ordre naturel. Mais il a couru grand train par-dessus toutes les précautions qui l'auraient et qui nous auraient sauvés de sa faute.

Il a commencé par croire à Briand.

Il a commencé par oublier les antécédents moraux de Briand. Je ne parle pas seulement de la carrière de Briand, de ses palinodies honteuses : je parle de ses turpitudes personnelles qui l'ont amené devant le tribunal de Redon, qui l'ont fait condamner à un mois de prison pour outrage public à la pudeur, qui l'ont obligé à un silence perpétuel sur cet épisode initial de sa vie de « vachéador », comme l'appelait le magistrat qui requérait contre lui. En un moment où la politique morale du Saint-Siège s'élève contre l'audace littéraire de Léon Daudet qui ne dépasse point, dans son ordre, ce qui est exposé chaque jour à la vue de tout visiteur des musées du Vatican, il est au moins étrange que la politique politicienne du nonce apostolique paraisse amnistier le turpide passé d'Aristide Briand.

La carrière privée et publique d'Aristide Briand constituait une sorte de mise en garde. Elle n'a cessé d'ajouter la honte à la honte, la trahison à la trahison. Il eût été prudent de se souvenir de ces infamies. On ne s'en est pas souvenu. On a passé outre. S. E. Mgr Cerretti[112] avait fait confiance. S.E.

---

[112] Bonaventura Cerretti (1872–1933), prédécesseur de Maglione en France, il avait aussi représenté Benoît XV à la Conférence de Paris en 1919. (n.d.é.)

Mgr Maglione continue. Toute la France honnête doutera qu'une telle foi puisse ni accroître, ni même laisser sans accroc et sans souillures un prestige qui est cher à toutes les âmes civilisées.

III Approbation de l'ennemi

En passant outre, qu'a-t-on fait ? Indépendamment des personnes, indépendamment de Briand, on a donné une consécration morale qu'il est permis d'appeler considérable à ce qu'il y a de plus discuté, de plus discutable et de plus dangereux dans la politique suivie par le gouvernement du Cartel : le gouvernement d'Herriot, le gouvernement de Painlevé, le gouvernement de Briand. On a « canonisé » leur politique franco-allemande.

On l'a, littéralement, érigée en règle de conduite. Dans quelle mesure, jusqu'à quel point !

Cela était sensible à la réponse de M. Doumergue.[113]

Le président de la République, protestant de naissance, s'est taillé un succès auprès de la France honnête et patriote, en élevant quelques réserves très prudentes, mais amplifiées par sa presse, sur l'optimisme de l'ambassadeur pontifical.

Procurer un succès, un succès personnel au représentant du parti le plus anti-religieux et, disons-le, le plus anti-français qui soit en France, c'est de la diplomatie, ou l'on ne s'y connaît pas !

Les adversaires conjugués et confédérés de la religion et de la patrie ne s'y sont d'ailleurs pas trompés. Le socialiste révolutionnaire Frossard[114] a écrit tout de suite dans *Le Soir* d'hier :

---

[113] Alors président de la République, il répondit au nonce durant la même cérémonie, pour le remercier de ses vœux. Poincaré, dont Maurras va parler plus loin, était président du Conseil. Briand occupait les Affaires étrangères où il menait une politique pacifiste qui lui permettait d'y rester quasi-inamovible en accusant quiconque voulait l'écarter d'être partisan de la guerre. (n.d.é.)

[114] Louis-Oscar Frossard (1889–1946), il avait été membre fondateur du P. C. F. en 1921 mais en démissionna en 1923, refusant la bolchévisation du parti et la « 22e condition de Moscou » — l'interdiction de la double appartenance au Parti communiste et à la franc-maçonnerie. Il rejoint alors la S. F. I. O. et jouera un rôle durant les gouvernements du Front populaire. C'était le père de l'écrivain et académicien André Frossard, connu pour sa

Si invraisemblable que cela paraisse, si paradoxal que cela soit, nous sommes à cet égard en plein accord avec Mgr Maglione.

Et nous le déclarons sans le moindre embarras.

Il s'agit de la paix, qui est le plus précieux des biens.

Pour l'assurer, nous ne répudions aucun concours, nous ne reculons devant aucune alliance.

Mais les catholiques ?

Mais M. de Castelnau et ses amis ? Mais la presse bien-pensante ?

Mais les beaux messieurs du Bloc national ?

M. Aristide Briand n'a pas d'adversaires plus acharnés qu'eux.

Ils ont fait la Ruhr. Ils condamnent Locarno.

Quelle attitude vont-ils adopter après le discours de Mgr Maglione ?

Notre opinion n'est pas douteuse. M. Frossard n'en parle pas. Mais il se tourne vers les autres parties de l'opinion patriote française. Il demande son avis au général de Castelnau.[115]

IV APPEL À LA FRANCE

Nous n'avons pas envie de mettre un soldat, cruellement frappé dans ses affections pendant la guerre, dans un cas de conscience très douloureux.

Mais de tels discours, de tels actes nous font un devoir de prévenir le peuple français, spécialement le clergé français, plus spécialement encore l'épiscopat français qui jadis et naguère fut *defensor civitatis*.[116] Ce que l'on

---

conversion au catholicisme (1935), dont il fit le récit intitulé *Dieu existe, je l'ai rencontré*. (n.d.é.)

[115] Édouard de Castelnau (1851–1944), l'un des principaux soutiens et animateurs des divers partis politiques catholiques en France dans l'entre-deux-guerres, tentatives plus ou moins directement inspirées par le Vatican. Il eut trois fils tués durant la Grande Guerre, d'où la remarque de Maurras qui va suivre. (n.d.é.)

[116] « Défenseur de la cité », ancienne charge créée par l'empereur Valentinien en 364. Avec l'affaiblissement de l'Empire, les évêques prétendirent généralement, pour justifier leur pouvoir temporel, que la charge leur était échue. Le curieux « jadis et naguère » employé sans raison apparente par Maurras dans cette phrase est sans doute, dès lors, une référence au recueil du même nom de Verlaine, recueil de la déchéance du poète, dont le titre cité de

fait est clair. On travaille à dissocier ce qui était jusqu'ici considéré comme indissociable : le catholicisme des Français et le patriotisme français. Les catholiques savent ce que cela veut dire. Joseph de Maistre dirait de l'entreprise ce qu'il disait de la révolution. Elle est « satanique ». Il ne m'appartient pas de parler comme Joseph de Maistre. Mais j'ai le devoir de dire et de redire que nous ne laisserons pas mener de nouveau la jeunesse française à la boucherie.

Le rêve de la paix, tel que Briand l'a dessiné, comporte à l'intérieur un tel relâchement, un tel affaiblissement, une telle démission de l'esprit militaire, l'esprit militaire qui, *en France, est le véritable esprit de paix,* que les malheureux ou les misérables qui le suivraient seraient, en peu d'années, peut-être en peu de mois, voués au spectacle d'une hécatombe nouvelle.

Il n'est pas possible de donner la voie libre à un tel esprit.

Nous l'avons combattu. Nous le combattrons plus énergiquement que jamais.

V Appel au genre humain

Nous le combattons comme Français. Et nous le combattons aussi comme hommes. Comme hommes réfléchis, raisonnables ou simplement comme animaux doués de mémoire et à qui la mémoire apprend que la route suivie par l'infâme Briand et par S. E. Mgr Maglione ramène tout droit à la guerre d'enfer, celle dont nous avons essayé de sauver la France de 1899 à 1914.

Nous prévoyions alors que notre effort resterait vain. Nous connaissions l'Allemagne.

Nous la voyions venir.

Nous appelions la belle jeunesse d'alors une génération sacrifiée.

L'événement n'a pas déçu nos prévisions funèbres. Il faut faire aujourd'hui que l'événement soit heureux.

Répandre dans ce pays un état d'esprit briandiste, une foi aux espoirs mensongers de Thoiry et de Locarno, ainsi dissuader la France des devoirs de défense en une heure où l'Allemagne tout entière, de sa droite à sa gauche,

---

manière faussement innocente et compréhensible seulement par les lecteurs les plus cultivés, voudrait signifier ici la déchéance des évêques de la fonction antique que leurs prédécesseurs avaient revêtue. (n.d.é.)

se lève, s'arme, nous menace et où tout établit les véritables intentions de cet agresseur et envahisseur-né, appuyer de la plus haute autorité religieuse et morale la politique la plus homicide et la plus déprédatrice que le monde ait connue, dire amen au système destiné à couvrir la terre maternelle d'une nouvelle multitude de veuves, cela peut être le programme d'une « fédération » dite « catholique » ; il y a des devoirs non seulement nationaux, mais catholiques, je veux dire universels, qui s'imposent à tout homme pensant, ce sont ces devoirs-là qui seront obéis. Une erreur politique, une erreur allemande, même commise très haut, le plus haut possible sans doute, reste une erreur allemande et une erreur politique.

Nous ne commettrons ni l'une ni l'autre.

Et c'est précisément parce que nous ne renoncerions pas à notre nationalité que nous ne renierons pas notre humanité. Devant le triomphe obscène que va mener du Rhin à la Vistule la propagande allemande, il sera dit qu'une voix de plus en plus ouïe et de plus en plus approuvée, suivie et applaudie, monte de la terre de France contre le complot qui menace de toute part la Paix, contre l'effroyable conspiration tramée en Allemagne au détriment du genre humain.

L'Action française ralliera les patriotes conscients. L'Action française organisera les patriotes vigilants. Le complot allemand ne passera pas.

VI LAÏCISME !

On lit *Aux Écoutes*[117] :

> L'angoisse du président du Conseil.
> M. Poincaré déclare volontiers que la politique de M. Briand est « immonde » et mènera la France à l'abîme.
> Il est averti des préparatifs de guerre de l'Allemagne et il laisse Briand continuer de chloroformer la France.

---

[117] Hebdomadaire fondé en 1918 par Paul Lévy, ancien de *L'Aurore*. Très antiallemand durant toute l'entre-deux-guerres, il réclama même une guerre préventive contre l'Allemagne. Il fut décliné en journal financier (*Aux Écoutes de la finance*) et en quotidien sous le titre *Aujourd'hui*, lancé par Paul Lévy avec Alexandre Stavisky en 1933, titre qui disparut avec l'affaire Stavisky. L'hebdomadaire, après une interruption pendant la guerre, reparut jusqu'en 1969. (n.d.é.)

Les Français, qui viennent de Rhénanie et l'informent du formidable péril que constitue la reconstitution de l'armée allemande sont écoutés par lui avec une attention extrême. Mais aucune décision n'intervient.

Il est attristé de voir la victoire de la France sabotée par Briand, disent ses interlocuteurs, il a peine à cacher son angoisse, mais il n'agit pas.

Quelles sont les raisons de l'inaction du président du Conseil ?

Nous en voyons deux. C'est d'abord la crainte que lui inspire la bassesse même de Briand, qu'il sait capable d'employer contre lui tous les moyens, même les plus vils : « Poincaré la guerre » etc. Et c'est ensuite le motif honorable de préserver le franc de toute atteinte.

Le président craint que la dislocation de son cabinet ne soit le signal d'une débâcle du franc.

Cela n'est pas certain, puisque le président de la République ne chargerait personne autre que lui de forme un cabinet. À Poincaré succéderait Poincaré.

Mais le président du Conseil ne veut pas s'appuyer sur les forces nationales. Il ne veut surtout pas s'appuyer sur ceux qui sont nationaux plus que laïques.

C'est un malentendu dont la France risque de faire les frais, dont la France, hélas ! a déjà fait les frais.

Nous n'avons pas coutume d'applaudir ni d'approuver *Aux Écoutes*. Mais ce journal dit la vérité aujourd'hui. M. Poincaré n'a pas voulu s'appuyer sur les forces nationales. Il a voulu être laïque à tout prix. Ce laïcisme l'a conduit à subir, après Locarno, après Thoiry, le discours de l'Élysée avant-hier. Le voilà plus « romain » que nous, plus clérical que nous. Après la terreur où le jeta en janvier 1923 l'assassinat germano-policier de Marius Plateau[118], le voilà conduit à subir le pseudo-pacifisme d'Aristide Briand.

À lui aussi, nos compliments.

---

[118] Lannes, beau-frère de Poincaré, fut un personnage important de l'enquête, et Poincaré fut à ce titre éclaboussé par les éléments troubles de l'affaire, qui se solda par le procès où Germaine Berton fut acquittée bien que responsable avouée et revendiquée du meurtre de Plateau, l'un des dirigeants de l'Action française. (n.d.é.)

Réponse de la Sacrée Pénitencerie apostolique à l'évêque de N...

1927

Le 29 mars, L'Action française *publiait l'article ci-dessous*[119] :

Par la terreur ?

Le journal *La Croix* a publié hier soir le document suivant :

Sacrée Pénitencerie apostolique

L'évêque de N... a proposé au Saint-Siège, pour en avoir la solution opportune, les questions suivantes :

1. Quelle attitude prendre au for interne et au for externe vis-à-vis d'ecclésiastiques :
    a) qui notoirement demeurent partisans ou ligueurs, ou lecteurs (par abonnement) de *L'Action française ?*
    b) qui encouragent par des consultations théologiques ou simplement en paroles, dans la conversation, les fidèles à lire *L'Action française* ou à la soutenir par des offrandes d'argent ?
    c) qui absolvent sans condition de bon propos et continuent d'absoudre les lecteurs d'A. F. ou des chefs ligueurs d'A. F. ?
2. Quelle conduite l'évêque ou les supérieurs de séminaires devront-ils avoir vis-à-vis des séminaristes demeurant attachés à l'A. F. ostensiblement ou en secret ?
3. Quelle conduite tenir au for interne et au for externe vis-à-vis des fidèles :
    a) qui lisent habituellement l'A. F. ou y restent abonnés malgré les avis contraires qu'ils reçoivent ?
    b) qui, en tant que ligueurs, mènent le mouvement en faveur du journal *L'Action française*, des doctrines fausses d'A. F. ou en faveur des dirigeants d'A. F. qu'ils s'obstinent à conserver pour leur chefs ?
    c) qui continuent de subventionner avec ostentation ou en secret l'A. F. ?

---

[119] Nous reproduisons cet article du 29 mars 1927 d'après sa reprise dans le recueil de la même année *L'Action française et le Vatican*, dont ce texte forme une partie du chapitre sixième. (n.d.é.)

4. Ces lecteurs, ligueurs, propagandistes d'Action française, s'ils sont notoirement connus comme tels, peuvent-ils être admis aux sacrements, particulièrement à la Sainte Table ? Les mêmes peuvent-ils être admis, ou tolérés, dans nos groupements catholiques : tels les groupements de la Fédération nationale catholique (Castelnau), de la Jeunesse catholique, des Scouts catholiques ?

La Sacrée Pénitencerie, par ordre du Souverain Pontife, le pape Pie XI, après avoir étudié la question proposée par l'évêque précité, répond comme il suit :

À la première question

Pour le for interne. — Tous doivent recevoir une grave monition, comme résistant (secrètement ou publiquement, peu importe) à des ordres et prescriptions certains et manifestes de la Suprême Autorité ecclésiastique, en matière grave. Ils ne doivent être absous que si — effectivement — ils sont revenus sérieusement à résipiscence et ont réparé comme il faut le scandale.

Pour le for externe. — Ils doivent, comme il vient d'être dit, recevoir une grave monition et être réprimandés selon la teneur des canons 2303 et 2309, et si monitions et réprimandes ont été faites en vain, il faut procéder selon la teneur du canon 2310. Quant aux confesseurs dont il est question au numéro 3, si, avertis, ils ne s'amendent pas et ne réparent pas selon leur pouvoir le scandale donné à leur pénitent, ils pourront, tant qu'ils persévéreront dans leur propre obstination, être privés du droit d'entendre sacramentellement les confessions des fidèles.

À la deuxième question

Si avertis ils ne se sont pas amendés et n'ont pas réparé convenablement d'après les prescriptions de leur supérieur le scandale :

Au for interne. — Ils ne doivent pas être absous.

Au for externe. — Selon la teneur du canon 1371, ils doivent être renvoyés comme difficiles et impropres à l'état ecclésiastique.

À la troisième question

Si, avertis de leur insoumission à des ordres et prescriptions certains et manifestes de la Suprême Autorité ecclésiastique, en matière grave, ils ont refusé de se soumettre et n'ont pas eu soin de réparer comme il faut le scandale donné :

Au for interne. — On ne doit pas les absoudre.

Au for externe. — On doit les considérer comme des pécheurs publics et comme tels les écarter de tout ce dont sont écartés les pécheurs publics en vertu des sacrés Canons.

À la quatrième question

Sur le 1er point : Négativement, comme conséquence de la réponse précédente.

Sur le 2e point : À moins qu'auparavant ils ne se soient soumis complètement et publiquement ; qu'ils n'aient montré par des preuves certaines, au jugement de l'Ordinaire, la sincérité et le sérieux de leur soumission, et qu'ils n'aient, efficacement, au jugement de l'Ordinaire, réparé le scandale : *négativement*.

Que l'évêque ait, d'autre part, sous les yeux, les prescriptions du canon 2214 § 2.

Donné à Rome, à la Sacrée Pénitencerie, le 8 mars 1927.

Loco sigilli.

Signé :

Fr. André, cardinal Frühwirth,

grand pénitencier.

I. Teodori, secrétaire de la S. P.

Comme nos lecteurs ont pu s'en convaincre dès le commencement de cette crise, nous n'avons jamais prétendu à la qualité de directeurs spirituels. Nous ne commencerons pas aujourd'hui. Nos lecteurs feront ce qu'ils croiront devoir faire. Nous nous acquittons d'un devoir en ajoutant ce qui suit.

Ainsi les rumeurs d'apaisement et de concorde mises en circulation tous ces derniers temps étaient absolument illusoires. *La Croix* baissait le ton ou se taisait. *La Vie catholique* continuait à mentir et à calomnier. C'était *La Vie catholique* qui était dans la note... On le voyait, d'ailleurs, aux approbations autorisées qu'elle ne cessait de recevoir.

Ce que valent les imputations de *La Vie catholique*, nous l'avons montré hier par des textes flagrants : ils manifestent clairement la volonté du mensonge systématique.

Comment des esprits aussi grossiers que les anciens modernistes de la maison Bloud et Gay, le personnel de la démocratie chrétienne, de l'Action populaire et de *La Vie catholique*, restés groupés autour de Sangnier, ont-ils pu parvenir à tromper la haute autorité du Saint-Siège ? C'est un mystère douloureux dans lequel nous n'entrerons pas aujourd'hui. Un fait est certain : c'est l'erreur commise, et, au service de cette erreur, un déploiement de manœuvres frauduleuses, de menaces, d'intimidations, de violences même, le tout aujourd'hui sanctionné par le document officiel qu'on vient de lire, et que le cardinal Frühwirth a signé en réponse à un évêque innomé d'un diocèse inconnu.

Exactement, qu'est-ce que cela signifie ?

Il n'est pas un homme ayant vécu dans le mouvement et dans les idées de l'Action française qui ne sente profondément quel service public quotidien est rendu par elle à la stricte défense des intérêts vitaux de notre pays. Il ne s'agit pas de services accidentels rendus dans une mesure variable, mais d'une fonction constante. Elle a commencé bien avant la guerre, elle n'a jamais été interrompue. Hier contre Malvy et contre Caillaux, aujourd'hui contre Briand. Ce service, payé au prix du sang le plus pur et le plus innocent, n'a été absolument tenu, pendant vingt ans, que par l'Action française. Nous luttons presque seuls pour le salut de la France. Si cette lutte était arrêtée, nos adversaires politiques eux-mêmes savent parfaitement que l'organe essentiel manquerait à la défense de la patrie. À plus forte raison, ce fait est-il connu du plus grand nombre d'évêques français. S'ils n'en ont pas averti le Saint-Siège, qu'ils en gardent la responsabilité !

Pour nous, qui ne pouvons nous dérober à l'évidence du devoir qui nous charge et dont nulle circonstance nouvelle ne nous dispense (et bien au contraire, car le péril national va croissant), nous ne pouvons oublier que la conscience universelle est d'accord avec les prescriptions supérieures de la loi catholique pour inscrire au nombre des devoirs les plus pressants l'action patriotique menée ici : « La religion du Christ, dit le grand cardinal Mercier, fait du patriotisme une loi ; nul ne saurait être bon chrétien s'il n'est parfait patriote. » Le document signé du cardinal Frühwirth interdit à des Français l'exercice de ce devoir ! En d'autres termes, une loi positive nous prescrit de désobéir à la loi naturelle. Cette désobéissance consisterait dans l'abandon d'un devoir sacré. Car il est évident qu'il ne s'agit pas de renoncer à une fantaisie, à un caprice, à un plaisir. On nous ordonne de nous abstenir d'un effort tenu jusqu'ici pour obligatoire et dont la nécessité morale éclate aux yeux de tous.

Le cas est inouï. Il devient plus inconcevable encore quand les êtres intelligents et raisonnables à qui s'adresse un tel commandement religieux s'informent des motifs pour lesquels il est imposé. Le pouvoir spirituel n'a d'ailleurs pas dissimulé, depuis six mois, sur quels motifs son jugement se fonde. Motifs connus de tous et dont personne ne peut discuter la fausseté et l'injustice. Car il est clair que le blanc est blanc, que le noir est noir, il est clair que la vérité et l'honnêteté n'ont cessé de souffrir de tous les épisodes de cette affaire. Les accusés n'ont pas été entendus, des textes faux leur ont été attribués, et les auteurs de ces falsifications n'ont cessé d'être appuyés sans réserve et complimentés sans nuances. Les doctrines de l'A. F. ont été aussi présentées telles que, en fait, elles n'ont jamais été. Pour le cas très spécial de l'un de nous, la procédure suivie sous Pie X a été manifestement travestie, aucun des témoins les plus sûrs, les plus qualifiés n'ayant été même compté. Ce n'est pas cet ensemble d'insuffisances, de fraudes et d'erreurs qui pourra composer la justification ou même l'explication d'une mesure qui, s'opposant à l'accomplissement d'un devoir, choque par cela même la conscience et l'intelligence, le patriotisme et la foi.

Quelle soumission demande-t-on, dès lors ? Celle des âmes ? On les bouleverse, on les déchire, puisque, du côté où elles implorent habituellement la lumière, leur viennent les ténèbres d'une injustice incompréhensible. Nulle soumission intérieure n'est réalisable. Il ne reste d'ouvert que le parti de l'hypocrisie servile. C'est celui où les hommes de l'Action française ne peuvent pas entrer.

Telle est la situation où ils sont placés. Les chefs de l'A.F. auraient pu être seuls visés et frappés. Mais c'est aux adhérents de la Ligue, aux lecteurs du journal que l'épreuve est offerte. Elle n'est pas imprévue pour eux. Déjà, dans les églises, dans les œuvres, dans les établissements d'enseignement, ils étaient l'objet d'une persécution tenace, tantôt sournoise, et tantôt violente, s'exerçant de préférence sur les vieillards et sur les jeunes gens, et n'épargnant même pas les morts. La délation, la calomnie, le chantage aux intérêts matériels et au pain quotidien, tout était mis en œuvre. Tout cela sans autre effet que de violer quelques consciences et de les indigner en augmentant de nouveaux milliers d'adhérents les effectifs de l'Action française, en accroissant son autorité, son influence, ses alliances et ses amitiés. Un tel échec n'a malheureusement pas éclairé les instigateurs de cette offensive.

Quelques hautes autorités, qui la subissaient malgré elles, ont-elles suffisamment fait connaître cet échec à Rome ? Ou leurs paroles véridiques ont-elles été noyées dans un flot de fictions passionnées ?

Toujours est il que ceux qui ont menti en contant au Saint-Siège que tout était fini, que tout le monde s'était soumis, qu'il n'y avait plus qu'une poignée de catholiques à l'A. F., ces imposteurs ont dû sentir la nécessité d'un effort désespéré pour retarder le moment où ils seront confondus par les faits. Ils ont visé chez nos amis, qui demeuraient supérieurs aux autres menaces, ce qu'ils savaient être le point le plus sensible dans les nobles âmes pleines de foi : l'accès aux sacrements.

Nos amis avaient prévu aussi qu'on les attendait à ce détour du temps pascal. Il est vrai que cette délicatesse, ce scrupule sur lesquels on a compté pour les réduire est aussi ce qui les défend.

Leur foi catholique, à laquelle ils ont donné tant de témoignages, sur laquelle, seuls en France, ils se sont refusés à la moindre concession, cette foi fait corps avec leur âme, et personne ne peut la leur enlever. Leur fidélité à l'Église et à sa hiérarchie sur tout son domaine reste entière ; ils n'oublient, ils ne diminuent absolument rien de cette inviolable fidélité, et l'épreuve la fortifiera. Mais nulle autorité ne peut leur prescrire de briser des liens tout aussi sacrés que ceux de la famille : ceux qui unissent les fils d'un même pays pour sa défense.

Par quels motifs interpréter une telle exigence, alors que ceux qui ont été mis en avant sont matériellement faux ? Nous avons bien été obligés de le chercher. Nous avons dû lire dans les faits publics : nous avons vu les bénédictions envoyées à l'étrange Congrès de Bierville, où fraternisèrent, dans l'internationalisme, catholiques et francs-maçons ; nous avons entendu le retentissant discours du nonce apostolique à Paris, faisant l'éloge d'un Briand et de sa politique, où la France est sacrifiée, et nous apprenions à la même heure que le nonce apostolique à Berlin avait facilité l'accession au pouvoir du parti allemand qui tend à restaurer la grande Allemagne ; nous avons vu, en face du nationalisme français condamné, les catholiques autonomistes d'Alsace alliés aux communistes contre la France, bénéficiant de singulières complaisances ; en même temps, dans des publications, dans des réunions où l'on voyait le franc-maçon Aulard présider entre deux prélats, nous assistions au développement audacieux des thèses les plus funestes pour notre patrie... Ceux qui mêlent ces manifestations à la campagne de mensonge et de haine où l'on exige de nous une soumission aveugle sont les mêmes qui reçoivent chaque jour les chaudes approbations de la Sacrée Secrétairerie.

Les catholiques d'Action française ont assisté, le cœur serré, à ce spectacle angoissant. Ce n'est pas eux qui sont responsables de l'alternative tragique où on les place aujourd'hui. Leur conscience, éclairée sur leurs devoirs de catholiques et de Français, choisira en toute sérénité.

Leur choix fait, il nous appartient de donner aux ligueurs et aux lecteurs de *L'Action française* un avis. Puisqu'ils ne doivent même plus être « tolérés » dans les groupements catholiques, nous les engageons à envoyer immédiatement leur démission à tous ces groupements, quels qu'ils soient.

Volume II – L'*Action Française* & le Vatican

L'Action française condamnée
Les documents et les faits

1927

Le 9 janvier, Charles Maurras portait à la connaissance de nos amis la condamnation de l'A. F. par l'article suivant[120] :

Rome et la France
L'Action française condamnée
Les documents et les faits

Je ne puis laisser à personne le soin de publier et de présenter au public les deux documents qui, hier, nous sont arrivés de Rome par le ministère de *La Croix*.

Ceux qui connaissent ma pensée et celle de L'Action française ne seront pas surpris du respect profond et, quoi qu'on en puisse dire, sincère, avec lequel sont accueillies de telles paroles. Pour ma part, je ne les couperai, je ne les interromprai d'aucune objection. Elles se développeront, avec la liberté que leur assure une autorité souveraine, jusqu'à leur terme. À ce point seulement, je demande, non à être entendu, à titre d'homme mortel, mais à faire entendre, respectueusement, des vérités qui sont de fait et que rien ne peut empêcher d'être ou d'avoir été.

Décret du Saint-Office

condamnant certaines œuvres de Charles Maurras et le journal *L'Action française*

Le 29 janvier 1914 et le 29 décembre 1926.

Comme plusieurs ont demandé qu'il fût fait une enquête diligente sur la pensée et l'intention de ce Siège Apostolique et surtout sur celles de Pie X d'heureuse mémoire, touchant les œuvres et écrits de Charles Maurras et le périodique intitulé *L'Action française*, S. S. le Pape Pie XI m'a ordonné à moi, soussigné, assesseur du Saint-Office, de rechercher avec soin les actes et les dossiers de la Sacrée Congrégation

---

[120] Nous reproduisons cet article d'abord publié le dimanche 9 janvier 1923 dans *L'Action française* d'après le texte du recueil de 1927 *L'Action française et le Vatican*. (n.d.é.)

de l'Index — qui, comme tous le savent, a été jointe et incorporée au Saint-Office — et de lui en faire un rapport.

Cette enquête achevée, voici ce qui a été constaté :

1. Dans la Congrégation préparatoire tenue le jeudi 15 janvier 1914 : « Tous les Consulteurs furent unanimement d'avis que les quatre œuvres de Charles Maurras : *Le Chemin de Paradis*, *Anthinéa*, *Les Amants de Venise* et *Trois idées politiques*, étaient vraiment mauvaises et donc méritaient d'être prohibées ; à ces œuvres, ils déclarèrent qu'il fallait ajouter l'œuvre intitulée *L'Avenir de l'Intelligence*.

« Plusieurs Consulteurs voulurent qu'on y ajoutât aussi les livres intitulés *La Politique religieuse* et *Si le coup de force est possible*. »

2. Dans la Congrégation générale tenue le lundi 26 janvier 1914 :

« L'Éminentissime cardinal préfet a déclaré qu'il avait traité de cette affaire avec le Souverain Pontife, et que le Saint-Père, en raison du nombre de pétitions à lui adressées de vive voix et par écrit, même par des personnages considérables, avait vraiment hésité un moment, mais enfin avait décidé que la Sacrée Congrégation traitât de cette affaire en pleine liberté, se réservant le droit de publier lui-même le Décret.

« Les Éminentissimes Pères, entrant donc au cœur de la question, déclarèrent que, sans aucun doute possible, les livres désignés par les Consulteurs étaient vraiment très mauvais et méritaient censure, d'autant plus qu'il est bien difficile d'écarter les jeunes gens de ces livres, dont l'auteur leur est recommandé comme un maître et comme le chef de ceux dont on doit attendre le salut de la patrie. Les Éminentissimes Pères décidèrent unanimement de proscrire, au nom de la Sacrée Congrégation, les livres énumérés, mais de laisser la publication du Décret à la sagesse du Souverain Pontife. Pour ce qui concerne le périodique *L'Action française*, revue bimensuelle[121], les Éminentissimes Pères estimèrent qu'il fallait en décider comme des œuvres de Charles Maurras. »

---

[121] Il y a ici une erreur manifeste dans le texte de 1914 : depuis 1908 où commença *L'Action française* quotidienne, la revue, auparavant bimensuelle, ne parut plus qu'une fois par mois jusqu'à la guerre. (n.d.é.)

3. Le 29 janvier 1914 :

« Le Secrétaire, reçu en audience par le Saint-Père, a rendu compte de tout ce qui s'est fait dans la dernière Congrégation. Le Souverain Pontife se met aussitôt à parler de *L'Action française* et des œuvres de M. Maurras, disant que, de nombreux côtés, il a reçu des requêtes lui demandant de ne pas laisser interdire ces œuvres par la Sacrée Congrégation, affirmant que ces œuvres sont cependant prohibées et doivent être considérées comme telles dès maintenant ; selon la teneur de la proscription faite par la Sacrée Congrégation, le Souverain Pontife se réservant toutefois le droit d'indiquer le moment où le décret devra être publié, s'il se présente une nouvelle occasion de le faire, le décret qui prohibe ce périodique et ces livres sera promulgué à la date d'aujourd'hui. »

4. Le 14 avril 1915 :

« Le Souverain Pontife (Benoît XV, d'heureuse mémoire[122]), a interrogé le Secrétaire au sujet des livres de Charles Maurras et du périodique *L'Action française*. Le Secrétaire a rapporté en détail à Sa Sainteté tout ce que la Sacrée Congrégation avait fait à ce sujet, et comment Son prédécesseur, Pie X, de sainte mémoire, avait ratifié et approuvé la proscription prononcée par les Éminentissimes Pères, mais avait différé à un autre moment plus propice la publication du décret. Cela entendu, Sa Sainteté déclara que ce moment n'était pas encore venu, car, la guerre durant encore, les passions politiques empêcheraient de porter un jugement équitable sur cet acte du Saint-Siège. »

Toutes ces choses ayant été rapportées avec soin à Notre Très Saint-Père par moi, soussigné, assesseur du Saint-Office, Sa Sainteté a jugé qu'il était devenu opportun de publier et de promulguer ce décret du pape Pie X et a décidé d'en effectuer la promulgation, avec la date prescrite par son prédécesseur, d'heureuse mémoire, Pie X.

De plus, en raison des articles écrits et publiés, ces jours derniers surtout, par le journal du même nom, *L'Action française*, et, nommément par Charles Maurras et par Léon Daudet, articles que tout homme sensé est obligé de reconnaître écrits contre le Siège apostolique et le Pontife romain lui-même, Sa Sainteté a confirmé la condamnation portée par son prédécesseur et l'a étendue au susdit

---

[122] Pie X était mort entre temps. (n.d.é.)

quotidien, L'*Action française* tel qu'il est publié aujourd'hui, de telle sorte que ce journal doit être tenu comme prohibé et condamné, et doit être inscrit à l'Index des livres prohibés, sans préjudice, à l'avenir, d'enquêtes et de condamnations pour les ouvrages de l'un et de l'autre écrivains.

Donné à Rome, au palais du Saint-Office, le 29 décembre 1926.

Par ordre du Saint-Père,
Canali, assesseur.

Lettre du pape Pie XI au cardinal Andrieu

À S. Ém. le cardinal Paulin-Pierre Andrieu, archevêque de Bordeaux.

Bien aimé et vénéré Monsieur le Cardinal,

C'est de tout cœur que Nous vous remercions des bons et si pieux souhaits que vous venez de Nous envoyer par votre aimable lettre du vingt-trois décembre passé, et que Nous vous le rendons en implorant pour vous du divin Enfant toutes les grâces que votre âme de pasteur désire pour vous-même, pour votre clergé et pour votre peuple, qui sont aussi les nôtres et que Nous aimons tant parce qu'ils vous aiment, travaillent avec vous et répondent si généreusement à vos sollicitudes pastorales. Nous tenons à faire cela personnellement et sans intermédiaires, pour vous dire encore une fois combien Nous apprécions la fidèle et généreuse coopération que vous Nous prêtez depuis quelques mois. Dans les feuilles ci-jointes, vous allez lire le premier un décret touchant la grave question de l'Action française, qui va paraître incessamment dans les *Acta Apostolicae Sedis*, avec les actes du premier Consistoire. Vous aviez un certain droit à cette prémice parce que, parmi vos vénérables confrères de l'épiscopat français, vous avez été le premier à soulever la question et le premier aussi, à porter les conséquences d'une telle initiative, toujours avec Nous, dès que votre cause est devenue la Nôtre, c'est-à-dire dès la toute première heure.

Comme vous allez voir, le décret a une importance assez grande, ne serait-ce que parce qu'il détruit d'un seul coup la légende qu'on a tissée, en bonne foi, comme Nous aimons à le croire, autour de Notre vénéré prédécesseur Pie X de sainte mémoire. Comme vous voyez, non seulement il en résulte que ni vous, ni Nous, ni Nos coopérateurs et exécuteurs n'avons été les premiers à Nous saisir de ladite question, mais il en résulte aussi que Nous avons fini là où Pie X a commencé. Il est de toute évidence que Nous aurions employé de tous autres procédés, si les documents que Nous publions avaient été à Notre connaissance ; mais ce n'est qu'après le jour du Consistoire que Nous les avons eus en Nos mains. Sans doute, il Nous était très pénible de voir opposer (comme on l'a si souvent fait plus ou moins ouvertement), le nom et la prétendue conduite de Notre vénéré prédécesseur à Notre nom et à Notre conduite vis-à-vis de l'Action française ; Nous avions le profond sentiment — dites le pressentiment — qu'une telle opposition ne répondait pas au vrai ; pour ne pas dire autre chose, Pie X était trop anti-moderniste pour ne pas condamner cette particulière espèce de modernisme politique, doctrinaire et pratique, auquel Nous avons affaire ; mais les documents positifs Nous manquaient, ils Nous ont manqué jusqu'à la toute dernière heure, et ce n'est qu'après des recherches réitérées, faites suivant des indications que Nous suggéraient les habitudes d'une vie passée en grande partie au milieu des livres et des documents, qu'on les a finalement retrouvés. Tout ceci s'explique facilement, si on se rappelle que l'an 1917 (*Motu proprio* du 25 mars), la S. Cong. de l'Index a été incorporée à celle du Saint-Office et ses archives unies à celles de celui-ci. Il est encore plus facile d'expliquer les délais auxquels Pie X et Benoît XV ont jugé opportun de soumettre la publication du décret que Nous promulguons : l'un et l'autre l'ont dit et Nous publions les considérations qui les ont inspirées ; et l'on ne peut pas ne pas remarquer que les interventions et les hautes pressions dont parle Pie X ne l'ont pas empêché d'approuver la proscription prononcée par la S. Cong. de l'Index jusqu'à vouloir y lier son nom, en en prescrivant la date de la publication en n'importe quel temps celle-ci aurait eu lieu. Nous Nous demandons plutôt pourquoi la divine Providence a permis tout ce retard dans la recherche et la découverte de documents si importants et si décisifs ; et Nous aimons à y voir non seulement une permission, mais une disposition providentielle dans le double but, d'un côté, de Nous engager à étudier toute la grave question personnellement et pour Notre compte, et, de l'autre côté de faire... *ut revelentur ex multis cordibus cogitationes.*[123]

En effet, cette révélation des cœurs s'est produite dans une bien

---

[123] Luc, 2, 35 — présentation de Jésus au Temple : « Siméon les bénit et dit à Marie sa mère : il est là pour la chute ou le relèvement de beaucoup en Israël et pour être un signe contesté. Toi-même un glaive te transpercera l'âme. *Ainsi seront dévoilés les débats de bien des cœurs.* » (n.d.é.)

large mesure depuis la publication de votre lettre, mais plus encore en ces derniers temps, et surtout dans les jours qui ont immédiatement précédé et suivi le Consistoire du 20 décembre passé. Il s'est révélé une absolue absence de toute juste idée sur l'autorité du Pape et du Saint-Siège et sur sa compétence à juger de son extension et des matières qui lui appartiennent ; une absence non moins absolue de tout esprit de soumission ou tout au moins de considération et de respect ; une attitude prononcée d'opposition et de révolte ; un oubli ou plutôt un vrai mépris de la vérité, allant jusqu'à l'insinuation et à la divulgation d'inventions aussi calomnieuses que fausses et absurdes ; tout ceci s'est abondamment et si clairement révélé, que beaucoup de bons catholiques ont vu et compris à qui et à quel esprit ils s'étaient fiés en pleine bonne foi. C'est au milieu de telles révélations de cœurs que la divine Providence a mis en Nos mains les documents que Nous vous communiquons ; ce sont ces révélations qui ont mis le comble à la mesure et Nous font proscrire le journal *L'Action française*, comme Pie X a proscrit la revue bimensuelle du même nom.[124] Quant aux livres de Charles Maurras, proscrits par Pie X, il est évident, pour tout bon catholique, que la proscription ne perd rien de sa force par le fait que l'auteur ait tenu à se faire son propre index, quand l'Index de la Sainte Église est intervenu, d'autant plus s'il déclare comme il l'a déclaré que, par là, il n'entend se mettre en règle avec aucune loi. C'est précisément de l'intervention de l'Index que les documents retrouvés témoignent, comme ils attestent aussi le persévérant jugement de l'Église sur la grave question du moment. Nous espérons que, révélée à l'heure qu'il est, une telle continuité du jugement suprême de cette Église que le Saint-Esprit appelle *columna et firmamentum veritatis*[125], suffirait, à elle seule, à éclairer les esprits, à dissiper les doutes, à tranquilliser les âmes, à ramener partout et en tous la paix. C'est Notre désir ardent, c'est Notre instante prière pour tous Nos chers fils de France et plus particulièrement pour cette bien-aimée jeunesse, qui, toujours, mais surtout à l'heure qu'il est, garde la première place dans Nos prédilections et dans Nos sollicitudes apostoliques. Mais c'est à tous, sans exception, que Notre cœur paternel s'ouvre, offrant à tous

---

[124] Voir *supra* note 2. (n.d.é.)
[125] Première épître à Timothée, III, 15 : « colonne et fondement de la vérité ». (n.d.é.)

l'accueil le plus indulgent et le plus tendre ; désireux de les consoler tous, si, pendant une heure que Nous espérons déjà passée sans retour, Nous en avons dû contrister quelques-uns afin de ne pas manquer à Nos redoutables responsabilités pour le salut de leurs âmes.

Voilà, Monsieur le cardinal, les sentiments dont Nous vous prions de vous faire l'interprète, comme toujours fidèle, en vous donnant, à vous, à tout votre diocèse et à toute la France, les bénédictions les plus affectueuses.

Du Vatican, le 5 janvier 1927.

Pius P.P. XI.

Comme je l'ai exprimé hier soir par une note circulaire à la presse parisienne[126], l'arrivée des deux documents n'a pas été sans causer une

---

[126] *Voici le texte de cette circulaire que* Le Temps, *notamment, reproduisit* in extenso *dans son numéro du 10 janvier :*

Il était question de nous condamner, l'Action française et moi.

Mais je ne pensais pas que le coup pût être porté en plein débat sur le discours du Nonce et la politique de Locarno.

Je tiens à affirmer que rien ne nous fermera la bouche et que l'Action française défendra pied à pied l'intérêt national.

J'ai toujours professé le plus profond respect pour l'Église et pour le Saint-Siège, et ce n'est pas sans un effort pénible que je cède au devoir de rétablir les vérités de fait qu'il m'est impossible de méconnaître ici.

Que S. S. le pape Pie XI porte sur ma personne, mes écrits, ma pensée, tels jugements qu'il estimera nécessaires, ce n'est pas à moi de les contester. Mais j'ai lu avec un étonnement douloureux les documents par lesquels le nom et l'autorité de Pie X sont invoqués et utilisés contre moi.

S. S. Pie XI nous apprend que le 20 décembre il ignorait encore ces documents qui n'ont été remis que d'hier. Leurs retards lui paraissent facilement explicables. Quant à moi, je ne puis m'empêcher de trouver suspects des textes dont le sens est en contradiction flagrante avec les témoignages que je possède depuis treize ans, et qui n'ont jamais varié, sur la pensée très claire de Pie X à mon égard.

Je laisse de côté les affirmations orales et écrites du cardinal de Cabrières, qui est mort. Voici deux témoignages de vivants.

Le décret exhumé nous donne la date à laquelle se réunit la congrégation de l'Index pour me juger : 15 janvier 1914. Précisément ce même jour, le pape Pie X recevait en audience particulière un religieux éminent, ami de l'Action française, et lui disait :

– Ils sont aujourd'hui réunis pour le condamner...

– Je le sais, Saint-Père, dit le religieux, mais que feront-ils ?

– Ils ne feront rien.

« *Faranno niente* », répondit le pape avec une extrême vigueur de regard et d'accent. Avant de se retirer, le moine, agenouillé pour la bénédiction, dit :

– Très Saint-Père, si j'osais, je vous demanderais une bénédiction spéciale pour Charles Maurras.

– Oui, répondit-il, envoyez-la-lui de ma part.

Le surlendemain, 17 janvier 1914, je reçus lettre et bénédiction. Assurément, Pie X aurait pu changer d'avis, aux dates plus récentes marquées par les documents retrouvés : 26 janvier, 29 janvier 1914. Mais en juillet suivant, moins de six semaines avant la mort de Pie X, un autre Français recevait de la même bouche sainte des déclarations aussi précises que les premières. C'était en réponse à mes remerciements pour la condamnation épargnée :

– Elle est là, dit le pape, en montrant son bureau, et elle n'en sortira pas.

Pie X ajouta :

certaine surprise. On savait la condamnation prête, cela nous revenait de tous les côtés. On imaginait difficilement qu'elle pût éclater en pleine discussion du discours du Nonce et de la politique de Locarno.[127] Mais ne savait-on pas que, sur de tels sujets, nul ne nous fermerait la bouche ?

Quoi qu'il en soit, je n'aurai pas le mauvais goût d'opposer une contestation quelconque au jugement du Souverain Pontife sur ma personne, mon œuvre ou ma pensée. Nous avions cru de notre devoir de dire aux catholiques que certaines de mes œuvres n'étaient pas pour eux, et nous nous étions fait ainsi, depuis de longues années (1912 !) notre propre Index. Le Saint-Père relève cet acte comme insuffisant, pis encore peut-être. Nul ne discutera ici le droit de l'Église. Peut-être eût-il été équitable de se souvenir que tel livre jugé condamnable en 1913 ou 1914 ne se présentait plus dans le même texte en 1926. Mais peu importe ! Là encore, la décision appartient à qui juge, et le juge, ce n'est pas nous.

Tout cela est donc sans reproche ; le murmure serait parfaitement inutile. Mais il me reste à dire que j'ai lu avec un étonnement douloureux les

---

— Ils venaient, en colère, comme des chiens, me dire : « Condamnez-le, très Saint-Père, condamnez-le ! » Je leur répondais : « Allez-vous-en, allez lire votre bréviaire, allez prier pour lui ! »

Le second témoin fit comme le premier : il implora du pape Pie X une bénédiction spéciale pour moi. Elle lui fut accordée avec beaucoup de grâce et c'est à cette occasion que le pape Pie X prononça sur moi la parole extraordinaire : « *E un bel defensor della fede.* » Voilà ce qui a été dit et fait. Devant ces témoignages vivants, je le répète, je suis obligé de me demander ce que valent les documents dont le sort a été ignoré pendant treize ans et dont le pape, trompé, a dû faire état : tous les gouvernements, toutes les chancelleries se ressemblent, et les bureaux dans l'embarras ont rarement péché par excès de scrupule, qu'il s'agisse de solliciter, de forger ou de maquiller.

En 1914, quand la France était, depuis dix ans, absente du Vatican, l'intrigue allemande, tenue en respect par Pie X, était déjà très forte. Par des causes nouvelles, elle est devenue plus violente encore aujourd'hui. Mais nous en tenons quelques fils. J'ai publié à *L'Action française* la preuve matérielle de la mystification qu'un avocat germanophile belge infligea au vénérable cardinal Andrieu. Ce faux matériel a été porté aux pieds du Saint-Siège. Puisse l'erreur être très courte ! Puissent les conséquences en être aussi limitées que possible dans l'intérêt commun de la religion et de la patrie !

Charles Maurras. [Note de *L'Action française et le Vatican*, absente de l'article tel que publié dans le journal. (n.d.é.)]

[127] Voir en particulier l'article de Charles Maurras sur « Le discours du nonce à l'Élysée » dans *L'Action française* du 3 janvier 1927. (n.d.é.)

documents par lesquels le nom et l'autorité de Pie X sont invoqués et utilisés contre moi.

S. S. Pie XI nous apprend que, le 20 décembre, il ignorait encore ces documents, qui n'ont été connus que d'hier. Ce retard lui paraît facilement explicable. Néanmoins, à lire et à relire ce passage de la lettre pontificale, il est clair que l'explication tirée d'un déménagement d'archives ne satisfait Sa Sainteté qu'à demi, car Elle en cherche d'autres, plus élevées. Cette inquiétude assez sensible est beaucoup plus vive chez moi : je ne puis m'empêcher de trouver suspects des textes dont le sens est en contradiction flagrante avec les témoignages que je possède depuis treize ans (et qui n'ont jamais varié) sur la pensée très claire de Pie X à mon égard.

Le décret exhumé nous donne la date à laquelle se réunit la congrégation de l'Index pour me juger : 15 janvier 1914. Précisément ce même jour, le Pape Pie X recevait en audience particulière un religieux éminent, ami de l'Action française, et lui disait :

— Ils sont aujourd'hui réunis pour le condamner...

— Je le sais, Saint-Père, dit le religieux, mais que feront-ils ?

— Ils ne feront rien.

« *Faranno niente* », répondit le Pape avec une extrême vigueur de regard et d'accent.

Avant de se retirer, le moine, agenouillé pour la bénédiction, dit :

— Très Saint-Père, si j'osais, je vous demanderais une bénédiction spéciale pour Charles Maurras.

— Oui, répondit-il, envoyez-la-lui de ma part.

Le surlendemain, 17 janvier 1914, je reçus lettre et bénédiction.

Assurément, Pie X aurait pu changer d'avis, aux dates plus récentes marquées par les documents retrouvés : 26 janvier, 29 janvier 1914. Mais, en juillet suivant, moins de six semaines avant la mort de Pie X, un autre Français recevait de la même bouche sainte des déclarations aussi précises que les premières. C'était en réponse à mes remerciements pour la condamnation épargnée :

— Elle est là, dit le Pape, en montrant son bureau, et elle n'en sortira pas.

Pie X ajouta :

— Ils venaient, en colère, comme des chiens, me dire : « Condamnez-le, Très Saint-Père, condamnez-le ! » Je leur répondais : « Allez-vous-en, allez lire votre bréviaire, allez prier pour lui. »

Le second témoin fit comme le premier. Il implora du Pape Pie X une bénédiction spéciale pour moi. Elle lui fut accordée avec beaucoup de grâce, et c'est à cette occasion que le Pape Pie X prononça sur moi la parole extraordinaire : « *E un bel defensor della fede.* »[128]

Entre l'audience donnée le 15 janvier à mon premier témoin et les paroles, si bienveillantes, dites au second, au mois de juillet, se placent ces mots d'une lettre du cardinal de Cabrières[129], rapportant une audience de Pie X, juin 1914 : « Nous avons parlé de Maurras, et j'ai vu le Saint-Père très résolu, et heureux de l'avoir protégé. »

On sait que, tout dernièrement, *La Vie catholique* essayait d'invoquer contre moi des témoignages du cardinal de Cabrières. On n'a pas oublié comment des textes formels lui ont fermé la bouche. *La Vie catholique* a murmuré d'obscures menaces. Elle n'a pas osé nous resservir le plat. Que répondre, en effet, à l'accablante vérité qui ruisselle du texte que nous plaçons au frontispice de ce numéro ?[130] Peu de temps avant la fin d'une belle vie, le Cardinal de Cabrières terminait sa lettre publique du 6 août 1920 par ces mots : « Au revoir, mon cher Maurras, et bien respectueusement à vous dans le souvenir du pape Pie X dont la volonté expresse vous a gardé pendant la guerre pour le bien de notre pays. »

Après les témoins qui vivent encore, voici donc le texte toujours vivant du noble témoin qui milite du fond du tombeau. En présence de telles dépositions, il me faut bien me demander ce que valent des documents qui ont dormi dans l'ombre pendant treize années, exposés à tous les outrages, et qui en sont sortis de façon aussi opportune que merveilleuse : le Pape qu'ils ont trompé en a dû faire état. Mais, comme je l'ai dit hier soir à nos confrères de la presse, tous les gouvernements, toutes les chancelleries se ressemblent, et les bureaux embarrassés ont rarement péché par excès de

---

[128] « C'est un beau défenseur de la foi. » (n.d.é.)
[129] François Marie Anatole de Rovérié de Cabrières (1830–1921), évêque de Montpellier en 1873, créé cardinal par Pie X en 1911. Ami de Mistral et du Félibrige, il n'avait pas hésité à faire ouvrir les églises aux viticulteurs grévistes pour qu'ils y passent la nuit lors de la grande manifestation de ces derniers à Montpellier en 1907. (n.d.é.)
[130] *L'Action française* portait habituellement, en haut à droite de sa première page, une citation frappante et le plus souvent liée à l'actualité. Le numéro du 9 janvier 1927 porte la citation qui va suivre du cardinal de Cabrières. (n.d.é.)

scruple, qu'il s'agisse de solliciter[131], de forger ou de maquiller ! En 1914, quand la France était absente du Vatican depuis dix ans entiers, l'intrigue allemande, tenue en respect par Pie X, était déjà très forte. D'autres raisons nouvelles l'ont aggravée et fortifiée aujourd'hui.

C'est donc à S. É. le cardinal de Bordeaux qu'a été adressée la primeur (ou les « prémices ») des nouveaux documents dont on vient de voir la valeur et la portée. Ces pièces, dont on peut dire tout au moins qu'elles sont suspectes, consoleront-elles le vénérable prélat d'Aquitaine d'avoir innocemment copié les mensonges et les faux de l'agent allemand Fernand Passelecq ?[132] Cette copie est démontrée au peuple français depuis avant-hier.[133] Ces mensonges et ces faux soulèvent par toute la France une dérision triste et un rire amer que nous n'aurions pas voulu déchaîner. Ceux qui nous reprocheront de n'avoir pas tenté d'obtenir justice par d'autres moyens moins publics établiront par ce reproche qu'ils ignorent absolument tout le secret de notre histoire au long des quatre derniers mois.

Quoi qu'il en soit, la preuve est faite. C'est d'un agent pangermaniste belge que tout a découlé. Sa brochure, propagée par l'abbé Trochu en supplément de l'*Ouest-Éclair*, a trompé le métropolitain de Bordeaux, l'erreur de Bordeaux a trompé la Métropole romaine, et la cabale boche, pro-boche et philo-boche a tout aggravé et envenimé.

Ce n'est pas nous qui, en nous plaignant de Rome, voudrions accuser Rome. Les malheurs de la France et des Français à Rome sont dus au régime qui a laissé la France sans représentation et sans influence là-bas. Notre confiance, égale à notre respect, est supérieure à l'épreuve. Le fait d'être

---

[131] Quelles que soient les étrangetés du texte de la délibération du 26 janvier (les Éminentissimes Pères laissant la publication du décret à la sagesse du Souverain Pontife !) on peut le tenir, sauf réserve, pour exactement rapporté.
Ce qui doit inspirer tous les soupçons, c'est le témoignage de l'Allemand Esser quant au langage pontifical qu'il rapporte.
[Note de 1927. *Esser* : le cardinal allemand Herman Joseph Esser (1850–1926), devenu Thomas Esser quand il prit l'habit chez les dominicains, cardinal en 1917, responsable de l'Index au moment des délibérations de 1914 invoquées par la condamnation romaine. (n.d.é.)]

[132] Rédacteur d'une brochure malveillante contre l'A. F. dont la lettre du cardinal Andrieu avait repris plusieurs arguments. (n.d.é.)

[133] Bien que la réponse de Maurras au cardinal Andrieu ait été prête dans ses grandes lignes et ses arguments principaux depuis plusieurs mois, elle n'avait été publiée que les 5 et 7 janvier 1927 dans *L'Action française*, soit après la condamnation romaine. Voir notre édition de ces articles sous le titre, repris du recueil de 1927, *Charles Maurras et le cardinal Andrieu*. (n.d.é.)

momentanément méconnus en un des lieux du monde dont nous avons attendu les biens spirituels et moraux les plus élevés ne peut absolument rien changer à nos idées là-dessus. À peine nous semblent-elles un peu plus difficiles à défendre.

Je ne parle certes pas au nom des catholiques. Comment un catholique serait-il ébranlé ! L'un d'eux me disait, l'autre jour :

– Le Pape est infaillible en matière de foi et de doctrine parce qu'il est informé par le Saint-Esprit ; il est faillible dans le reste, comme un homme, parce qu'il a des hommes pour informateurs.

Les non-croyants savent, d'autre part, que l'idée générale que l'on se fait d'une institution doit être tirée de l'ensemble de son développement et de son action.

La monarchie française nous est apparue bonne parce qu'elle a été le bien de la France pendant mille ans.

La Papauté nous est apparue excellente parce qu'elle représente un bienfait universel pour l'humanité pendant près de deux millénaires.

Aurions-nous cessé d'être monarchistes au lendemain de Rossbach ?[134] Comment cesser d'honorer et de vénérer le catholicisme au lendemain d'une petite erreur concernant quelques livres et leur auteur ?

Ces condamnations respectent nos devoirs à l'égard du Saint-Siège. Elles ne peuvent effacer aucun de nos devoirs envers la patrie. Je ne cesserai pas de la défendre ni de la mettre en garde contre la barbarie dont elle est menacée. Je n'arrêterai pas mon sillon, je n'interromprai pas mon œuvre, je ne trahirai pas une pensée dont la fécondité n'est pas discutable et dont l'Église même a eu des profits que je ne cherchais pas. Il y a un dossier de conversions catholiques opérées par l'Action française et même par son directeur indigne. Il y a un dossier des vocations sacerdotales qui se sont produites parmi nos jeunes gens. On nous apporte, ce soir même, de la part de la présidente générale de l'Association des jeunes filles royalistes, étroitement unie de tout temps à l'Action française, un dossier des entrées en religion de leurs membres depuis dix ans ; ces jeunes filles sont au nombre de 251, sur lesquelles 33 carmélites, 2 trappistines, 14 bénédictines, 7 dominicaines, 2 clarisses, 3 franciscaines, 8 visitandines, 18 augustines (Sacré-Cœur), 9 filles de la Charité de Saint-Vincent-de-Paul, 3 missionnaires, 13 auxiliatrices du Purgatoire. Les 140 autres se partagent

---

[134] Bataille qui vit en 1757 la défaite des armées franco-autrichiennes coalisées contre la Prusse. (n.d.é.)

entre des congrégations régionales. Ces jeunes Françaises nous lisaient : leurs belles voix pures diront si ce journal ou si nos livres les détournaient de leur devoir !

Je lis avec stupeur que non seulement *Anthinéa* et *Le Chemin de Paradis*, mais *L'Avenir de l'Intelligence*, *La Politique religieuse* sont signalés comme des livres très mauvais. J'y vois aussi *Les Amants de Venise*... Il y a là-dessus un bon conte, qui est une histoire vraie.

En 1912, quand ma *Politique religieuse* arriva à Rome (c'est le livre qui m'avait valu la faveur de Pie X), un saint religieux de nos amis, bien connu sous le nom du Père Pie de Langogne[135], écrivit à un de mes maîtres les plus chers :

— À la bonne heure ! Voilà comment on aime à lire M. Maurras... Mais pourquoi s'amuse-t-il à écrire des livres frivoles et immoraux comme *Les Amants de Venise* ?...

Mon bon maître fut pris d'un fou-rire. Poste par poste, il répondit :

— Mais le titre de ces *Amants* vous a trompé ! Mais c'est un livre archimoral ! Mais, sans le mettre indistinctement dans toutes les mains, il peut servir beaucoup à détruire quelques-uns des pires sophismes du sentiment... En union à cette pensée, je lisais, tout dernièrement, sous la plume d'un Prince de l'Église de France, une allusion transparente à ce petit livre :

« Nul n'a mieux flagellé la fausse dignité de l'Amour romantique qui prétendait valoir pour lui seul, quelque indigne que fût son objet ou pernicieux que fussent ses ravages, thème antisocial qui a présidé à la destruction légale de la famille dont nous sommes les témoins épouvantés. »[136]

Que Rome, évidemment trompée, censure le modeste appoint que portent nos faibles forces à la défense intellectuelle et morale de la civilisation contre l'anarchie, encore une fois, c'est son droit. Il ne m'appartient pas de protester. Il ne m'appartient pas non plus de cesser. À côté de Rome, il y a la France. Je n'ai pas le droit de cesser la défense de mon pays. *Kiel et Tanger* n'a pas été censuré, et c'est bien heureux ! Nous nous tiendrons, très fermes, sur ce bout de rempart qu'a respecté la germanophilie devenue maîtresse de

---

[135] Blaise-Armand de Sabadel (1850–1914), il prit le nom de Pie en devenant capucin et était né à Langogne, en Lozère. Confesseur de Pie X, archevêque de Corinthe en 1911, il meurt peu de temps avant d'être créé cardinal. (n.d.é.)
[136] Le cardinal Charost. [Note de 1927. (n.d.é.)]

quelques avenues et antichambres du Vatican. Mais nous n'arrêterons pas non plus de redire à Celui qui a cru lire de mauvais sentiments dans les cœurs, qu'il dépendrait de Lui de les connaître directement et de les aimer.

Une déclaration des évêques de France

1927

Une déclaration des cardinaux, archevêques et évêques de France au sujet des récentes décisions du Saint-Siège

Le 9 mars, L'Action française portait à la connaissance de ses lecteurs, le document suivant qu'elle faisait suivre de sa réponse[137] :

Une crise douloureuse s'est ouverte chez les catholiques de France à l'occasion de l'Action française. Après des avertissements paternels et solennels, qui étaient un appel à une réforme salutaire, le Saint Père, gardien de la doctrine et de la morale catholiques, a porté une condamnation explicite : certains livres de M. Charles Maurras, déjà réprouvés par Pie X, et le journal *L'Action française*, ont été mis à l'Index. Défense formelle est donc faite, et sous peine de faute grave, de les éditer, de les lire, de les conserver, de les vendre, de les traduire, de les communiquer (Can. 1398).

Chacun des évêques de France a publié ces actes du magistère pontifical ; en même temps, il traçait aux fidèles de son diocèse la seule ligne de conduite à suivre en la circonstance : soumission et obéissance.

Mais la passion politique s'est ingéniée, dès les premiers jours de l'intervention du Saint-Père, à dénaturer les faits et les intentions ; l'autorité du Pape en cette matière a été discutée et pratiquement reniée. Un retentissant article, intitulé : « *Non possumus*, nous ne pouvons pas obéir », fut jeté aux quatre coins de la France comme un cri de révolte ; et, depuis lors, l'opinion publique, trompée chaque jour par des exposés fantaisistes, s'inquiète et s'égare, au grand détriment des consciences et de l'esprit chrétien.

Aussi, nous, évêques de France, croyons-nous de notre devoir de

---

[137] Nous reproduisons cet article du 9 mars 1927 d'après sa reprise dans le recueil de la même année *L'Action française et le Vatican*, dont ce texte forme la partie du chapitre VI intitulée dans la table « Déclaration de l'épiscopat français ». (n.d.é.)

pasteurs et de Français d'intervenir aujourd'hui par une déclaration collective et solennelle, pour faire écho à la voix du Souverain Pontife, défendre sa pensée contre des interprétations calomnieuses, rétablir la vérité outragée et témoigner enfin, par une solennelle attestation, que l'épiscopat français reste fidèle à sa mission patriotique, même et surtout quand il lutte avec le Pape pour la sauvegarde des principes qui sont à la base de la civilisation chrétienne.

C'est avec un sentiment de profonde tristesse que nous voyons aujourd'hui, en France, des catholiques qui se disent sincères blâmer et rejeter les actes les plus légitimes du Souverain Pontife. L'intérêt politique — comme l'intérêt tout court — aveugle souvent les esprits les plus lucides ; mais la saine théologie dissipe facilement, d'un clair rayon, les nuages amoncelés pour voiler la vérité. L'école d'Action française a été condamnée, le journal *L'Action française* est mis à l'Index ; pourquoi ?

Parce que cette école reconnaît pour principaux maîtres et chefs des hommes qui, par leurs écrits, se sont mis en contradiction avec la foi et la morale catholiques ; parce que cette école a pour base des erreurs fondamentales desquelles résulte ce que le Saint Père appelle un « système religieux, moral et social » inconciliable avec le dogme et la morale.

Le journal a été mis à l'Index parce qu'il est comme le porte-voix de l'école susdite et encore à cause de ses articles irrespectueux, de ses calomnies et de ses injures contre le Saint-Siège, contre le Vatican et contre le Pape lui-même.

Qui ne voit que des maîtres professant de telles doctrines n'ont aucun titre à diriger les catholiques ? Ils ne sauraient leur apprendre à penser comme il convient sur Dieu, sur Jésus-Christ, sur l'Église et le Pape, sur le sens de la vie, sur la morale, ses fondements, ses règles, ses sanctions, sur l'organisation de la famille, de la société, de l'État, sur les rapports de l'État et de l'Église.

Nous sommes bien persuadés que beaucoup d'adhérents de l'Action française, en donnant leur nom à ce groupement, n'ont point entendu pour cela embrasser les doctrines philosophiques, religieuses, morales ou sociales de ses dirigeants. On ne peut néanmoins contester que le contact fréquent de tels maîtres et la lecture habituelle de leurs écrits ne soient un danger, surtout pour les jeunes.

L'attitude de certains adhérents catholiques et les arguments mis par eux en avant pour la justifier prouvent assez clairement qu'ils se sont eux-mêmes laissé pénétrer par les faux principes qui inspirent la politique de cette école, ses méthodes et ses procédés.

Et comment pourrait-il en être autrement ? Le journal *L'Action française* les propage constamment, plus ou moins dilués dans les considérations ou les invectives de ses dirigeants. Ceux-ci professent un « nationalisme intégral » qui n'est, au fond, qu'une conception païenne de la cité et de l'État, où l'Église n'a de place que comme soutien de l'ordre, et non comme organisme divin et indépendant, chargé de diriger les âmes vers leur fin surnaturelle.

Ils laissent aussi dans l'ombre tout un côté de la morale catholique qui en est l'aspect le plus bienfaisant : douceur, charité, modération, bienveillance, apostolat des humbles : autant de vertus dont ils ne parlent guère. Les jeunes gens instruits à leur école rêvent d'une autre méthode d'action, et la maxime « Politique d'abord », qui demeure, en dépit de toutes les explications données, inacceptable pour les catholiques, tourne Vers d'autres buts leur activité.

Et cette activité même, qui devrait être sagement dirigée, les maîtres de l'Action française l'exercent à réaliser « par tous les moyens » une œuvre politique. *Par tous les moyens !* Formule que la morale réprouve, ainsi exprimée sans aucune restriction, et que la conscience chrétienne ne saurait admettre. Que dire aussi des polémiques violentes dont l'Action française s'est fait une spécialité ? Souvent contraires à l'esprit évangélique, elles ne font pas la lumière dans les esprits, mais excitent trop facilement les pires passions — la haine et le mépris.

Enfin, il s'est révélé chez les disciples de cette école une absence complète de toute juste idée sur l'autorité du Pape et sa compétence ; un manque absolu de tout esprit de soumission et de respect ; une attitude prononcée d'opposition et de révolte : « Ce sont ces choses, dit le Saint-Père, qui ont mis le comble à la mesure, et Nous ont amené à proscrire le journal *L'Action française*, comme Pie X avait proscrit la revue bimensuelle du même nom. »

Voilà quelques-uns des plus graves reproches adressés à bon droit à l'Action française. Ils ne sont pas d'ordre politique, mais d'ordre doctrinal et moral.

Les partisans de l'Action française observent qu'il y a bien d'autres journaux qui sont dirigés et rédigés par des incroyants, dont les doctrines sont répréhensibles au point de vue de l'enseignement catholique, et qui cependant ne sont pas l'objet d'une prohibition nominale. Nous n'en disconvenons pas ; mais ces journaux n'ont pas organisé de groupement politique, ils n'enrôlent pas leurs lecteurs dans des Ligues, ils ne les réunissent pas autour des chaires d'un Institut d'enseignement, ils ne prétendent pas faire l'éducation politique et sociale de la jeunesse. Or, c'est ce que fait l'Action française, c'est ce qui la rend particulièrement dangereuse, et c'est une des raisons qui ont motivé les mesures spéciales dont elle est l'objet.

L'Action française est monarchiste ; c'est son droit. Le Pape ne songe nullement à en entraver l'exercice. Mais il ne veut pas que, sous prétexte de restaurer la royauté en France, on inculque aux catholiques français des doctrines erronées et des principes d'action réprouvés par la morale chrétienne.

Non, le Pape ne condamne pas des opinions politiques légitimes, mais des idées fausses et des procédés répréhensibles, et il les condamne là où ils sont : dans des écrits qualifiés : *pessima*, « très mauvais », du temps de Pie X ; dans un journal qui en est imprégné comme d'un poison subtil, dont on a peine à se défendre ; dans une école qui, malgré les sentiments personnels de quelques-uns de ses membres, s'en inspire et les répand. Il était grand temps que Pie XI intervînt pour assainir une atmosphère païenne qui contaminait insensiblement les âmes et corrompait jusqu'aux traditions les plus sacrées de la vieille monarchie française.

L'intervention pontificale en cette matière est parfaitement légitime ; il est évident que le pouvoir du Pape ne cesse pas de s'étendre à tout ce qui regarde la foi et la morale, alors même que l'on y mêle des questions politiques.

Le Pape est ici sur son terrain ; il agit comme pasteur d'âmes, il a le droit de parler, de commander, et les fidèles lui doivent entière soumission.

Nulle autre attitude n'est acceptable de la part des catholiques. Ceux qui prétendent que le Pape est sorti de Son rôle font preuve d'ignorance ou ajoutent foi, par intérêt politique, à de complaisantes consultations de théologiens anonymes. Ne craignons pas de l'affirmer : protester contre la condamnation portée par le Pape ou refuser de s'y soumettre, c'est s'insurger ouvertement contre l'exercice légitime de la Souveraine autorité du Pontife romain.

D'autres s'en vont répétant que le Pape a été trompé ; que des adversaires passionnés de l'Action française ont ourdi contre elle, au Vatican, depuis longtemps déjà, un complot désormais percé à jour ; que Pie XI s'est laissé circonvenir par des intrigues hostiles à la France ; que son acte est, au premier chef, un acte politique tendant à dissocier les forces catholiques françaises.

Nous rougissons d'avoir à dénoncer ici des accusations aussi invraisemblables qu'injurieuses, répétées chaque jour par des hommes qui protestent néanmoins de leur respect pour l'autorité spirituelle du Pape et acceptées, hélas ! par une opinion publique trop docile — ou trop intéressée.

Traiter ainsi le Pape et ses représentants légitimes ; laisser planer de tels soupçons sur les actes pontificaux ; échafauder sans preuves de tels romans, est-ce possible ? De la part d'incrédules, peut-être ; mais des hommes qui se déclarent catholiques, qui se vantent de professer et au besoin de défendre leur foi ; qui prétendent même guider la jeunesse catholique française, devraient respecter davantage et la vérité et leur honneur. Les vrais fidèles ont du Saint-Siège une autre opinion ; le sentiment chrétien les garantit contre ces coupables fantaisies.

Une autre considération nous oblige aussi à parler aujourd'hui. Nous taire serait servir une dangereuse erreur qui, lancée d'abord par l'Action française et colportée par les ennemis de l'Église, tendrait à laisser croire que tout ce qu'on fait contre l'Action française, on le fait contre la France. La conséquence s'ensuit logiquement : hostiles à la France ceux qui, du dehors, critiquent et condamnent l'Action française ; mauvais Français les catholiques qui, au dedans, désertent ses fanions et souscrivent aux condamnations portées contre elle...

Pouvons-nous donc permettre que, par intérêt politique, un groupement quelconque accapare à son profit le patriotisme et le dénie aux évêques français et aux catholiques de France, fidèles à l'obéissance qui est due au Pape ?

Non ; il n'y a pas de conflit entre la soumission à l'Église et le devoir patriotique. Dire, comme on a osé le faire, que, dans le cas présent, la soumission au Pape serait « un parricide » envers la France est une erreur et une injure ; c'est aussi une coupable manœuvre.

Nous, évêques de France, conscients de nos obligations pastorales, groupés autour du Souverain Pontife, notre Père et notre Chef, filialement dévoués à la Sainte Église, sincèrement attachés — et jusque par les fibres les plus intimes de nos âmes — à la France, notre bien-aimée patrie, nous protestons de toutes nos forces contre une accusation qui tend à créer une opposition pratique entre l'obéissance au Pape et le vrai patriotisme.

Nous le savons : un conflit douloureux existe, à l'heure actuelle, en beaucoup d'âmes françaises. Nous en sommes profondément émus. Bien coupables sont ceux qui, au lieu de « se connaître et de se vaincre », ont mis tout en œuvre pour faire naître ce conflit et l'exaspérer.

L'épreuve n'aura qu'un temps. Déjà, — et ce nous est une consolation dans l'angoisse et l'amertume de nos cœurs, — beaucoup de catholiques ont compris leur devoir : ils sont plus nombreux qu'on ne le laisse soupçonner. Daigne le Saint-Père voir en leur docilité les prémices d'une soumission tant désirée par les vrais fils de France, qui sont en même temps les enfants dévoués de la Sainte Église !

Et ceux-là mêmes qui, jusqu'ici, ont résisté à des appels réitérés, eux aussi, espérons-le — ceux du moins, qui se prétendent bons catholiques, — finiront par entendre, avec le cri maternel de l'Église, la voix de leur conscience. Ils comprendront que leur double attitude envers le Pape est théoriquement et pratiquement intenable ; qu'elle manque à tout le moins de logique ; qu'elle fait le jeu des adversaires de la France, et que leur propre intérêt, comme leur honneur, est de concilier leur foi religieuse et leur foi politique. Rien ne s'y oppose dans les documents pontificaux, rien dans la doctrine de l'Église, rien dans les circonstances présentes.

Qu'ils en soient bien persuadés, le Pape n'a en vue que le bien des âmes ; son intervention actuelle n'a pas d'autre but. Élevé au-dessus des contingences politiques, il dégage sa pensée et son action de toute considération purement humaine, pour s'inspirer uniquement du devoir sacré qui lui incombe : garder fidèlement le dépôt des vérités chrétiennes et arracher les âmes au danger de funestes erreurs.

Nous avons publiquement libéré notre conscience.

Évêques catholiques et citoyens français, souffrant des résistances opposées au Pape et des divisions qu'elles ont créées parmi les fidèles, nous devions, par un acte collectif, affirmer, dans l'intérêt des âmes et du pays, l'accord intime de nos sentiments, de nos protestations, de nos vœux et notre filiale obéissance au Souverain Pontife.

Cet intime accord est fait de notre foi et de notre patriotisme, de notre respect pour la vérité et pour la charité ; de notre commune volonté de travailler, aujourd'hui comme hier — comme toujours — à la gloire de l'Église et au salut de la France.

Pour nous, cette double intention n'en est qu'une, car l'histoire nous prouve qu'on ne saurait dissocier, sans nuire à l'une ou à l'autre, l'Église romaine et la patrie française.

Suivent les signatures des cardinaux, d'archevêques et d'évêques au nombre de 116.

La Croix fut obligée de reconnaître que la signature de Mgr Penon, évêque de Case, ancien évêque de Moulins, y avait été apposée par erreur.

Réponse de l'Action française

La modération du texte que l'on vient de lire change-t-elle quelque chose à la situation douloureuse et angoissante qui est faite aux catholiques d'Action française ?

Un seul trait permet d'en juger. S'il tombe sous le sens que nos collaborateurs incroyants ne se réfèrent pas à la « mission divine » de l'Église et ne peuvent saluer en elle qu'une institution d'ordre social et de progrès moral, comment l'épiscopat français ne reconnaît-il pas que nos collaborateurs catholiques n'ont jamais perdu de vue qu'elle était avant tout « l'organisme divin » chargé « de diriger les âmes vers leur fin surnaturelle » ?

Il y a là une lacune de justice contre laquelle le recours du bon droit semble éternel.

Nous n'oserions pas affirmer ce droit si l'on s'était contenté d'un appel aux nécessités matérielles de la discipline de l'Église. Mais l'on écrit les mots de vérité et d'honneur.

De telles paroles obligent. Nous sommes par conséquent obligés de signaler aux vénérables auteurs de la Lettre d'hier que l'on maintient un sens, mille fois dénié par nous, aux formules « nationalisme intégral », « Politique d'abord » et « Par tous les moyens ». Nos explications n'ont jamais été faites pour les besoins de la cause. Elles datent de plus de vingt-ans. Elles font corps avec les formules incriminées. Nous dire d'oublier ces vérités de fait, c'est, pratiquement, nous prier de déclarer du bout des lèvres que « le blanc est le noir ». Ajouter qu'ainsi le veut l'obéissance, c'est admettre que nous puissions mentir pour obéir. Voilà, justement, l'impossibilité douloureuse.

Il ne s'agit point là de consultations des théologiens « anonymes », mais de raisons flagrantes auxquelles un esprit vivant et responsable ne se dérobe pas. Pour les éclairer, nous n'avons pas eu recours à des autorités, mais à des lumières. La plus haute autorité morale connue est celle du Pape. Nous n'avons jamais songé à lui en opposer une autre, quelle qu'elle soit. Nous avons rencontré sur la voie de l'obéissance des difficultés, des impossibilités de conscience ; la réflexion, l'étude, le conseil même, les ont redoublées. On ne les résout pas en nous disant que nos conseils ne sont pas signés. Qu'ajouterait à l'évidence une signature ? On ne diminue pas l'évidence en la déclarant impersonnelle. Mais on ne la diminue pas davantage quand on épie, quand on traque, quand on persécute quiconque est soupçonné de nous avoir fourni ou l'un ou l'autre de ces précieux rayons de lumière.

De même, est-il possible de nous laisser accuser, sans élever la protestation la plus vive, d'irrespect, de calomnies, d'injures contre le Souverain Pontife ? De tels crimes feraient horreur aux incroyants d'Action française. Comment les catholiques en auraient-ils conçu la moindre pensée ?

Nous avons dit et nous devons redire que, pour obéir à ce qui nous est demandé, il faudrait oublier nos devoirs envers la Patrie, assister immobiles à sa destruction et commettre, de cette manière, un véritable parricide. Nous n'avons jamais prétendu que le Souverain Pontife eût la volonté ni le sentiment de nous demander ce crime. Toute l'injure que l'on nous prête gratuitement consiste à soutenir que, des points de France où nous sommes, nous savons mieux que Rome les biens ou les maux temporels dont peut vivre ou mourir notre patrie française. Et nous ne disons là que ce qui est pensé très respectueusement par chacun.

Nous lisons avec étonnement, dans la déclaration publiée par *La Croix*, que nous ne saurions « apprendre aux catholiques » à penser comme il convient sur « Dieu, sur Jésus-Christ, sur l'Église et le Pape, sur le sens de la vie, sur la morale, ses fondements, ses règles, ses sanctions, sur l'organisation de la famille, de la société, de l'état, sur les rapports de l'État et de l'Église ». Nos idées sur la famille, la nation, l'État, les rapports de l'État et de l'Église ont été approuvées, louées, célébrées pendant vingt ans pour leur évidente concordance avec tout ce que l'Église enseigne sur le même sujet, et nous attendons (aussi bien qu'un jugement contradictoire sur les erreurs de l'Action française), nous attendons encore l'énoncé d'un simple désaccord sur un point précis. Mais nous attendons de même que l'on nous dise quand et où l'Action française s'est jamais mêlée d'avoir une doctrine à elle en métaphysique, en morale et en religion.

École, mais école politique ; doctrine, mais doctrine politique ; journal, mais journal politique, l'Action française s'est tenue toujours à son plan. Quant à son action indirecte, à ses influences subtiles, elles ont produit des conversions au catholicisme et favorisé des vocations religieuses présentes à la mémoire de tous. Les hommes que l'Action française a rassemblés s'appliquent en commun à la même œuvre déterminée, qui est celle du salut national. Ils s'y appliquent, non exclusivement, mais énergiquement : cette tâche sacrée ne les empêche pas d'être de bons fils, ou de bons maris, ou de bons pères de famille, ou de bons industriels. Elle n'empêche pas davantage ceux d'entre eux qui sont croyants d'accomplir tous les actes inspirés ou conseillés par leur foi, au point d'être considérés comme les meilleurs par leurs propres évêques. Mais à aucun degré, dans aucune circonstance, cette tâche ne les induisit à envahir l'autre domaine, ce domaine de la religion, qui n'était, certes, pas le leur.

Quelle juste liberté existerait pour nous, quel exercice de notre monarchisme ne serait pas absolument annulé si nous n'usions du droit de travailler par les seuls moyens efficaces, d'ailleurs amplement motivés, au salut et au relèvement de notre patrie ?

PLAINTE ADRESSÉE À S. S. PIE XI

1927

Dans le numéro du 3 mai 1927, L'Action française *fait connaître dans les termes suivants la plainte portée le 16 avril par les dirigeants catholiques contre le cardinal Andrieu*[138] :

PLAINTE ADRESSÉE À S. S. PIE XI PAR LES DIRIGEANTS CATHOLIQUES DE L'ACTION FRANÇAISE CONTRE LE CARDINAL ANDRIEU

Comme nous l'avons dit hier, *L'Aquitaine*, semaine religieuse de l'archidiocèse de Bordeaux, publie, dans son dernier numéro, un « communiqué de l'archevêché » où il est reconnu que S. É. le cardinal Andrieu a commis une « inexactitude » en attribuant à Charles Maurras la phrase « Défense à Dieu d'entrer dans nos observatoires ». *[Nous avions promis cent mille francs à qui trouverait cette phrase dans l'œuvre complète de Charles Maurras.]* Il paraît, en outre, que le fait d'imputer à un écrivain un blasphème dont il ne s'est jamais rendu coupable constitue une « vétille », lorsque l'imputation émane d'un prince de l'Église. En tout cas, si S. É. le cardinal archevêque de Bordeaux a rétracté une de ses accusations contre Maurras, il n'a rétracté aucune de celles qu'il avait lancées contre les dirigeants catholiques de l'Action française. Ceux-ci avaient décidé d'en appeler à la justice du Souverain Pontife : le 16 avril dernier, ils avaient porté plainte contre S. É. le Cardinal Andrieu par la lettre que nous reproduisons ci-dessous :

    L'Action française
    Comités directeurs
    14, rue de Rome

Paris, le 16 avril 1927.

    Très Saint Père,

---

[138] Nous reproduisons les articles suivants d'après leur reprise dans le recueil de la même année *L'Action française et le Vatican*, dont ce texte forme le chapitre septième. (n.d.é.)

Les soussignés,
Robert de Boisfleury,
Léon Daudet,
colonel Georges Larpent,
Paul Robain,
vice-amiral Schwerrer,
Bernard de Vesins,
membres des Comités directeurs de l'Action française,
et
Marie de Roux, avocat, leur conseil et défenseur,
tous fils de l'Église catholique,

Le 4 mars 1927, *L'Aquitaine*, semaine religieuse du diocèse de Bordeaux, publiait une instruction pastorale du cardinal archevêque dans laquelle, renouvelant des accusations qu'il avait formulées plusieurs fois, il disait notamment de l'Action française :

« *Elle enseigne des doctrines sans dogme et sans morale, des doctrines qui nient l'existence de Dieu, la divinité de Jésus-Christ, l'institution divine de l'Église, etc. La France n'a nullement besoin de l'Action française et si celle-ci consent à se suicider pour obéir au Pape, elle ne commettra pas un parricide à l'égard de celle-là.*

« *Pour combattre cette conclusion, les maîtres de l'Action française étaient obligés de définir leur politique et ils ne tiennent pas à livrer le secret dont ils l'enveloppent, de peur de mettre fin à ce qu'un journal belge, par une plume ecclésiastique très avertie, nous signalait, il y a quelques jours, comme la plus grande mystification des temps modernes.* »

Par ces termes, Son Éminence le cardinal archevêque de Bordeaux attaquait l'Action française dans son œuvre politique et étendait les accusations portées par lui dans sa lettre du 25 août 1926.

Dans cette lettre, tous les dirigeants de l'Action française étaient présentés comme reniant « Dieu, son Christ et son Église ». Sans entrer dans plus de détails, il suffit de reproduire les lignes suivantes :

« *Aussi osent-ils nous proposer de rétablir l'esclavage ! Et qu'on ne leur parle pas d'une revendication quelconque de l'individu à l'encontre du pouvoir, la raison d'État sera supérieure à toute considération de justice et de moralité...*

« *Du reste, les prétendues règles physiques dont la société relève exclusivement fonctionnent avec une exactitude sidérale. C'est ce qui fait dire au chef de l'Action française :* « *Défense à Dieu d'entrer dans nos observatoires* ».

« *Les sociologues qui prononcent cet ostracisme si outrageant pour la majesté divine prétendent faire respecter ce qu ils appellent l équilibre du monde...*

« *Athéisme, agnosticisme, anti-christianisme, anti-catholicisme, amoralisme de l individu et de la société, nécessité pour maintenir l ordre, en dépit de ces négations subversives, de restaurer le paganisme avec toutes ses injustices et toutes ses violences, voilà, mes chers amis, ce que les dirigeants de l Action française enseignent à leurs disciples et que vous devez éviter d entendre.* »

Le « chef de l'Action française » n'a jamais écrit : « défense à Dieu d'entrer dans nos observatoires ». Aucun dirigeant, ni aucun « sociologue » de l'Action française n'est responsable de pareils propos. Aucun n'a proposé de rétablir l'esclavage.

Les dirigeants catholiques de l'Action française sont spécialement visés par Son Éminence le Cardinal Andrieu qui nie la sincérité de leur foi : « Catholiques par calcul, et non par conviction ».

Bien qu'une lettre collective ait été adressée à Son Éminence par les dirigeants de l'Action française, en vue d'affirmer leur foi et de protester contre les imputations dont ils étaient l'objet, Son Éminence le cardinal Andrieu n'a pas rétracté ses allégations ; bien au contraire, dans la lettre que le 7 septembre il adressait à Votre Sainteté et qu'il a publiée, il n'hésitait pas à taxer d'apostasie et à qualifier de renégats les dirigeants catholiques de l'Action française, se refusant à considérer comme un « désaveu explicite » des doctrines qu'il leur prêtait leur offre de « souscrire la profession de foi de Pie X ».

Le 7 janvier 1927, Son Éminence le cardinal Andrieu, poursuivant ses attaques jusqu'en dehors du terrain religieux, affirmait que les idées de l'Action française « n'ont rien de catholique ni de français », qu'elles sont « basées uniquement sur l'empirisme positiviste », ajoutant que « les loges maçonniques (sont) passées en 1880 au positivisme d'Auguste Comte et par suite à la religion de l'Humanité et au culte du grand Fétiche », ce qui force à conclure que les dirigeants catholiques de l'Action française, étant présentés comme adeptes du positivisme, pratiquent eux-mêmes la religion de l'Humanité et le culte du grand Fétiche.

L'instruction pastorale du 4 mars 1927 aggrave encore les

imputations des documents précédents émanant de Son Éminence ; elle rajoute notamment l'idée d'une doctrine secrète et d'un enseignement ésotérique.

Si son Éminence le cardinal archevêque de Bordeaux croit en avoir les preuves, celles-ci ne peuvent être que des faux et les soussignés ont le droit de les connaître pour en démontrer l'imposture.

Désireux de faire éclater la justice du Souverain Pontife, ils en appellent au Père commun des fidèles.

Conformément aux règles du droit canonique, ils ont l'honneur de remettre au Souverain Pontife leur plainte contre le cardinal Paulin Andrieu, archevêque de Bordeaux, et Lui demandent de vouloir bien constituer ou désigner un tribunal pour juger du procès.

Ils déposent aux pieds de Votre Sainteté, en La priant de daigner l'agréer, l'hommage de leurs sentiments de profond et filial respect.

Signé : BOISFLEURY, LÉON DAUDET, G. LARPENT, PAUL ROBAIN, A. SCHWERRER, M. DE ROUX, avocat, BERNARD DE VESINS.

Nous n'ajouterons qu'un mot. Le communiqué de l'archevêché de Bordeaux regrette « que l'inexactitude au sujet de la citation : "Défense à Dieu..." ait été commise, puisqu'elle ôte à l'Action française tout espoir d'exécuter sa généreuse promesse en faveur d'un asile de Bordeaux où l'on aurait pu d'abord mettre en traitement et d'urgence les incurables de son groupe ».

Nous ne demandons qu'à contribuer à la fondation d'un asile à Bordeaux, où, en effet, nombre d'incurables pourraient prétendre à une place, « d'abord et d'urgence ». C'est pourquoi nous offrons à nouveau

CENT MILLE FRANCS

et, cette fois, à toute personne qui citera le ou les passages de l'Action française où nous avons « osé réclamer le rétablissement de l'esclavage ».

P.-S. — *L'Osservatore Romano* publie des accusations de l'épiscopat portugais contre l'Action française. Ces accusations, fondées sur les « inexactitudes » commises par le cardinal Andrieu, tombent sous le coup des réponses qu'on a lues plus haut.

Notre plainte

Le 11 mai 1927, l'A. F. publiait l'article suivant :

Le 3 mai, nous avons publié le texte de la plainte qui avait été adressée le 16 avril à S. S. Pie XI par les dirigeants catholiques de l'Action française contre le cardinal Andrieu.

Le lendemain de la publication, l'original de cette pièce qui avait été reçue par le Vatican, était rendu à l'Action française... Les signataires de la plainte ont alors adressé à S. Exc. Mgr Maglione[139], nonce apostolique, la lettre suivante :

> Monseigneur,
>
> Nous avons l'honneur de remettre ci-joint à Votre Excellence, tel que l'un de nous l'a reçu le mercredi 4 mai, à 17 heures, des mains d'un religieux, sans explication, même sans enveloppe, l'original de la plainte que nous avions adressée le 16 avril à Son Éminence le cardinal Secrétaire d'État, en le priant de la soumettre au Saint-Père.
>
> Dans l'ignorance des motifs de ce retour insolite et inattendu, et étant donné que le texte de la plainte avait dans l'intervalle été rendu public, nous ne croyons pas avoir le droit de conserver un original qui appartient au Saint-Siège.
>
> Aussi croyons-nous devoir demander à Votre Excellence, en notre nom et au nom de Messieurs l'amiral Schwerer, Paul Robain et Marie de Roux, absents de Paris, de vouloir bien faire parvenir le document à celui des services du Vatican qu'il intéresse.
>
> Daigne, Votre Excellence, agréer les assurances de notre plus profond respect.
>
> Léon Daudet, Robert de Boisfleury, colonel Larpent, comte Bernard de Vesins.

Le document qui nous a été remis portait l'annotation datée du 21 avril.

L'annotation du 4 mai a été ajoutée par celui d'entre nous qui venait de recevoir ce document.

---

[139] Alors nonce apostolique en France. (n.d.é.)

Hier, les Comités directeurs de l'Action française recevaient la lettre suivante :

Nonciature apostolique de France

Paris, le 9 mai 1927.
No 734

Le Nonce apostolique a reçu ce lundi 9 mai le document ci-joint. Ne pouvant le transmettre, selon la demande exprimée par MM. Daudet, de Boisfleury et de Vesins dans leur lettre datée du 6 mai, il le leur renvoie avec l'expression de sa considération distinguée.

AU COMITÉ DIRECTEUR DE L'ACTION FRANÇAISE.

Aucune signature.

Nulle mention du colonel Larpent qui avait pourtant signé avec Daudet, Boisfleury et B. de Vesins la lettre du 6 mai à S. É. le Nonce apostolique.

Nous continuons à tenir à la disposition de Son Excellence le Nonce ce document qui appartient au Vatican, qu'Elle représente chez nous.

La plainte qui par deux fois est renvoyée sans être examinée se meut pourtant dans un domaine où les arrêts, faillibles, sont aussi révisables.

Son Éminence le cardinal Andrieu a dû reconnaître déjà qu'Elle ne pouvait plus conserver la garantie d'une autorité respectable à la fausse citation de Maurras : « Défense à Dieu d'entrer dans nos observatoires ».

S. É. Mgr Andrieu ne pourra manquer de s'apercevoir avant peu que Son reproche adressé aux dirigeants de L'Action française d'avoir « osé réclamer le rétablissement de l'esclavage » participe de la même faiblesse humaine, des mêmes puissances d'erreur.

D'autres effondrements suivront et, sans doute, d'autres aveux.

Il eût appartenu au cardinal Secrétaire d'État de faciliter le retour de Son Éminence le Cardinal de Bordeaux dans la voie des vérités de fait trop évidemment méconnues : nul esprit clair, nulle âme droite ne parvient à comprendre que S. É. le cardinal Gasparri s'y refuse ainsi.

Dans ces conditions, nous nous devons et nous devons à la conscience française de demander, avec tout le respect exigible en telle matière s'il est possible, et par quel moyen, sous le ministère de S. É. le cardinal Gasparri, d'obtenir justice à Rome contre un personnage puissant tel que S. É. le cardinal Andrieu.

Robert de Boisfleury.

Notre plainte — suite

Le 23 mai, l'A. F. publiait un nouvel article de R. de Boisfleury :

Les dirigeants catholiques de l'Action française ont adressé, le 16 avril, à Sa Sainteté Pie XI, contre S. É. le cardinal Andrieu, une plainte dont le texte a été publié dans nos colonnes le 3 mai dernier.

Le Saint Père a-t-Il pris connaissance de cette plainte ? Le fait est que, le Vatican nous ayant fait rendre l'original, sans explication, même sans enveloppe, Son Excellence Mgr Maglione, aussitôt prié par nous de rendre le document à celui des services romains qu'il intéresse, a répondu le 9 mai au Comité directeur de l'Action française « qu'il ne pouvait le transmettre ».

« Dans ces conditions, écrivions-nous ici le 11 mai, nous nous devons et nous devons à la conscience française de demander, avec tout le respect exigible en telle matière, s'il est possible, et par quel moyen, sous le ministère de S. É. le cardinal Gasparri, d'obtenir justice à Rome contre un personnage puissant tel que S. É. le cardinal Andrieu. »

Quinze jours se sont écoulés. Aucune réponse n'a été faite à la question ainsi posée par des catholiques outragés dans leur foi et dans leur honneur. Mais d'autres personnages, peut-être encouragés par ce silence, ont encore accentué la persécution qu'ils dirigeaient contre les meilleurs fils de l'Église ; ils n'ont pas craint de l'appliquer à ces jeunes catholiques français qui, dans l'oubli des querelles qui nous sont faites, ont voulu, de toute l'ardeur de leurs convictions, célébrer comme chaque année la Sainte de la Patrie.

Et plus bas, beaucoup plus bas, un Francisque Gay lance contre nous un nouveau ramas de diatribes fielleuses et mensongères. Un certain nombre de « professeurs », de « théologiens », prétend-il, ont collaboré à son libelle. Pas un n'a donné son nom, tant il est vrai que, dès aujourd'hui, entre ceux qui n'avaient pas craint d'emboîter le pas aux calomniateurs, chacun commence à se demander s'il n'est pas allé trop loin.

En persuadant le Saint Père qu'il n'y avait pas lieu pour Lui d'examiner notre plainte respectueuse, la Chancellerie du Vatican nous a contraints à poser devant le monde entier la douloureuse question que l'on a vue : *Est-il possible, et par quel moyen,* sous le ministère de S. É. le cardinal Gasparri, *d'obtenir justice de Rome ?*

La Secrétairerie d'État entend-elle à tout prix couvrir les personnages puissants, tels que le cardinal Andrieu et les autres, qui s'évertuent si vainement contre la jeunesse catholique de ce pays, mais sous la protection de qui les Francisque Gay se permettent tous les mensonges ?

Ou bien le Vatican voudrait-il, en nous déniant sa justice, nous faire oublier nos devoirs et nous amener à déférer devant les tribunaux civils — non seulement Francisque Gay, selon notre droit, mais les hautes autorités ecclésiastiques elles-mêmes qui nous diffament ? Nous hésitons à le penser. « Malheur, est-il dit, à ceux par qui le scandale arrive ! » Mais quelles responsabilités ont été prises par ceux qui sur les points de fait dont ils ont charge de rendre compte, en sont venus à tromper le Père commun de tous.

Robert de Boisfleury.

Déclaration de la Fédération nationale des étudiants, lycéens et collégiens d'Action française

1927

Fédération nationale des étudiants, lycéens et collégiens d'Action française[140]

À Charles Maurras.

Paris, 17 janvier 1927.

Cher Maître,

Si, dans notre peuple, il est une classe qui vous doit, avant les autres, son témoignage, c'est bien celle des étudiants français. C'est à travers eux que votre pensée, depuis vingt-cinq ans, a fait son magnifique chemin. C'est à cause d'eux surtout que l'on veut vous frapper aujourd'hui.

Chaque année, vous nous avez rassemblés plus nombreux, venus des origines les plus différentes ; beaucoup fils de vieilles familles catholiques, mais beaucoup aussi enfants du siècle, qui n'avaient trouvé dans leur berceau que l'indifférence pour la religion ou même l'hostilité. Aujourd'hui, si nous constituons une forte proportion dans les Universités catholiques, nous peuplons les Universités de l'État, beaucoup plus nombreuses. On y compte, d'ailleurs, maintenant pas mal de croyants, et, chez presque tous les étudiants, un égal respect de la religion.

Cela, nos pères ont peine à le croire. Ils nous disent que, de leur temps, dans les lycées et les facultés, l'étudiant catholique était, sinon introuvable, du moins réduit à cacher sa foi devant le scepticisme ironique et même agressif de ses maîtres et de ses camarades. Comment la situation a-t-elle changé à ce point ? Nous n'hésitons pas à le dire, c'est en grande partie grâce à ceux qui, depuis cette époque, ont été les maîtres de notre jeunesse, grâce à vous, Charles Maurras, et à l'Action française.

On demande aujourd'hui à ceux d'entre nous qui sont catholiques, de tourner le dos à la route où leur foi n'a trouvé que l'encouragement, l'exaltation ou le respect. On leur demande de renoncer à ces méthodes de pensée, à ces vérités d'ordre expérimental dont leur esprit vivace avait besoin

---

[140] Ce texte est paru dans *L'Action française*, repris dans le recueil de 1927 intitulé *L'Action française et le Vatican*, chapitre VIII. (n.d.é.)

et qui se sont toujours harmonisées avec les vérités surnaturelles. On leur demande de fermer les yeux à l'Histoire et à l'observation et de renier les conclusions d'une culture qui, n'ayant fait que développer les énergies et les traditions de leur nature, exprime leur âme d'hommes et de Français. On leur demande de ne plus penser en français.

N'est-ce pas l'impossible ? Et votre *non possumus* ne s'impose-t-il pas à eux sous peine de suicide et de mort ?

Oui, les étudiants catholiques d'A. F. sont unanimes à dire que la parole de Rome a droit à leur foi ardente et à leur obéissance sans réserve dans le domaine surnaturel, où le Pape a des lumières supérieures. De cette soumission absolue en tout ce qui est religieux, ils ont tenu, dès les premiers jours de cette crise, à donner au Saint Père l'assurance publique. Mais sur les choses qui sont sous leurs yeux, sur le sens des enseignements politiques qu'ils ont reçus de l'Action française, sur les textes mêmes qu'ils ont lus, qui leur sont familiers, et que l'on a essayé de fausser, sur les faits enfin dont ils ont été témoins et que l'on a voulu dénaturer, comment pourraient-ils se soumettre en déclarant que ce qu'ils ont vu blanc est noir ?

Le déclareraient-ils qu'ils ne pourraient pas le penser et il n'y a pas d'obéissance sans adhésion de la pensée. Ceux qui voudraient obéir de cette manière se mentiraient à eux-mêmes ; ils enfermeraient dans leur conscience, ils incorporeraient à leur foi religieuse ce qu'ils savent être l'erreur, l'erreur matérielle, l'erreur de fait, c'est-à-dire un élément de nature à empoisonner cette foi et à la dissoudre. En vérité, pour éviter un pareil danger, ne vaut-il pas mieux faire avec l'Action française les distinctions nécessaires ?

Vouloir que nous violions la droiture de notre pensée, ce ne serait pas seulement faire à nos âmes, réduites au seul refuge du quiétisme, un mal moral irréparable ; ce serait aussi frapper à jamais d'incapacité notre intelligence. Nous avions rompu joyeusement avec le préjugé de nos pères que la religion s'oppose à la raison, nous avions rappris à votre école que le catholicisme est un élément capital de notre civilisation et de notre culture. Va-t-on, de nouveau, nous imposer le divorce ? Va-t-on nous rendre à l'inquiétude, au doute, à l'impuissance ? Va-t-on, avec notre génération intellectuelle, saboter l'élite de la nation ?

La nation : il n'est pas vrai que vous nous l'ayez proposée comme une idole ; il est vrai seulement que vous nous avez fait prendre conscience de toutes nos raisons de l'aimer et de la servir, ce qui nous a permis de mieux nous élever vers toutes les généreuses et saintes causes de l'humanité et de Dieu. Si nous oublions ces raisons, si, ce qui reviendrait au même, nous tournions le dos à l'enseignement et aux maîtres qui nous les ont rendues, ce n'est pas nous seulement qui dépéririons, nous aurions le sentiment d'abandonner à la même déchéance et de condamner à mort notre nation.

L'histoire des vingt dernières années de notre pays est remplie des combats victorieux où l'Action française, se portant sur tous les points attaqués par un régime destructeur, a arrêté net, et a finalement découragé ses entreprises de démoralisation, et non pas seulement sur le terrain national, mais sur le terrain religieux. Grâce à ces luttes, on ne peut plus aujourd'hui en France insulter publiquement Jeanne d'Arc. On ne peut plus violer les églises. On ne peut plus crocheter la porte des couvents. Mais supprimez par la pensée le rôle de l'Action française pendant cette période, et supposez le hideux sectarisme anticlérical suivant sa pente sans cet obstacle : vous aurez l'image d'une France qui serait tombée aujourd'hui à l'état où nous voyons le Mexique.

La France a le droit de vivre ; elle a le droit de défendre sa santé morale, sa sécurité, son existence même. Personne ne peut lui imposer de bander ses yeux ou de se lier un bras.

Nous, jeunes Français de 1927, nous avons le droit de défendre notre vie et notre avenir. Prêts à faire tous les sacrifices qui nous seront clairement proposés comme nécessaires au salut commun, nous refusons d'être les victimes lamentables des catastrophes sanglantes qu'amènera le régime du chaos démocratique et des chimères pacifistes, alors que l'ordre et la prévision auraient pu les empêcher. Nous ne voulons pas recommencer la douloureuse histoire de nos aînés d'il y a douze ans. Dix secrétaires généraux ou secrétaires adjoints de notre Fédération et plusieurs milliers d'étudiants d'A. F. tombés au champ d'honneur nous interdisent de l'oublier. Contre la nouvelle hécatombe, l'Action française est notre protectrice, notre seul bouclier : on ne nous l'arrachera pas !

C'est pourquoi, cher Maître, à vous, à Léon Daudet, à notre président Maurice Pujo, à tous nos chefs de l'Action française, qui sur les routes claires de l'intelligence, de l'honnêteté et de l'honneur, nous conduisez vers le salut de notre patrie, nous adressons l'assurance plus ardente que jamais de notre fidélité et de notre dévouement enthousiaste.

Ont signé :

GEORGES CALZANT, secrétaire général de la Fédération nationale des étudiants d'A. F.
CLAUDE JEANTET, secrétaire adjoint.
Tous les membres du comité du groupe des étudiants d'A. F. de Paris : ROUSSEAU, R. FREDDET, JACQUES BONNEVAY, GABRIEL JEANTET, délégué général des lycéens et collégiens d'A. F., LUC VAN DER ELST, F. DURAUD, HENRI GALLOT, PIERRE TREZENAS DU MONTCEL, JEAN DE FABRÈGUES.

Et, pour les rédacteurs de L'Étudiant français, outre CLAUDE JEANTET et JEAN DE FABRÈGUES, HENRI LUZUY.

Les divers groupements d'A. F. et les sections de Paris et de province envoyèrent ensuite des déclarations d'inaltérable dévouement. Ces adresses furent successivement publiées dans le journal.

La Fidélité française
Déclaration des comités directeurs d'A. F.

14 janvier 1927

La Fidélité française
Déclaration des comités directeurs d'A. F. 1

Le 14 janvier 1927, L'Action française ouvrit la rubrique « La Fidélité française », par la déclaration suivante :

Devant les événements qui ont semblé ouvrir un douloureux conflit dans l'âme de nos amis catholiques, nous avons dit et nous tenons à redire que nous ne sommes pas des directeurs de conscience : mettant chacun en présence de ses devoirs de catholique et de ses devoirs de Français, nous l'avons laissé libre de sa conduite.

Pour nous, nous sommes résolus à ne trahir ni l'un ni l'autre de ces devoirs ; nous restons persuadés que nous avons le droit de les concilier et que nous devons donc poursuivre le salut de la patrie plus que jamais menacée, au sein de l'Action française qui, seule, peut l'assurer. Nous n'avons forcé personne à venir avec nous, mais nous devons empêcher que nos sentiments soient ignorés ou travestis.

Donc, pour autant qu'il en est besoin, nous mettons de nouveau nos amis en garde contre les faux bruits que font courir des adversaires qui prennent leurs désirs pour les réalités. Il n'y a pas le moindre désaccord au sein des comités directeurs de l'Action française. Il n'est nullement question de modifier la direction ni le titre du journal, qui reste un journal politique comme il l'a toujours été. Nous n'avons jamais eu l'intention d'aiguiller nos amis catholiques sur un journal nouveau qui conserverait nos principes et nos méthodes mais que sa nouveauté mettrait à l'abri des censures. Ce sont là des expédients qui, outre qu'ils seraient sans doute inopérants, feraient courir des dangers certains à notre œuvre de salut public, qui y perdrait à la fois la cohésion, l'indépendance, l'autorité et l'honneur.

L'Action française continue, telle qu'elle a été organisée depuis sa fondation. Quelque fierté que nous attachions à ses magnifiques progrès, il y a pour nous quelque chose de plus précieux encore. Ce sont les causes mêmes de ces progrès, à savoir les principes et les conditions de notre action politique. Nous avons le devoir de ne pas les sacrifier ni même de les laisser compromettre sous prétexte de garder à nous nos cinquante mille ligueurs, l'admirable jeunesse française qui nous suit, les quarante-cinq mille abonnés et les quelque deux cent mille lecteurs de notre journal qui, sans ces principes et ces conditions, n'auraient jamais été réunis.

Mais, de tous les points de la France, nos amis, les plus anciens comme les plus récents, ne veulent pas davantage laisser ignorer leurs sentiments. Les lettres individuelles ou collectives nous ont apporté par monceaux ces témoignages d'une armée solide que vingt-cinq ans de notre action politique, à travers mille épreuves, ont rassemblée et aguerrie pour défendre notre pays.

Nous publions aujourd'hui quelques-uns de ces témoignages.

Les membres des Comités directeurs de l'Action française présents à Paris :

Léon Daudet, Charles Maurras, Bernard de Vesins, Amiral Schwerrer, Jacques Bainville, Lucien Moreau, Robert de Boisfleury, Paul Robain, Georges Larpent, Maurice Pujo.

Marie de Roux a donné, peu après, son adhésion à cette déclaration.

Lettre du Président de la Ligue

Bernard de Vesins 14 janvier 1927

Lettre de Bernard de Vesins, président de la Ligue[141]

Paris, le 14 janvier 1927.

Mon cher ami,

Quoique l'on insinue le contraire, je reste au Comité directeur de l'Action française, je suis président de la Ligue et je le resterai.

Faut-il redire pourquoi ? En tant que cela peut être nécessaire, je le redirai. Vous savez que je n'ai jamais partagé vos idées ni en philosophie, ni en morale, ni même en sociologie ; à plus forte raison je n'étais pas avec vous sur les questions de théologie ou de métaphysique. Notre accord s'est fait uniquement sur un programme exclusivement politique que je résumais à notre Congrès de novembre 1926 de la façon suivante :

> ... Le rétablissement de la Monarchie traditionnelle, héréditaire, antiparlementaire et décentralisée est pour la France une question de salut public.
>
> Nécessité d'un organe de l'intérêt général, organe permanent donc héréditaire ; responsable par sa permanence même, lié par sa nature avec l'intérêt français, donc traditionnel ; capable de le défendre contre les appétits et les compétitions des partis, donc antiparlementaire ; et apte à dégager les provinces françaises dont chacune a sa physionomie, son tempérament propre, de la tyrannie étatiste que le règne électoral ne peut que fortifier, donc décentralisé.
>
> ... Quand se présente une question où l'Église catholique est intéressée, le premier devoir est de s'enquérir de ce que l'Église pense d'elle-même et de tenir cette pensée pour une règle que l'État doit respecter.

Quelque fragile qu'ait pu paraître à des esprits éminents un accord conclu sur une base qui semble si étroite, cet accord a duré vingt-cinq ans, dure et

---

[141] Ce texte est paru dans *L Action française*, repris dans le recueil de 1927 intitulé *L Action française et le Vatican*, chapitre VIII. (n.d.é.)

durera jusqu'à ce que notre politique ait atteint son but qui est la restauration de la monarchie française.

Je suis du reste bien à l'aise pour déclarer à nouveau comme je l'ai déjà fait les 9 et 16 septembre, que je crois tout ce qu'enseigne l'Église catholique ; que jamais je n'ai mis la religion au service de la politique, ni affranchi la politique des lois de la morale, que je n'ai jamais pensé à mettre en doute la réalité des dangers signalés par la lettre du Souverain Pontife en date du 5 septembre 1926 ; que, pour rendre ces dangers éloignés suivant les règles de la prudence, je n'ai rien épargné et que je continuerai à ne rien épargner, selon le devoir qui m'incombe. Sur les points où « il n'est pas toujours possible de donner une réponse absolue, définitive et universelle », je reste résolu à suivre et à faire suivre les règles de la prudence. Cela ne va pas, dans les circonstances présentes, sans une profonde douleur, dont les articles des 15 et 24 décembre ont donné l'écho poignant et nullement révolté — on peut m'en croire sur ce point.

Alors, sur le terrain de notre accord rappelé plus haut, où la juste liberté nous est reconnue, notre collaboration politique continuera comme elle a été depuis près d'un quart de siècle avec les groupements accrus de la Ligue que je préside. Sur les points où nos amis ne sont pas d'accord, vous savez que le seul moyen de voir naître cet accord est de ceux qui n'appartiennent pas à la puissance des hommes. Puisse Dieu bénir nos demandes sur ce point et aussi nos efforts sur le terrain de la politique. Ce terrain est moins élevé que d'autres où je ne reste pas inactif, mais le succès contre le gouvernement maçonnique, dit républicain, rendrait à l'Église catholique la liberté au lieu de l'oppression.

Veuillez agréer, mon cher ami, l'expression de mes sentiments les meilleurs.

Lettre de Monseigneur le duc de Guise

1927

Article paru dans L'Action française *du 12 janvier 1927.*[142]

À L'occasion du nouvel an, Charles Maurras, au nom des Comités directeurs de l'Action française, avait adressé à Monseigneur le duc de Guise la lettre suivante :

1er janvier 1926

> Monseigneur,
> À la fin de l'année qui a vu l'immense deuil[143] autour duquel le Prince a su rallier les espoirs, les conseils directeurs de l'Action française me chargent d'exprimer à Monseigneur les vœux reconnaissants qu'ils forment de tout cœur au seuil de l'année nouvelle.
> Ils ne peuvent pas oublier quels soucis, quelles profondes inquiétudes patriotiques se mêlent sans trêve dans la pensée du Prince aux amertumes de son cruel exil. Puissent ces tristesses recevoir, dès aujourd'hui, quelque adoucissement du progrès évident de l'idée monarchique dans le pays ! La France sent de mieux en mieux que la monarchie seule lui ramènera l'ordre et la sécurité, la prospérité et la paix ; que la monarchie seule accordera une juste satisfaction à ces aspirations confuses, à ces désirs mal définis et plus mal contentés qui animent, mais qui agitent et qui dévorent le cœur de ce grand peuple. Après avoir cherché le bien public très loin, on finit par le découvrir où il est : dans la réunion des familles du Pays à sa dynastie fondatrice.
> Monseigneur,
> Nos espoirs sont en rapport avec bien des événements dont le cours se précipite. Que Monseigneur, Madame, le Prince Henri, que toute la Famille royale daignent donc agréer nos vœux, tels qu'ils

---

[142] Les titres I et II du présent article forment la première partie du chapitre huitième de *L'Action française et le Vatican*, recueil de 1927. Nous reproduisons le texte d'après le journal, en signalant en note les écarts avec le recueil, où l'on trouve le court préambule suivant, lequel remplace tout ce qui, dans notre texte, prend place avant la lettre du duc de Guise :

Le 12 janvier, *L'Action française* publiait la lettre que Monseigneur le duc de Guise adressait en réponse aux vœux qui lui avaient été exprimés à l'occasion de la nouvelle année :

Les notes sont imputables aux éditeurs.

[143] Philippe d'Orléans, « Philippe VIII » était mort le 28 mars 1926.

sortent des cœurs français ! Que le Prince et tous les Siens, qu'Il a réunis autour de Lui, daignent accueillir sur la terre lointaine[144] un peu de la respectueuse et profonde affection que Ses fidèles élèvent vers le Chef de la grande famille française, vers Celui dont la place est encore vide, hélas ! au foyer de la patrie.

C'est dans ces sentiments qu'au nom de mes collègues et au mien j'adresse au Prince cet hommage et que j'ai l'honneur de me dire, avec le plus profond respect,

de Monseigneur,

le très humble, très fidèle et très dévoué serviteur.

Charles Maurras.

Monseigneur le duc de Guise a daigné faire parvenir à Charles Maurras la réponse qui suit :

Du Maroc, le 8 janvier 1927.

Mon cher Maurras,

Je vous remercie des vœux que vous m'avez adressés. Pour moi et pour les miens, en votre nom et au nom des comités directeurs de l'A. F. je vous exprime ici les souhaits d'heureuse année que nous formons pour, vous et pour vos amis.

Dans l'incessante et violente lutte des partis — sans doute inhérente au régime, mais que je déplore l'A. F. agit en toute liberté, sous sa seule responsabilité. Je prends bien part, néanmoins, à la terrible épreuve qu'elle traverse en ce moment, et dont tant de bons catholiques sont très attristés.

Mais j'ai foi dans un apaisement prochain. Les royalistes, fidèles à leur doctrine traditionnelle, resteront, quoi qu'il arrive, très respectueux de la Religion et de l'Église, tout en gardant en politique, d'où dépend la vie même de la nation, la légitime indépendance qu'en cette matière la Monarchie française eut toujours soin de conserver.

Il appartient aux Français d'assurer la sécurité de leurs foyers et de leurs frontières.

J'ai, de plus, la ferme espérance qu'il sera tenu compte des services

---

[144] La loi d'exil interdisait le séjour en France du prétendant.

que vous avez vous-même rendus à la France, et aussi à l'Église, ainsi que l'écrivait tout dernièrement encore un éminent prélat.

Croyez toujours, mon cher Maurras, à mes sentiments affectionnés.

Jean.

I La lettre de Monseigneur le duc de Guise[145]

Bien qu'elle ait été écrite à la veille des dernières nouvelles romaines, la lettre de Monseigneur le duc de Guise affirme une fois de plus les principes directeurs de la politique religieuse française depuis les temps les plus reculés de la monarchie : respect traditionnel de la Religion, de l'Église, légitime indépendance de la politique nationale, c'est-à-dire de la défense des frontières et des foyers.

Grandes tâches distinctes, et qu'il faut maintenir telles ! Mais connexes et complémentaires ! Nous n'avons jamais laissé dire, même à nos spirituels confrères du *Rappel*, que la tradition de nos rois fût anticléricale. Et si profondément « romaine » qu'ait été notre conscience des bienfaits du Saint-Siège, nous n'avons jamais cru que l'obédience spirituelle du monde catholique fût comparable à un état quelconque d'asservissement ni d'oppression.

Quelque liberté que j'aie moi-même apportée et dû apporter à une défense nécessaire de vérités de fait qui, appartenant au passé, se rient des altérations et des fraudes, on ne m'a pas entendu élever la moindre protestation contre la mise à l'Index de mes livres par le Pape régnant, dans la plénitude du magistère ! Mais à proportion même de leur respect, un nombre croissant de citoyens, catholiques ou non, refuse d'admettre qu'un journal exclusivement politique, dont la politique règle les campagnes et les rubriques, soit frappé d'interdit et de prohibition par le Saint-Siège, sinon pour des motifs de politique pure, laquelle, par définition, et de l'aveu pontifical, est précisément libre de sa juridiction.

---

[145] Le texte du recueil ajoute avant ce titre : « Charles Maurras écrivait au sujet de cette lettre : »

Sortir de son terrain, pénétrer sur le terrain politique, essayer d'en chasser les Français, y patronner une politique extérieure dont les Allemands, qu'on le veuille ou non, auront seuls le profit, car Briand et Stresemann seraient ainsi débarrassés de leur principal adversaire français : la manœuvre politique vaut ce qu'elle vaut ; elle peut réussir, elle peut échouer. L'Histoire peut la juger favorable, funeste, ou simplement médiocre : c'est là une de ces nombreuses manœuvres envers lesquelles les politiques français des âges de foi, à commencer par saint Louis et à finir par Richelieu, qui, l'un et l'autre, furent d'Église, ont gardé, de tout temps, une liberté souveraine. Ils étudiaient ces manœuvres avec le profond respect qui ne nous quitte pas. Ils les jugeaient pour y adhérer ou pour les combattre, selon que le leur commandait leur devoir d'état, c'est-à-dire le soin des milliers et des milliers de pauvres familles françaises dont ils avaient la charge et la responsabilité. Avant 1914, nous avons fait ce que nous avons pu, dans l'ordre des prévisions et des précautions, pour sauver de la catastrophe des centaines de milliers de jeunes Français « couchés, froids et sanglants, sur leur terre mal défendue ».[146] Nous sommes plus puissants qu'en 1914. Nous avons, plus qu'alors, le moyen de parer au retour du malheur. Nous n'avons pas le droit d'épargner rien ni de ménager personne pour remplir ce devoir sacré.

S. É. le cardinal archevêque de Bordeaux n'a rien répondu à mes lettres, mais il s'est répandu en ironies pleines d'agrément sur notre prétention de servir le pays, de le servir au premier rang et de le sauver. Cependant, quand les temps lui semblaient difficiles et que nous le défendions efficacement contre des menaces concrètes, l'éminent auteur de ces ironies pleines de sel était si peu fâché de nous sentir auprès de lui qu'il lui échappait d'établir des comparaisons entre cette plume débile et l'acier d'une épée dans la main de nos combattants. Cette emphase était forte. Cette ironie est déplacée.

II Démocratie et monarchie

Il est facile de prévoir ce que la belle, juste et sûre affirmation de Monseigneur le duc de Guise fera dire à quelques esprits précipités : le mot de *gallicanisme* est tout prêt. On le servira chaud.

---

[146] Formule de Charles Maurras écrite avant la guerre dans *Kiel et Tanger*.

Il n'y a rien de plus impropre. Le gallicanisme représente une intrusion du temporel dans le spirituel. Il n'a rien de commun avec la juste défense du temporel envahi. Cela est si clair qu'il sera difficile d'y insister.

Tout ce qui réfléchit comprendra, au contraire, ce qu'il y a de modérateur et de pondérateur dans une intervention de ce haut caractère. Bainville a fait observer plusieurs fois combien les démocraties, moins bien organisées pour faire la guerre et pour maintenir la paix, sont plus portées que la monarchie à l'effervescence guerrière, et plus capables de céder à toutes les impulsions d'un égoïsme national sans terme et sans frein. La même remarque se vérifie dans l'ordre des rapports moraux et religieux : à cet égard comme à tous les autres égards, le sentiment d'une foule débridée reconnaît difficilement les limites de la justice et de la raison. Qui dit monarchie dit progrès de la conscience, accroissement de la réflexion, accès de la juste mesure dans le règlement de ces questions hautes et délicates où, la liberté des âmes demeurant sauve, il reste néanmoins que les sentiments les plus nobles des plus dignes personnes morales sont engagés. Si la politique monarchique pouvait être résumée dans une devise, elle tiendrait dans les trois termes de patience, de modération et de fermeté.[147]

III Un casier judiciaire

Les radicaux de la Chambre se sont ouvertement moqués du texte des discours du 1er janvier à l'Élysée, dont les a régalés le professeur Pinard.

---

[147] Ce paragraphe est le dernier de l'article du journal à figurer dans *L'Action française et le Vatican*, qui ajoute :

> TÉLÉGRAMME DE MONSEIGNEUR LE DUC DE GUISE
> La lettre reproduite ci-dessus avait été écrite par Monseigneur le duc de Guise avant que la nouvelle de la condamnation fût parvenue au Maroc. Aussitôt qu'il en eut connaissance, le prince expédia le télégramme suivant :
> *Messieurs Charles Maurras et Léon Daudet,*
> *à l'Action française, 14, rue de Rome, Paris,*
> *Du Maroc, le 15 janvier 1927.*
> *Profondément affecté par la décision qui vous frappe tous deux avec le journal, connaissant votre respect de la religion et votre patriotique dévouement aux intérêts nationaux, je vous assure de toute ma sympathie.*
> Jean.

Opposons texte à texte, régalons nos lecteurs en leur citant ce qu'il est permis d'appeler le casier judiciaire (politique) d'Aristide Briand :

> Voici la circulaire que le ministre de l'Instruction publique, des Beaux-Arts et des Cultes, vient d'adresser aux préfets : Paris 17 avril 1906. L'article 41 de la loi du 9 décembre 1905 concernant la séparation des Églises et de l'État, porte que les sommes rendues disponibles chaque année par la suppression du budget des cultes seront réparties entre les communes.
> Cette disposition s'inspire d'une double préoccupation. Le législateur a voulu d'abord que la séparation des Églises et de l'État qui est destinée à achever l'œuvre de laïcisation entreprise par la République et à assurer le régime définitif de la liberté de conscience apparût comme une réforme purement morale et qu'elle ne pût passer en aucune manière pour une opération financière combinée en vue de procurer un bénéfice matériel à l'État.

Notons qu'on avait eu le temps de remplir un certain nombre de poches augustes : l'opération financière ne se fit pas en 1906 parce qu'elle était faite depuis 1902.

Autre texte qui se rapporte à la campagne électorale de Briand dans la Loire, en 1906, après le vote de la loi de séparation, et avant que le pape Pie X eût condamné les associations cultuelles :

> (Extrait de la Tribune républicaine du mari 25 avril 1906.) — Réunion du 24 au soir, à l'école de la rue des Chappes d'abord, à 9 h 15, à la Bourse du travail ensuite.
> L'œuvre démocratique ! — Briand rappelle l'œuvre démocratique des sept dernières années... défense républicaine avec Waldeck-Rousseau et d'Action républicaine avec Combes.
> — C'est dans cette dernière période, dit Briand, que je vous ai représentés, et ce n'est pas sans fierté que je peux dire que j'ai travaillé de toutes mes forces à la grande œuvre de laïcité dont la République a le droit de s'enorgueillir (appl. répétés).
> Briand montre la tâche accomplie par le ministère Combes :
> Il fallait appliquer la loi de 1901 sur les associations. Il fallait dissoudre les congrégations constituées en dehors des lois et contre les

lois. Ce fut la première partie de la besogne. Elle n'alla pas sans secousses. Et on eut ce spectacle curieux de voir tous les hypocrites partisans de l'ordre glorifier l'émeute et traîner dans la boue le petit père Combes.

La laïcisation de l'enseignement. — Puis ce fut la dissolution des congrégations. Ce fut une grande œuvre.

Certains peuvent la juger avec scepticisme, mais c'est un langage auquel la classe ouvrière doit rester sourde. Les travailleurs n'ont pas seulement des entrailles ; ils ont un cerveau qui pense et qui doit penser librement.

C'est en affranchissant le peuple de l'oppression qui pèse sur les esprits qu'on donnera à la classe ouvrière toute la force qui lui est nécessaire pour conquérir la place qu'elle doit avoir dans le monde... (appl.)

L'orateur dit que les écoles cléricales ainsi supprimées ont essayé de se reconstituer sous la forme d'écoles libres. Mais il n'est pas téméraire de prévoir que cette tentative sera vaine. Elle sera abandonnée, l'effort étant disproportionné au résultat.

Et bientôt, dit Briand, la République sera maîtresse de l'enseignement. Elle dressera la morale laïque, la morale civique en face de l'enseignement et la morale confessionnels, elle fera des hommes libres pour une grande République (appl. répétés)...

Briand rappelle que lors du vote de l'article 4, il fut comblé d'éloges compromettants. La réaction espérait encore entasser les obstacles qui feraient échec à la loi. Aujourd'hui, l'attitude des cléricaux change. Quant au pape, il n'a pas encore parlé. Il attend l'inspiration non plus du Saint-Esprit, mais du collège électoral. Selon le verdict qu'il rendra, on acceptera ou on repoussera la séparation.

Le fait est que le pape ne s'inclina pas. Pie X excommunia Briand. Briand s'est vengé. Mais patience !

IV Les réponses à notre appel

L'éternelle abondance des matières nous oblige à reculer encore le compte-rendu détaillé de la souscription. Mais la vérité m'oblige à confesser que mon courrier personnel d'hier contenait un peu plus de 22 000 francs.

Un témoin des premiers jours

Comtesse de Courville 10 février 1927

Un témoin des premiers jours[148]

Paris, ce 10 février 1927.

Mon cher Maurras,

Vous savez quels deuils et quelles tristesses m'ont tenu éloignée, depuis bien des années, du mouvement extérieur de l'A. F. Cependant, il m'est impossible, en ce moment, de ne pas vous apporter mon témoignage. Je suis, en effet, un témoin des premiers jours : j'ai eu le grand honneur de contribuer à la fondation de notre Institut et j'ai toujours la joie d'instruire de votre doctrine politique notre groupe de jeunes filles ; je participe donc, dans ma modeste sphère, à l'enseignement de l'Action française (enseignement incriminé à l'heure actuelle), et l'on ne peut me faire dire que j'ai enseigné ce que je n'ai pas enseigné.

La condamnation de l'Action française porte sur trois points principaux : on l'accuse par son « politique d'abord » de mettre la politique au-dessus de la religion ; on prétend qu'en admettant « tous les moyens », elle préconise les moyens illégitimes, et enfin on déclare qu'elle a voulu se servir de l'Église pour une fin politique.

On a répondu clairement déjà à ces trois calomnies. Pour le « politique d'abord », tout homme honnête sait fort bien que cette formule signifie simplement la place naturelle du moyen avant le but et que vous, incroyant, vous avez toujours reconnu la prééminence de la religion sur la politique ; mais je me souviens très nettement, à ce propos, que, lorsqu'à la fondation de l'Institut, on vous proposa d'y faire enseigner la doctrine de l'Église, contre la doctrine révolutionnaire et d'y faire exposer ce qui, dans la politique, se rapporte à la religion, vous avez répondu avec une force que je ne puis oublier :

« Oui, la politique religieuse, ce sera *la première chaire* », marquant bien que ce qui touchait à la religion était au-dessus de tout le reste, ajoutant d'ailleurs que le titulaire serait toujours un théologien et un prêtre... Et, quand on proposa pour cette première chaire le nom de chaire Pie IX ou de chaire Veuillot, vous avez tout de suite répondu : « Pourquoi pas chaire du

---

[148] Ce texte est paru dans *L'Action française*, repris dans le recueil de 1927 intitulé *L'Action française et le Vatican*, chapitre VIII. (n.d.é.)

Syllabus ? » parce que vous vouliez montrer que c'est à Rome que nous devions chercher tout enseignement religieux.

Pour le « par tous les moyens », dès les premières controverses d'A. F., Léon de Montesquiou écrivit un article excellent pour expliquer, comme cela a été fait cent fois depuis, que cette formule comprenait les « moyens illégaux » mais non les « moyens illégitimes ».

Enfin, quant à « se servir de l'Église pour une fin politique », c'est le contraire de l'Action française qui a toujours voulu non pas se servir de l'Église, mais la servir ; vous-même, vous avez toujours été le défenseur de l'extérieur, vous n'entriez pas dans l'Église, vous restiez « sous le porche », et c'est de ce poste que vous faisiez la guerre aux ennemis du dehors... malgré les coups que l'on vous envoyait souvent du dedans.

C'est parce qu'il vous trouvait « un beau défenseur de la foi » que Pie X vous a préservé des censures de l'Index. Et ce que nous ne pouvons admettre, nous qui avons de la mémoire, c'est que l'on cherche à faire croire que Pie XI, dans son hostilité contre l'Action française, ne fit que continuer Pie X.

Là encore, je suis un vieux témoin : vous souvenez-vous que, dès les premières années du Pontificat de Pie X, notre ami, le Père de Pascal, alla à Rome et mit le nouveau pape au courant de notre mouvement ? Pie X s'y intéressa tellement que ce furent les prélats de son entourage immédiat qui cherchèrent le correspondant romain du journal qui se fondait alors... C'est à moi que furent adressées les impressions de voyage du Père de Pascal et elles témoignaient d'une telle sympathie de la part de Pie X qu'il nous parut nécessaire d'en informer Monseigneur le duc d'Orléans et que je copiai moi-même, pour le Prince, toutes les lettres du Père de Pascal, dont l'écriture était assez difficile à lire. Ceci ne peut ni se nier ni s'oublier.

Puisqu'on vous a aussi accusé de donner un enseignement social antichrétien, il faut encore que je rappelle que le maître du mouvement social-chrétien, le marquis de La Tour du Pin (dont le nom d'ailleurs fut donné à la deuxième chaire de l'Institut), n'a pas cessé, jusqu'à la fin de sa vie, dans cette correspondance admirable que je garde pieusement, de me charger pour vous, en toutes circonstances, de ses encouragements et des témoignages de son admiration. Ces souvenirs, absolument exacts, sont en contradiction formelle avec les jugements portés contre l'Action française. Il est donc clair, pour moi, que les commandements actuels sont basés sur des erreurs.

Je ne puis personnellement m'y soumettre sans accepter ces erreurs et par conséquent sans consentir, moi, témoin, à un faux témoignage. On peut m'arracher la langue, mais je le répète, on ne peut me faire dire que nous avons dit ce que nous n'avons pas dit. Est-ce que je fais un péché de désobéissance ? Je ne crois pas faire un péché. L'on m'a enseigné dans mon catéchisme (et tout mon enseignement religieux, je l'ai reçu de la Compagnie de Jésus) que le christianisme complétait la loi naturelle, mais ne la contredisait pas, et que les fautes contre la loi naturelle étaient plus graves que les fautes contre la discipline. Le faux témoignage, la calomnie et l'injustice sont donc plus graves que la désobéissance à un ordre dont la base est contraire aux témoignages de mes yeux et de mes oreilles. C'est vous dire que c'est en pleine tranquillité de conscience que je continuerai à servir l'Action française avec une ardeur renouvelée dans l'épreuve.

P.-S. — En ce qui concerne la chaire Auguste Comte qui m'a inquiétée, moi aussi, au début de l'Institut, il était bien établi que notre cher Léon de Montesquiou, qui a été depuis un de nos plus admirables convertis de l'Action française, ne prendrait dans les œuvres d'Auguste Comte que ce qui correspondait au mouvement politique et il se surveillait extrêmement sur ce point.

J'ajoute que jamais un catholique d'A. F. n'a pu avoir l'idée de vous demander une direction religieuse ! Vous l'auriez bien vite renvoyé à son curé.

Je crois *utile* de rappeler ces souvenirs. Vous ferez de ma lettre ce que vous voudrez, avec ou sans signature, comme vous le jugerez bon.

« La Politique »

18 janvier 1927

Article de Charles Maurras de janvier 1927[149] :

I Dépêche romaine à *La Croix*

Si l'on en croit la dépêche adressée de Rome à *La Croix* d'hier soir, sur les « témoignages allégués » par l'Action française, il fallait « une belle audace pour en venir à cette absurdité d'attribuer à des informations privées qui peuvent être plus ou moins exactes une autorité et une crédibilité supérieures à celles de documents officiels remontant authentiquement à l'époque des décrets qu'ils promulguent et reproduits intégralement de la première à la dernière syllabe ».[150]

Nous n'attribuons à cette dépêche d'autre autorité que celle qui s'attache à *La Croix* et à son correspondant romain ; c'est *La Croix* qui parle, et c'est son correspondant (il signe Sienne) qui fait parler le cardinal secrétaire d'État. Mais le langage attribué à S. É. le cardinal Gasparri n'est pas invraisemblable, et, comme on n'offense personne en lui disant la vérité, je n'enfreins aucune mesure de respect en assurant que « privée » ou non, l'information pèche par inexactitude essentielle.

Il suffit de revoir les textes pour le voir.

De quoi s'agit-il essentiellement ? De tourner Pie X, la mémoire de Pie X, contre l'Action française, qu'il a protégée. Quelqu'un qui lit son histoire ecclésiastique disait l'autre jour, assez drôlement : « On a exhumé le corps du pape Formose pour le juger et le condamner. On exhume Pie X pour lui faire dire le contraire de ce qu'il pensait. »

II Les témoins d'un fait avéré

---

[149] Ce texte est paru dans *L'Action française* du 18 janvier 1927. Nous le reproduisons ici d'après le recueil de 1927 *L'Action française et le Vatican*, qui ne précise pas la date exacte. *Les notes sont imputables aux éditeurs.*

[150] Il s'agit de documents contradictoires sur l'attitude de Pie X à l'égard de Maurras et de L'Action française : le Vatican prétend avoir retrouvé des documents qui démontrent que Pie X entendait condamner l'A.F., tandis que Maurras présente des témoignages qui montrent le contraire.

La pensée de Pie X sur l'Action française est établie par des textes authentiques contemporains du procès de 1914 par des textes émanant de témoins vivants prêts à déposer dans la forme, enfin de morts dont les écrits publics et privés, comme ceux du cardinal de Cabrières, subsistent et font foi. À l'appel public de la cause, d'autres témoignages analogues surgissent et qui confirment surabondamment nos premières dépositions. Ainsi Mme Émile Flourens[151], survivante de l'ancien ministre, me fait l'honneur de m'adresser spontanément cette lettre :

> Lors d'un séjour que nous fîmes à Rome, mon mari et moi, en 1909, M. Flourens eut plusieurs fois l'honneur d'être reçu par S. S. Pie X, en audience privée. Le Saint Père lui témoigna des sentiments les plus affectueux pour la France, lui fit part de ses craintes sur l'action destructive et funeste de la franc-maçonnerie et conseilla la vigilance et la lutte. Il parla, à deux reprises, de l'Action française, en loua le talent, l'activité et la vigueur. L'opinion de M. Flourens était que Pie X ne voulait pas condamner l'Action française, déjà, à cette époque, attaquée sournoisement.
>
> Alors que l'on fait perfidement croire au public que Pie X aurait condamné l'Action française, il m'a semblé nécessaire de rétablir la vérité des faits en vous transmettant le véridique témoignage de M. Flourens.
>
> Agréez, Monsieur, l'assurance de ma haute et sympathique considération.
>
> *C. Émile Flourens.*

---

[151] Émile Flourens (1841-1920), conseiller d'État, directeur des Cultes au ministère de l'Intérieur, puis ministre des Affaires étrangères de fin 1886 à début 1888. Il cherche à rompre l'isolement diplomatique de la France, pose les premières bases de la double alliance anglaise et russe, doit faire face à plusieurs crises graves, dont l'affaire Schnæbelé. Élu de gauche, il est partisan d'une émancipation réciproque de l'Église et de l'État, contre Combes qui veut garder la main sur la nomination des évêques. Il se retire de la vie politique après 1906. Antimaçon, il critique la cour de justice de La Haye, la naissante S. D. N. et diverses institutions internationales dans lesquelles il est l'un des premiers à voir une tentative de créer un gouvernement mondial fondée sur le remplacement de l'autodétermination des peuples par le droit international.

Cela est de 1909. La série des mêmes témoignages oraux ou écrits se continue sans interruption jusqu'en juillet 1914, et le pape Pie X devait mourir le 20 août suivant. J'avais été averti dès le 15 janvier des volontés du pape régnant, en même temps que de la bénédiction qu'il daignait m'accorder pour la première fois le jour même des délibérations de l'Index en vue de me condamner : « *Sono riuniti contra... Faranno niente !* »[152] Mais le témoin de cette émouvante résolution ne la faisait pas connaître à moi seul. Il en parla plus tard à l'un de ses compatriotes et j'ai sa lettre. Le pape « signa sans broncher » le décret condamnant un autre écrivain français : « quand on lui tendit celui de Maurras »

Il le mit de côté. Trois fois, le secrétaire de la Congrégation revint à la charge, trois fois le Pape repoussa le libelle et comme le secrétaire insistait encore, le Pape prit la feuille et l'enfouit au fond de son bureau.

La feuille est donc dans les tiroirs, malgré l'acharnement du secrétaire ennemi, que nous reverrons.

Un évêque français que je ne nommerai pas a raconté à un autre témoin qui en déposera aussi ce que le pape Pie X pensait de la « feuille ». Le même récit a été fait à d'autres personnes. Celui-ci a été recueilli par écrit :

> Le Pape me reçut dans son bureau et, après m'avoir fait asseoir, Il me dit, en désignant un tiroir qu'il avait légèrement entr'ouvert : « Nous avons là, mon cher Fils, tout ce qu'il faut pour condamner l'A. F. Mais nous croyons fort que les personnes qui nous ont si bien documenté ont agi beaucoup moins par amour et par zèle de la sainte religion que par haine des doctrines politiques soutenues par l'A. F. »
>
> Puis, refermant d'un geste sec le tiroir de son bureau, Pie X ajouta : « *Aussi, moi vivant, jamais l'A. F. ne sera condamnée. Elle fait trop de bien. Elle défend les principes d'autorité. Elle défend l'ordre.* »

Quelque triste réputation qui soit attachée à l'« ordre » par des gaillards qui sont intéressés à le troubler, le pape Pie X s'en faisait, comme on voit, une assez haute idée :

« *Moi vivant, jamais l'Action française ne sera condamnée...* »

Ces graves paroles ne sont pas datées, il est vrai.

---

[152] « Ils sont réunis contre [lui]... ils ne feront rien ! »

Mais elles concordent avec celles qui ont été relatées en public et en privé par le cardinal de Cabrières, et le second témoin porteur de la seconde bénédiction de Pie X, les corrobore pour la date extrême de juillet.

III Doutes et clartés

Il est assez plaisant de s'entendre répondre que ce ne sont pourtant là que des témoignages. Seuls comptent les textes officiels, me dit-on. Lesquels ? Ceux que nous avons publié le 9 janvier ? Nous avons noté la défiance qu'a partout inspiré leur première lecture. Leur découverte merveilleusement opportune, trop opportune, a eu lieu APRÈS le 20 décembre dernier, quand *La Vie catholique* y faisait déjà des allusions en novembre ! On essaie de rattraper ces allusions aujourd'hui ! Vains efforts : dès novembre, peut-être fin octobre, un haut dignitaire ecclésiastique, de retour de Rome, confiait à ses familiers que des documents signés de Pie X étaient dans le bureau de son successeur, tout prêts à nous réduire en poudre... Pie XI n'avait pas les pièces puisque, selon son propre témoignage, il a dû se mettre lui-même à leur recherche, mais on devait les détenir à côté de lui, pas loin de lui : sans doute n'étaient-elles pas encore au point. On les y a mises.

Comment ? Dans quelle mesure ? Il faudrait avoir été là pour le dire, et si la lecture des documents et de leur commentaire pontifical laisse une impression d'inextricable malaise que la réflexion ne peut qu'aggraver, leur critique intrinsèque ne fournit pas grande lumière. Mais, comparés aux témoignages que nous possédons et QUI SONT, ces textes revêtent l'aspect étrange qu'un de nos amis nous a souligné avec une ironie amère :

> J'ai admiré comment tout ce que vous avez dit au sujet de l'attitude de Pie X dans la condamnation de vos livres par l'Index cadre, en somme, parfaitement avec ce qu'en a dit Pie XI dans sa dernière lettre au cardinal Andrieu. Pie XI n'a pu, évidemment, être renseigné sur ce qui s'est passé à ce moment au Vatican que par ceux qui y étaient alors et qui y sont encore aujourd'hui, c'est-à-dire par ceux que Pie X appelait les « chiens » qui voulaient lui arracher la condamnation. Le « Allez-vous en ! allez lire votre bréviaire ! » est devenu dans leur bouche : « J'approuve la condamnation, mais je me

réserve de décider du moment de sa publication. » C'est clair comme le jour.

Très clair.

Plus clair encore que notre ami ne pouvait le soupçonner il y a quelques jours !

Les « décrets », qui sont des procès-verbaux, se décomposent ainsi :
1. Le 15 janvier 1914, congrégation préparatoire, condamnation de six de mes livres par l'Index.
2. Le 26, récit d'une conférence du Préfet de l'Index avec le pape Pie X qui ne se serait réservé que le droit de publier (ou, sans doute, comme il arriva de fait, de ne pas publier) le décret : en foi de quoi, par un revirement au moins bizarre, les Éminentissimes Pères décidèrent de « laisser la publication du document (ou sa non publication) à la sagesse du Souverain Pontife ». Que fût-il arrivé s'il ne la lui avaient pas « laissée » ? Il est à croire qu'il l'eût prise.
3. Enfin le 29, et c'est ici que la pièce devient tout à fait intéressante. On lit :
III. Le 29 janvier 1914 : « Le secrétaire, reçu en audience par le Saint Père, a rendu compte de tout ce qui s'est fait dans la dernière Congrégation. Le Souverain Pontife se met aussitôt à parler de l'Action française et des œuvres de M. Maurras, disant que de nombreux côtés il a reçu des requêtes lui demandant de ne pas laisser interdire ces œuvres par la Sacrée Congrégation, affirmant que ces œuvres sont cependant prohibées et doivent être considérées comme telles dès maintenant, selon la teneur de la proscription faite par la Sacrée Congrégation, le Souverain Pontife se réservant toutefois le droit d'indiquer le moment où le décret devra être publié, s'il se présente une nouvelle occasion de le faire, le décret qui prohibe ce périodique et ces livres sera promulgué à la date d'aujourd'hui.

Ainsi le secrétaire de l'Index porte à sa Congrégation un témoignage, le procès-verbal ne dit rien de plus : il témoigne de la conversation qu'il a eue avec le Souverain Pontife. Que vaut son témoignage ? Ce qu'il vaut lui-même. Que vaut-il, lui ?

IV Qualité du témoin

On ne nous dit pas le nom de ce secrétaire. Par bonheur, nous le savons. Il s'appelait Mgr Esser[153] : c'est le même prélat allemand qui, au début du règne de Benoît XV, en pleine guerre, demandait au nouveau pape de faire ce que son prédécesseur avait refusé : malgré la guerre, cet Allemand venait demander la condamnation religieuse d'un des écrivains politiques du nationalisme français.

S'il fallait une preuve de la « passion » avec laquelle Mgr Esser poursuivait notre condamnation, elle apparaît bien par cette insistance de 1915, à laquelle le pape Benoît XV résista. On comprend donc la vivacité des réponses de Pie X à Mgr Esser telles que le feu pape les rapporta avec tant de netteté et de force, à différents témoins qui concordent.

Mgr Esser, rentré à la Congrégation, y a raconté ce qu'il a voulu.

Il a dit ce que lui dictait sa passion allemande, sa passion de nationaliste anti-français. Il a parlé comme Passelecq[154] a écrit : en gallophobe virulent. Ce témoin de l'Index, le témoin unique invoqué par les « documents » si chers au correspondant de *La Croix*, ce témoin dont le texte prend exactement 38 lignes sur les 106 du « décret » qui nous condamne, ce témoin était donc quelque chose d'inférieur encore à un « témoin nul » ; son témoignage est affecté d'abord de doute et de soupçons en raison des passions nationales qui l'animaient, en vérité c'est un faux témoin confondu et stigmatisé par les paroles de Pie X à nous rapportées : « Pie X ajouta : — Ils venaient, en colère, comme des chiens, me dire : *condamnez-le, Très Saint Père, condamnez-le !* Je leur répondais : *allez-vous-en, allez lire votre bréviaire, allez prier pour lui.* »

Ces vérités de fait qu'il n'est au pouvoir de personne de détruire, ni même, à l'heure qu'il est, de recouvrir, expliquent quelques-unes des étranges circonstances qui ont précédé et même suivi la condamnation, car enfin elle a été connue à Paris, quand le décret a été publié dans *La Croix*, samedi 8 janvier, et plusieurs des cardinaux qui composent le Saint Office ont appris à Rome la nouvelle par les journaux le lundi 10 seulement ! Aucune délibération nouvelle de la Congrégation n'avait eu lieu.

---

[153] Le cardinal allemand Herman Joseph Esser (1850–1926), devenu Thomas Esser quand il prit l'habit chez les dominicains, cardinal en 1917, responsable de l'Index au moment des délibérations de 1914 sur *L'Action française*.

[154] Fernand Passelecq, avocat belge qui signa des écrits contre l'Action française. Son nom revient souvent sous la plume de Maurras car Passelecq était en effet pro-allemand et en prend pour l'A. F. une valeur exemplaire. C'était le père de Georges Passelecq, figure du mouvement liturgique qui devait conduire au concile Vatican II et moine à Maredsous.

C'est donc un acte personnel du pape agissant en qualité de président né (ou préfet) du Saint Office : les germanophiles de l'antichambre en ont certainement toutes les profondes responsabilités.

Nous admirons, nous respectons, nous vénérons même la contenance héroïque des défenseurs de cet acte, mais on devrait cesser une bonne fois de nous dire que les conclusions tirées des faux rapports de l'Allemand Esser n'ont rien de politique ou que la condamnation de l'Action française, coïncidant avec les faveurs prodiguées à Briand et au Zentrum allemand est détournée de son terrain quand on se plaint du coup porté à la France.

Nous ne sommes pas des enfants ! Nous voyons bien que nous avons affaire, comme en 1914, veille de la guerre, en 1915, en pleine guerre, à un complot de pangermanistes et de germanophiles. Nous en sommes une victime. Pas la seule. Pas la première. Il y en a deux autres : c'est premièrement la personne du pape régnant dont la confiance est trompée, secondement le peuple français dont la paix morale est troublée.

Charles Maurras

Lettre à Pie XI du 12 octobre 1926

1927

La lettre qu'on va lire, adressée à S. S. le Pape Pie XI, n'était pas destinée à la publication.[155]

On trouvera plus loin l'énoncé des raisons impérieuses qui ont décidé Charles Maurras à la faire connaître, au bout de quatre mois.

Paris, le 12 octobre 1926.

Très Saint Père,

Votre Sainteté daignera m'excuser si je me suis trompé, mais il semble bien que tout me fait un devoir de me tourner aujourd'hui vers Elle.

Les tristes circonstances présentes, le chagrin que j'en ai, la douleur que Votre Sainteté en a dû ressentir Elle-même en écoutant quelques-uns de Ses fils de France, enfin la haute vénération qu'imposent la personne, le caractère, la dignité surhumaine de Votre Sainteté, tout me conseille de venir déposer, quoi qu'il arrive, à Ses pieds certaines informations qui ne sont ni dans mes livres ni dans mes autres écrits, mais sans lesquelles il pourrait manquer à la situation qui nous est faite un rayon de jour essentiel.

Si l'exposé ne fait que doubler des renseignements déjà reçus, il ne peut causer de dommage à personne. Tout ce que je sais de la sagesse pontificale me donne le courage d'entreprendre hardiment ce récit, d'ailleurs fort limpide.

L'Action française a été fondée en 1899, il y a près de trente ans, par un groupe d'hommes dont le seul lien moral tenait à l'épouvante et à l'horreur du mal que la Franc-Maçonnerie, la juiverie, les sectes protestantes menaçaient de faire à leur patrie française. Lorsque ce mal eut triomphé, malgré tous leurs efforts, ces hommes, incroyants, furent bien obligés de voir que les ennemis de la Patrie étaient aussi ceux de l'Église et que le Catholicisme était persécuté par ceux-ci pour les mêmes raisons et au même titre que l'avaient été les défenseurs de l'Ordre social et national français.

Ils furent ainsi amenés à prendre la défense de l'Église (sous le ministère Combes, 1902) et à rallier sur ce terrain un très grand

---

[155] Elle ne fut publiée dans *L'Action française* que le 20 février 1927.
[Nous reproduisons ce texte d'après le recueil de 1927 *L'Action française et le Vatican*, au chapitre IX. (n.d.é.)]

nombre de leurs concitoyens, d'ailleurs indifférents en matière de religion ; ainsi, peu à peu, imposèrent-ils à l'adversaire une certaine retenue faite de pudeur, de respect, peut-être d'inquiétude, car ils avaient fini par constituer une force morale assez persuasive et assez redoutée.

Comme il était naturel, des catholiques s'associèrent à cet effort de défense extérieure.

Les raisons que nous proposions pour défendre l'Église n'ont jamais prétendu à fortifier les convictions des croyants, qui valaient par elles-mêmes et tenaient par leur propre force. Mais les arguments venus de nous étaient efficacement servis, même par des croyants, aux incroyants dont on utilisait ainsi les principes ou les sentiments, tels que l'honnêteté, l'honneur, le goût de l'ordre, l'amour de la famille, de la patrie, de la science, de l'humanité. Par là, des trente-trois ou trente-quatre millions de Français qui sont classés indifférents à la foi catholique, beaucoup, et des meilleurs, durent comprendre quel bienfait universel représentait la religion pour la patrie et pour le genre humain. Sans rien empiéter ni détruire sur le domaine religieux proprement dit, nous avons insisté avec force sur la nécessité de rendre honneur, respect et admiration à l'Église comme à la mère de la France et de la civilisation.

Cette longue campagne, qui a duré plus de vingt ans, est peut-être ce qui explique la parole mystérieuse par laquelle, en juillet 1914, Sa Sainteté le Pape Pie X daigna parler de ces modestes travaux comme d'une défense de la « foi ». C'est en tout cas ce qui avait attiré Son attention bienveillante sur le petit recueil de mes études de *Politique religieuse* paru en 1912. C'est ce qui m'avait valu à deux reprises Sa paternelle bénédiction. C'est enfin ce qui Lui avait inspiré d'intervenir en ma faveur pour épargner une condamnation qui, en frappant deux de mes livres, eût retenti sur le reste de mon action.

Ai-je démérité depuis ? Ou l'œuvre commencée est-elle sortie de ses voies ? Je me le suis demandé, Très Saint Père, avec une attention exacte et profonde et, quelques erreurs ou quelques fautes qui soient naturelles au cœur humain, j'ai cependant la certitude de m'être appliqué à me souvenir du généreux bienfait pontifical, de n'en pas abuser et surtout de m'en rendre moins indigne qu'il y a treize ans.

Certes, antérieurement au 15 janvier 1914, jour où Pie X étendit sur moi sa protection, j'étais le premier à dire aux catholiques en parlant de tel ou de tel de mes livres : « Ces livres ne sont pas pour vous, ils peuvent faire du bien à d'autres Français, pas à vous. Leur critique imagée, leur satire violente du panthéisme ou de l'idéalisme allemand, de l'atomisme anglo-saxon, du moralisme romantique et révolutionnaire, vous n'en avez pas besoin, vous avez dépassé le stade, cela ne vous est pas destiné. » Déjà, aussi, à chaque réédition nouvelle de ces livres, je m'étais appliqué à faire le nécessaire pour y supprimer ou amender ce que je jugeais pouvoir contenir une offense pour les catholiques, mes compagnons de lutte. Après l'acte de Pie X, je revis de plus près encore les points critiques et fis des suppressions et corrections nouvelles que personne ne m'avait demandées, auxquelles rien ne m'engageait, mais qu'il me semblait devoir à la grande âme bienfaisante dont, j'avais éprouvé la bénédiction.

Le même sentiment de gratitude s'était imposé tandis que j'écrivais, dès 1915, la matière du livre *Le Pape, la Guerre et la Paix*, défense du clergé français contre les rumeurs infâmes, défense de la politique universelle du premier successeur de Pie X… Et sans doute l'auteur de ces écrits obéissait-il à ses idées constantes sur la structure de sa patrie comme sur l'avenir du monde, mais il eût mis moins d'affection, moins de piété, moins de passion, si la pensée du grand bienfait pontifical ne l'eût assisté chaque jour.

Les plus fidèles serviteurs de Pie X ne s'y trompèrent pas.

Ceux d'entre eux qui avaient été mes premiers répondants auprès du Saint-Siège me continuèrent jusqu'à la fin une bienveillance si affectueuse que, le 18 avril 1920, le plus illustre d'entre eux, le cardinal de Cabrières, après avoir prononcé dans la chaire de la cathédrale de Nîmes l'éloge de nos morts de la guerre, daigna présider l'assemblée civile où, devant des milliers de royalistes nîmois, il décerna sa louange à nos survivants et m'accorda l'insigne honneur de parler devant lui. Certes, notre œuvre avait grandi et, malgré le massacre, elle ne cessait de s'accroître, mais dans une direction qui ne pouvait déplaire à Votre Sainteté : lorsque fut arrêtée, en 1908, la liste de nos Comités directeurs, elle comprenait six croyants, un protestant et six incroyants. De ces derniers, deux sont morts dans des sentiments de foi catholique profonde, deux autres font donner à leurs enfants une éducation catholique, et le protestant fait comme eux. En outre, de nombreux visiteurs ou correspondants ne cessent de dire ou d'écrire qu'ils sont venus ou revenus au catholicisme tantôt par l'influence de l'Action française, tantôt à la suite de mes critiques des systèmes adverses ou par les conséquences tirées de ma défense religieuse... Comment, dans ces conditions, a-t-on pu parler au Saint-Père d'infiltrations littéraires ou philosophiques païennes !

Ce qui s'est produit, en fait, et ce qui doit bien avoir une cause, est un résultat tout contraire. Ceux des catholiques, jeunes ou non, que l'on appelle, sans doute à tort, mes disciples, sont si peu des sectateurs du « Dieu État » ou de la « Déesse France » que beaucoup d'entre eux se distinguent par la vivacité de leur foi chrétienne et même par certaine direction de sentiments et d'idées qui vont à l'ascétisme et à la mysticité.

Je n'y suis pour rien, Très Saint Père ! Loin de moi l'idée de me prévaloir de résultats qu'il ne m'appartient pas de viser. Mais enfin cela prouve que je n'ai ni produit ni même visé le résultat contraire si tout ce que l'on dit de mon « immense » influence est exact.

À vrai dire, ni les directions ni les sentiments de la foi catholique ne me sont ennemis, comme on l'a prétendu, ni même complètement étrangers. Je les ai trouvés autour de moi en naissant ; je les ai en quelque sorte respirés et, sur beaucoup de points secrets de l'esprit et de l'âme, il m'a toujours été difficile d'y méconnaître quelque chose de fraternel. Mais ces jeunes esprits sont libres des difficultés qui m'obsèdent, ils voient ce que je ne vois point : comment ne respecterais-je pas la vue de leur foi ? Que leur enseignerais-je d'autre ? Ce que je ne sais pas ? Ce que je sais fort bien que j'ignore ? Je connais, à l'égard des croyants, que le respect, souvent l'admiration, quelquefois l'envie, c'est dire à Votre Sainteté combien sont éloignées de moi les intentions, ou grossières ou subtiles, toujours viles, qui me sont gratuitement imputées.

Voilà ce que je désirais ardemment déclarer au Saint Père.

Votre Sainteté me pardonnera d'abréger, pour le reste, au terme d'un rapport déjà démesuré.

La flamme du patriotisme que nous dédions à notre malheureuse nation est-elle jugée excessive ? Votre Sainteté discernera sans peine que le noble peuple dont nous sommes les fils ne peut être exposé plus longtemps presque sans défense à de nouvelles agressions, invasions et dévastations : de lourds devoirs pèsent sur nous.

Si, d'autre part, une confusion pouvait être faite sur notre nationalisme dit « intégral », rien ne serait plus facile que de montrer qu'il est tempéré et réglé par toute l'histoire de France : il tend et il conclut à la Monarchie, c'est-à-dire à plus de raison, de conscience, de moralité et d'humanité dans l'État ; il rétablit cet équilibre national et international qui est le propre des dynasties souveraines et de leurs mariages, surtout en pays catholiques ; enfin, il s'incline avec un profond respect devant l'Église qu'il a cent fois appelée *la seule Internationale qui tienne.*

Que le Saint Père daigne, je le redis, m'excuser d'abord ces griefs latéraux sans y insister, car tous s'évanouiraient d'eux-mêmes s'il était en mon pouvoir de placer sous les yeux de Votre Sainteté le fait, le simple fait que, dans la mesure de leurs forces, les hommes d'Action française, incroyants compris, se sont, de tout temps, appliqués à accomplir la magnifique parole que le Saint Père adressait l'autre jour aux tertiaires franciscains, *empêcher le mal, procurer le bien.* Une rumeur puissante, mais distincte, venue de France, attesterait cette double volonté présente chez nous : mais la meilleure preuve tient à la fureur des haines farouches que nous ont vouées la Révolution et la Maçonnerie, aux rages que nous avons soulevées dans les assemblées des Pires, aux violences de toute sorte que nous avons souffertes, depuis l'assassinat, la prison et les coups, jusqu'à ces violences morales qui sont plus cruelles peut-être, telles que la falsification de notre pensée qui nous impute des paroles jamais dites, des mots jamais écrits.

À peine aurais-je qualité pour déposer aux pieds du Saint Père ce trésor de mérites, de travaux, de sang et de larmes. Cependant je suis un témoin : de ceux qui ont vu. J'ai vu l'un des plus nobles héros de la guerre, *le Decius français*[156], foudroyé à ma place par une

---

[156] Marius Plateau, héros de la guerre et membre important de l'Action française, assassiné le 22 janvier 1923. L'assassin, Germaine Berton, déclarera qu'elle avait auparavant cherché à tuer, sans succès, Daudet ou Maurras. Elle est ensuite parue mêlée aux mêmes policiers et milieux anarchistes qui se sont rencontrés dans l'affaire Philippe Daudet, d'où la remarque suivante de Maurras sur la « conspiration d'anarchistes et de policiers ». Rappelons aussi que Germaine Berton, dont la culpabilité était établie et hautement revendiquée, sera acquittée quelques mois plus tard, lors d'un procès sous influence politique évidente. Outre Philippe Daudet, Maurras, qui avait lui-même été la cible d'un attentat manqué de l'anarchiste

conspiration d'anarchistes et de policiers. J'ai vu un autre ancien combattant, père de famille, dont tout le tort était de travailler dans notre maison, frappé à mort dans les mêmes conditions deux fois criminelles. J'ai vu un bel enfant sacrifié dans le plus infâme des guet-apens, en haine de son père, ou plutôt des Causes sacrées que ce père admirable avait toujours défendues. Les assassins sectaires ne s'acharnent pas sans raison. Leurs coups répétés nous désignent. Ainsi nos deuils se sont ajoutés à nos espérances. Mais ils nous ont trempés aussi. Il convient même d'ajouter que de telles couleurs confèrent aux paroles une gravité qui ne peut mentir.

Très Saint Père, telles sont les valeurs morales dont s'inspire la magnifique armée qui marche avec nous pour empêcher le mal et procurer le bien par tous les moyens, légaux ou illégaux, mais non illégitimes, toujours chevaleresques, loyaux, généreux. Dans cette armée bien française, même les incroyants se font une haute idée de, l'Église, ils élèvent au Siège romain des sentiments de piété et de gratitude naturelles et historiques, sociales et nationales : comment admettraient-ils qu'il soit possible de demander en vain justice à Votre Sainteté ?

C'est dans ces sentiments, Très Saint Père, que j'ai l'honneur de me dire, avec le plus profond respect de Votre Sainteté, le très humble et dévoué serviteur,

Charles Maurras.

HISTOIRE D'UN DOCUMENT

Il n'était certes pas dans mes intentions de rendre publique la lettre que l'on a lue plus haut. J'avais promis et je m'étais promis à moi-même d'en réserver la connaissance à la plus rare élite des juges capables de réflexion et, plus tard, au jugement de l'histoire.

Malheureusement, trop *d'histoires*, mises en circulation par les ennemis de l'Action française, m'obligent à tout faire pour rappeler qu'un mensonge est un mensonge, une calomnie une calomnie, et qu'il ne suffit pas

---

Georges Taupin le 25 mai 1923, va évoquer le trésorier de la ligue, Ernest Berger, assassiné le 26 mai 1925. Ces assassinats détermineront en partie la célèbre *Lettre à Schrameck* de juin 1926. (n.d.é.)

d'inventer le passé pour avoir raison au présent : les publicistes dont les violences nous ont réduits à leur répliquer sévèrement, les instigateurs et les machinateurs du complot international ourdi contre nous, les agents de ce complot (dont quelques-uns sont les victimes) osent aujourd'hui présenter les catholiques d'Action française comme des rebelles longtemps sourds aux tendres appels du Siège romain. On oublie, ou, comme on disait avant la guerre, on échoppe[157], on caviarde, on barbouille de noir tous les actes de soumission qui ont été faits par nos amis, et qui, durant des semaines et des mois, se heurtèrent tantôt au silence complet, tantôt à des réponses qui n'avaient point de sens si elles ne signifiaient le doute exprès dont la sincérité de nos amis se trouvait frappée ! Mais l'on a beau oublier, d'un certain côté ! Les écrits restent. La grande et belle lettre des dirigeants catholiques de l'Action française au cardinal Andrieu (9 septembre), la lettre adressée au Saint-Siège par nos Étudiants, celle des Camelots du Roi, la lettre du Président de la Ligue d'Action française sont des documents qui font foi. Il est facile de les rappeler dans la discussion.

Les imposteurs vaincus essayent alors de se rattraper autrement. Ceux qui ne l'écrivent pas le disent : À quoi pensait Maurras ? Lui et les autres étaient attendus à Rome ! On les a attendus trois mois ! Que signifie leur immobilité ? Que voulait dire leur silence orgueilleux ?...

De bonnes âmes allaient jusqu'à raconter que les dirigeants de l'Action française, croyants et incroyants, avaient-été appelés au Vatican, mais n'avaient pas jugé à propos de bouger !

Ces insupportables diffamations tombent sur d'autres que moi. Si elles sont exactes, comment juger des catholiques qui continueraient à frayer avec moi ? Même la constance dans le bon droit serait odieuse si les diffamateurs disaient vrai.

Ils se trompent. J'ai dû le prouver. La nécessité de cette preuve m'a délié. J'ai subi le devoir supérieur de dire la vérité et de faire savoir que, en ce qui me concerne, j'ai fait ce qui dépendait de moi pour la cause de mes amis et apporté au seuil romain les vérités qui étaient à ma connaissance.

—Mais que vous a-t-on répondu ? Je n'ai pas reçu de réponse.

N'y ayant aucun titre particulier, je ne pouvais pas insister pour en solliciter, mais je devais essayer de savoir si la volonté d'en rester là était chose acquise.

---

[157] *Échopper*, c'est enlever des copeaux en utilisant une *échoppe*, sorte de petit burin coupant utilisé principalement par les orfèvres. (n.d.é.)

J'ai donc adressé à Rome une lettre recommandée ainsi conçue :

Paris, 5 février 1927.

Monseigneur,

J'avais reçu, dans la première quinzaine d'octobre, l'assurance que la lettre adressée par moi à S. S. le Pape Pie XI lui serait présentée dans la semaine suivante.

Aucun accusé de réception ne m'est parvenu depuis plus de trois mois.

Je serais très profondément obligé à V. E. de vouloir bien mettre sous les yeux de S. S. la copie ci-jointe de cette lettre.

Daigne votre Excellence agréer l'expression de mon profond respect.

Charles Maurras.

À Son Excellence Monseigneur Gasparri, secrétaire d'État, cardinal de la S. Église.

Une lettre recommandée m'a rapporté de Rome la réponse de laquelle je ne supprime que le nom et les titres d'un tiers :

Dal Vaticano, 10 février 1927.

Monsieur,

Avec la lettre du 5 février courant, j'ai reçu aussi la copie de celle du 12 octobre 1926.

Comme cette lettre a été remise au Saint Père par N... , Sa Sainteté n'a pas douté que N... lui-même vous aurait donné l'assurance de la consigne des pages que vous lui aviez confiées.

Du reste, comme vous pouviez facilement vous assurer par vous-même de cette transmission auprès de N..., on n'a pas cru nécessaire de vous envoyer un accusé de réception à ce sujet.

Ces trois alinéas dactylographiés ne sont suivis que de la signature autographe, sans formule de courtoisie : « P. Card. Gasparri ».

J'ai dû répondre :

Paris, 16 février 1927.

Monseigneur,

Je savais que ma lettre du 12 octobre 1926 avait été remise en fait, mais l'accusé de réception sollicité et obtenu de Votre Excellence a l'avantage de me confirmer dans la pensée que je n'ai pas à attendre de réponse à cette lettre d'il y a quatre mois.

Il est évidemment superflu que j'élève, à ce sujet, la moindre insistance auprès du Saint-Siège.

Je n'en remercie pas moins Votre Excellence.

Les usages de mon pays et ma déférence personnelle envers le Saint-Siège me font un devoir de ne pas omettre de vous adresser, Monseigneur, l'assurance de mon inaltérable respect.

Charles Maurras.

Conclusion de L'Action française et le Vatican

1927

L'une des calomnies propagées avec une persévérance haineuse par les ennemis de l'Action française consiste à prétendre que nous accusons le Pape de n'avoir, en nous condamnant, obéi qu'à des mobiles politiques.

Nous n'avons jamais pensé ni dit ni écrit rien de tel. Il est naturel de croire que le Souverain Pontife est mû, même dans son action politique, par des mobiles religieux et que pour Lui le souci des âmes prime toutes autres préoccupations. C'est pour cela que, considérant sa première lettre au cardinal de Bordeaux comme un avertissement salutaire, les dirigeants catholiques de l'A. F. et de toutes les organisations dépendant de l'A. F., ont exprimé à Sa Sainteté leur fidélité, leur soumission, demandant à être entendus, et acceptant d'avance tous les moyens de contrôle de leur orthodoxie. La lettre de Maurras au Pape démontrait d'ailleurs que rien n'était plus facile et plus conforme aux traditions de l'A. F.

Les appels que les catholiques d'A. F. n'ont cessé de faire à la charité et à la justice du Père commun des fidèles n'ont pas encore été entendus. Mais ils ont été faits, ils subsisteront tant qu'il n'y aura pas été répondu. Personne n'a le droit de voir des révoltés en des catholiques qui, se considérant comme injustement condamnés, loin de s'éloigner du Siège Apostolique, se rapprochent de Lui et n'attendent que de Lui la fin de leurs épreuves.

La lecture des défenses que l'A. F. a présentées dans le journal aura prémuni tous les esprits impartiaux contre l'insinuation calomnieuse qui nous présente comme entendant cantonner l'obéissance des catholiques au Pape sur le terrain strictement limité de l'infaillibilité doctrinale et contestant au Pape son pouvoir indirect sur les questions mixtes.

Toute la doctrine, tout le programme de l'Action française exposés, défendus depuis plus d'un quart de siècle dans la Revue, dans le journal, dans les chaires de l'Institut, dans d'innombrables conférences, protestent contre cette accusation.

Si l'A. F. veut que l'Église catholique ait une situation privilégiée dans l'État français, c'est précisément pour qu'elle puisse se mouvoir librement dans ce domaine des questions mixtes où son autorité, si elle n'est pas illimitée, nous paraît cependant digne du plus profond respect.

Nous n'avons pas méconnu le droit du Pape de donner des conseils en matière politique et nous proclamons que ces conseils doivent être écoutés avec une grande déférence. Mais ce serait étendre à un domaine où il ne joue pas, le dogme de l'infaillibilité, que d'interdire en fait à des catholiques, en matière mixte, l'usage effectif de cette juste liberté, qui est de droit naturel.

L'Action française n'est pas sortie des limites assignées par l'Église et par la raison à cette juste, à celle nécessaire liberté.

Mais, en même temps qu'elle était obligée — avec quelle douleur — de défendre son existence contre les censures du Saint-Siège, l'A. F. devait continuer une lutte sans merci contre ses ennemis politiques.

L'Action française — et c'est son principal titre d'honneur — a su mériter, tant à l'extérieur qu'à l'intérieur, des haines politiques violentes, qui ne désarment pas et devant lesquelles elle ne désarmera pas.

À l'extérieur, parce qu'elle défend, sans concession aux idéologies pacifistes, d'où qu'elles viennent, le patrimoine sacré de dix siècles de monarchie française et qu'elle entend ne pas laisser gaspiller ce qui reste des fruits de notre victoire.

À l'intérieur, parce qu'elle est la seule force patriotique absolument indépendante. Ni le gouvernement ni la finance ne peuvent la manœuvrer. Elle n'a jamais été suspectée des honnêtes gens : les perfidies, aussi bien que les violences, viennent se briser sur le roc de son intégrité. Et c'est parce que d'autres groupes, même catholiques, hélas ! sont plus accessibles aux manœuvres d'un Briand, qu'ils se coalisent avec les ennemis révolutionnaires de l'A. F. Ils ont pu empêcher Léon Daudet de rentrer au Parlement, où sa présence gênait les louches compromissions de la vénalité et de la peur. Ils essaient maintenant de chasser l'Action française du forum et de la rue.

La haine justifiée des révolutionnaires français et étrangers, les colères allemandes et la jalousie de certaines associations catholiques se sont coalisées. Les communistes savent ce qu'ils ont à attendre des Camelots du Roi le jour où l'ordre et la Patrie sont menacés. Les beaux discoureurs de la F.N.C.[158] et les bons jeunes gens de l'A.C.S.F.[159] ne voient pas d'un meilleur

---

[158] La Fédération Nationale Catholique, lancée en octobre 1924 par le général de Castelnau pour s'opposer aux velléités du Cartel des gauches d'appliquer la politique laïque en Alsace et en Moselle, pays de concordat. L'arrivée de Poincaré écartant l'anticléricalisme dans les faits sinon dans les discours, elle se trouva bientôt sans véritable objet et devint un mouvement bien-pensant, indifférent à la forme du régime, qui voyait la source de tout mal politique dans l'absence de Dieu et dans le laïcisme. De fait son influence politique réelle fut à peu près nulle même si elle sut souvent mobiliser électoralement les catholiques. Elle insistait sur son opposition au racisme et à l'antisémitisme. Soulignons qu'un certain Joseph Mitterrand, industriel à Jarnac et père de François Mitterrand, fut l'un des piliers de l'U. N. C. (n.d.é.)

[159] Sans doute l'Aumônerie des Collèges de la Sainte-Famille. (n.d.é.)

œil que les « chemises bleues » du Faisceau nos formations hardies, courageuses jusqu'à la mort, qu'ils n'ont aucun désir de suivre à la bataille.

Ni les accusations d'imaginaires complots, ni les violences et les assassinats n'ont pu abattre l'A. F. Sur les tombes de ses martyrs, de Plateau, de Berger, de Philippe Daudet, l'Action française s'est toujours retrouvée plus vivante.

Avec quelle joie ses ennemis — ceux qui ont raison de la traiter en ennemie — ont accueilli les censures de l'Église ! Avec quelles perfides approbations ils ont salué cette alliée imprévue !

Quelle espérance de tranquillité pour les Herriot, les Briand, pour le Cartel, pour les communistes, pour les démocrates-chrétiens, si Rome les débarrassait de leurs plus redoutés adversaires !

L'Action française ne désertera pas plus le combat pour la Patrie qu'elle n'a déserté le combat pour le catholicisme.

La grande âme de Pie X veille sur elle.

« Ces accusations, disait ce saint Pape, ne sont pas dictées par l'amour de l'Église. »

Ce n'est pas l'amour de l'Église qui associe des feuilles maçonniques comme *La Dépêche de Toulouse*, *La France du Sud-Ouest*, *Le Quotidien*, *L'Ère nouvelle*, *La Volonté* à *La Croix* et à *La Vie catholique* dans une adhésion joyeuse aux condamnations prononcées par le cardinal Andrieu et le cardinal Gasparri.

Qui nous avait accusés à Rome ?

Nous le disons bien haut, parce que c'est la vérité : *ce ne fut pas l'épiscopat français*. En dehors de trois ou quatre prélats[160] qui lui étaient ouvertement hostiles, l'Action française n'avait reçu des hauts dignitaires de l'Église de France que témoignages de sympathie, d'encouragement, souvent de reconnaissance, parfois même, et notamment de la part du cardinal Andrieu[161], de bienveillante amitié.

Qui nous avait accusés à Rome ?

Avec l'aide de deux misérables transfuges de l'A. F., la horde peu estimée de nos anciens ennemis : les Trochu, les Lugan, les Pierre, les Passelecq.[162]

---

[160] Les historiens de la condamnation en comptent en fait généralement une douzaine, parmi lesquels effectivement « trois ou quatre » se distinguaient par leur acharnement.
[161] Auteur du texte de l'été 1926 qui lança les manœuvres qui allaient aboutir à la condamnation par Rome et aux polémiques dont *L'Action française et le Vatican* forment le recueil. (n.d.é.)
[162] Tous noms issus des polémiques anciennes autour du Sillon de Marc Sangnier. (n.d.é.)

Bande de partisans dénués de toute autorité, dont l'agression se serait heurtée, comme sous Pie X, à la sérénité et à la charité romaines, si les circonstances n'avaient pas fait que l'intrigue politique dont nous étions l'objet coïncidât — en les servant — avec les desseins de politique internationale que poursuit le Saint-Siège, depuis l'accession de Pie XI à la chaire de Pierre.

Nous ne contestons ni la grandeur de ces desseins, ni leur haute inspiration religieuse. Père commun des fidèles de toutes les nations, désireux de réunir tous les hommes en un seul troupeau sous la houlette d'un seul pasteur, le Pape a pensé qu'il lui serait plus facile de réaliser cette unité, caractère suprême de la catholicité, en unifiant les organisations politiques des catholiques dans les États européens.

Le Zentrum[163] allemand a fourni au Saint-Siège le type qui lui a paru le meilleur de ces organisations.

Tout ce qui se passe en France en ce moment — la transformation inavouée mais indéniable de l'action de la Fédération Castelnau, l'audace de plus en plus grande des démocrates-chrétiens — indique la tendance de la politique romaine à concentrer en France les forces catholiques selon la formule démocratico-libérale qui a paru réussir en Allemagne. Entreprise qui se heurte à toutes nos traditions et aux éléments essentiels de la personnalité historique de la France. Entreprise irréalisable.

Ainsi le caractère chimérique des moyens employés et de ses fins humaines fera-t-il échouer une tentative inattaquable dans son inspiration et dans ses fins supérieures.

L'Action française, qui voyait clairement les périls que cette politique faisait courir à l'intégrité et à la sécurité françaises, l'avait combattue avec une respectueuse mais indomptable énergie. Ce fut son crime.

La rencontre du mécontentement fort naturel causé à Rome par une résistance fondée, non sur des dissentiments religieux, mais sur des motifs politiques, avec les ineptes et sales calomnies des Lugan et des Passelecq, amena cette confusion des choses religieuses et politiques dont l'A. F. a été victime. Le moment parut propice à nos calomniateurs de pousser à Rome

---

[163] La *Deutsche Zentrumspartei*, « Parti allemand du centre », fondé en 1870. Pendant le *Kulturkampf*, jusqu'en 1880 environ, le Zentrum s'oppose à Bismarck. À partir de 1890 il soutient généralement la politique impériale. Durant la république de Weimar, le Zentrum est dans une position trouble : sans affinités profondes avec le régime, il le soutient néanmoins en faisant partie de la coalition qui le dirige et fournit, en raison même de sa faiblesse relative et de son caractère hétérogène, la plupart des chanceliers. (n.d.é.)

contre nous une nouvelle attaque : là où ils ne poursuivaient que l'assouvissement de leurs haines, les circonstances leur fournissaient l'occasion de se donner l'apparence de serviteurs d'un grand dessein religieux.

Nous ne sommes pas les seuls à penser que cette coïncidence de leur offensive, de notre condamnation et de l'accentuation de la politique internationale du Saint-Siège, qui s'est affirmée par l'action simultanée du nonce Maglione à Paris et du nonce Pacelli[164] à Berlin, est un danger pour l'Autorité spirituelle, à qui les circonstances donnent des alliés dont les catholiques français repoussent le contact avec horreur.

L'Action française n'a subi que le contre-coup de cette erreur politique. Elle éprouve, elle éprouvera évidemment pendant quelque temps encore des difficultés plus grandes pour réaliser l'un des principaux articles de son programme : rendre à l'Église catholique en France, avec tous les égards qui sont dus à son ministère, la situation privilégiée que lui assigne l'histoire.

Mais les difficultés ne nous rebutent pas : elles furent nombreuses sur notre route. Nous avons toujours acquis une force nouvelle en les surmontant. L'A. F. continue son destin de combat, contre les mêmes ennemis qui le sont de l'Église comme de la Patrie.[165]

---

[164] Le futur Pie XII, qui lèvera la condamnation de l'Action française par Rome peu après son élection au pontificat en 1939. Le cardinal Maglione sera alors son secrétaire d'État. (n.d.é.)

[165] *L'Action française et le Vatican* insère ici un saut de page et les deux courts paragraphes suivants :
> Les lecteurs de ce recueil ont sous les yeux les pièces essentielles du procès qui nous a été fait... Nous ne doutons pas de leur jugement.
>
> Puis, au-dessus d'eux, il y a une justice de laquelle nous ne désespérons pas. Nous attendons avec confiance que son heure soit venue. (n.d.é.)

La Politique
La mort de Pie XI

11 février 1939

Article paru dans *L'Action française* du 11 février 1939.

I Un triomphe de l'Église

L'accueil universel fait au grand deuil de l'Église, établit quelle place S.S. le pape Pie XI[166] s'était assurée dans la pensée et dans le cœur du genre humain surtout depuis les dernières années. La menace hitlérienne et la menace communiste[167] levées, comme deux fléaux jumeaux, sur le monde, avaient opéré la convergence de tous les regards vers le seul point des terres où fût constituée une autorité capable de rassurer et de protéger. Cette autorité n'était que morale. Mais elle était universelle. Elle n'avait à sa disposition ni armes ni trésor. Mais elle pouvait mettre en mouvement et, au besoin, créer ou recréer toute la puissance matérielle dont la faiblesse a besoin contre la force injuste, le pauvre contre le mauvais riche, l'innocent, l'opprimé, contre un oppresseur criminel. Ce n'est pas la première fois que notre âge de fer est comparé aux durs moments du haut Moyen âge : si les maux sont les mêmes, les bienfaits qui dérivent du pontificat catholique romain y ont correspondu dans l'exacte mesure des nouvelles nécessités. *Incessu patuit...*[168] À son pas, comme à son action, s'est révélée l'âme et la destination dans l'ordre temporel d'un sacerdoce supérieur : les empires sont comme « l'Empire », leurs épées se sont toujours brisées contre la crosse. Autour du cercueil de Pie XI va se dérouler comme la plus émouvante des processions jubilaires[169], un des plus grands triomphes qui aient été remportés par l'Église.

---

[166] Pie XI était le pape qui avait condamné L'Action française en 1926–1927. Sa politique avait depuis évolué au gré des circonstances, comme Maurras va le rappeler. La levée de cette condamnation sera l'un des premiers actes importants du cardinal Pacelli, Secrétaire d'État de son prédécesseur, quand il sera élu pape sous le nom de Pie XII.
Les notes sont imputables aux éditeurs.
[167] Le Pacte germano-soviétique ne sera signé que le 23 août 1939.
[168] « *Vera incessu patuit dea* », Virgile, Énéide, I, 405 : « *Et par sa démarche se révèle une véritable déesse.* »
[169] L'un des actes importants du règne de Pie XI avait été une année jubilaire extraordinaire (hors de la périodicité des années saintes jubilaires tous les 25 ans) en 1933–1934. Première année sainte relayée par des médias de masse, elle avait beaucoup marqué les esprits.

II L'AGONIE EXEMPLAIRE

On vient de lire en tête de nos colonnes le portrait qu'a tracé de Pie XI l'homme de France qui est certainement le mieux placé pour faire vrai et pour dire juste en cette haute et difficile matière.[170] En le lisant et le relisant, il ne m'est pas impossible d'en vérifier l'exactitude. La haute compétence de l'auteur semble venir au-devant de quelques-unes de nos réflexions.

J'ai beaucoup pensé à S. S. Pie XI. C'est pendant mes jours de prison de 1936–1937 que le Vieillard blanc opposait une constance et une sérénité magnifiques aux assauts de la maladie et de la douleur. On le voyait tenir avec toute son âme, on se rendait compte que l'esprit ne cédait absolument rien aux inerties de l'ordre physique, mais les surpassait, les domptait, utilisant toute éclaircie, se saisissant de la moindre relâche pour continuer la lutte incomparable menée contre la tyrannie qui vient d'Allemagne et la tyrannie qui vient de Russie. L'expérience de chacun ne permet pas d'ignorer les différences appréciables que la santé et son contraire impriment au fonctionnement habituel de l'esprit et même du cœur. Ici, rien de pareil. Le corps marchait ou ne marchait pas, obéissait ou n'obéissait pas. L'âme maîtresse n'arrêtait pas son commandement.

Henry Bordeaux rappelle ce Message de Noël, pareil à un tragique adieu, et qui n'en était pas un, puisque cette vie, la vie physique elle-même, s'est encore admirablement défendue pendant plus de deux ans.

---

[170] L'expression ne peut que se référer à l'article de tête de *L'Action française*, qui était placé en une longue colonne à gauche de la une. Celui du 11 février 1939 parle bien de Pie XI, et se poursuit en page 3. Erreur de composition ou changement de dernière minute il est signé d'un laconique « A. F. » au lieu du nom que l'on attendrait en lisant ces lignes de Maurras. Un autre article plus court et factuel sur la biographie de Pie XI et un long article sur les circonstances de la mort du pape et des premiers préparatifs de son corps paraissent dans le même numéro ; la mention de « la tête de nos colonnes » peut difficilement s'appliquer à eux, en outre ils ne sont pas signés. L'allusion de Maurras reste donc obscure. Plus bas Maurras mentionnera Henry Bordeaux sans que l'on soit beaucoup mieux fixé.

III LA PAIX AUX HOMMES DE BONNE VOLONTÉ

Qu'y disait-il ? Qu'y demandait-il ? La paix. La paix aux hommes de bonne volonté, selon le texte du chant liturgique. Il faut avouer qu'un tel cri, dans des minutes pareilles, méritait d'émouvoir tout cœur un peu humain. Je ne suis pas le seul à en avoir été bouleversé.

D'un tel appel au monde, quel gage d'espérance, et de la plus haute ! La figure de Pie XI n'avait pas tardé à s'identifier avec cet espoir. Il en était devenu personnellement la suprême incarnation. Et ce qui a suivi, dans l'ordre des faits et des paroles, montre que telle était la volonté du Pontife. Toute menace à la paix l'éprouvait, l'ébranlait, l'alarmait : peu de temps avant l'invraisemblable défi italien du 30 novembre[171], sa parole vibrante dictait l'avertissement, et la mise en garde. Quelques mois auparavant, c'était au printemps 1938, l'arrivée à Rome du brutal Hitler le déterminait à sortir de la Ville éternelle : l'exil volontaire à Castel Gandolfo annonçait, enseignait que, le cas échéant, l'Esprit doit échapper au Poing.

IV UNITÉ OU DIVERSITÉ ?

Quelques exégètes se multiplient déjà, et il en viendra bien d'autres, pour établir à tout prix un système d'unité absolue dans les développements du pontificat de Pie XI. Pas plus que l'auteur du portrait qu'on vient de lire et d'admirer, je ne crois que l'histoire admettra cette unification artificielle. Elle me semble fausse. Et le fait d'un changement de la politique pontificale dans le temporel ne me paraît nuire en aucune façon à l'honneur ni au mérite de celui qui en prit la responsabilité. Est-ce que la réaction de Gaète nuit à la mémoire du pape Pie IX ?[172] Comment la réaction de Castel Gandolfo nuirait-elle à celle de

---

[171] Le 30 novembre 1938, Mussolini avait revendiqué la Corse, la Savoie et le comté de Nice.
[172] Giovanni Maria Mastai Ferretti (1792–1878), d'où le « pape Mastai » que va évoquer Maurras *infra*. Il est le candidat des libéraux au conclave de 1846. Élu, il est dans un premier temps favorable aux réformes et au mouvement nouveau des nationalités. En 1848, sa popularité, jusque-là considérable, s'effondre quand il refuse de soutenir le mouvement de

son successeur ? Parce que nous les avions prévues ? L'histoire ne peut s'inquiéter de chétifs atomes tels que nous. Pie IX avait commencé par faire crédit au libéralisme, au constitutionnalisme, à la Révolution : la révolution romaine lui répondit en tuant son ministre, M. de Rossi, en le menaçant, lui, et en l'obligeant à prendre la fuite : Pie IX comprit ce qu'était la Révolution, fit le retour qui s'imposait, et devint le pape de la Contre-Révolution, bête noire de tous les libéraux et de tous les jacobins du vaste univers. Pie XI avait fait crédit au Germanisme et à la démocratie : celle-ci, comme il est rappelé plus haut, lui envoya pour réponse le Communisme ; l'Allemagne répondit par l'hitlérisme, les persécutions religieuses, la proscription consciente et organisée de l'élément catholique et surtout romain : Pie XI fit le même renversement que Pie IX. Mais sur un plan d'action plutôt que de doctrine. Pie IX était avant tout doctrinal, Pie XI homme d'action. Sans remonter ni à l'Allemagne ni au Germanisme, ni à la démocratie cause du bolchevisme, il fit à Hitler et à Staline l'opposition de cœur et d'âme, l'opposition morale et pratique la plus efficace et la plus terrible que l'une et l'autre tyrannies eussent rencontrées.

Ce retournement est l'un des plus clairs et des plus beaux de l'histoire. Que le communisme fût dans le droit fil de la démocratie, que le germanisme hitlérien exprimât, naturellement, le plus pur de l'Allemagne éternelle, S.S. Pie XI ne s'en inquiété pas un instant. Il vit le mal, il y courut pour se dresser contre lui de toutes les forces de sa fougue native et de son intrépidité.

C'est ce que nous avons le droit et le devoir d'admirer. Les choses secondaires s'évanouissent devant les plus grandes et, quelques amertumes qu'aient pu concevoir un grand nombre de nos amis les plus chers, nous sommes bien certains que l'intérêt, l'attention, la direction naturelle de leur pensée ont aussi couru à cet essentiel : le généreux effort déployé par ce

---

l'unité italienne contre l'Autriche. Il accorde une constitution aux États pontificaux, mais son premier ministre, Rossi, est assassiné le 15 novembre 1848 par des insurgés qui proclament la république romaine ; le pape doit s'enfuir et trouve refuge à Gaète, dans le royaume des Deux-Siciles. Le général Oudinot s'empare de Rome en juin 1849 et le remet sur son trône. Il nomme alors un secrétaire d'État conservateur qui renoue avec la politique de Grégoire XVI. Le pape renoue lui aussi avec un conservatisme traditionnel qui fera de lui le pape du Syllabus. Le 20 septembre 1870 les piémontais s'emparent de Rome, Pie IX ayant ordonné de n'opposer qu'une résistance symbolique ; ce dernier épisode ouvre la question romaine, laquelle ne sera réglée entre l'Italie et le Saint-Siège que par les accords du Latran sous Pie XI, précisément.

maître du monde moral, pour ne servir que le juste, pour ne concevoir que le vrai. La vérité des circonstances change : il a fait varier la vérité de l'action.

V Comment ?

Comment le pape Mastai, Pie IX, s'était-il d'abord trompé sur le caractère de la Révolution ? Il n'est pas difficile de le préciser. L'air du temps y suffisait. Mais, aux dernières années du XIXe siècle et aux premières années du XXe, dès la verte jeunesse du futur cardinal Ratti[173], l'air du temps s'était beaucoup modifié. Le pontificat de Pie X, avec sa direction politique contrerévolutionnaire, avait pris conscience de ce changement, qui, aujourd'hui, contre vents et marées, demeure acquis, parce que *les hommes de bonne volonté* placés entre le traditionalisme et le bolchevisme, ne peuvent pas bolcheviser. Comment la première partie du règne de Pie XI a-t-elle pu rendre l'espoir à tant d'éléments anarchistes et dissolvants, qui devaient être désavoués plus tard ?

Je le demandais à l'un des plus éminents philosophes catholiques de notre temps. Je venais de lui confier mon admiration pour ce grand règne de 1903 à 1914 où, sous la tiare du Saint-Siège, vécut et régna l'esprit de théologiens philosophes dont le cardinal Billot[174], le père Pègues[175] auront été les archétypes, les plus attentifs aux idées, gardiens des principes, capables de discerner, en un clin d'œil, toutes les conséquences réelles, conséquences logiques et légitimes, d'une idée sociale fausse jetée dans la masse agitée des intérêts et des passions de l'homme...

---

[173] Pie XI, né Ambrogio Damiano Achille Ratti.
[174] Louis Billot (1846–1931), jésuite, proche collaborateur de Pie X, créé cardinal (contrairement à l'usage dans la Compagnie de Jésus) en 1911. Le 13 septembre 1927, le cardinal Billot était reçu par la pape, à la demande de ce dernier qui supportait mal les critiques dont le cardinal accablait Rome depuis la condamnation de L'Action française. L'audience fut brève et étrangement silencieuse aux dires des collaborateurs du pape qui étaient habitués à ses colères tonitruantes. En ressortant du bureau du pape, Billot avait renoncé à sa dignité cardinalice et en avait même déposé les insignes matériels sur le bureau du pape. Sa démission fut officiellement acceptée quelques semaines plus tard. Il mourut simple prêtre en 1931, à Rome.
[175] Le père Thomas Pègues (1866–1936), dominicain, auteur de nombreux ouvrages sur saint Thomas d'Aquin et le thomisme ; il était proche de L'Action française.

Tout ce que je disais allumait un éclair dans les yeux de mon grave interlocuteur.

— Précisément ! me dit-il, nous assistons, nous, à une réaction contre un règne de théologiens. Ceux de Pie X, fidèles à l'essentiel de leur science, ont été, peut-être, un peu sévères pour l'histoire et la critique historique. À mon avis, ils ont outré les conditions de la stricte observance. Résultat : cette réaction, cette réaction d'histoire qui s'est propagée sur d'autres terrains.

Monsieur X... n'avait pas besoin de me dire ce dont une réaction d'historiens est capable ! Moins ils sont philosophes, plus ils sont hantés de fausse philosophie, croient à d'arbitraires Lois de l'histoire, aspirées ou respirées d'Auguste Comte ou de Vico, quand ce n'est pas de Hegel, et se mettent à croire le plus naïvement que « les temps ont changé » ou qu'ils changeront selon des figures de danse, dont la moins absurde est toujours fausse. L'histoire ecclésiastique a-t-elle échappé à ce mauvais souffle ? Je n'ai aucune qualité pour le dire. Mais on a soutenu qu'elle l'a subi. Là comme ailleurs, des influences terriblement romantiques sinon révolutionnaires se donnèrent cours au fond des bibliothèques sacrées, et c'est par ce biais, plus naturel qu'on ne le croirait tout d'abord, que s'accrédita le retour offensif de la démocratie. La formation de S. S. Pie XI était essentiellement d'un érudit. Cela suffit à expliquer sa première complaisance naturelle pour des idées politiques dites « nouvelles » et pour les plus germanisants de ses contemporains.

VI LE HÉROS SALUÉ

Le beau est que tout cela ne compta pour rien, du jour où le salut du monde, la paix des peuples, l'honneur de l'Église et de la foi se trouvèrent en cause. Même règle dans le débat et le traitement de la question espagnole.

On n'a certes pas oublié les démêlés de S.S. Pie XI et de la monarchie de Madrid, les sympathies et les faveurs dont a joui tout ce qui était à gauche dans la péninsule, avant et après le renversement d'Alphonse XIII... Mais à peine en présence du despotisme et de la cruauté[176], l'Homme blanc ne

---

[176] Rappelons que les exactions — tortures, exécutions sommaires, massacres — furent partagées durant la guerre civile espagnole ; celles commises par les « républicains », terme

sourcilla point. Il apparut tout aussitôt dans la ligne angélique des maîtres et des serviteurs de l'Amour, et, comme un esprit de lumière, il se tint aux côtés de tout ce qui souffrait, saignait et combattait sous l'oriflamme de Franco. Point d'hésitation. Point de doute. Le mal était en vue, le héros et le chevalier se levaient pour l'affronter et le dominer.

—*Cosas de España ?*[177] —Mais non : choses de l'univers. À ce titre, choses de France ! De tous les points du monde, comme de tous les districts de notre pays, et de ceux qui semblent les plus éloignés du Vatican, se découvre la haute et noble essence de la synthèse catholique, large ciel où scintille, entre l'écharpe azurée de Notre-Dame de Lourdes et les roses que fait pleuvoir sainte Thérèse de Lisieux, devant la bannière de Jeanne d'Arc, la flamme merveilleuse du beau glaive de saint Michel. Nous ne croyons pas qu'il soit possible de rien comparer à cela.

Et ce n'est pas sans joie que nous considérons combien la douleur du monde apporte d'éclats confirmateurs à cette manière de penser. Que cette pensée soit devenue celle de M. Herriot, celle de M. Jeanneney, celle de M. Daladier, celle de M. Bonnet[178], de tels progrès de l'esprit des hommes de ce temps en sont si bien accusés, qu'il faudrait emprunter le langage sacré et élever une sorte de *Nunc dimittis.*[179]

---

qui désigne en fait essentiellement les communistes et les anarchistes, visaient souvent en priorité les prêtres ou les congrégations religieuses.

[177] « Choses d'Espagne ».

[178] Maurras cite ici, non sans une certaine ironie à leur égard peut-être, les hommes politiques français dont *L'Action française* publie, dans le même numéro que le présent article, les réactions officielles à la mort de Pie XI.

[179] Le cantique de Syméon, tiré de Luc, 2, 29-32, qui commence, en latin : « Nunc dimittis servum tuum » :

> Maintenant, Seigneur, laisse ton serviteur
> S'en aller en paix, selon ta parole.
> Car mes yeux ont vu ton salut,
> Que tu as préparé devant tous les peuples,
> Lumière pour éclairer les nations,
> Et gloire de ton peuple Israël.

On le chante en particulier à complies, dernier office avant d'aller dormir, ce qui n'est pas sans renforcer l'ironie des dernières lignes, d'autant qu'il faut imaginer Maurras rédigeant son article comme à son habitude assez avant dans la nuit pour le journal du matin, en ayant pris assez tard connaissance des réactions des hommes politiques cités plus haut.

VII Et maintenant

Mais de grands problèmes politiques se posent. Tout le monde a entendu parler des craintes manifestées au Vatican.[180] À certains jours, elles étaient si fortes, que l'on parlait des points de France où se réfugierait, le cas échéant, un Pontife banni, ou menacé, ou inquiété. Quelques-uns disputaient même sur la résidence possible... On disait Avignon... — Quelle idée !... — Ou Fontainebleau... — Quel rêve !... — Ou Versailles... — Et votre conclave à vous, votre congrès ?... — Ou Chambord alors ? Je ne départagerai pas et me borne à dire ce qu'on m'a dit. Il me semble d'ailleurs impossible que l'Italie, même dans la lune de miel[181] de ses noces germaniques, soit assez folle pour laisser l'Église romaine s'expatrier. Le bon sens dit que les funérailles de Pie XI seront nobles et saintes ; que la réunion du conclave sera facilitée par toute la puissance dont les Faisceaux romains peuvent disposer ; que tout se passera paisiblement et dignement ainsi qu'ils l'annoncent déjà.

Mais la folie a la parole dans le jeu des actions humaines. Que se passerait-il au cas de folie ? Le conclave de l'été 1914, en pleine guerre universelle, a librement élu Benoît XV. Il est vrai que l'Italie était neutre à ce moment-là.

Mais l'Axe Berlin-Rome sera-t-il assez fort pour troubler le conclave de 1939 ? Refrain : un accès d'aliénation mentale y peut seul réussir. En admettant le pire, et en le poussant à l'extrême, non, je n'y crois pas.

---

[180] La rhétorique du régime fasciste contre le Vatican avait redoublé fin 1938 et début 1939. C'était au point qu'on évoquera un éventuel assassinat de Pie XI à la veille d'un discours important, sur ordre de Mussolini, soupçons accrus par le fait que l'un des médecins du pape était le docteur Francesco Petacci, père de la maîtresse de Mussolini, Clara Petacci. Ces accusations furent réitérées par le cardinal Tisserant peu avant sa mort en 1972, mais la personnalité du cardinal Tisserant, antifasciste convaincu, les rendent suspectes. L'historiographie la plus récente relativise les arguments qui vont dans le sens d'un tel assassinat, en particulier en réévaluant le caractère longtemps prêté aux discours ou textes que devait prononcer ou publier Pie XI : s'ils étaient incontestablement antifascistes et anti-nazis, ils ne l'étaient semble-t-il pas avec la violence d'expression qu'on leur avait parfois supposée, si l'on s'en rapporte aux éléments préparatoires seuls conservés (la mort d'un pape entraînant la destruction de ses documents personnels inutilisés).

[181] L'axe Rome-Berlin date de novembre 1936 ; il ne sera complété qu'en mai 1939 par le « Pacte d'Acier », mais le rapprochement plus étroit entre les deux régimes était déjà sensible début 1939.

Mais alors ? Si ce trouble ne survient pas, est-ce que la libre élection du chef de la seule internationale qui tienne[182], ne serait pas une œuvre de paix, je veux dire une contribution à la paix, ou, pour parler plus précisément, un encouragement précieux donné à tous les efforts qui tendent à retarder la guerre ? Il serait vain de faire des prédictions. Pourtant, le cas posé, il me semble que l'action pacificatrice ne manquerait pas d'être pratiquée dans une certaine mesure du seul fait des événements. Sans espérer que le langage que peuvent se tenir les Nations soit retrouvé tout entier dans la bouche de leurs cardinaux, bien des propos pourraient avoir une action efficace. Tout peut servir. Tout sert, en fait : pour ou contre. Le patriotisme et l'esprit de paix des cardinaux français peut-être ainsi associé aux plus grands intérêts moraux et sociaux de notre temps.

---

[182] La formule est tirée du titre de la première partie de l'ouvrage de Maurras, en 1917, *Le Pape, la Guerre et la Paix*.

Déjà parus

Ce peuple d'élite prit plaisir à imaginer les relations stables, permanentes, essentielles

Une conscience française se réveille dans les moments de colère et de deuil

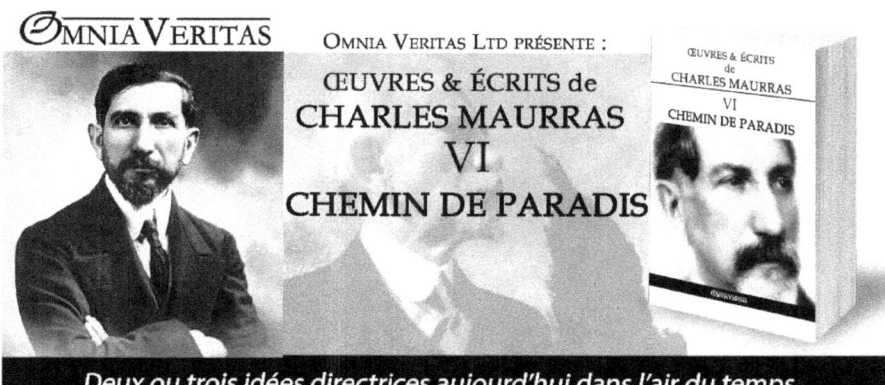

Deux ou trois idées directrices aujourd'hui dans l'air du temps...

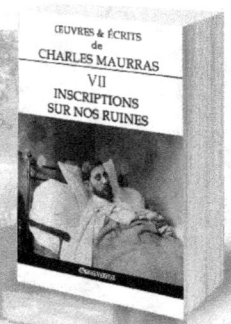

www.omnia-veritas.com